루카치의 문예이론

루카치의 문예이론

독일 고전주의와 토마스 만 문학과 관련하여

초판 인쇄 2025. 4. 7
초판 발행 2025. 4. 19

지은이 반성완
펴낸이 김광우
교정·편집 황종민, 지미정, 문혜영
홍보·마케팅 황현경, 김예진, 박장희
디자인 김민영
펴낸곳 知와사랑
주소 경기도 고양시 덕양구 동축로 70, AA 701호
전화 02) 335-2964 팩스 02) 788-2965 홈페이지 www.jiwasarang.co.kr

등록번호 제251002023000016호 등록일 1999. 1. 23

ISBN 978-89-89007-05-0 03800

루카치의 문예이론

독일 고전주의와
토마스 만 문학과
관련하여

반성완 지음

知와 사랑

일러두기

• 단행본 및 정기 간행물은 『 』, 시, 논문, 단편, 칼럼은 「 」, 미술 및 음악, 영화 작품은 〈 〉를 사용했습니다.
• 인명과 도서명 등의 원어 정보는 '찾아보기' 항목을 참고하시기 바랍니다.

부모님의 사랑과 헌신을 추념하며

머리말

이 책은 필자가 독일어로 쓴 박사학위논문 「루카치의 미학과 독일고전주의 및 토마스 만 문학과의 관계」(Das Verhältnis der Äesthetik Georg Lukac' zur Deutschen Klassik und zu Thomas Mann, 1976 출간)를 우리말로 옮긴 것이다. 이 논문의 대부분은 주제를 달리해서 우리나라 문예지나 학술지에 이미 소개된 바 있다. 서론은 본론을 읽는 한국의 독자들에게 다소나마 도움을 주기 위해 따로 쓴 글이다.

필자는 유학시절(1967~1974) 독일 고전주의 문학과 토마스 만을 위시한 20세기 초반의 독일 문학을 공부하면서 1960년대 말과 70년대 초반 독문학 세미나에서 뜨거운 논쟁이 되었던 1930년대의 루카치와 브레히트의 리얼리즘(표현주의) 논쟁을 접하고 의문에 봉착하였다. 왜 대표적인 마르크스적 비평가 루카치가 대표적인 독일 시민작가 토마스 만을 그의 리얼리즘 이론의 모범으로 삼았는가라는 의문이었다. 오랜 준비 기간을 거치면서 필자는 루카치와 만의 관계가 독일 고전주의에 뿌리를 두고 있다는 결론에 도달하였다.

이 논문의 주된 테제(Hauptthese)는 루카치 미학을 독일 고전주의와 독일 관념철학과의 관계 속에서 조명하고 그 관련성을 입증하는 것이다. 이 논문에서는 독일 고전주의 문학, 독일 관념철학(특히 헤겔) 그리고 루카치의 문예이론과 『역사와 계급의식』같은 정치이론서도 다룬다. 이 논문은 책으로 출간되자마자 일부 독일 독문학자들 사이에서 논의의 대상이 되었고, 미국을 위시한 독문학전문 저널 등에서 서평의 대상이 되기도 하였다. 우리나라에서도 한때 (주로 1970년대와 80년대) 루카치는 한국 문학인에게 큰 영향을 끼친 비평가로 평가되었다.

여러 여건상 출판이 지연되기는 했지만 늦게나마 한 권의 책으로 묶어 소개하는 이 책이 독문학이나 인문학 전반에 관심 있는 독자들에게 조그마한 도움이 되기를 바란다. 참고로 말하자면, 인용된 부분의 원전이나 참고 문헌은 독자들의 편의를 위해 생략하였다.

학자로서 첫걸음을 내딛을 때 과분한 심사평으로 용기를 주신 서베를린 자유대학교 독어독문학과 빌헬름 엠리히(Wilhelm Emrich) 교수님이 없었다면 이 책은 나올 수 없었을 것이다. 이 책의 원고를 독일어 원문과 대조하면서 처음부터 끝까지 꼼꼼히 읽고 정리해준 황종민 선생에게도 고마움을 표시하고 싶다.

2025년 1월

목차

머리말 006

서론
18세기의 독일 시민사회와 독일 시민문학_독일 고전주의 예술개념의 탄생 010
  1. 18세기 독일 시민사회의 특수성 013
  2. 18세기 독일 시민문학 형성의 전제조건 021
  3. 18세기 독일 시민문학의 형성과정 025
  4. 독일 고전주의 예술이념 040

1장
청년 루카치의 비평활동과 그의 개념체계의 생성 과정 050
  1. 세기말의 정신적 흐름과 독일 시민지식인의 사회적 상황 051
  2. 『영혼과 형식』에 나타난 독일적 유미주의와 루카치의 낭만주의 개념 058
  3. 『소설의 이론』에 나타난 독일 고전주의 해석과 총체성 개념의 등장 066

2장
『역사와 계급의식』에 나타난 마르크시즘 해석 086
  1. 부다페스트 학파의 지식인들: 루카치, 하우저, 만하임 087
  2. 루카치의 정치적 실천과 헤겔적 마르크시즘 수용 104

3장
루카치 문학사관에 대한 비판적 고찰 148
  1. 독일 고전주의 문학관 150
  2. 현대 독일 문학사관 159
  3. 독일 고전주의의 신화 167

4장
루카치 『미학』의 기본 사상　　　　　　　　　　　　　　　　　　　178

5장
독일 시민문학의 가능성과 한계_ 루카치와 브레히트의 리얼리즘 논쟁　　192

6장
루카치 미학에 대한 아도르노의 비판_ 두 이론가의 공통점과 차이점　　216

7장
독일 고전주의 예술이념의 현대적 의미_ 토마스 만과 루카치의 관계　　228
　　1. 독일 고전주의 미학이념에 의한 방향 정립　　　　　　　　　　232
　　2. 『마의 산』에 나타난 토마스 만의 루카치상　　　　　　　　　　244
　　3. 독일 고전주의에 대한 토마스 만과 루카치의 상이한 관점
　　　　_ 독일 시민문화와 유대주의의 상관관계　　　　　　　　　　257
　　4. 이론과 실제_ 루카치의 정치관　　　　　　　　　　　　　　　269

편집자의 글_ 루카치를 연구해오신 선생님께　　　　　　　　　　275
학위논문 심사평　　　　　　　　　　　　　　　　　　　　　　281
루카치 연보　　　　　　　　　　　　　　　　　　　　　　　　282
문헌목록　　　　　　　　　　　　　　　　　　　　　　　　　284
찾아보기　　　　　　　　　　　　　　　　　　　　　　　　　294

서론

18세기의 독일 시민사회와 독일 시민문학
_ 독일 고전주의 예술개념의 탄생

1. 18세기 독일 시민사회의 특수성
2. 18세기 독일 시민문학 형성의 전제조건
   1) 독일어의 보급
   2) 문학적 지식인의 형성
   3) 문학시장의 성립
3. 18세기 독일 시민문학의 형성과정
   1) 고트셰트
      (1) 작가로서의 사회적 위치
      (2) 궁정적 예술·문학 장르 비판
      (3) 연극개혁운동과 프랑스 고전주의 '비극론'
   2) 레싱
      (1) 시민작가의식
      (2) 연극비평가
      (3) 시민비극이론
   3) 질풍노도시대
      (1) 『젊은 베르테르의 슬픔』과 『도적 떼』의 반란
      (2) 질풍노도의 문학관과 장르론
4. 독일 고전주의 예술이념
   1) 철학적 인식론과 예술의 자율성
   2) 역사철학과 예술이상
   3) 인격의 총체성과 예술이념
   4) 교양이상과 교양소설
   5) 국민문학과 '세계문학"

이 글은 독일 초기 시민문학이라고 할 수 있는 독일 고전주의 문학의 성격을 독일 초기 시민사회와의 관련 속에서 고찰함으로써 독일 현대문학의 이해를 돕는 데 그 목적이 있다. 오늘날 18세기 독일문학사는 독문학 연구의 가장 중요한 일부를 이루는데, 이 시기의 문학이 19세기와 20세기 독일 시민문학의 기본적 성격을 이루고 있기 때문이다. 현대 독일문학사의 중요 논쟁점인 '전통'의 문제도 18세기의 시민문학, 특히 독일 고전주의 문학을 어떻게 해석·평가하는가에 초점이 맞추어지고 있다. 물론 이러한 문학사의 논쟁은 문학사의 문제에만 국한되는 것이 아니라 독일 시민사회가 안고 있는 문제의식과도 밀접한 관련을 맺고 있다.

19세기 독일에서의 독일 고전주의 문학 연구가 대체로 이상주의적·실증주의적 성격을 띠었다면(우리나라에서 독일 고전주의 문학 수용도 좀처럼 이러한 성격에서 벗어나지 못하고 있는 것 같다), 19세기 말과 20세기 초에 이르는 18세기 독일문화의 수용은 비판적·유물론적 관점에서 이루어졌다. 이는 시민사회 자체의 변화와 단절이 생기는 1차세계대전을 전후한 시기와 그 때를 같이 한다. 19세기 말 전후에 시작해서 20세기 초에 들어서서 본격화하는 서구 시민사회의 모순과 분열은, 비교적 안정된 19세기의 시민사회 속에서 그 명맥을 유지해오던 독일 초기 시민문화의 도덕적·미학적 규범을 비판적으로 바라볼 수 있는 시각을 마련해 주었다. 시민계급의 일반적 위기의식과 시민사회에 대한 비판의식은 전통적 시민문화, 그 중에서도 특히 18세기의 독일 시민문화에 대한 새로운 고찰과 반성을 불가피하게 만들었다.

18세기의 독일 시민문학을 제일 먼저 비판적 안목으로 조명한 획기적 저서는 19세기 말 독일의 대표적 문학사가로 간주되는 프란츠 메링의 『레싱 전설』을 위시한 일련의 독일 고전주의 문학에 대한 비판적 문학사다. 독일 노동운동 진영에서 나온 이 문학사가는 19세기의 '강단 독문학'이 프로이센적 역사주의에 입각해서 서술한 '엉터리 레싱상像'의 신화를 파괴하고, 대신 초기 시민문학의 대표 작가인 레싱의 실상을 역사적 유물론의 입장에서 정립하려고 한다. 그는 풍부한 실증적 사료를 들어 18세기 독일문학의 배경인 베를린을 중심으로 한 프리드리히 대왕 시대의 역사적 상황을 기술하면서 18세기의 문학적 현상과 사회적 현상의 상관관계를 밝히려고 한다. 그러나 메링 문학사 서술의 방법론적 결점은 이 두 현상의 상관관계가 다분히 기계론적으로 연결된다는 데 있다. 다시 말하면 그는 18세기의 독일 시민사회가 처해 있던 사회적·정치적 비참성과 후진성에 18세기 독일 시민문학의 위대성과 영광을 대비시키고, 이로써 그의 문학사 서술에서 문학을 정치로부터 완전 분리시킨다. 메링 문학사가 지향하는 바는 18세기의 독일 고전주의 문학이 이룩한 미학적·도덕적 프로그램을 사회주의 정치를 통하여 뒤늦게나마 구현하는 것이었다.

이러한 메링의 방법론을 계승·발전시킨 사람은 20세기 문예사회학의 대표적 이론가 루카치다. 독일 시민문화의 전통에서 나온 이 문학이론가는 사회주의 리얼리즘 이론과 마르크시즘에 입각한 미학이론을 정립하는 데 주된 노력을 경주하였지만, 이에 못지않게 중요한 업적은 18세기의 독일 고전주의 문학과 미학이론 전반에 걸쳐 문학사적 재해석을 시도했다는 데 있다. 그는 정치와 문학의 분리라는 메링식의 방법론을 넘어, 양자의 관계양상을 변증법적으로 규명하려고 노력한다. 특히 『독일 문학사에 나타난 진보와 반동』이라는 비교적 후기에 집필한 문학사에서, 18세기 독일 시민사회를 반영하는 독일 고전주의의 이데올로기적 측면을 날카롭게 지적하면서도, 다른 한편으로는 독일 관념철학이 추구한 미학적 이념과 독일 고전주의 문학이 형상화한 예술이상이, 18세기의 독일 시민사회가 안고 있는 시대적 모순 속에서 당시의 시민계급이 이룩할 수 있었던 유일한 이념이자 최대의 진리였다는 테제를 고수하고 있다. 루카치의 현대 문학사관과 사회주의 리얼리즘론, 마르크시즘 해석과 시민적 이데올로기에 대한 비판은 바로 이러한 문학관에 근거를 두고 있다. 이러한 면에서 그의 문학관과 문학방법론은 본질적으로 메링에서 크게 벗어나지 못하고 있다. 그러니까 루카치의 독일 고전주의 문학 해석의 한계는, 독일 고전주의의 미학이념과 예술이상의 진실성에 대한 지나친 믿음으로 인하여 18세기 독일 시민사회와 시민문학의 관계양상이 구체적으로 부각되지 않는다는 데 있다. 하지만 루카치의 고전주의 연구는 이러한 한계성에도 불구하고 그 뒤에 이루어지는 새로운 독일 고전주의 문학 연구의 중요한 출발점이 된다. 우리는 이와 같은 사회학적 방법론에 입각한 현대 독일 고전주의 문학 연구사의 비판적 개괄에서 출발하여 18세기의 독일 시민문학과 문학 개념이 구체적으로 어떻게 형성되었으며, 그 본질이 무엇인가를 18세기 독일 시민사회와의 관련 속에서 고찰하고자 한다.

1. 18세기 독일 시민사회의 특수성

20세기 독일의 대표적 지식인 막스 베버가 "독일역사의 최대 비극은 독일 시민계급이 한번도 그들의 손으로 왕을 단두대에 보내지 않았다는 사실에 있다"고 했는데, 이러한 발언은 독일 시민사회의 성격을 단적으로 지적한 것이다. 실제로 독일은 한번도 시민혁명을 성취하지 못한 나라다. 독일 시민계급은 영국 시민계급이 일찍이 그랬던 것처럼 왕과 귀족계급에 대항하여 자유와 인권을 쟁취하려는 적극적 투쟁경험도 갖지 못했고, 프랑스 시민계급처럼 왕을 단두대로 보내지도 못했다. 독일 시민사회의 이러한 특수성은 현대 독일역사에 지대한 영향을 끼친다. 독일 시민계급의 취약성은 19세기에 와서는 서유럽 국가들과 달리 부르주아지의 정치적 지배와 이에 바탕한 시민국가의 성립을 불가능하게 만들었고, 20세기에 들어서는 시민사회의 극단적 변형형태인 파시즘을 낳게 하는 근본원인이 되었다. 1차세계대전 이전까지만 해도 독일 시민계급은 정치적으로는 완전히 귀족계급의 지배하에 있었고, 사회적으로도 하나의 통일된 계급을 형성하지 못하였다. 바이마르 공화국이 실패하고 파시즘이 승리한 근본 원인은, 물론 독일 역사상 최초의 민주공화국이라는 형식적 테두리가 역사적으로 물려받은 19세기 독일사회의 모순과 20세기 시민사회가 당면한 경제적·사회적 문제를 감당하지 못했다는 사실에도 있겠지만, 이에 못지않게 중요한 원인은 바이마르공화국 헌법을 끌고나갈 강력한 민주적 세력이 없었다는 것이다.

독일 시민계급이 한번도 독일역사에서 역사적 사명을 수행하지 못했다는 사실은 독일 시민사회와 시민계급이라는 개념 사용에서도 그대로 반영된다. 시민혁명을 치렀던 영국과 프랑스에서는 시민사회와 시민계급이라는 개념이 비교적 뚜렷한 윤곽을 지니면서 적극적으로 규정된다면, 독일의 경우 이 개념은 그 명확성을 얻지 못하고 소극적으로 해석(예컨대 시민계급이란 귀족계급과 노동계급을 제외한 여타의 계층이라는 식)되고 있다. 개념의 불명료성은 일반적으로 역사발전의 불명료성에 기인한다는 사실은 여기에도 적용된다. 그럼에도 불구하고 독일 시민사회라는 개념이 타당성과 효용성을 가지는 까닭은, 적어도 18세기 이후부터는 독일사회와 문화가 시민적 요소에 의해 지배되기 때문이다. 독일 시민사회와 그 개념이 지니는 이러한 특수성을 이해하려면 역사적 시각에 입각해서 독일 초기 시민사회의 전개과정을 살펴보아야 한다.

주지하다시피, 서구의 초기 시민사회는 초기 자본주의의 발달과 직접적인 관련이 있다. 초기 자본주의의 발달이 중세의 봉건적 경제·사회 질서의 내재적 모순에 의한 것인지 아니면 외부적 요인에 의한 것인지에 대한 서양 경제사의 논쟁은 접어두고라도, 우선 확인할 수 있는 것은 중세 말기 이후 봉건적 정치질서에 의한 농촌경제가 점차 도시경제로 옮겨진다는 사실이다. 이러한 변화에 결정적 계기를 마련한 것은 11세기 말과 12세기의 십자군 원정이다. 십자군 원정으로 인한 유럽세계와 아랍세계의 본격적 교류는 지중해 연안도시, 특히 이탈리아의 소도시를 중심으로 한 원격지 무역과 상업의 발달을 촉진시켰다. 자본주의 경제활동의 증대, 영리경제에 의한 합리주의적 사고의 발달, 시민계급의 대두와 이에 따른 사회계층의 분화, 도시경제의 새로운 부에 힘입은 초기 시민계급의 정치적 영향력 확대 등은 초기 시민사회의 기본성격을 이룬다. 서구 초기 시민문화의 단초라 할 수 있는 이탈리아의 르네상스는 바로 이러한 여건 때문에 가능하였다.

서구의 근대 시민사회는 이때부터 상승곡선을 그리면서 성장을 계속한다. 그러나 독일의 근대 시민사회와 시민계급은 몇 가지 요인 때문에 지속적인 성장과정을 겪지 못한다.

첫 번째 요인은 독일 경제발전의 특수성이다. 초기 자본주의 발달과정의 독일은 경제적으로 매우 진보한 나라였다. 이탈리아 소도시와의 교역으로 남부독일에서는 상업이 융성하였고(오늘날에도 독일 남부도시인 뉘른베르크, 아우크스부르크 등에서 당시의 흔적을 엿볼 수 있다), 15세기와 16세기 북독의 한자(Hansa) 자유도시(함부르크, 브레멘, 뤼베크)는 북해와 발트해, 즉 서구와 동구를 연결하는 유럽 무역활동의 중요한 거점이었다. 경제사에서 '푸거 시대'라고 일컬어지는 16세기의 독일은 교황과 군주가 야합하여 주도하는 군사적·정치적 활동에 가장 큰 영향력을 행사하는 유럽재정의 중심지(즉 푸거家가 상주하던 아우크스부르크)가 되었고, 한때는 유럽에서 최대의 자본축적을 이룩한 나라가 되기도 하였다. 16세기의 독일 시민사회가 17세기나 18세기의 시민사회보다 경제적으로나 문화적으로 훨씬 더 발전된 양상을 띠었다는 일부 경제사가나 문학사가의 주장은 결코 무리한 주장만은 아니다. 그러나 이러한 경제 발전에 쐐기를 박는 결정적 사건이 도래한다. 즉 스페인과 포르투갈 그리고 영국을 중심으로 하는 국가들의 활발한 해양활동과 이에 따른 아메리카 대륙의 발견이다. 이 시기를 기점으로 유럽 경제는 유럽에서 세계적 차원으로 확대되고, 유럽 경제의 중심권도 지중해에서 대서양으로, 이탈리아와 독일로부터 영국과 대서양에 인접해 있는 국가로 넘어간다. 남독의 여러 도시는 이탈리아 소도시가 쇠퇴함에 따라 세력이 약화되고, 북독의 한자 도시들도 영국이나 네덜란드에 밀려 무역의 주도권을 상실, 몰락의 운명에 처하게 된다. 이로써 독일 시민사회의 성장은 정지하거나 후퇴한다. 해외 무역에 힘입은 영국 시민계급이 급성장함으로써 16세기의 런던은 이미 '상인의 도시'가 되었고, 영국의 귀족계급도 이러한 상업주의의 물결에 휩쓸려 그들의 전통적인 경제 기반인 농촌경제를 영농화하거나 기업에 직접 참여함으로써 일찍부터 시민화의 길을 걸었다. 시민화된 귀족계급은 상업 부르주아지와 손잡고 왕권과 보수 귀족에 대항하여 그들의 경제적·정치적 권익을 쟁취·옹호하였다. 영국의 광범위한 시민계층과 비교적 안정된 정치적 상황으로 일찍부터 상업자본의 축적이 가능하여 길드적 생산양식으로부터 매뉴팩처적 대량생산으로 이행하고, 17세기 말부터 본격화하는 산업화의 기초를 마련하였다. 이에 비하면 독일은 시민계급의 발전이 저지됨으로써 서구 유럽 국가 중에서 가장 낙후한 국가로 머물고 만다. 독일이 진정한 의미의 산업화 과정과 자본주의적 발달을 겪는 것은 19세기 후반기에 들어서다.

근대 독일 시민사회의 성격을 결정짓는 두 번째 요인으로는 독일 정치발전의 특수성을 들어야 한다. 서구 근대 시민사회의 형성과정에서 가장 특징적인 점은 절대왕정에 의한 통일국가의 성립이다. 절대왕정 국가는 근본적으로 왕과 귀족을 주축으로 하는 지배체제지만, 국가권력의 신장을 위하여 적극적으로 경제정책을 수립하고 통일된 국내시장을 마련함으로써 시민계급의 성장에 크게 기여하였다. 리슐리외 이후의 프랑스 시민계급은 절대왕정의 테두리 속에서 계속 그들의 지위를 신장하였고, 절대왕정의 관료조직에 시민계급 출신이 대거 진출함으로써 부르주아지가 귀족화하는 경향을 보였다(서구 시민사회의 상이한 발전양상을 말하면서 이러한 프랑스 '시민계급의 귀족화' 경향을 영국 '귀족계급의 시민화' 경향과 대비시키기도 한다). 시민사회의 성장이라는 면에서 프랑스 절대왕정 국가는 확실히 진보적 역할을 하였다. 절대왕정의 계몽주의 이념, 칼뱅이슴이 내세우는 노동과 직업윤리, 17세기의 프랑스 고전주의 문학과 18세기의 프랑스 사회·정치 사상(예컨대 볼테르의 합리주의, 백과전서파의 유물론, 몽테스키외와 루소의 사회사상) 등은 프랑스 시민혁명의 이념적 근거를 마련하였다.

프랑스의 절대왕정이 통일국가 체제를 정비하고 그 전성기를 맞이할 즈음의 독일은 완전히 분열된 상태에 놓여 있었다. 루터의 종교개혁을 전후한 16세기 초기에 이미 토마스 뮌처와 같은 종교·정치 지도자가 '농민혁명'을 통한 반봉건적 통일국가를 세우려고 노력했고, 16세기 후반부에는 카를 5세의 '현실정치'에 입각하여 독일제국을 성립하려는 시도가 있었지만, 이러한 시도가 모두 무위로 끝나고 난 후에는 계속 중세적·봉건적 정치질서가 지배하였다. 형식적으로는 교황과의 권력투쟁에서 승리한 독일 군주들을 중심으로 12세기부터 존속해왔던 이른바 '신성로마 제국'(볼테르의 말을 빌리면 당시의 독일은 로마도 아니며 신성하지도 않았다)이라는 정치적 테두리가 있었지만 실질적으로는 국가로서의 권력을 거의 행사하지 못하였고, 독일은 크고 작은 수많은 영주국가로 분열되어 있었다. 종교개혁과 반종교개혁 이후 독점적으로 독일황제의 권위와 칭호를 주장하였던 합스부르크가家는 대내적으로는 프로테스탄트적인 진보적 세력을 억압하는 중심지가 되었고 대외적으로는 '가톨릭적 반동의 보루'가 되었다. 통일국가의 부재, 신·구교의 대립, 독일 황제와 영주 및 영주 상호간의 갈등이 가장 첨예화한 형태를 띠는 것은 17세기 초반에 일어난 '30년 전쟁'(1618~1648)에서다. 많은 사가들은 30년 전쟁을 독일 정치사뿐만 아니라 독일 시민사회의 발전사에서도 결정적 사건으로 간주하는데, 이 전쟁으로 인하여 독일의 정치적 분열이 완전히 굳어졌고, 이로 인해 그러지 않아도 경제적 요인에 의하여 성장이 저지되어왔던 독일 시민사회가 완전한 정지상태 내지 급격한 퇴행과정을 겪지 않을 수 없었기 때문이다. 실제로는 유럽 각국의 복잡한 이해관계가 뒤얽혀 일어난 이른바 이 '종교전쟁'은 30년이나 계속되었고, 독일은 유럽의 중심부에 자리한 지정학적 위치 때문에 범유럽 전쟁의 각축장이 되었다. 이 전쟁을 치르고 난 독일은 그야말로 황폐화하였다. 인구는 1/3 이하로 줄고 생산수단은 완전히 파괴되었으며 도덕·문화 수준은 거의 영점으로 하락하였다. 독일 시민계급은 거의 재기불능의 상태에 이른다. 그들이 30년 전쟁의 희생과 충격에서 벗어나서 어느 정도 세력을 재정비하기까지 무려 1세기라는 기간이 필요했다.

30년 전쟁을 마무리하는 베스트팔렌 조약에 의한 영토분할은 19세기 말 통일국가가 성립될 때까지의 분열된 정치판도의 기초를 형성한다. 독일 황제와 봉건 영주들 사이의 수백 년에 걸친 투쟁이 30년 전쟁의 결과 영주들에게 유리하게 전개됨으로써, 17세기 말과 18세기에 걸친 독일적 절대왕정, 즉 영국과 프랑스에서처럼 왕을 정점으로 하는 중앙집권적 절대왕정이 아니라 수많은 영주와 군주를 중심으로 한 분권주의적 절대왕정의 기초가 마련되었다. 독일적 절대왕정의 특징은 서구의 절대왕정이 이미 진보적인 역사적 사명을 다한 후, 그것도 거의 2세기나 늦게 등장했다는 사실에 있다. 뒤늦게 탄생한 독일의 절대왕정은 처음부터 보수적이고 반동적인 성격을 띠었고, 서구의 절대왕정처럼 단일한 국가적 권위를 갖지 않았기 때문에 더욱더 국가권력 신장에 부심하였으며 국가권력의 절대성을 강조하였다. 합스부르크가에 대항하여 17세기 말부터 급격히 성장하는 프로이센 절대왕정의 최대목표는 군국주의를 통한 국가권력의 확대였다. '대포밥'을 마련하기 위하여 18세기의 독일 중소군주들은 앞다투어 상공업을 신장시켜 부를 축적하고 이를 통해 국가재정을 확보하고자 하였다. 18세기의 독일 시민계급은 바로 이러한 절대왕정의 엄격한 정치지배와 경제정책의 울타리 안에서 성장하였다. 독일 시민계급의 성장은 처음부터 자발적·유기적 성격이 아닌 외부적·강제적 성격을 띠고 있었다. 권력주도형의 경제발전과 이른바 '위로부터의 혁명'이라는 19세기적 독일 시민사회의 전개는 이때 이미 그 성격이 규정되는 것이다.

이러한 여건에도 불구하고 18세기 중반기 이후부터 독일은 시민사회의 성격을 뚜렷이 드러낸다. 이는 주로 소상인의 상업자본에 의해 독일경제가 중세적인 수공업적 성격을 벗어나서 매뉴팩처적·초기 산업자본주의적 생산양식으로 넘어가는 18세기 중엽과 시기를 같이한다. 이때부터 독일 시민계급은 나름의 사회·정치 의식을 갖고 귀족문화에 대립하는 시민문화를 형성하게 된다.

18세기의 독일 시민문화와 시민문학의 형성과정을 논하기 전에 선행되어야 할 것은 18세기 독일 시민 지식인 계층의 사회학적 고찰이다. 한 시기의 문화·정신 현상을 이해하는 데 지식인의 사회학이 큰 도움을 준다. 지식인 계층이 직접적인 문화의 담당자이고, 그들의 사회적 성격이 문화적 성격을 규정하는 데 가장 중요한 역할을 하기 때문이다. 그렇다고 지식과 지식인이라는 개념을 카를 만하임의 이데올로기 개념과 결부시켜서는 안 된다. 사회계층의 이해관계와 결부된 모든 학문과 지식의 이데올로기적 성격이 오로지 지식인이라는 계층에 의해서만 극복될 수 있고 객관성과 진리에 도달할 수 있다는 이론은 실제로는 20세기 유럽 지식인의 상황을 말해주는 데 불과하기 때문이다. 다시 말하면 만하임의 이론은, 초기 시민사회에서 그런대로 시민계급과 밀접한 관련을 맺고 그들의 이론적 대변자로서 사회적 역할을 담당할 수 있었던 시민적 지식인들이, 20세기에 들어와서 시민사회의 모순이 증대하고 시민계급 자체가 분열하는 가운데서 그들의 사회적·계급적 근거를 상실하고 방황·부동하게 되면서 그들의 사회적 존재 이유를 찾으려고 했던 일반적 노력의 한 반영인 것이다. 그러니까 20세기 유럽 지식인과 초기 유럽 지식인의 큰 차이점은 전자가 부르주아지의 전체 이익과 어느 정도의 비판적 거리를 유지한다면 후자는 그들의 이익을 시민계급의 이익과 거의 동일한 차원에 둔다는 데 있다.

18세기의 독일 지식인 계층은 그들의 특성을 독일적 표현대로 '집으로부터' 지니고 나왔다. 18세기 독일 지식인 계층의 형성과정을 연구한 결과에 의하면, 당시 독일 지식인의 대부분은 루터의 종교개혁 이후 대량으로 생겨난 프로테스탄트 목사 가정이나 소관리 집안 즉 소시민 계급 출신이었다. 18세기의 독일에서 시민계급이 사회적으로 상승할 수 있는 길은 교육을 통해 교회의 목사나 국가의 관리가 되는 일뿐이었다. 루터의 종교개혁 이후, 독일의 교회는 완전히 영주의 권력에 예속되어 있었고(오늘날에도 독일은 모든 시민이 의무적으로 교회세를 내야 할 정도로 종교와 정치가 분리되지 않고 있다), 목사는 국가권력에 봉사하는 신민臣民이자 관리였다. 주지하다시피 루터는 종교개혁 당시의 농민을 위시한 민중의 사회적 불만과 혁명적 에너지의 표현이었던 새로운 종교의식을 지배계급과 봉건영주들의 이익에 부합시킴으로써 농민전쟁을 배반하였고, 교회를 국가의 하녀로 전락시켰으며, 교회를 통해 국가권력에 대한 민중의 절대복종을 강조함으로써 독일인의 체질적인 정치적 순응주의와 신민의식臣民意識을 형성하는 데 결정적 역할을 하였다. 프랑스의 칼뱅이슴이나 영국의 퓨리터니즘이 이른바 프로테스탄트적 노동·직업윤리를 강조하여 상업자본의 축적을 가능하게 함으로써 노동기피적이고 소비지향적인 귀족계급에 경제적·정치적 대결을 시도하여 시민계급의 성장에 적극적 역할을 하였다면, 독일 초기 프로테스탄티즘의 지배적 형태인 독일의 경건주의(Pietismus)는 처음부터 사회적·정치적 관심을 배제하고 순전히 영혼의 구제나 양심의 순수성과 같은 개인적인 내면의 문제에 관심을 집중하였다. 내면

지향적인 독일의 경건주의는 철저히 소시민적이고 비사회적·비정치적이었다. 근대 독일 역사에서 북독일을 중심한 독일의 프로테스탄티즘은 가톨릭이 우세한 남부 독일이나 합스부르크가의 보수·반동 정치에 대항하여 한번도 진보적 역할을 하지 못하고 다만 프로이센적인 국가권력과 군국주의와 야합, 이를 지탱시켜 주는 이데올로기적 기능을 수행했을 뿐이다. 목사 가정 출신의 독일 지식인이 지니는 지나친 관념주의와 도덕적 순수주의, 이에 따른 그들의 비정치적 태도는 18세기뿐만 아니라 19세기와 20세기의 독일 시민문화에 그대로 반영된다.

목사가 아닌 관리로서(교사, 대학교수, 행정관리 등이 여기에 속한다) 신분상승을 시도한 독일 지식인의 성격도 이와 크게 다를 바가 없었다. 영국의 지식인들이 시민계급의 성장에 힘입어 일찍부터 비교적 뚜렷한 사회의식을 가지고 정치에 참여하고, 프랑스의 지식인들이 절대왕정의 관료기구에 침투, 재정과 고위행정의 전문관료가 됨으로써 시민계급의 이익을 대변하였다면, 독일의 지식인들은 기껏해야 하급관리가 됨으로써(고급관리는 귀족계급이 독차지하였다) 국가권력의 충실한 봉사자나 하수인이 되었다. 독일관료의 두드러진 특징으로 흔히 일컫는 비정치성과 권위주의적 사고방식은 이 시기에 그 뿌리를 내린다. 행정을 정치와 완전히 분리시키고, 국가권력을 처음부터 절대시 내지 신성시하여 위로부터의 정치적 명령을 하달·수행하는 데 익숙하며, 관료적 위계질서에 예리한 감각을 발달시켜 '상관에 대해서는 네 발로 기듯이 저자세를 취하고 이를 보상받기라도 하려는 듯 자기보다 낮은 사람이나 국민에게는 오만불손한 태도를 취하는' 독일적 관료기질은 18세기에 이미 그 뚜렷한 윤곽을 드러낸다. 칸트의 '정언 명령'(Kategorischer Imperativ)이 뜻하는 도덕과 의무의 절대화, 헤겔 철학이 도달하는 국가예찬론과 국가권력의 정당화 등은 18세기 독일 지식인의 일반적 사회·정치 의식의 집약된 표현이고, 20세기의 독일 역사에서 우리가 경험한 국가권력에 대한 독일 관료의 무비판적 맹종과 '나는 나의 의무를 다했을 뿐'이라는 나치 전범의 자기 합리화 등도 전통적인 독일 관료의 기질을 말해주는 것이다. 이러한 독일적 관료의식은 독일 시민계급은 물론 모든 사회계층의 의식에까지 깊이 침투하여 독일

국민의 사회적·정치적 의식의 저류를 이룬다. 18세기 독문학의 순응주의, 19세기 독일 시민문학의 골격을 이루는 이른바 '권력에 의해 보호된 내면성', 19세기 후반기의 대표적 소설가 테오도르 폰타네의 주제를 이루는 프로이센적인 관료적 덕목, 예컨대 의무와 명예라는 개념에 매달려 좌절하는 시민가정의 비극, 카이저 시대의 신민의식을 신랄하게 풍자·비판한 하인리히 만의 사회비판소설 등도 이러한 독일 시민계급의 관료의식과 밀접하게 관련을 맺고 있다.

2. 18세기 독일 시민문학 형성의 전제조건

18세기 초만 해도 독일문화는 궁정적·귀족적 성격을 띠고 있었다. 궁정문학과 예술의 주된 기능은 지배계급의 권위와 영광을 외부로 드러내는 일이었고, 궁정시인과 예술가는 완전히 궁정에 예속되어 있었다. 문화의 향유층도 궁정을 중심으로 한 서클에 한정되어 있었다. 당시 독일 궁정문화의 전범은 프랑스 귀족문화였다. 독일의 군소영주들은 앞다투어 베르사유 궁전을 모방한 건축사업을 벌였고 프랑스어를 궁정의 공용어로 사용하였다. 그들은 정치적으로는 폐쇄적 태도를 취하지만 문화적으로는 가능한 한 개방적이고도 진보적 태도를 취하려고 노력하였다. 이러한 문화정책의 근본 목적은 문화를 통해 권력을 과시하는 것이었다. 정치적 경쟁관계에 있던 학자들을 자기편으로 끌어들이고자 한 것은 바로 이런 이유 때문이다. 18세기 초반기의 독일 계몽주의 문학은 이러한 상황에서 전개되었다.

그러나 귀족적 요소가 지배적인 계몽주의 문학에서 시민적 요소가 점차 우위를 차지하게 되는 것은 18세기 중엽을 전후한 시기부터다. 물론 여기서 귀족적 요소에 대한 시민적 요소의 우위가 갑자기 그리고 단선적으로 이루어졌다고 생각해서는 안 된다. 이 두 요소는 오랜 기간 다툼을 벌여왔으며, 어느 시기에는 시민적 요소가 귀족적 요소를 모방하고 다른 시기에는 그 반대의 경향을 보이기도 하였다. 하지만 일반적 추세는 시민적 요소가 점차 지배적 영향력을 행사하는 방향으로 나아갔다. 이를 '문학과 예술의 시민화 과정'이라고 할 수 있다. 이러한 변화가 18세기 중엽을 전후하여 전환점을 맞게 되는 이유는, 이 시기에 귀족계급의 정치적 우위에도 불구하고 경제적·사회적으로는 시민계급의 세력이 영주와 귀족계급의 세력을 능가하기 때문이다(실제로 이 시기 독일 시민계급의 경제력은 이미 영주의 경제력을 훨씬 앞지르고 있다). 그러면 문학의 시민화 과정을 말해주는 일반적 특징을 열거해 보자.

1) 독일어의 보급

18세기에서 시민문학으로의 이행과정을 가장 명확하게 보여주는 징표는 독일어 사용의 점진적인 증가이다. 17세기와 18세기 독일에서 쓰여진 책들의 언어비율을 도식으로 보면 다음과 같다.

(단위 %)

	라틴어	독일어	프랑스어
1601~1610	63.8	33.6	2.6
1651~1660	61.9	35.2	2.9
1701~1710	41.0	57.9	1.1
1761~1770	13.8	73.1	13.1
1791~1800	5.8	89.5	4.7

라이프니츠 시대만 하더라도 라틴어가 학자들의 지배적 언어였는데 레싱 시대부터는 독일어가 절대적 우위를 차지하게 된다. 광범위한 시민계층이 일반 교육을 향유하면서 독일어 교육이 보급되고 사용이 늘어남으로써 독일어 의식이 고양되었다. 독일어 의식이 고양된 또 하나의 원인은 헤르더 이후 본격화하는 독일 민족언어와 민족문화에 대한 관심의 증대이다. 이 시기 독일어 사용의 특징은 하층민이 일상생활에서 쓰는 말을 문어체에 도입하고 있다는 데 있다. 종전까지의 독일어가 라틴어 문법에 준해서 엄격한 규칙을 따랐고 궁정적 규범에 준해 다분히 획일화되어 사용되었다면, 새로이 등장하는

시민지식인은 독일어에 감각성과 신축성, 유연성을 부여하고 그들의 새로운 자아의식에 부응해서 다양하고 자연스러운 스타일을 창조해 내려고 하였다. 16세기 루터가 성경을 독일어로 번역함으로써 문어체로서의 위치를 정립한 독일어는 그후 발전을 거듭하였으나, 문학적 언어로 정착되는 것은 18세기 후반기의 일이다. 레싱, 헤르더, 쉴러, 괴테 등의 독일 초기 시민작가들이 창조한 언어는 현대 독일어의 근간이 된다.

2) 문학적 지식인의 형성

앞서 18세기 독일 시민지식인 계층의 특성을 말하면서 그 구성원으로 주로 목사와 관리를 들었다. 그러나 실제로 이 계층의 가장 중요한 구성원은 넓은 의미의 문학적 지식인들이었다. 서구 근대시민문화의 성립과정에서 가장 괄목할 현상 중 하나는 이른바 '미학적 문화'의 형성이다. 문학은 미학적 문화를 형성하는 데 주도적 역할을 하였다. 어느 의미에서 문학이라는 형식은 근대 시민사회 성립 이전의 유럽사회에서 신학이 차지하던 문화적·이데올로기적 역할을 대신 수행하였다. 신학이 중세의 정치체제와 문화를 지탱하는 근거가 되었고, 중세에서 근대 시민사회로의 이행과정에서 보이는 격렬한 신학논쟁이 새로이 등장하는 초기 시민계급의 정치적 의식의 반영이라면, 예술과 문학은 부르주아지에게는 그들의 자유를 쟁취하기 위한 가장 중요한 수단이 되었다. 문학과 문학시장은 하버마스가 말하는 공공성의 중요한 일부가 되었다. 예술과 문학의 이러한 사회적 기능은 18세기 독일 시민사회에서 특징적인 모습을 띠는데, 그 이유는 위에서 언급한 이 시기의 독일 시민계급과 시민사회의 특수성과 연관되기 때문이다. 봉건체제와 정면으로 대결할 수 없었던 시민계급의 사회적 상황과 순응주의적인 시민지식인들의 기질은 18세기 독일의 내면지향적인 미학적 풍토에 좋은 여건을 마련해 주었다. 공적인 정치생활에서 거의 배제된 시민계급은 오로지 그들의 사적 영역에서 이른바 '내면공간'을 만듦으로써 현실에서 이룰 수 없는 그들의 자유의지를 실현하고자 하였다. 18세기 초에서 19세기에 이르는 독일 관념철학의 방대한 체계와 문학과 예술의 융성, 그리고 이 시기에 줄곧 추구되는 미학의 독자성과 자율성이라는 이념도 바로 이러한 상황 속에서 이해해야 한다. 18세기 중엽 이후 우후죽순 등장하는 문필가와 작가도 이러한 풍토에서 가능하였다. 당시에는 글깨나 하고 학식이 있는 사람은 누구나 작가가 되기를 원했고 또 스스로 작가라 칭하였다(18세기 말의 문인 인명사전에는 수천 명의 작가이름이 거론된다). 그러나 이들의 대부분은 현대적 의미의 직업적 작가와는 거리가 멀었다.

3) 문학시장의 성립

18세기 독일 시민사회는 문인들과 예술가들에게 경제적 독립과 안정을 보장할 광범위한 문학시장을 마련해 주지 못하였다. 그 첫 번째 이유는 아무래도 제한된 독자층이다. 문필가의 양적 팽창에도 불구하고 독자층은 한정되어 있었다. 당시 출판된 서적의 대부분은 실용적 목적을 위한 것(Gebrauchsliteratur)이거나 종교적 목적을 위한 것(Erbauungsliteratur)이었다. 그리고 당시 가장 많이 읽혀지던 문학서적은 18세기 고전적 작가의 작품이 아니라, 오늘날 독일문학사에서 거의 거론되지 않는 일종의 대중문학(예컨대 전통적 기사소설이나 연애소설 아니면 대중의 일상적 감정에 호소하는 문학)이었다. 광범위한 문학시장이 조성되지 못한 두 번째 이유는 정치적 분권주의로 인하여 통일된 국내시장이 없었다는 것이다. 문학의 상업화 및 자본화가 점차 이루어졌지만 국지적 발전에 머물렀다. 독일의 어느 도시도 영국의 런던이나 프랑스의 파리와 같은 문화 중심지로서의 역할을 수행하지 못하였다. 18세기 초 이미 영국에서는 의회에서 저작권과 인세권을 보장하고 많은 작가들이 경제적 신분적 독립을 누릴 수 있었지만, 독일 작가들의 사정은 전혀 달랐다. 저작권이 없는 것은 물론이고, 한 곳에서 출판된 책은 저자의 허가 없이도 다른 곳에서 그대로 복사·출판되었다. 그들은 여전히 영주나 귀족계급의 패트런을 필요로 하였고, 단지 독자와의 관계에서만 작가의 독립성을 쟁취하려던 작가는 레싱에서 보듯 말할 수 없는 경제적·사회적 곤궁을 감내하지 않으면 안 되었다. 이러한 상황에도 불구하고 18세기 독일은 시간이 지남에 따라 점차 현대적 의미의 문학적 사회관계로 나아가는 경향을 보인다. 문학시장은 점차 자본시장의 일부가 되기 시작하고, 문학이라는 분야는 하나의 사회제도로 독립하려 하며, 시민작가들은 그들이 처한 신분의 제한성에도 불구하고 독립된 직업인으로서 위치를 굳히려고 노력한다.

그러면 18세기 독일문화의 시민화 과정을 말해 주는 이러한 특징을 염두에 두고, 그것이 구체적으로 어떻게 전개되는가를 몇 사람의 대표적 작가를 중심으로 살펴보자.

3. 18세기 독일 시민문학의 형성과정

1) 고트셰트

고트셰트는 18세기 전반기인 1730년대에서 50년대까지의 독일문학을 대표하는 인물이다. 독일문학사의 관점에서 보면 그는 17세기의 귀족적 문학에서 18세기 후반기의 고전주의 문학으로 나아가는 과도기적 시기, 즉 독일 초기계몽주의 시기의 대표적 작가이자 문학이론가다. 그의 이러한 과도기적 성격은 한편으로는 귀족적·궁정적 문학에 깊이 연루하면서도 다른 한편으로는 궁정적 문학의 규범을 벗어나 새로운 미학적 규범을 정립하려는 노력 속에 잘 나타나 있다.

(1) 작가로서의 사회적 위치

흔히 라이프치히의 '문학교황'이라고 일컬어지는 고트셰트는 대학교수로 재직하면서, 잡지 편집자, 비평가 및 작가로서 광범위한 문학활동을 전개하였다. 절대왕정의 철저한 통제와 지배를 받던 당시의 시대상황에 비추어 대학교수라는 국가관리로서의 그의 문학활동은 궁정예속적 성격을 띠었다. 그는 보다 영향력이 강한 패트런의 환심을 사기 위해 부단히 노력하였고, 궁정문화에 대한 그의 비판이 영주들에 대한 직접적 비판이 되지 않게 언제나 세심한 주의를 기울였다. 이러한 그의 궁정예속적 관계에도 불구하고 그의 문학활동이 근본적으로 겨냥하는 바는 당시 상공업의 도시 라이프치히를 중심으로 경제적·사회적으로 상승하던 작센 공국의 대부르주아지층이었다(당시의 대부르주아지층은 사회적·문화적으로 귀족화하려고 하였다). 고트셰트가 지녔던 귀족 및 대부르주아지층 독자와의 관계가 가장 잘 나타나는 것은 그의 언어의식에서이다. 고트셰트는 당시의 궁정과 귀족층의 언어였던 프랑스어에 연연하면서도(한때 그는 약혼자에게 보내는 편지에서 '독일어로 편지를 쓰는 것보다 더 천한 것은 없다'고 말했다), 독일어의 순화와 문학적 언어로서의 독일어를 보급하는 데 지대한 공헌을 하였다. 『독일어의 기초』라는 저서에서 복잡하고 장식적인 17세기의 바로크 스타일 대신에 간단명료하고 논리적인 문법과 문장을 강조하고, 작센 지방의 언어를 문어체로 사용할 것을 제창함으로써, 루터를 전후해서 발전하기 시작해서 독일 고전주의에서 그 마무리가 지어지는 현대 표준독일어 정립에 기여하였다. 그 밖에도 프랑스의 '학술원'을 모방하여 일종의 독일적 학술원을 세우려 하고, 시민적 연극을 위한 개혁운동을 벌이기도 하였다.

(2) 궁정적 예술·문학 장르 비판

고트셰트 문학의 시대적 성격이 잘 나타나는 것은 궁정오페라에 대한 그의 신랄한 비판과 이를 대치하기 위한 새로운 예술·문학 장르의 정립을 위한 이론적·작가적 시도에서이다. 오페라는 17세기와 18세기 초의 귀족문화를 대표하는 예술장르였다. 17세기 이후의 유럽 절대군주들은 앞다투어 이탈리아식의 화려한 오페라극장을 세움으로써, 신의 대행자로서의 그들의 영광과 권위를 과시하고 이를 통해 그들의 지배체제를 강화하고자 하였다. 고트셰트는 귀족 중심적인 궁정오페라를 무엇보다도 경제적·실용적 관점(이를 대부르주아지의 관점이라고 해도 좋다)에서 비판하고 있다. 우선 엄청난 비용이 드는 오페라의 무대장치가 비실용적·소비지향적이라고 비난하고, 나아가서는 화려한 오페라가 관객들의 눈을 휘황찬란하게 하고 일시적인 오락과 안일을 줌으로써 정부가 하는 일로부터 눈을 돌리게 해서 결과적으로는 억압자의 통치를 용이하게 한다는 사실을 지적하고 있다. 그러나 오페라에 대해 고트셰트가 비판하는 주된 톤은 도덕적인 것이다. 즉 오페라의 실체인 음악적 질료가 근본적으로 감각적·관능적이기 때문에 오페라는 사람들을 도덕적으로 타락시킨다고 주장하면서, 그 대신 언어적 질료를 바탕으로 하는 문학은 더 정신적이고 더 도덕적이라고 생각한다. 따라서 그는 예술 장르의 엄격한 위계질서를 말하면서 음악이나 조형예술에 앞서는 언어예술의 절대적 우위를 강조하였다.

(3) 연극개혁운동과 프랑스 고전주의 '비극론'

18세기 초반까지만 해도 독일에는 소수의 귀족을 위한 궁정 오페라를 제외하면, 중류층 이하 관객을 대상으로 하며 괴테의 『빌헬름 마이스터의 수업시대』에서 볼 수 있는 유랑극단(Wandertruppen)만 있었을 뿐, 광범위한 시민계층을 포괄할 수 있는 극장이 없었다. 고트셰트는 근대적 의미의 시민극장, 즉 일정한 장소에 극장을 두고 정기적으로 공연되는 연극을 독일에 도입하려고 한 최초의 사람이다. 그의 연극개혁운동은 당대에서는 큰 실효를 거두지 못하고 다음 문학세대인 레싱까지 기다려야 했지만 그의 이러한 시도는 독일 근대문학사(연극사)에서 중요한 의의를 지닌다. 이러한 실제적 연극개혁운동과 병행해서 고트셰트가 주창한 연극형식은 궁정오페라 대신 17세기 프랑스의 고전주의 비극과 희극이다. 그의 고전주의 비극론은 르네상스 이후 재수용된 아리스토텔레스의 합리적·도덕적 미학에 근거를 두고 있다. 우선 오페라와 유랑극단의 '천박한' 희곡이 결하고 있는 시간과 장소 및 사건의 유기적 통일성, 즉 연극의 삼일치 법칙을 주장하고 나아가서는 연극의 도덕적·교훈적 기능을 강조하였다. 그는 17세기 프랑스의 비평가 부알로의 『시학』을 받아들여 고전주의 비극은 '위대한 인물들의 위대한 행동을 보여주기' 위한 것이고, 고전주의 희극은 '시민계급의 도덕적 교정'이 주된 목적이라고 주장하였다. 또한 시민계급은 고전주의 비극을 통하여 등장인물들의 도덕적 완벽성에 대한 경탄을 넘어 이들의 모범적 품성을 본받아야 하며, 군주와 귀족들은 비극의 '가공할 운명'을 거울삼아 지배자로서의 품성을 도야해야 한다고 강조하였다. 고트셰트의 이러한 비극론은 한마디로 철저히 계몽주의적 성격을 띠는데, 시민계급에게 요구되는 '위대한 인물의 모방'이란 다름 아닌 사회적·도덕적으로 귀족화하려는 대부르주아지의 이데올로기적 욕구를 충족시키는 것이었고, 다른 한편으로는 비극을 통한 지배자의 도덕적 순화 역시 계몽주의적 카테고리로 귀족계급에 압력을 가하여 지배계급에 도덕적 제동을 걸고 이를 통해 간접적으로 시민계급의 영향력을 확대시키고자 하는 것이었기 때문이다.

고트셰트 문학론의 계몽주의적 성격은 당시의 산문문학에 대한 비판에서도 드러난다. 18세기 초 독일의 지배적 산문형식은 주로 궁정적 사건이나 역사적 영웅을 소재로 하는 모험소설 아니면 일종의 '궁정적 연애소설'(Galanter Roman)이었다. 특히 궁정적 연애소설은 17세기 바로크소설의 기법을 그대로 따르면서도(예컨대 이야기의 줄거리가 단지 끝을 향해 단조롭게 진행되든가, 이야기의 끝이 오페라에서처럼 화려하게 막을 내리든가, 아니면 바로크식의 화려한 장식적 언어가 사용된다), 17세기 바로크소설과 달리 궁정적·귀족적 규범에 대해 절대적 정당성을 요구하거나 초자연적인 종교적 의미를 부여하지 않고, 단순히 한 쌍의 선남선녀가 무수한 곤란과 모험을 겪고 나서 다시 재결합한다는 다분히 현세적이고 대중적인 내용을 담고 있는 것이 그 특징이었다. 고트셰트는 주로 그가 발간하는 '주간도덕문예지'(Moralische Wochenschriften: 이 시기에 가장 유행했던 잡지의 일종으로 세간에 일어나는 모든 분야의 보도와 논평을 통해서 민중을 도덕적으로 교화시키는 것을 주된 목적으로 하였다)를 통해서 이러한 유의 소설이 경박하고 관능적이며, 인간의 덕성에 반하는 비도덕적 장르라고 비난하면서 일종의 '도덕적 경향소설'을 주장하였다. 도덕적 경향소설의 특징은 가장 본받아야 할 행동이 무엇인가를 주인공을 통하여 보여주거나 작가가 직접 도덕적 해설자로 개입하여 소설의 도덕적 심판관 역할을 하는 데 있다. 이러한 소설에서 강조되는 것은 이성, 학식, 정직, 겸손, 자비와 용기 같은 대부르주아지의 품성과 도덕률이다. 도덕적 경향소설은 17세기의 종교적·궁정적 소설에서 18세기 후반기의 시민적 소설로 나아가는 과도기의 역할을 하고 있다.

이상에서 살펴본 고트셰트의 문학활동과 문학이론을 요약해서 그의 문학사적 성격을 규정한다면, 그의 문학관은 18세기 초기의 독일 시민사회의 원동력이라고 할 대부르주아지의 계급적 이익을 대변하고 있다. 그의 문학론은 절대왕정의 테두리 안에서, 귀족적 지배질서와 취향에 어긋나지 않는 한도 내에서 상층 시민계급의 영향력을 최대한 신장·확대하려는 특징이 있다. 그것은 귀족적 이해와 대부르주아지의 정치적 타협을 반영한 것이었다. 고전주의 비극론이나 도덕적 경향소설에 반영된 그의 문학론은 현대적 의미의 문학비평가의 문학이론이라기보다는 철학적 도덕주의자의 문학이론이었다. 그는 문학을 어느 의미에서는 도덕적 수단이나 '도덕철학의 하녀'로 간주하였다. 그의 도덕적 문학론에는 다음 세대인 레싱과 달리 귀족계급에 대한 신랄하고 공격적인 면은 거의 없고 그가 선전하는 문학적 도덕률도 지배자의 '이성적 지배와 운명'에 모든 것을 내맡겨야 한다는 식의 신민의식을 고양시키고 있을 따름이다. 이러한 시대적 제약성에도 불구하고 그의 합리적·계몽주의 문학론은 그 뒤에 전개될 독일 시민문학의 기점이 되었다는 점에서 긍정적 평가를 받아야 할 것이다.

2) 레싱

1979년 레싱의 탄생 250주년을 맞아 동·서독에서 기념행사가 이루어졌다. 레싱은 대체로 18세기 독일 시민문학의 대표적 인물로 간주되는데, 그와 함께 귀족문화에서 시민문화로의 이행과정이 거의 마무리되고, 그에 의해 비로소 독일 시민문학사의 본격적인 장이 열리기 때문이다. 고트셰트의 문학관이 여전히 귀족적 규범에 매달려 있다면, 레싱의 문학관은 새로운 미학적 규범을 정립하려는 적극적 노력을 보여준다. 18세기 말의 독일 전성기고전주의 문학이 프랑스혁명 후의 독일 시민계급의 현실의식에 준해서 현실타협적 성격을 강하게 띤다면, 레싱의 초기고전주의 문학은 사회적·정치적으로 상승하려는 프랑스혁명 전 독일 시민계급의 성격에 상응해서 비교적 순수한 현실극복의 의지(비록 이념적인 것이긴 하지만)를 보여준다. 18세기의 고전주의 문학에 대체로 비판적 태도를 취하던 20세기의 독일 극작가 브레히트가 괴테와 쉴러의 전성기고전주의 문학에 비해서 레싱의 초기고전주의 문학이 지니는 참신성과 진취성을 높이 사는 것도 바로 이러한 이유 때문이다. 레싱이 독일문학사에서 점하는 중요성은 독일문학사에서 거듭 되풀이되는 그에 대한 관심과 연구에서도 잘 나타난다. 유물론적 독문학사의 효시라고 불리는 프란츠 메링의 문학사가 레싱 연구이고, 자기 나름의 문학사관을 정립하기 위한 대상으로 자주 레싱이나 레싱 시대의 문학이 거론된다는 사실이 이를 증명해주고 있다. 그러면 레싱이 차지하는 이러한 문학사적 위치와 중요성의 구체적인 성격이 무엇인가를 살펴보자.

(1) 시민작가의식

18세기 독일문학사에 등장하는 수많은 작가들의 전기적 사실 중에서 가장 인상적이고 감동적인 부분은 아마 경제적·사회적으로 완전히 독립된 시민적 작가가 되고자 했던 레싱의 '영웅적' 노력일 것이다. 가난한 목사의 아들로 태어나서 라이프치히의 대학시절, 베를린에서 문예기자와 비평가, 함부르크 국립극장의 연극연출가와 비평가로서의 활동을 거쳐 브라운슈바이크 공국의 도서관 사서로서 삶을 마칠 때까지 그의 전 생애는 일체의 예속적 관계를 벗어나서 완전히 독립된 시민작가의 위치를 쟁취하려는 노력이었다. 고트셰트는 대학교수로서 문필활동을 하였고, 독일 최초의 직업작가로 간주되는 클로프슈토크만 하더라도 덴마크의 왕을 그의 패트런으로 삼음으로써 궁정적 예속관계에서 벗어날 수 없었다면, 레싱은 이미 철두철미 시민적 의식에 투철한 작가였다. 우선 그는 일체의 궁정적 예속관계를 혐오하였고, 비록 사서와 같은 궁정예속적 직업을 가졌다 하더라도 그것은 그의 작가활동을 계속하기 위한 방편에 불과하였다. 레싱이 지녔던 최대의 욕구는 아무런 예속관계 없이 독립된 문필가로서 오로지 창작에만 전념하는 것이었다. 그가 젊은 비평가로서 가능한 한 작은 글씨로 글을 써서 잉크값을 절약하려고 했다든가, 자영출판사를 설립하기 위하여 고군분투했으며 나이 50에 이르러서야 가정을 이룰 수 있었다는 이야기는 정신적 독립을 지키기 위한 그의 물질적 투쟁이 얼마나 치열했던가를 말해준다. 레싱의 이러한 작가의식은 그의 작품활동과 문학론에도 그대로 반영된다.

(2) 연극비평가

시민적 작가로서의 레싱 생애에서 가장 중요한 시기는 함부르크 국립극장의 연극비평가로 활동한 기간(1767~1770)이다. 함부르크에 오기 전 레싱은 이미 「민나 폰 바른헬름」, 「에밀리아 갈로티」 등의 희곡을 썼고 말년에는 「현자 나탄」같은 뛰어난 작품을 썼지만 문필가로서의 재능과 업적은 이러한 창작활동보다는 비평적·이론적 활동에서 더 두드러지게 나타난다. 레싱의 비평업적이 집약적으로 표현된 것은 함부르크의 실제 연극체험을 통해 쓴 『함부르크 연극론』이다. 독일 최대의 시민연극 이론서로 간주되는 이 연극론에서 레싱은 매번 상연되는 연극의 기술적 문제에 대한 실제적 비평 외에 문학과 예술 일반에 관한 이론적 비평을 동시에 전개한다. 이 연극론의 주된 관심사는, 한편으로 귀족적 연극전통을 탈피해서 시민적 연극을 정립하고 다른 한편으로는 외국 지향적(특히 프랑스적) 연극을 지양해서 독자적인 독일연극의 전통을 확립하는 일이었다. 그러나 레싱의 이러한 시도는, 함부르크 국립극장이 곧 해체됨으로써 실패로 끝나 났다. 경영자들의 의견대립과 세력다툼, 점증하는 재정난이 실패의 직접적 원인이었지만, 이보다 더 근본적인 원인은 극장을 지속적으로 발전시킬 전체적 여건이 성숙되지 않았다는 것이다. 극장을 세울 때의 예상과 달리 관객수는 매우 제한되어 있었고, 함부르크의 시민층을 형성하던 도시의 세습 특권시민층이나 상인들은 연극에 그렇게 관심을 보이지 않았다. 그리고 '배우는 있으나 연기는 없고, 작가는 있으나 희곡예술은 없다'는 레싱의 말처럼 배우와 연극 자체 내의 여건도 마련되지 않았다.

고트셰트 이후 독일 연극운동을 지배한 것은 지금까지 산발적으로 행해지던 유랑극단을 지양해서 하나의 통일된 국립극장을 세우려는 노력이었다. 이러한 의미에서 함부르크 국립극장 설립은 독일문학사의 획기적 사건이었다. 하지만 이러한 시도가 성숙한 여건 위에서 이루어지지 않고 다분히 이상적 프로그램에서 출발해서 좌절로 끝났다는 사실은, 당시의 독일 시민사회가 처한 여건과 시민계급의 문화적 관심의 결여를 단적으로 반영한다. '관객을 바탕으로 극장을 만들지 않고 극장을 세움으로써 관객을 모으려던', 즉 극장을 통해 독일 시민계급의 정치의식을 일깨우고 민중의 독일 국가의식을 고취시키려던 노력은 이처럼 수포로 돌아갔지만, 레싱이 이루고자 했던 시민적 국립극장의 이념은 그대로 존속한다. 청년시절의 괴테가 시민극장을 주제로 한〈빌헬름 마이스터의 연극적 사명〉이라는 소설을 쓰다가 끝을 맺지 못하고, 중년시절인 1790년대 중반기에 가서야 비로소 유명한 교양소설『빌헬름 마이스터의 수업시대』를 마무리짓을 수 있었다는 사실은, 시민문학으로 성숙해가는 18세기 후반기의 문학사적 발전단계를 반영한다.

(3) 시민비극이론

『함부르크 연극론』을 위시한 레싱 문학이론의 핵심을 이루는 부분은 비극(특히 시민비극)의 장르이론이다. 고트셰트가 궁정오페라를 비판하고, 중세적 종교극이나 '천박한' 희극 대신에 프랑스 고전주의 비극과 희극을 규범으로 삼으려 하였다면, 레싱은 한 발자국 더 나아가서 프랑스 고전비극을 비판하면서 대신 '시민비극'(bürgerliches Trauerspiel)의 장르이론을 세우려고 한다.

레싱이 연극이론을 전개하는 데 원용하는 최대의 권위는 아리스토텔레스의『시학』, 특히 비극이론이다. 아리스토텔레스의 미학은 서구미학의 규범이 되어 왔고, 시대의 필요성에 따라 제각기 수용·해석되어 왔다. 아리스토텔레스의 미학에 나타나는 감정과 덕성의 순화가 중세에서는 기독교적 윤리관에 의해 윤색되었고, 르네상스 이후 17세기 프랑스 고전주의 비극에 이르기까지는 인문주의적·귀족적 도덕률과 결부되어 선과 미의 결합(칼로카가티아 kalokagathia)이라는 미적 개념이나 연극의 통일성같은 형식적 면을 강조하여 수용되었다. 그러나 레싱의 아리스토텔레스 미학 수용의 가장 두드러진 특징은 미학의 사회기능적인 차원을 강조한 것이다. 전통적 장르에 대한 레싱의 비판과 시민비극의 이론도 바로 이러한 관점에서 출발한다. 그는 우선 프랑스 고전비극이 진부한 귀족적 도덕규범으로서 궁정의 위신과 권위를 밖으로 현시하는 선전효과만을 노리고 있고 이를 통해 귀족적 질서를 굳히려는 역할만 할 뿐이라고 비난하면서, 이러한 장르를 대치할 시민비극은 넓은 의미에서의 시민적 가치를 전달하고 궁정이나 귀족에 한정된 폐쇄성에서 벗어나서 사회 모든 계층의 자유로운 의견소통과 개방적인 사회여론을 조성하는 수단이 되어야 한다고 주장한다.

레싱의 이러한 근본의도가 구체적으로 나타나는 것은 그의 동정이론(Mitleidstheorie)에서다. 아리스토텔레스의 비극론이 뜻하는 바의 동정이란, 무대주인공의 행동과 운명, 사건의 전개가 불러일으키는 일체의 감정을 관객이 '함께 느낌으로써' 얻게 되는 연극의 효과 및 기능을 말한다. 그런데 비극을 통해 얻게 되는 동정은 주인공의 타입이나 비극의 내용에 따라 상이한 양상을 띠기 마련이다. 프랑스 고전주의 비극에 대한 레싱의 비판도 이러한 비극이 불러일으키는 특수한 동정의 내용 및 그 효과에 관한 것이다. 레싱에 의하면 고전비극은 물리적·육체적 조건을 완벽하게 갖춘 훌륭한 전사나 지배자와 같은 주인공을 등장시킴으로써 일반 관객들에게 두려움과 경탄을 불러일으킴은 물론 끝내는 관객을 완전 압도하고, 이러한 주인공의 비극적 종말이 초자연적인 초월적 힘에 의하여 야기된다는 인상을 줌으로써 관객들이 사건의 진행과정에 완전히 수동적 태도를 취하게 만든다. 레싱의 이러한 주장은 분명 고전주의 비극이 내포하고 있는 사회기능적 성격, 즉 절대왕정의 유지와 이와 관련된 귀족문화에 대한 비판의식에서 나왔고 나아가서는 시민작가로서의 새로운 문학관을 반영하는 것이다. 레싱에 따르면 고전비극이나 종교극과 달리 시민비극은 우선 주인공이 제후장상이나 전사와 같은 지체 높은 사람이 아닌 일반 시민관객과 같은 유의 사람이어야 하고, 사건의 내용과 무대도 궁정반란이나 암투와 같은 정치적 사건이 아니라 일상적인 시민생활 속에서 일어나는 갈등이어야 하며, 주인공은 신체적 우월성이나 초월적 권위가 아닌 내면적·인간적인 덕성을 보여주어야 한다. 그러니까 관객이 함께 느껴야 할 감정은 분노와 격정같은 뜨거운 감정이 아닌 '차가운 이성'이어야 하며, 인간의 개별적인 감정이 아닌 인간 공통의 품성을 개발·도야할 수 있는 보편적 감정이어야 한다. 이러한 보편적 감정은 물리적·외부적 조건에 의해서 강제로 주입되어서는 안 되고 주인공의 성격이나 덕성에 스스로 동감·승복함으로써 생겨나는 자발적인 외경감(Furcht)을 통하여 하나의 통일적인 효과로서 획득되어야 한다. 레싱이 시민비극에서 이러한 통일적 효과를 얻기 위해 특히 강조하는 것은 주인공의 성격과 운명의 일치이다. 고전비극이나 영웅극의 사건진행이 외부적·초월적 힘에 의하여 이루어진다면, 시민비극은 주로 주인공의 성격 자체에 의하여 사건이 전개된다. 주인공의 행·불행도 전적으로 주인공의 성격에 기인한다. 레싱이 이와 같이 주인공 성격의 자율성과 통일성을 역설한다는 사실은, 이 시기에 이미 독일 시민계급의 자아의식이 크게 성장하고 있음을 말해준다. 성격과 운명의 일치를 통하여 연극의 통일성을 부여하려 했던 그의 시민비극론은 18·19세기의 독일 시민비극은 물론 19세기 '시민적 리얼리즘'의 이론적 기초를 마련하는 데 크게 기여하였다.

그러나 레싱의 연극론은 시대적 제약성을 지니고 있다. 먼저, 종교극이나 영웅비극에 나타나는 스토익한 도덕률이나 영웅적 특성 대신에 인간적이고 자연스러운 시민적 주인공의 성격을 중시한 점에서는 그의 이론이 고트셰트 시대의 문학이론을 넘어서지만, 다른 한편으로는 시민적 주인공의 도덕성·성격적 우월성을 너무 부각함으로써 성격과 외부적(사회적) 상황과의 상관관계를 밝히는 일에는 실패하고 있다. 레싱이 쓴 시민비극에 등장하는 대부분의 여주인공은 어느 의미에서는 그의 관념주의에 너무 집착하고 있기 때문에, 계층 간의 차이나 권력에 의한 물리적 압력과 같은 외부 요인에 의해서 비극적 운명을 당하는 것이 아니라 시민적 가정으로부터 지니고 나온 시민적 이상과 성격 자체 간의 모순과 갈등(예컨대 이성과 감성, 의무와 사랑 간의 갈등)에 의하여 파국에 이르는 것이다. 다음으로, 레싱의 동정이론이 주장하는 모든 인간과 모든 사회계층을 포괄하는 일종의 범인류적·초계급적 덕성과 감성(대표적인 예는 그가 거듭 강조하는 '관용'이라는 덕목이다)의 계발이라는 것도 따지고 보면 레싱 시대의 시민계급이 지녔던 추상적이고도 일반적인 사회·정치 의식의 반영에 불과하다. 18세기 독일 시민사회의 발달과정에서 보면, 레싱의 시민비극과 시민비극론은 아직도 귀족 지배계급에 대항할 만한 정치적 세력을 형성하지 못한 시민계급이 적어도 도덕적·이데올로기적 차원에서는 귀족계급을 압도·타도할 수 있으리라는 관념주의에 들떠 있던 이른바 '영웅적 환상시대'의 산물이라고 할 수 있다.

3) 질풍노도시대

격렬한 감정과 충동, 통제되지 않은 젊은 세대의 열정과 반항 등과 같은 이미지와 연결되어 흔히 일종의 보통명사처럼 사용되는 질풍노도 (Sturm und Drang)의 문학은 1760년대 중반쯤에서 70년대 말까지 독일에서 일어났던 문학적·정신적 운동이다. 이 운동은 주로 젊은 시대의 문학적 지식인에 의해서 주도되었다. 『젊은 베르테르의 슬픔』의 괴테, 『도적 떼』의 쉴러를 위시해 렌츠와 뷔르거와 같은 젊은 극작가들과 이론·사상 면에서 중요한 역할을 하였던 헤르더 등이 질풍노도의 문학세대에 속한다.

전성기 고전주의의 미학적 규범에 익숙해 온 독일 시민문학사는 오랫동안 이 시기에 나타나는 지나친 감수성과 극단적인 주관주의를 들어 질풍노도의 문학을 반계몽주의적·반시민적 문학으로 규정하려고 하였다. 물론 이 시대의 문학이 내포하는 이러한 면을 전혀 부인할 수는 없지만, 그렇다고 질풍노도의 문학이 근본적으로 비계몽주의적·비시민적이라고 말할 수는 없다. 이유는 질풍노도의 문학이 철두철미 시민적 지식인들에 의해서 주도되었고, 그들의 반시민적(anti-bürgerlich) 태도도 실제로는 그들이 원하는 바의 시민적 가치를 실현하기 위한 하나의 극단적인 표현양식이거나 반항적 제스처에 불과했기 때문이다. 이는 1960년대 말 베트남전쟁을 전후해서 서구의 젊은 세대들 사이에 일어났던 '히피운동'과 1970년대 동독 사회주의 체제에 반발을 일으킨 동독 청년세대의 『젊은 베르테르의 새로운 슬픔』(동독 작가 울리히 플렌츠도르프의 소설로 괴테의 소설을 빌려 한 젊은 동독 노동자의 현실체험과 좌절·반항을 묘사한다)이 근본적으로는 반시민적·반사회주의적이 아닌 것과 같은 이치다. 질풍노도의 반계몽주의적 요소를 두고도, 질풍노도의 문학은 18세기 독일의 일반적인 계몽주의 흐름에 역행하는 것이라고 말할 수 없다. 루소의 자연사상과 그의 반문화적·반합리주의적 태도가 볼테르의 합리주의 사상과 함께 프랑스 계몽주의의 한 단면을 뜻한다면, 질풍노도의 문학이 지니는 성격 역시 18세기 독일 계몽주의 문학과 시민문학의 또 다른 면을 나타낸다. 차이점이라면, 질풍노도의 문학은 18세기 독일 시민사회의 특수성에 상응해서 반계몽주의적·반시민적 요소를 확대·강조하여 부각시킨다는 것이다. 18세기 독일 시민문학의 형성과정이라는 관점에서 보면, 질풍노도의 문학은 고트셰트에서 레싱에 이르는 계몽주의적 성격이 강한 시민문학의 한계를 벗어나려는 시도이고, 다른 한편으로는 만년의 괴테가 베르테르의 시절을 회고하듯 전성기고전주의가 시민문학으로 나아가기 위한 '필수불가결한 수련과정의 일부'이다.

(1) 『젊은 베르테르의 슬픔』과 『도적 떼』의 반란

질풍노도의 문학하면 『젊은 베르테르의 슬픔』을 떠올릴 정도로 유명한 이 소설을 우리는 흔히 일종의 연애소설로만 이해하고 있다. 그러나 이 소설은 단순한 연애소설의 범주를 넘어 질풍노도의 시대적 상황을 잘 보여준다. 근대 유럽 시민소설이 대체로 그러하듯 이 소설은 사랑 이야기를 주축으로 해서, 이와 결부된 당시의 사회적 관계와 모순을 묘사한다. 한 젊은 주인공의 연애사건과 인간관계를 통하여 봉건적 구속과 사회적 제약, 경직된 도덕률과 형식에 얽매인 시민적 삶에 대한 반발을 드러내면서, 이러한 제약에서 벗어나서 개인의 인격과 능력을 신장하고 감성적 잠재력을 개발하여 자유로운 삶을 누리려는 당시 시민지식인의 강력한 충동과 동경을 표현한다. 물론 이러한 충동과 동경은 근본적으로 르네상스 이후의 유럽 시민계급에 공통된 것이었다. 하지만 독일의 경우 이러한 충동이 격렬한 형태를 취하는 것은, 이러한 충동을 확산·전개시킬 사회적 여건이 가장 열악했기 때문이다. 18세기 말과 19세기 초의 독일 낭만주의가 유럽 낭만주의의 일반적 흐름 속에서도 가장 극단적인 형태를 취하는 것처럼, 이 시기 유럽 시민계급의 질풍노도적 속성도 동일한 이유로 독일에서 가장 두드러진 양상을 띠고 부각된다. 협소하고 질식할 것 같은 분위기의 18세기 독일 소도시에 머물러야 하는 외부적 삶의 제약과 이러한 생활환경에서 탈출하려는 끊임없는 내면의 충동, 또한 속물적인 시민적 삶 및 가식적인 귀족적 삶의 제약과 '단순한 민중적 삶 및 자연적 삶'에 대한 무한한 동경은 완전히 대립관계에 있기 때문에, 이러한 양극적 대립이 치닫는 곳은 일방적인 감정의 상승과 자살을 통한 종국적인 감정의 소멸밖에는 다른 출구를 허용하지 않는다. 이 소설이 지니는 사회비판이 결과적으로는 감정적 반란 내지 문학적 반란에 그치고 마는 이유도 여기에 있다. 따라서 베르테르의 격렬한 사랑과 고뇌, 그리고 그의 죽음은 한 젊은이의 격정이 지니는 모순이 아니라 오히려 이 시기의 독일 시민사회가 안고 있던 역사적 모순으로 해석해야 한다.

　봉건질서에 대한 베르테르적 사회비판이 감정적 반란에만 그칠 뿐 구체적인 해결책을 발견하지 못하고 있는 또 하나의 대표적인 예는 초기 쉴러의 대표작 중 하나인 희곡『도적 떼』이다. 왕위계승권을 둘러싼 형제 간의 불화로 인해 그 중의 한 형제가 궁정을 뛰쳐나와 의적단에 들어가서 사회적 불의에 대항, 시민적 자유를 실현하려다가 결국은 좌절·실패한다는 내용의 이 희곡은 여러 면에서 질풍노도의 특징을 잘 보여준다. 기존의 사회질서에 대한 증오와 비판, 평범한 일상생활에 대한 경멸, 행동을 향한 충동, 순수한 파토스와 감수성에 대한 예찬, 자유에 대한 동경 등은 모두 베르테르적인 것이다. 그리고 이러한 열정과 충동이 하나의 건설적인 목적을 향해 통일된 에너지로 전개되지 못하고 중간에서 굴절을 겪는 것도 그러하다.『도적 떼』의 주인공 카를이 지닌 초기의 혁명적 에너지는 시간이 지남에 따라 무정부주의적 행동주의와 영웅주의로 나아가고, 드디어는 일종의 '범죄적' 양상을 띠게 된다. 주인공의 파토스는 사건의 로고스와 전혀 연관을 맺지 못한다. 의적단과 함께 궁정에 진입해서 자기의 애인을 죽이고 '살인자'라는 양심의 갈등을 해소하기 위하여 스스로 법정의 심판대에 선다는 이 연극의 말미와, 자유와 정의의 실현을 위하여 궁정을 떠날 때의 주인공의 이상 사이에는 커다란 간격이 있다. 이러한 형식의 불협화음은 근본적으로는 개인(가족)적 갈등과 사회적 갈등, 내면적(양심적) 문제와 정치적 문제 사이에 가로놓인 모순을 깊이 인식할 수 없었던 당시 독일 시민지식인의 제한된 정치의식의 반영이다.

(2) 질풍노도의 문학관과 장르론

　　　　질풍노도의 문학관(개념)이 지니는 가장 두드러진 특징은 극단적인 주관주의적 성격이다. 이러한 성격을 집약적으로 말해주는 것은 질풍노도의 문학이 강조하는 '창조'와 '천재'라는 개념이다. 레싱의 문학론이 이성과 시민적 도덕관, 그리고 그리스 미학과 셰익스피어 문학의 규범을 바탕으로 하여 귀족적 문학관에 대항하는 시민적 문학관을 세우려고 하였다면, 질풍노도의 문학론은 궁정적 미학은 물론 시민적 미학의 규범까지도 완전히 부정하면서 독자적인 미적 규범을 정립하려고 하였다. 이러한 독자적 미적 규범의 근간을 이루는 것은 개인적 독창성과 주관적 천재성이다. 질풍노도의 천재개념은 인간의 감정적 잠재력의 개발과 정신적 생산성의 무한한 확대를 통하여 인간 개성의 해방을 추구하려 했다는 근본의도에서는 확실히 시민적 성격을 띤다. 이러한 면에서 본다면 질풍노도의 주관주의는 프랑스혁명 이후의 독일 낭만주의, 즉 처음부터 시민적 가치에 반기를 들고 귀족적·복고적 가치와 결합하는 독일 낭만주의의 주관주의와 성격을 달리하고 있다. 하지만 질풍노도의 문학관은 결과적으로는 천재적·주관주의적 성격을 절대화하거나 신비화함으로써 본래의 의도와는 달리 독일 낭만주의의 실제와 크게 다를 바가 없는 사회적 기능을 담당했을 따름이다. 다시 말하면 질풍노도의 주관주의적 문학관은 자유를 실현하려는 당시 독일 시민계급의 정치적 실천과는 아무런 연관도 맺지 못하고 단지 봉건적 질서의 모순과 갈등을 중화시키는 개인적 출구를 마련해 줌으로써 전체적으로는 봉건 지배질서 유지에 봉사하는 기능을 하였던 것이다.

질풍노도의 이러한 주관주의적 문학관은 다음과 같은 몇 가지 특징을 갖는다.

첫째, 레싱의 문학관이 문학의 도덕적·교훈적 기능을 강조하였다면 질풍노도의 문학관은 주관적 감정의 표현 자체를 중요시하였다. 예술은 이제 더 이상 하나의 목적을 위한 수단이 아니라 개인의 천재적 창조력의 현현으로 간주되었다. 이에 따라 문학형식도 개인의 직접적 체험을 전달할 수 있는 문학장르가 발달하였다. 교훈적 목적을 위한 우화나 교술시 대신에 독자들의 감정에 직접적으로 호소하는 서정시나 『젊은 베르테르의 슬픔』과 같은 편지형식의 주관적 소설이 발달하였다. 드라마 역시 일정한 규범에 얽매이지 않는, 어느 의미에서는 레싱이 말하는 형식의 통일성을 벗어나는 연극형식과 기술(예컨대 삽화나 단편적인 장면의 연속적 전개나 괴상한 사건이나 전혀 예측할 수 없는 성격을 지닌 극중인물의 등장 등)이 발달하였다. 이러한 장르에는 엄격한 문법에 의한 문어체보다는 일상생활과 관련된 자연스러운 생활언어와 상류층이 아닌 중류 이하의 사람들의 언어가 사용되었다.

둘째, 질풍노도의 문학관은 대중적 성격을 띤다. 레싱까지만 해도 문학독자층이 상류시민층이나 귀족계급에 한정되었지만, 질풍노도 시대에는 이미 시민계급의 경제적 성장과 이에 따른 사회적 분화 및 문학시장의 확대로 인하여 광범위한 중류 시민계급과 중류 이하의 대중독자층이 형성되었다. 독자층의 저변확대는 18세기 독일 시민문학개념의 폭을 넓히는 데 커다란 역할을 하였지만 다른 한편으로는 문학개념의 분화현상을 일으키는 계기가 되었다. 이제부터 소시민적 독자층은 그들의 개인적 호기심이나 일상적 생활감정에 부응하는 소재의 문학, 즉 간통이나 범죄와 같은 스캔들을 다루거나 아니면 병리학적이고 그로테스크한 이야기와 같이 흥미를 돋우는 문학에 관심을 갖기 시작하였다. 독일문학사에서 고급문화와 대중문화의 구별이 그 윤곽을 드러내는 것은 이 즈음이고, 이러한 구별은 전성기고전주의 문학에 이르면 더욱 뚜렷해진다.

셋째, 질풍노도의 문학관은 독일적 국민문학관을 정립하려고 하였다. 물론 이러한 노력은 고트셰트 이후의 독일 시민문학에서 끊임없이 시도되었다. 하지만 모든 외래의 규범을 일체 배격하고(셰익스피어 문학은 그 중에서도 유일한 예외가 될 것이다), 독일 특유의 독자적 규범을 세우려고 한 점에서는 질풍노도의 문학관이 그 최초일 것이다. 이러한 일반적 노력을 대표하는 사람은 헤르더다. 초기 괴테의 문학발전에 지대한 영향력을 끼친 그는 독일문학의 독자적 전통을 독일역사에서 구하고, 새로운 문학형식을 중세 독일문학의 형식이나 구전으로 전승되어온 독일의 설화나 민요에서 찾으려 하였다. 헤르더의 문학관은 개인은 물론 국가의 독창적 창조력과 단선적인 역사의 변화만을 강조한 나머지 국수주의적이고 기계적인 역사주의의 성격을 띠게 된다. 그러나 그의 역사적 사고와 국민문학의 강조는 다가올 독일 낭만주의의 역사의식과 문학관, 그리고 이와 결부된 19세기 독일의 국가적 역사주의의 시발점이 되었다는 점에서 중요한 의의를 지닌다.

이상에서 우리는 고트셰트에서 질풍노도에 이르는 독일 시민문학의 발전과정을 서술하고 각 시대 문학관의 특성을 부각시켜 보려고 하였다. 이를 다시 요약하면, 고트셰트의 시대는 귀족계급에 영합하는 한도 내에서의 대부르주아지의 계몽주의적 문학관을, 레싱의 시대는 귀족적 문학에 정면으로 반기를 들고 새로운 시민문학관을, 그리고 질풍노도의 시대는 시민문학의 한계와 모순을 극복하기 위해서 주관주의적 시민문학관을 세우려고 했다. 그러나 이러한 문학론의 전개는 전체적 흐름을 말해줄 뿐, 실제 문학에서는 훨씬 복잡한 양상을 띤다. 귀족적 요소와 시민적 요소, 보수주의와 자유주의, 국가적 요소와 개인적 요소 등이 교차하면서 때로는 한 면이, 때로는 다른 한 면이 강조되어 나타난다. 이러한 문학적 발전이 18세기 독일 시민사회의 모순 및 변증법적 전개과정과 밀접한 관련을 맺고 있다는 사실은 다시 강조할 필요가 없다.

4. 독일 고전주의 예술이념

독일 고전주의 문학하면 레싱 시대의 초기고전주의 문학(Vor-klassik)과 18세기 후반기까지의 문학을 통틀어 이야기하지만, 엄격한 의미에서는 1780년대 중엽부터 18세기 말까지의 문학운동을 일컫는다. 이 시기의 문학을 초기고전주의 문학과 구별해서 일반적으로 전성기고전주의 문학(Hochklassik) 내지 바이마르고전주의라고 부른다. 개인사의 입장에서 보면 이 시기는 질풍노도의 풍파를 겪고 난 젊은 괴테가 바이마르라는 소공국의 관리로서 중년시절을 보낸 후 1786년부터 1788년에 걸친 이탈리아 여행에서 돌아와 착수한 일련의 작품활동과 이때부터 시작되는 쉴러와의 정신적 교류와 공동작업 시기에 해당한다. 시대사의 입장에서 보면, 이 시기는 현대 유럽 시민사회의 획기적 전기를 마련하는 프랑스혁명(1789)이 일어난 무렵이고, 독일 시민지식인들이 혁명의 와중에서 그들의 정치적·이념적 지표를 세우려고 했던 시대다.

프랑스혁명은 독일 고전주의 문학운동은 물론 그 후의 독일 낭만주의 운동과 이 시기의 독일 관념철학에 결정적인 영향을 미친 사건이었다. 이 시기의 철학과 예술, 문학에서 보이는 엄청난 정신적 생산성과 내용은 프랑스혁명이라는 정치적 대사건과 분리해서는 결코 이해할 수 없다. 한마디로 '프랑스적 상황'을 갖지 못한 독일 시민지식인의 프랑스혁명에 대한 태도는 처음부터 양면적인 것이었다. 혁명초기의 열광과 환희는 자코뱅 독재와 공포정치를 전환점으로 곧 혁명에 대한 좌절과 환멸로 변화하였다. 그리고 혁명적 상황을 갖지 못한 독일 시민지식인의 프랑스혁명에 대한 태도는 처음부터 이론적·관조적인 것이었고, 어느 의미에서는 미학적인 것이었다. 그들은 프랑스혁명을 강 건너 불구경하듯이 바라만 보았고, 혁명의 불길이 처음 일어날 때는 환호작약해서 '자유의 나무'를 심었지만 그 불길이 자체의 동력에 의해서 걷잡을 수 없이 확대되자 모두 겁에 질려 이론의 영역(특히 독일 관념철학)으로 후퇴하거나 아니면 관조적·미학적 세계로 도피하였다.

이론적·미학적 영역으로 후퇴한 독일 시민지식인들의 최대 관심사는 프랑스혁명의 이론과 실제 사이의 간극에 대한 인식과 이러한 간극을 극복하기 위한 노력이었다. 이론과 실제의 간극을 극복하기 위한 노력은 궁극적으로는 자유의 실현을 위한 통일적 이념을 찾기 위한 것이었다. 칸트에서 시작해서 피히테, 셸링을 거쳐 헤겔에 이르는 방대한 철학체계와 독일 고전주의·낭만주의 문학도 근본적으로는 이러한 통일적 이념을 찾기 위한 노력이었다고 할 수 있다. 그 중에서도 독일 관념철학과 고전주의 문학이 추구한 미학적 이념과 예술이념은 이러한 일반적 노력의 집약적 표현이라는 점에서 이 시기의 정신사는 물론 문학사를 이해하는 데 결정적 의미를 갖는다. 독일 고전주의의 예술이념은 18세기 독일 시민문학 발전과정에서 보면 지금까지의 시민적 문학운동이 발전시켜온 요소들을 포괄적으로 수용하는 하나의 종합적 문학개념이고, 다른 한편으로는 다가올 현대 독일 시민문학의 기본방향을 제시해 주는 이정표적 문학개념이라고 할 수 있다. 여기에 독일 고전주의 문학의 예술이념의 특징을 열거해 본다.

1) 철학적 인식론과 예술의 자율성

르네상스 이후의 유럽 예술과 문학의 가장 두드러진 특징은 예술과 문학의 독립성 내지 자율성(Autonomie)을 확립하려는 노력이다. 중세의 예술이 주로 종교와 신학에 봉사하는 역할을 하였다면, 근세 이후의 초기 시민계급은 이러한 예속적 관계에서 탈피해서 예술의 독자성을 추구하였다. 물론 그것은 초기 시민계급의 사회적·정치적 해방의 일부로서 진행되었다. 그런데 예술의 자율성에 대한 추구는 이론적 차원보다는 오히려 실제적 차원에서, 예컨대 예술시장이나 예술제도의 성립이나 예술가의 사회적 지위 확립의 측면에서 이루어졌다. 물론 르네상스 이후 아리스토텔레스 미학의 재수용에서 엿보이는 것처럼 이론적 노력이 없었던 것은 아니지만, 그것은 다분히 윤리적·도덕적 성격을 벗어나지 못하였다. 독일 고전주의 예술론의 가장 두드러진 특징은 이 예술론이 종래의 미학이 강조해온 윤리적 성격을 넘어 예술의 독자성에 대한 철학적·인식론적 근거를 마련하려고 한 데 있다. 프랑스혁명을 통하여 새로운 차원에서 시민사회의 모순을 인식한 독일 시민지식인들은 그들의 새로운 역사이해와 사회인식의 통일적 원리로서 미학적 이념을 내세웠다. 18세기 중엽의 바움가르텐에서 비롯되어 칸트, 쉴러, 괴테, 셸링을 거쳐 헤겔에 이르는 일련의 미학적 관심은 바로 이러한 노력의 반영이다. 그 중에서도 특히 칸트의 미학적 이론에서는 인식의 통일적 원리로서의 미학의 자율성을 정립하려는 당시의 일반적 노력이 가장 잘 나타나고 있다.

잘 알려진 바와 같이 칸트는 인간의 인식능력을 세 개의 영역(학문적 인식, 도덕적 인식, 미적 인식)으로 나누어 생각하였다. 학문적 인식이 가능할 수 있는 것은 인간이 선험적으로 가지고 있는 '순수이성', 즉 오성의 작용 때문이고, 우리가 양심이나 절대적인 도덕적 기준에 의해 실제로 행동할 수 있는 것은 '실천이성'에 의한 것이라면, '미'를 인식하고 판별할 수 있는 것은 '판단력'이라는 인간의 특수한 인식능력에 기인한다고 주장한다. 칸트는 '미'를 '일체의 이해관계 없이 우리 마음에 드는 것'이라고 정의함으로써 미적 인식의 특수성이 우리의 주관적 감성에 바탕하고 있음을 명백히 한다. 그러나 그의 미학이 갖는 중요한 특수성은 미적 인식능력이 학문적 인식능력과 도덕적 인식능력을 연결시켜주는 교량의 역할을 한다는 데 있다. 칸트에 의하면 순수이성이 감각적 현상세계의 보편적인 법칙성을 추출하려 하며, 실천이성이 순수이성으로 파악할 수 없는 초감각적인 초월적 가치, 즉 영원성이나 신성, 그리고 이와 결부된 인간의 절대적인 자유의지나 도덕의식에 도달하기 위한 것이라고 한다면, 자유롭고 유동적인 감성에 바탕하고 있는 미적 인식능력인 '판단력'은 이 두 인식능력의 대립성 – 감각세계와 초감각세계, 존재와 당위, 필연과 자유 – 을 연결시켜줌으로써 인식의 통일성을 가능하게 한다. 칸트의 이러한 미학이론은 예술의 자율성이라는 독일 고전주의의 예술이념에 인식론적 근거를 마련하였고, 나아가서는 현대 유럽의 주관주의적·관념주의적 미학의 원형이 되었다.

2) 역사철학과 예술이상

인식론적 이원성을 극복하려는 노력으로서의 독일 고전주의 미학이념은 당시의 독일 시민계급이 가지고 있는 역사의식 내지 역사철학적 인식과 깊은 관련을 맺고 있다. 바꾸어 말하면, 프랑스혁명을 체험한 독일 시민계급은 시민사회의 이론과 실제, 이상과 현실의 간극을 인식했을 뿐만 아니라 나아가서는 역사발전의 내재적 원인이 무엇인가에 깊은 관심을 갖기 시작하였다. 당시 독일 시민계급이 느끼고 있던 시민적 이상과 시민적 실제의 간극이 가장 극명하게 나타나는 것은 이른바 부르주아지(bourgeois)와 시토아앵(citoyen)이라는 대립개념에서이다. 부르주아지가 현실적 시민계급을 뜻한다면 시토아앵은 이념적·이상적 차원에서의 시민계급을 뜻한다. 독일 고전주의 문학의 기본주제는 한마디로 실제적 부르주아지의 현실을 지양·극복하고 이론적 시토아앵의 이상을 실현하려는 노력이었다. 이러한 노력이 잘 나타나는 것은 쉴러의 유명한 미학이론인 「소박문학과 성찰문학」에서이다. 이 논문에서 쉴러는 외부세계와 내부세계, 이론과 실제의 간극이 존재하지 않고 그 자체로서 하나의 완벽한 세계를 형성하고 있는 이상적인 역사적 상황, 즉 그리스적 세계를 상정하고, 여기에 의식의 분열 및 이상과 실제의 간극으로 규정될 수 있는 현대의 역사적 상황을 대비시키면서, 현대미학(문학)

의 특징은 결코 소박해질 수 없는 현대의 역사적 상황 속에서도 소박해지려는 성찰적 동경과 지적 지향성을 절대 잃지 않는 데 있다고 주장한다. 그리스적 역사상황과 이에 바탕한 시민적 이상 및 예술이상이 그 최대의 이론적 표현을 얻는 것은 헤겔의 역사철학과 미학에서이다. 헤겔은 그리스의 폴리스(Polis)적 사회를 순수한 의미의 자유개념이 실현되는 역사의 이상적 원형으로 여기고, 호메로스의 『일리아스』와 『오디세이아』의 서사시적 문학세계를 인간의 총체성이 지배하던 '시적 이상' 내지 '예술이상'(Kunstideal)으로 간주하였다. 이와 같은 독일 고전주의의 그리스 이상화는 실제로는 당시 독일 시민계급이 실현하고자 했던 순수한 자유와 시민적 이상의 투영에 불과하다. 헤겔은 오늘날의 시대를 그리스의 '시적 이상'이 실현될 수 없는 '산문적' 시대로 규정하고 그리스의 예술이상은 오로지 철학에 의해서만 실현이 가능하다고 주장했을 뿐 아니라, 순수한 자유개념을 실현하기 위한 목표로서의 그의 예술이상 역시 절대이념(자유)으로 나아가는 철학체계의 최종적 단계 내지 수단으로서의 국가라는 이념에 완전히 흡수된다고 생각했다. 독일 고전주의 미학의 그리스 수용과 예술이상이 얼마나 현실과 유리된 이론적·이상적 차원에서 이루어졌는가를 말해주는 좋은 예는, 그리스의 이상과 시토아앵의 이상을 노래하고 거기에 끝까지 충실하고자 했던 이 시기의 시인 횔덜린이 철저한 고독과 이른바 '성스러운 어둠' 속에서 생애를 마쳤다는 사실이다.

3) 인격의 총체성과 예술이념

현실인식의 통일된 주체를 찾으려 하고 총체성이 지배하는 역사의 이상적 원형을 구현하려는 독일 고전주의의 예술이념의 근저에는 또한 인격의 통일성과 인간의 총체성을 획득하려는 노력이 자리잡고 있다. 인간의 총체성을 획득하는 것이 예술의 가장 중요한 기능이라는 생각은 독일 고전주의 예술이념의 핵심이다. 이미 칸트에서도 인간의 인식론적·도덕적 총체성 실현을 위한 미학과 예술의 기능이 언급되었지만, 이는 여전히 인식론의 차원을 벗어나지 못하였다. 인간의 총체성을 획득하기 위한 수단으로서의 예술의 사회적 기능이 본격적으로 논의된 것은 쉴러의 미학에서이다. 쉴러는 「인간의 미적 교육에 관한 편지」를 위시한 미학논문에서 인간의 인격적·도덕적 완성이 전제되지 않고는 프랑스혁명의 시민적 이상과 인류의 정치적 이상이 실현되지 않는다고 하면서 인격적 완성은 미적 교육을 통해서 가능하다고 주장한다. 미적 교육이 지향하는 바는 감성과 이성의 이상적 조화이고, 이러한 조화는 쉴러의 개념에 따르면 오로지 인간에 내재하는 '형식충동' 내지 '유희충동'에 의해서만 가능하다. 그러니까 예술에 나타나는 조화의 세계는 형식 내재적인 법칙성이나 '상상력의 자유로운 유희'에 의하여 만들어지는 형식의 세계이자 가상(Schein)의 세계이다. 쉴러는 형식에 의한 가상적 조화의 세계가 단지 하나의 이상적·미학적 프로그램일 뿐, 실제의 현실이나 정치 속에서는 이루어질 수 없다는 것을 알고 있다. 그럼에도 불구하고 그는 정치적 이상을 실현할 수 없었던 당시의 독일 상황에서는 시민적 이상과 자유이념을 실현할 유일한 길은 미적 교육을 통하는 길밖에 없다고 생각하였다. 그러나 쉴러는 미적 교육의 이념이 지닌 이상주의적 성격의 한계성을 잘 인식하고 있다. 그는 정치적 혁명이 수반되지 않는 미적 교육은 완전한 실효를 거두기 어렵다는 사실을 여러 번 지적한다. 따라서 쉴러의 미학이론은 정치적 혁명과 미적 교육의 이율배반성에 시달리면서 자주 순환논리에 빠지고 있다.

4) 교양이상과 교양소설

독일 고전주의 예술이념의 주축을 이루는 또 하나의 중요한 개념은 교양이상이다. 교양이라는 개념은 독일 시민문화에서 일종의 '마력적인 힘'을 가진 말로서 오늘날에도 독일 시민계급 하면 곧 '교양 시민계급(Bildungsbürgertum)'을, 독일 시민문학 하면 곧 '교양소설(Bildungsroman)'을 연상할 정도다. 18세기 독일 시민지식인의 사회학을 논하면서 우리는 당시의 시민계급이 사회적으로 진출할 길은 교육을 통하는 길뿐이었고, 이러한 시민사회의 제약성 때문에 그들의 정치적 의지를 주로 도덕적·내면적 공간의 확대, 즉 교육과 교양을 통하여 실현하고자 했다는 사실을 지적하였다. 이러한 의미에서, 독일 고전주의 시대에 와서 이론적 윤곽을 드러내는 독일의 교양이념과 이상은 개인적인 내면세계의 확대를 통하여 사회적 이상을 실현하고

자 했던 18세기 독일 시민계급의 사회적·정치적 의식의 집약적 표현이다. 독일 교양소설의 원형으로 간주되는 괴테의 『빌헬름 마이스터의 수업시대』와 『편력시대』는 독일 시민계급의 이러한 일반적 이상을 가장 잘 형상화하고 있다. 이 소설의 주된 내용은 빌헬름이라는 젊은이가 그의 시민적 직업(상인)을 버리고 뜻을 같이하는 여러 계층의 사람들과 함께 무대와 연극을 통하여 하나의 이상을 실현하고자 하는 여정이다. 주인공이 추구하는 이상은 시민적 자아의 고립성과 폐쇄성에서 벗어나서 연극을 통하여 외부세계를 체험하고 이와 관계를 맺으려는 것이고, 이를 바탕으로 하여 휴머니즘의 이상과 하나의 공동체 의식을 개발·획득하려는 것이다. 이 교양소설의 주인공은 다른 소설구성원들과 함께 긴 교양의 여정을 거치면서 어느 정도 그의 고립된 시민성에서 탈피하여 공동체 의식을 발전시키는 데 성공하지만, 소설의 마지막에 가서 주인공이 결론적으로 얻게 되는 것은 이른바 '체념'(Entsagung)이다. 루카치의 『소설의 이론』에 따라 우리는 이러한 체념을 시민사회의 실제와 휴머니즘의 이상에 부응하려는 현대인간의 가장 바람직한 삶의 태도고, 오늘날의 역사적 상황의 한계 내에서 한 개인이 가질 수 있는 최대의 '정신적 고향'이라고 좀 거창하게 해석할 수도 있겠지만, 실제로는 이러한 체념은 시민계급과 귀족계급 모두의 요구에 부응하려는 근본적으로 현실타협적인 당시 독일 시민지식인의 사회의식의 반영이자, 그들이 지니는 정치적 한계성에 대한 깊은 인식의 결과라고 해야 한다. 프랑스혁명 시기의 독일 시민계급은 그들의 정치적 해방의 제한성을 보상하기 위하여 그들의 이상주의를 강화하였고, 다른 한편으로는 그들의 현실타협적인 실제 행동에 맞추어 18세기 초의 그들의 도덕의식이 지녔던 공격적 성격을 통제하고 세련화했다. 전성기고전주의의 교양이상과 교양소설에 등장하는 이상적 인간상도 이러한 관점에서 이해해야 한다.

5) 국민문학과 '세계문학'

인간의 총체성과 교양이상을 바탕으로 하는 독일 고전주의의 예술이념은 18세기 말의 독일 시민사회가 안고 있는 사회적 모순의 반영이자 이를 극복하려는 노력이었을 뿐만 아니라, 나아가서는 당시 독일의 정치상황, 특히 독일의 국가문제를 해결하려는 노력이었다. 시민적 자유이념에 입각한 통일국가를 세울 수 없었던 당시의 시민계급은 미학적 이념에 의해 국민문학을 정립하려 하였고, 국민문학의 형성을 통하여 정치적 통일국가를 수립하려 했다. 그러나 미학이념을 통한 통일국가의 성립은 현실성이 없는 추상적·유토피아적 프로그램에 그쳤을 뿐, 16세기와 17세기의 영국이나 프랑스에서와 같은 광범위한 사회계층을 포괄하는 국민문학은 형성될 수가 없었다. 독일의 정치적·분화적 분권주의와 시민사회의 취약성은 18세기의 독일문학을 몇몇의 궁정과 도시, 그리고 상류시민층과 귀족계급에 한정시켜 놓았다. 이러한 의미에서 독일 고전주의 문학은 국민문학과는 거리가 먼 엘리트문학이자 고급문학이었다. 말년의 괴테가 자신의 문학을 포함한 당시의 독일문학의 사회적 영향력이 매우 제한되었음을 통탄하고, 19세기에 들어와서도 독일 고전주의 문학이 일부의 시민지식인들에 한정되어 수용되었다는 사실은 이 시대 문학의 한계성을 말해주는 것이다.

괴테가 처음으로 사용했다고 하는 '세계문학'이라는 개념도 이와 결부하여 생각할 수 있다. 물론 우리는 괴테가 말한 세계문학을, 16세기와 17세기의 서구문학이 이루어놓은 문학적 전통을 독일 고전주의 문학이 종합적으로 수용했다는 뜻으로나, 아니면 산업혁명에 따른 물질적 교류처럼 정신적 교류도 범유럽적 차원에서 이루어지고 있다는 뜻으로 이해할 수도 있다. 그러나 괴테의 세계문학이 갖는 진정한 의미는, 세계문학이라는 추상적인 범주를 통하여 간접적으로 독일 국민문학을 정립하려는 데 있었다. 그것은 칸트가 '세계시민'이나 세계기구라는 보편적 개념을 통하여 시민적 이념에 바탕한 독일국가를 세우고자 했던 바와 근본의도가 같은 것이다. 칸트와 괴테가 추구했던 철학적·문학적 세계론의 핵심을 이루는 것은 프랑스 시민혁명의 이념을 바탕으로 한 범유럽적 시민국가와 시민문학의 수립이었고, 이는 독일 차원에서 이룰 수 없었던 시민가치를 범유럽적 테두리를 통하여 실현하려는 당시 독일 시민계급의 이념적 노력의 표현이었다. 이러한 괴테의 세계문학론은 일반적으로 문화와 정치를 분리시키는 독일 시민계급의 이원적 사고 및 비정치적 문화의식과도 관련 있다. 『괴테와의 대화』에서 괴테가 독일과 정치적 대립관계에 있던 프랑스를 두고는 자신의 교양이 그렇게 많이 힘입은 나라를 결코 미워할 수는 없는 일이라고 못박고 나폴레옹의 독일 침입 당시 범국민적인 독일 해방전쟁에 소극적 내지 부정적 반응을 보이면서도, 지식인의 자유나 언론의 자유에 국가적 제재가 가해질 때는 이에 적극적으로 반대의 입장을 취한 것도, 그의 문화중심적인 사고와 관련된 정치의식을 말해준다. 그는 이를테면 프랑스가 정치적으로 세계사적 과업을 수행한다면 독일은 문화적으로 세계사적 사명을 완수해야 한다고 생각하였다. 괴테의 세계문학론의 저변에 놓여 있는 기본적 생각, 즉 문화와 정치의 분리, 문화와 예술을 통한 세계사적 사명 완수는 현대 독일 시민계급의 정치의식과 문화의식에 심대한 영향을 끼친다. 현대의 독일역사에서 정치적으로 완전히 좌절하면서도 독일 시민계급은 끝까지 그들의 문화적 우위를 주장하였고, 예술과 문학의 이념을 통해서 세계사적 사명을 다할 수 있으리라는 기대와 신념에 차 있었다. 프로이센이 통일국가를 이루는 과정에서 괴테와 쉴러를 거의 개인숭배에 가깝게 수용한 것도 이와 관련이 있다.

　이상에서 열거한 독일 고전주의 문학관의 여러 특성은 하나의 통일적 성격을 이룬다. 그것은 독일 고전주의의 예술이념과 예술이상이라는 개념으로 환원된다. 18세기 독일 시민문학이 정립한 예술이념은 그 뒤에 다가오는 독일 시민문학에서는 물론 독일 시민문화의 전반에 걸쳐 하나의 이론적 지표가 되었다. 19세기와 20세기에 와서 독일 고전주의 문학은 시대적 상황과 필요성에 따라 각각 달리 수용·해석되었지만, 고전주의 예술이념이 지니는 절대적 가치와 의미에는 누구도 이의를 제기하지 않았다. 엥겔스조차 18세기 시민문학의 이데올로기적 성격을 비판하면서도 독일 고전주의 미학과 독일 관념철학의 정통적 계승자가 마르크시즘이라고 주장하였고, 19세기 말의 대표적인 사회주의적 문학비평가 메링도 괴테와 칸트의 미학적 이념의 완성과 그 실현이 노동운동의 최후목표라고 말하고 있다. 20세기의 대표적 문학이론가 루카치의 사회주의 리얼리즘의 근본이념 역시 독일 고전주의 예술이념으로부터 비롯하고 있다. 루카치에 의하면 독일 고전주의 예술이념은 현대 부르주아지 사회에서는 결코 이루어질 수 없고 오로지 마르크시즘의 사회인식 방법과 역사관, 그리고 프롤레타리아트의 실천에 의해서만 실현이 가능하다고 주장한다. 이러한 루카치의 견해에 반대입장을 취하는 아도르노 역시, 독일 고전주의의 예술이상은 현대 자본주의 사회에서는 물론 사회주의의 실제에 의해서도 완전히 배반당했다고 주장하면서도 18세기 독일 시민문학이 이룩한 예술이념은 어떤 형식으로라도 – 비록 인류역사에서는 아니더라도 – 계속 실현될 수 있으리라는 유토피아적인 꿈에 매달리고 있다. 독일 고전주의의 예술이념이 이처럼 정치와 역사 속에서는 한번도 실현되지 않고 지식인의 관념 속에서만 그 '마력적인 힘'을 행사하고 있다는 것은, 루카치의 표현을 빌리면 한번도 독일 역사에서 진정한 의미의 시민 시토아앵이 되어 보지 못한 독일 시민계급의 동경 때문일 것이고, 다른 한편으로는 실천을 통해 이론과 현실의 간극을 극복해 보지 못한 독일 시민지식인의 비극적 의식 때문이기도 하다. 이러한 의미에서 18세기의 시민적 예술이념이 20세기에 와서 유토피아적·신학적 '의미상승'을 체험했다는 사실은 하나의 이념이 갖는 역사적 논리의 당연한 귀결이라고 하겠다.

1장

청년 루카치의 비평활동과
그의 개념체계의 생성과정

1. 세기말의 정신적 흐름과 독일 시민지식인의 사회적 상황
2. 『영혼과 형식』에 나타난 독일적 유미주의와 루카치의 낭만주의 개념
3. 『소설의 이론』에 나타난 독일 고전주의 해석과 총체성 개념의 등장

1. 세기말의 정신적 흐름과 독일 시민지식인의 사회적 상황

19세기 말의 서구 시민문화는 분명하게 위기를 맞는다. 18세기 이후의 서구 시민문화는 점차 통일성을 잃고 해체의 과정을 밟고 있었다. 이러한 문화 현상의 밑바닥에서는 유럽 시민사회의 일반적인 변화와 이로부터 생겨난 시민계급의 분열과 해체과정이 진행된다.

특히 이 시대의 독일 시민문화는 유럽 문화의 일반적 해체과정을 두드러지게 보여준다. 이 시기의 독일 시민계급은 매우 급속한 경제변화와 사회변화를 겪고 있었다. 독일 통일 이후 뒤늦게 시작한 독일의 산업발전은 급속하게 진행되었고 세기말과 1차세계대전 직전에는 영국을 위시한 서구 선진 산업국가를 앞지르기 시작하면서 급기야는 서구 열강의 제국주의적 이해관계에 깊이 얽혀들었다. 이러한 경제적 변화는 대외적으로는 정치적 긴장을 첨예하게 만들었고, 이러한 긴장은 1차세계대전이 발발하기까지 계속 고조되었다. 국내 정치적으로는 이러한 발전이 사회구조와 계급구조의 변화를 가속화시켰다. 1871년 제국통일 이전에도 이러한 이해갈등은 드러났으나 이 기간 동안은 통일국가 수립이라는 공동의 기치 아래 어느 정도는 감추어진 상태에 있었다. 독일 민족국가(Nationalstaat)가 성립되고 난 후에는, 근본적으로 프로이센 토지귀족계급(Junkertum)을 중심으로 한 봉건적 지배질서에 기초했던 사회가 점차 현대 산업사회로 뚜렷이 탈바꿈하기 시작하였다.

사회적 변화와 분화는 우선 기존의 봉건적 정치세력 내부에서 이루어졌다. 대토지를 소유한 프로이센의 귀족계급은 새로운 경제 상황에 적응하여 토지소유자에서 사업경영자로 변모하였다. 토지귀족계급과 산업 부르주아지 사이에는 공동의 이익을 위하여 점차 정치적 연합이 이루어졌다. 지금까지 보수주의의 지주역할을 하였던 지방의 소귀족계급과 프로이센의 대토지 소유자들은 이때부터 그들의 이해관계에 따라 정치적 입장을 변화시키기 시작하였다. 70년대 이후 주기적으로 해외에서 수입되는 대량의 곡물과 경쟁할 수 없는 상황에 처하자 농업위기가 발생하였고, 이로 인해 농업적 이해그룹의 보호무역정책과 상품판매의 확대를 필요로 하는 산업자본의 자유무역 원칙은 첨예한 이해충돌 관계에 직면하게 되었다. 보수진영의 이러한 정치적 갈등과 분열은 이 시대의 사회적, 정치적 변화를 말해주는 중요한 요인이다.

급속한 산업화는 동시에 도시의 산업노동자들의 엄청난 증가를 초래하고 이들 노동자 그룹은 갈수록 더 큰 정치적 영향력을 행사하였다. 1875년 고타에서 창당된 '독일 사회주의 노동자당'(SAP: 독일 사회민주당SPD의 전신)은 점증하는 독일 노동운동의 정치적 구심력이 되었다. 노동조합은 광범위한 노동자 계층을 조직함으로써 독자적인 이해그룹으로 발전하였다. 보수적 정치세력과 노동운동 사이에는, 19세기 독일 자유운동의 전통을 이어받은 민족주의적이면서도 자유주의적 성향을 띤 독일 시민계급층이 존재하였다.

독일 시민계급은 그들의 역사에서 엄격한 의미에서는 한 번도 통일된 계급을 형성하지 못했으나, 그들의 시민적 문화와 그들이 품어왔던 정치적 자유이상 때문에 막연하게나마 하나의 통일된 계급으로 정치적 연대감을 가지고 있었다. 하지만 이들 독일 시민계급은 새로운 경제적·정치적 발전과정 속에서 깊은 분열과 몰락의 과정에 놓이게 되었다. 통일 후의 급격한 산업발전과 독점자본 및 금융자본의 형성은 본격적인 의미의 신흥 부르주아지라는 새로운 계급을 생겨나게 만들었다. 이 신흥 시민계급은 옛날의 시민계급이 지녔던 정치적·이데올로기적 입장을 떠나 귀족계급과 경제적·정치적 동맹 관계를 맺고 지배계층에 동화·편입하려고 하였다.

제국 설립 이전에 산업자본의 테두리 내에서 자신들의 존재를 주장할 수 있었던 시민계급의 대부분은 점차 산업자본과 금융자본에 종속되면서 그들만의 사회적 독립성을 상실하였다. 그들은 새로운 산업환경에서 회사원이나 임금노동자로 전락하였고, 이들 소시민계층은 불안정한 사회적 위치 때문에 불안하고 기회주의적인 태도를 보이기 시작한다. 이 계층의 불안정한 정치적 태도는 이미 이 시기에 생겨나서, 20세기에 전개되는 독일의 정치적 소용돌이에서 - 특히 파시즘의 전개과정에서 - 매우 중요한 역할을 담당하게 된다.

독일 시민계급의 분열은 이른바 독일 교양시민계급에도 깊은 영향을 끼쳤다. 독일 교양시민계급은 한때는 시민계급의 정치적 요구를 대변함으로써 사회적으로 중요한 역할을 하였지만 이제 시민계급이 약화와 분열에 직면하면서 그들의 전통적 역할을 잃어버리고 불안한 위치에 놓이게 되었다. 19세기에는 전체 시민계급의 이데올로기적 지주가 되었던 시민적 이상이 영향력과 효력을 상실하였고, 이때부터는 제국수립 이전에 시민계급의 "영혼을 뒤흔들었던 열광적인 순수한 행동력과 공동의 사회적 감정"(막스 베버)이 사라지게 되었다.

자유이상을 추구했던 시민적 정치는 이제 힘과 세력을 앞세우는 이른바 현실정치(Realpolitik)로 대체되었다. 교양시민계급의 대부분은 대부르주아지와 귀족계급의 연합세력(민족보수세력 National-Konservative)에 순응하여 그들의 이익을 대변하였고, 시민 지식층의 일부는 노동운동의 테두리 내에서 자유 이상을 고수하였지만 별다른 사회적 영향력을 행사하지 못했다.

이 시기의 독일 시민계급과 시민지식인들을 지배했던 전반적 정치적 태도에는 그들이 한때 추구했던 정치적 이상을 실현하는 데 근본적으로 실패했고 이제는 그 이상의 실현이 불가능해졌다는 좌절과 체념의 감정이 깊이 자리잡고 있었다. 이러한 정신적 상황을 대표적으로 표현한 사람은 당시의 대표적 시민지식인 막스 베버다.

"어느 순간 상황이 변한다. 아무런 반성 없이 사용했던 관점의 의미가 불확실해진다. 길은 다시 어둠에 잠긴다. 위대한 문화 문제가 던지는 빛이 멀리 사라져 있다. 그러면 학문도 새로운 채비를 하여 자신의 입장과 개념장치를 바꾸고 드높은 사고를 펼쳐 사건의 흐름을 내려다본다. 학문은 자신의 노동에 의미와 방향을 제시하는 문제만 추구한다." (막스 베버)

이러한 표현 속에는 독일 시민계급의 '위대한' 문화는 이제 막바지에 다다랐고 시민적 학문은 종국적으로는 '문화문제'를 해결할 수 없다는 체념이 깔려 있다. 베버의 이러한 표현 속에는 붕괴와 해체 과정에 놓여 있던 당시 시민 지식인의 일반적인 문화비관적인 감정과 함께 새로운 문화에 대한 열망도 드러난다.

게오르크 루카치를 포함한 당시의 젊은 독일 지식인들에게 학문적·이데올로기적으로 큰 영향을 끼쳤던 베버는(루카치는 이 시기에 에른스트 블로흐 등과 함께 이른바 베버의 개인 일요세미나에 참석하였고, 베버로부터 미학에 관한 교수자격 논문을 쓰도록 권유받기도 하였다) 전통적 시민문화가 막다른 골목에 처해 있음을 잘 알고 있었음에도 불구하고 이러한 시민적 문화를 끝까지 고수하려고 노력한다는 점에서 이 시대의 대표적 시민지식인이라고 할 수 있다. 이러한 정신적 태도는 그의 정치적 태도에서 잘 나타나고 있어, 그는 근본적으로 가망 없는 시민계급의 정신적·정치적 상황을 윤리적·도덕적 표상으로 옹호하고 합리화하고 있다. 시민지식인은 시민사회의 위기의식을 첨예하게 느낄수록 더 고집스럽게 그들의 윤리적 표상에 매달리게 되었다.

이러한 윤리적 완고성은 당시 시민지식인들의 정신적·정치적 태도의 특징을 잘 말해준다. 이러한 윤리적 강고성은 일반적으로 어떠한 상황의 변화에도 흔들리지 않는 '의연한 태도'(Haltungsethik)로 불린다. 이러한 태도는 「직업으로서의 정치」라는 베버의 논문에 명료하게 표현되어 있다. 이 논문에서 베버는 정치를 윤리적 문제로 규정하면서, 미래의 결과와 관련해서 현재의 상황에서 진정한 마음으로 혼신을 바쳐 행동하고 난 후 어느 지점에 이르러서는 "내 입장은 여기까지다. 달리 어쩔 수가 없다"(Ich kann nicht anders, Ich stehe hier)고 말하는 유형의 정치가에게 강한 애정과 연대감을 표한다. 이러한 '의연한 태도'는 마르틴 루터로부터 연원하여 칸트의 정언명령을 거쳐 나치의 "나는 나의 임무를 다했을 뿐이다"로 이어지는 독일인 특유의 직업적 윤리의식의 연장선상에 있으며, 루카치 초기 저작에서도 시간이 지남에 따라 영웅적이면서도 고도로 세련된 미학적 형식을 띠고 나타난다. 이러한 태도는 어느 의미에서는 하나의 아르키메데스의 점으로서 기능할 정도로, 시민지식인들에게는 '시민성'(Bürgerlichkeit)이라는 계급적 위치와 정신적 위엄을 지키는 보루 역할을 하였다.

철학분야에서는 초기 시민적 관념철학, 특히 칸트철학을 재해석하는 시도가 이루어졌다. 이른바 신칸트학파에서는 칸트의 개념체계와 윤리학을 바탕으로 새로운 철학체계를 구축하려고 하였다. 그러나 엄격한 학문성에 대한 신칸트학파의 요구는 자연과학과 정신과학의 엄격한 분리와 기독교와 신칸트학파의 관계에서 보듯이 형식주의와 불가지론적 세계관으로 끝나고 말았다. 당시의 정신적 분위기에 결정적으로 영향을 미친 또 다른 사조인 생철학(Lebensphilosophie)은 칸트의 개념체계 대신에 직관(Intuition)과 비전적 관점(Anschauung)을 강조하였다.

생철학의 창시자인 빌헬름 딜타이는 하나의 통일적 학문체계를 반대하면서도 정신적 세계의 내적 구조에서 비롯하는 하나의 세계관(Weltanschauung)을 자기 나름으로 수립하려고 하였다. 생철학의 주요범주는 '삶'(Leben)이다. 딜타이에 따르면 삶은 객관적으로 파악할 수 없고 오로지 '체험'(erleben)하고 '뒤늦게 이해'(nachverstehen)할 수밖에 없으며, 단지 정신과학에 의해서만, 특히 문예학과 심리학에 의해서 본질적으로 파악할 수 있다. 문학은 생철학에서 가장 중요한 역할을 하는데, 문학은 그것이 갖는 비전적이고 직관적인 힘으로 '삶의 수수께끼'를 포괄적으로 표현할 수 있고, 문예학은 문학에 나타나는 그때마다의 경험세계가 갖는 '형이상학적' 의식을 알게 해주고 이해하도록 돕기 때문이다. 그러나 문학해석의 마지막 기준을 마련해 주는 것은 심리학이다. 심리학만이 해석학에 논리적 근거와 정확한 표현을 가능하게 하기 때문이다.

생철학은 세기말 독일 시민계급의 일반적인 정신적 상황에 철저히 영향을 받고 있다. 생이라는 범주는 당시 시민계급 지식인이 새로운 현실 앞에서 느끼는 지적 무력감 및 비관적인 삶의 감정과 밀접한 관련을 맺고 있다. 딜타이는 이러한 감정을 다음과 같이 표현한다. "오늘날 인간 실존을 분석해 보면 우리 모두는 나약함, 어두운 충동의 힘, 암울함과 환상으로 인한 고통, 살아있는 모든 것에서 느껴지는 유한성, 이러한 감정으로 가득 차 있다."

생철학에서 '생'은 전적으로 내면심리적이고 주관주의적 경험세계로 옮겨진다. 초기 지적 발전과정에서 딜타이에게 영향을 받은 루카치는 후기 저서에서 '생철학'의 특징을 "생을 체험으로 주관화하고 체험을 생으로 객관화하는 것"이라고 규정한다. 생철학은 당시의 지식인은 물론, 정신과학 특히 심리학적·주관주의적 학문방향에도 큰 영향을 끼쳤다. 또한 생철학의 근저에 깔린 현대인의 복잡한 감정은 인간의 내면세계를 연구하고자 하는 지적 연구의 토양이 되기도 하였다. (1899년에 출간된 프로이트의 『꿈의 해석』은 정신분석학의 효시가 되었다.) 심리학은 심리학 그 자체로서, 또 그로부터 비롯하는 여러 갈래의 철학적 방향으로 진화하면서, 이 시대에 깊은 뿌리를 내리게 되었다. 이러한 심리학적 연구경향은 중요한 현대적 현상으로서 서구의 학문과 정신과학 일반에 깊은 영향을 끼쳤다.

시민문화의 일반적 위기는 시민지식인들에게 세기말과 1차세계대전을 전후해서 '예술을 위한 예술', 유미주의 예술에 전념하는 데 매우 적합한 토양을 마련해주었다. 시민계급으로부터 유리된 사회적 고립감과 역사적 전망부재의 느낌은 예술가들에게 퇴폐적인 삶의 감정과 어두운 몰락의 감정을 불러일으켰다. 속수무책으로 현실에 마주 설 때마다 그들은 더욱더 깊은 내면세계에 빠져들었고 '내면적 기분이나 분위기'(Stimmungswelt)로부터 '완벽한' 미적 형식들을 만들어 내려고 하였다. 그들은 의식적 혹은 무의식적으로 감정세계를 확대·심화시키고 그들 감수성의 강도를 높여 드디어 내면세계와 이 내면세계의 이미지나 형식이 본래의 실제적인 세계인 듯 보이게 하였다. 이러한 예술적 형식과 이미지는 완결적이고 하모니적인 이미지를 통하여 시민지식인들에게 혼돈적 사회에 대한 내면적 보상을 제공하였다.

슈테판 게오르게를 중심으로 한 이들 시민지식인은 스스로 만든 예술적 형식에 완전히 빠져 급기야는 그 속에서 모범적인 삶을 영위하고 고상하고 귀족적인 신화적 위상을 점한다고 생각하였다. '예술을 위한 예술'(유미주의)은 당시 시민지식인의 이러한 삶의 감정에 바탕하고 있다.

유미주의 예술은 두말할 나위 없이 독일 낭만주의 전통과 관련을 맺고 있다. 그러나 유미주의 예술이 초기 낭만주의와 다른 점은, 전자가 몰락에 처한 후기 시민적 삶의 감정에 바탕한다면 후자는 초기 시민적 삶의 감정에 그 뿌리를 두고 있다는 데 있다. 초기 낭만주의가 점점 기계화·산업화되는 자본주의 사회에 대항하여 '유기적·하모니적' 예술 이미지를 이를테면 중세적 모티브나 낭만적 자연표상 속에서 만들어내고 있다면, '예술을 위한 예술'은 후기 시민지식인들의 상승되고 또 완전히 주관적인 감정세계의 표현이다. 이들이 다루는 대상 역시 그들의 기분세계에 상응하는 찰나적이고 표피적인 인상들, 이를테면 늦은 오후, 쓸쓸하고 고독한 가을, 몰락의 인상들이고, 늦은 오후나 가을의 분위기 속에는 시민계급의 체념하는 듯한 몰락의 기분이 자리잡고 있으며, 이러한 기분은 영웅적인 죽음에 대한 동경으로까지 상승한다.

후기의 자연주의와 초기의 낭만주의가 비교적 단순한 이미지를 보여주었다면 유미주의적 미적 이미지는 자극적인 신경체계의 과도한 반응, 이국적인 것에 대한 병적인 욕구, 죽음에 대한 병적인 동경 등의 감정을 보여주었다. 세기말의 예술적 흐름에는 상징주의도 속해 있다. 상징주의는 찰나적인 인상이 아니라 극도의 승화된 정신주의적, 신비적인 이념에서 출구를 찾았다. 유미주의자 및 상징주의자의 현실에 대한 관계는 빈의 예술가 클럽이 보여주듯이 카페라는 좁은 공간에 한정되어 있었다. 그들의 미적 이미지 속에는 예술가들이 겪는 사회로부터의 고립감과 '문제적'(problematisch) 개인과 사회생활의 현존재에 대한 고통이 표현되어 있다. 그들은 현실생활에 일어나는 사건으로부터 의도적으로 거리를 두거나 귀족적인 행동거지와 몸짓 또는 '성자와 같은 구원의 파토스'의 분위기를 통하여 애써 현실을 외면하였다.

2. 『영혼과 형식』에 나타난 독일적 유미주의와 루카치의 낭만주의 개념

　　　　　루카치 초기의 정신적 형성과정은 위에서 언급한 독일의 정치적·정신적 분위기 속에서 이루어졌다. 독일어로 쓴 최초의 에세이집 『영혼과 형식』(1911)은 독일 시민지식인의 정신적 경향과 유미주의의 영향을 뚜렷이 보여준다. 에세이라는 형식과 비평가의 본질에 대한 성찰을 담은 「에세이의 형식과 본질」에서 이러한 영향을 잘 엿볼 수 있다. 그에 의하면 삶은 생철학적 이미지나 개념으로도 완전히 표현할 수 없는 '운명적인 것'이고 '통찰할 수 없는 것'이다. 삶의 '진정한' 내용은 '영혼적 현실'이다. 이것은 오로지 예술형식에서만 찾을 수 있고 그것의 절대적 진리는 단지 – 플라톤의 이데아의 의미에서 – 순수한 지적 관조를 통해서만 도달할 수 있다. 에세이는 이러한 지적 관조가 형식화되는 것으로, 지적 관조의 형식화(에세이)야말로 예술적 이미지의 '영혼적 내용'뿐만 아니라 이러한 내용을 통해 진정한 현실도 매개해 줄 수 있다. 그러나 에세이는 '절대적 진리'에 대한 요구를 하지 않는데, 생 자체는 결코 파악될 수 없기 때문이다. "사울(유대의 왕)이 자기 아버지의 당나귀를 찾아나섰다가 뜻밖에 하나의 왕국을 찾듯이 자기가 가는 길의 마지막에는 자기가 찾지 않던 목표, 즉 생에 도달하는 것이다." 에세이는, 플라톤의 에로스론(Eroslehre)을 원용해 말하자면, 한 번도 채워질 수 없는 절대적 세계에 대한 지적 동경의 표현형식이다. 루카치에 의하면 에세이는 "거듭거듭 새로이 길을 떠나는 것이고, 목적지는 멈춰서는 곳이 아니라 도착하는 곳이며, 쉬는 곳이 아니라 또다시 출발을 준비하는 곳이다." 절대적 진리를 향한 끊임없는 탐구 – 이것이 곧 에세이(비평)라는 형식의 본질이라는 것이다.

　　에세이라는 형식에 대한 그의 생각은, 이미 여기에서 젊은 비평가로서의 생애에 걸친 노력, 즉 '진리를 향한 추구'를 선언하고 예술 형식의 체험 속에서 진리에 대한 길을 찾을 수 있다고 희망하는 점에서, 예술이론가 및 비평가로서의 그의 지적 발전에 큰 의미를 지닌다. 또한 에세이에 대한 성찰에서 볼 수 있듯이 이 에세이집의 전제는 당시의 철학적 경향과 거의 일치한다. 신칸트학파적 의미에서 세계의 불가지성不可知性, 중심적 개념으로서의 생生, 생철학에서처럼 형식체험을 통한 진리로의 길 등이 바로 이러한 것들이다. 이 에세이집에서 다루는 작가는 이 시기에 활동하던 독일 작가, 즉 테오도르 슈토름, 슈테판 게오르게, 리하르트 베르-호프만과 파울 에른스트다. 여기에는 당시 독일 지식인의 정신적 상황과 독일 유미주의의 영향이 드러난다. 이들 비평의 중요한 특징은 시민적 비평가로서의 루카치가 독일 시민계급의 감정과 이에 바탕한 이 작가들의 예술형식을 아무런 유보 없이 긍정하면서도 이 예술 현상의 역사적·사회적 상황과 조건을 비평가적 시각과 날카로운 지적 직관으로 의식하고 있다는 점이다.

이로써 루카치는 당시 시민사회가 처한 위기상황에 날카로운 통찰력을 보여주지만, 그러면서도 여전히 시민사회의 위기의식과 분위기에서 벗어나지 못하고 있다. 그는 옛 시민사회가 '반쯤은 이미 사라졌고 곧 완전히 사라져 버릴 것이다'라는 점을 의식하고 있다. 그러나 그는 시민계급의 몰락에 슬퍼하거나 좌절하지 않고 '자연적·운명적 몰락의 법칙성'으로 받아들이면서 여전히 옛 독일 시민문화의 도덕적 표상을 결연한 태도로 옹호한다. 시민문화에 대한 그의 이러한 관계를 가장 분명하게 보여주는 에세이는 슈토름에 대한 비평 「시민성과 예술을 위한 예술」이다. 여기에서 그는 시민계급이 몰락하는 분위기와 예술적 현실을 인정하면서도 시민적 삶을 올바르게 견지하려는 '긍정적' 시민적 가치를 강조한다.

이와 같은 '긍정적' 시민적 가치를 특히 옛 독일적 시민성, 그 중에서도 그것이 잘 구현된 예술개념에서 찾고 있다. 여기에서 그는 시민성을 독일적 시민성과 프랑스적 시민성으로 구분하면서 양자의 시민성을 차별화하고 독일적 '예술을 위한 예술'과 독일적 시민 예술개념의 특징을 강조한다. 독일적 시민 예술개념의 중심적 특징은 시민적 윤리성이다. 막스 베버에 기대어 그는 초기 시민계급의 노동에토스와 직업에토스가 독일적 시민윤리의 중심을 이루고 있다고 주장한다. 막스 베버를 좇아 그는 초기 시민계급의 노동윤리의 밑바닥에는 삶을 가능한 한 도덕적으로 영위하려는 삶의 태도가 있으며, 이러한 태도에는 '자신의 힘의 한도' 내에서 모든 것을 정직하고 성실하게 수행해서 완벽한 것을 만들어 내려는, 이를테면 초기 프로테스탄티즘(특히 칼뱅이 슴)의 직업윤리와 장인정신이 자리잡고 있다고 말한다. 그러므로 시민적 직업은 그에 의하면 '하는 일'이 아니라 '삶의 형식' 그 자체이다. 따라서 조용히 의무에 따라 직업에 종사해야 하며, 이로써 '기분이나 분위기에 대한 질서의 지배, 순간적인 것에 대한 지속적인 것의 지배, 천재적인 것에 대한 보다 조용한 노동의 지배'가 가능해진다. 루카치가 내세우는 독일적 예술개념은 이와 같은 초기 시민계급의 노동윤리 및 직업윤리와 직접적인 관련을 맺고 있다.

그 결과 이러한 옛 독일적 시민성을 반영하는 '예술을 위한 예술'은 삶을 긍정하는 건전한 태도를 지니는 반면, 프랑스적 유미주의의 근저에는 삶을 부정하는 허무주의가 자리잡고 있다. 독일적 시민예술이 지닌 노동윤리와 삶의 감정은 그에 따르면 '영혼'에 다시 영향을 미치고 아무런 '영혼 없는 부르주아지의 삶'에 삶이 지탱할 수 있는 유일한 내면의 근거를 마련해 준다. 슈토름은 그가 보기에 독일적 유미주의의 모범적 작가인데, 옛 시민계급이 '현대적'이 되고 '불안정'해지기 시작하는 시대에 몰락과 쇠락에 접어든 '위대한' 옛 시민계급을 '역사적으로, 깊은 시적 감정'으로 형식화하고 옛 시민계급의 전통을 최후까지 꿋꿋이 지켰기 때문이다. 슈토름은 옛 시민계급이 맞이할 운명을 어렴풋이 알고 있었으며, '현대적', '외부적' 세계에 대항하기에는 모든 것이 무력하고 부질없다는 것을 느끼고 있었다. 그럼에도 슈토름의 작품 세계에서는 옛 독일 시민성의 내면적·'영혼적'으로 도덕적인 힘을 잃지 않고 삶과 고통을 '남자답게' 참아내며 이에 적응하는 특징이 돋보인다.

루카치는 슈토름의 내면적 힘을 괴테가 말하는 체념(Entsagung)의 힘이자 옛 시민계급의 힘이라고 말한다. 슈토름에서 엿보이는 몰락의 분위기는 귀족적이고 영웅적 형식을 띠기까지 한다. 이러한 면모는 대표적인 유미주의 시인인 슈테판 게오르게(Stefan George)에 대한 비평「새로운 고독을 담은 서정시」에서는 "고결한 사람들이 그러하듯 아무런 불평과 원망 없이 그리고 찢어지는 가슴을 안고서도 올곧은 자세로 용감하게 이별을 고하는 것"으로 표현된다. 루카치는 "영혼은 거의 불평을 품고 있지 않다. 차분히, 어쩌면 체념하고 있을지 모르지만 언제나 용감하게 고개를 쳐들고 게오르게는 삶을 정면으로 바라보고 있다"라고도 쓴다. 루카치는 지적으로는 '종말이 다가와 있고' '멀리서 들려오는 종소리'에 대한 희망이 부질없는 몸짓이라는 사실을 어렴풋이 인식할수록, 더욱더 굳건히 옛 시민계급의 의식과 그들의 예술개념에 매달린다. "의무를 다하는 것만이 유일하게 안전한 삶의 길"이라는 루카치의 거의 파토스적인 강조는, 완고할 만큼 '의연한 태도'로 시민적 가치와 문제를 옹호하고 있음을 보여준다. 이러한 면에서 전통적 독일 시민계급 출신인 1차 세계대전 후의 초기 토마스 만이 루카치가 말하는 독일 예술가정신과 옛 시민계급의 문화를 열렬히 환영하고 그것을 빌려 자신의 예술정신과 시민문화를 적극 옹호함으로써 바이마르 공화국 초기에 자신이 겪었던 정신적·정치적 위기를 극복하려고 했던 것은 결코 우연이 아니다.

 루카치의 독일 낭만주의에 대한 이해도 그의 노발리스 해석 「낭만주의의 생철학에 대하여」에서 잘 나타난다. 낭만주의의 전반적 비극은 루카치에 의하면 낭만주의가 의도적으로 삶에서 고개를 돌리고 점점 더 감정의 세계에서 도피처를 구하면서 드디어는 '꿈꾸는 듯한 시적 코스모스' 속에서 현실과 삶에 대한 감정과 관련성을 완전히 상실했다는 점에 있다. 낭만주의의 부정적 측면은 낭만주의가 삶과 시 사이의 긴장관계를 제대로 인식하지 못하고 시의 세계를 무한정 상승시킴으로써 삶 자체를 본의 아니게 부정한다는 점이다. 그렇기 때문에 초기 낭만주의의 "기념비적 건물"이 후기 낭만주의의 "사상누각沙上樓閣"으로 전락해 버렸다"고 루카치는 주장한다.

 낭만주의의 이러한 일반적 위험을 비켜나서 낭만주의의 시적 원칙을 마지막까지 성공적으로 관철시킨 유일한 낭만주의 시인은 루카치에 의하면 노발리스다. 노발리스가 모범적 작품을 만들도록 이끈 결정적 요소는 죽음에 대한 통찰력과 이를 통해 얻게 된 삶의 태도다. 루카치에 따르면 오로지 노발리스만이 죽음을 삶의 피할 수 없는 운명적 요소로 순순히 받아들이고 죽음을 시의 세계 속에 편입·용해시킬 수 있었다. 죽음에 대한 통찰은 결과적으로 삶의 비극적 상황을 비극적이지 않게 만들었고, 삶과 시 사이의 긴장에 일종의 균형과 내적 하모니를 조성했으며 그럼으로써 삶을 낭만적 시의 원칙에 상응해서 형상화하는 데 성공하였다. 낭만주의에 대한 이러한 견해는 독일적 유미주의에 대한 견해 – 몰락과 죽음을 운명적 요소로 받아들이고 삶을 궁극적으로 긍정하며 이를 통해 '진정한' 시적 정신에 도달한다는 생각 – 와도 관련 있다.

『영혼과 형식』에 나타나는 괴테에 대한 견해 역시 루카치의 유미주의 및 낭만주의에 대한 견해와 밀접한 관련을 맺고 있다. 루카치에 의하면 합리주의와 혁명의 회오리가 '옛 질서'를 완전히 파괴하고 일종의 무정부적인 감정을 야기시키던 당시의 시대 상황에서 '시적 질서'를 창조할 수 있었던 유일한 작가는 괴테이다. 괴테가 시적 질서를 만들 수 있었던 것은 일체의 위험과 혼돈을 차가운 무관심으로 물리쳐 버리는 내면적 힘을 가지고 있었고 거의 '전제적 제왕에 가까울' 정도로 내면화된 자아의식을 통해 낭만주의 시대의 무정부적이고 완전히 타락한 시대상황 속에서 시종일관 자신만의 의연한 개인주의를 견지했던 덕분이다.

괴테가 말하는 체념(Entsagung)을 루카치는 낭만주의의 개인주의적 관점에서 해석하고 있다. 그는 괴테의 작품과 삶에서 나타나는 내면적 개인주의와 체념을 모범적인 것으로 보면서도, 노발리스의 낭만주의가 더 수미일관하고 더 순수한 시적 원칙을 고수함으로써 '위대한 괴테'를 넘어서고 있다고 본다. 괴테의 소설 『빌헬름 마이스터의 수업시대』는 이상적인 삶의 목적일 수 있지만 결코 이상적인 시적 원칙이 될 수 없으며, 괴테의 교양소설이 이룩한 최후의 하모니는, 괴테가 삶의 하모니를 위해 시를 포기할 수밖에 없었기에 가능했다고 여기고 있다. 루카치가 괴테의 전체 작품을 반反시적(antipoetisch)이라고 규정하는 것도 바로 이러한 이유 때문이다.

괴테의 작품과 노발리스의 낭만주의가 갖는 공통적 목표설정, 즉 삶과 시 사이의 균형을 이루어내려는 목표설정에도 불구하고, 루카치의 주장에 따르면 괴테보다는 노발리스의 낭만주의 작품이 수미일관한 개인주의의 원칙에 더 부합한다. 노발리스 낭만주의의 개인주의는 괴테의 그것보다 "더 단단하고 더 고집스럽고 더 의식적이며 더 비타협적이다. 노발리스의 낭만주의는 개인주의를 마지막 한계까지 치닫게 함으로써 마지막 하모니를 이루어 내려고 하고 있다." 개인주의의 이러한 일관된 관철을 루카치는 범시주의汎詩主

義(Panpoetismus)라고 부르면서, 이러한 범시주의는 예술적 차원을 넘어서 도덕적이고 사회적이며 심지어 세계관적 의미를 내포한다고 말한다. 예술은 그 자체가 궁극적 목표가 아니며 '인간정신의 고유한 행동방식'이라고 주장한다. 그에 따르면, 예술이 추구하는 완성된 시는 삶의 모범이자, 인간을 완전히 교화하고 삶을 완벽하게 형상화하는 교양수단이다. 이러한 면에서 낭만주의의 개인주의는 일종의 강력한 사회적 색채를 띠는데, 인간개성의 치열한 추구는 인간들을 진정으로 가깝게 만들며 나아가서는 작가와 독자 간의, 인간 상호 간의 이상적인 공동체를 만들어 낼 가능성을 가지고 있기 때문이다.

루카치의 이러한 낭만주의적 예술관은 다음과 같은 점에서 매우 주목할 만하다. 그는 독일 낭만주의의 전통에 기대어 깊은 고립감에 빠진 당시 시민 지식인의 정신적 입장을 표현하고, 낭만주의의 '범시적이고' 윤리적 요구를 빌려 시민지식인이 겪게 된 '문제적'이 된 삶을 극복하고 정당화하려고 한다. 하지만 낭만주의와 유미주의에 대한 젊은 루카치 비평의 독특한 특징은 독일 시민예술에 대해 비범할 정도의 예술적 감수성과 강렬성을 보인다는 데 있다. 이 비평집에서 루카치는 예술을 '문화의 핵심'이라고 여기고, 예술적 형식을 시민적 삶을 위한 유일한 정식적 버팀목이며 나아가 예술은 자아성(Selbstheit)과 절대적 진리에 이르는 유일한 길이라고 본다. 예술에 대한 그의 치열한 관계는, 한편으로는 예술을 절대적 진리를 향한 동경으로 여기면서 다른 한편으로는 예술형식, 특히 비극이 '자아성'을 체험하는 형이상학적 길이라고 주장하는 데서 잘 드러난다. 이 에세이집에서 우리는 앞으로 전개될 루카치의 지적 발전과정이, 지나간 '온전한' 세계에 대한 독일 시민계급의 일반적인 동경과 독일 낭만주의가 지닌 '고향에 대한 향수' – "우리는 어디로 가는가, 언제나 고향을 향하여(Wohin gehen wir, immer nach Hause)" – 의 모티브와 깊이 관련되어 있음을 알 수 있다. '영원히 사라져 버린' '단순·소박'한 시민적 시대를 향한 동경은 '너무 늦게 태어난 낭만주의자의 삶의 고뇌'와 연결되어 있다. 이 책에서 우리는 그가 다양한 문학 장르, 예컨대 비평, 연극 일반, 시, 소설(역사소설), 비극 등에 지대한 관심과 열정을 보여준다는 것도 알 수 있다. 그는 이후에도 문학 장르에 계속해서 관심을 갖는다.

다른 문학형식들에 대한 견해에서도 당시 시민계급의 분위기와 의식이 다시 한번 반영된다. 우선 그는 서정시 일반과 슈토름의 전원시, 또 이러한 목가적 분위기를 산문으로 옮긴 예술형태인 슈토름의 노벨레(중단편소설)를 슬픔이나 멜랑콜리와 같은 몰락의 분위기와 '그리운 옛날'에 대한 노스텔지어를 표현하는 데 적합한 예술형식으로 본다. 다른 한편으로 비극을 뒤늦은 낭만주의자의 비관적인 분위기와 동경을 표현하려는 예술형식으로 여긴다. 루카치의 에세이「비극의 형이상학」에 따르면, 비극은 '삶의 모든 관계를 운명의 관계'로 돌리고 운명의 체험을 통해 삶의 위대한 순간에 '경험한 진실'을 전달함으로써 자아와 자아의식의 순수한 체험을 일깨워준다. '죽음은 귀향이고 자아의 본질에 최초로 또 유일하게 도달한다.' 비극을 통한 순간적인 예술적 체험은, 오래전에 이미 신이 떠나 버렸지만 지금은 인간 자신에게 내재되어 있는 '삶의 내재적 의미'를 알게 해주고 '영혼의 원초적 가능성'을 일깨워준다.

"신은 무대를 떠나야 하지만 관객으로서는 계속 머물러 있어야만 한다. 바로 이것이 비극적 시대의 역사적 가능성이다. 자연과 운명이 오늘날처럼 끔찍하게 영혼을 상실한 적이 없으므로, 인간의 영혼이 신이 떠나버린 길을 이토록 외롭게 걸은 적이 없으므로, 우리는 다시 하나의 비극을 기대할 수 있다."

비극에 관한 루카치의 견해에서 두드러지는 점은, 종교가 지닌 '형이상학적' 의미가 현대에 와서는 완전히 사라져 버렸다고 선언하면서도 예술의 형식들, 특히 비극에서 '삶의 내재적 의미'를 인식하기 위한 새로운 길을 찾고 있다는 것이다. 여기에서 주목할 점은, 그가 기독교를 위시한 기존의 종교에서 삶의 의미를 찾는 것을 거부하면서도 예술에서는 계속해서 종교적 파토스와 동경을 통해 삶의 내재적 의미를 성취할 수 있으리라는 희망을 버리지 않고 있다는 사실이다.

루카치는 이 초기 비평집에서 특유의 종교적 파토스를 보여준다. 절대적 진리를 향한 비극의 요구를 인정하고, 기독교에 대한 키르케고르의 이른바 미학적 반란에 동조하며(키르케고르에 관한 에세이 「삶에 부딪쳐 발생한 형식의 파열」), 심지어 쇼펜하우어의 범신적이고 페시미즘적인 철학 등에도 호의를 표하고 있다. 그의 첫 에세이집은 당시 시민계급의 몰락의 분위기나 비관주의적인 의식을 그대로 반영할 뿐만 아니라 앞으로 전개될 그의 전체 비평과 미학의 단초적 모습을 보여준다는 점에서 주목할 만하다.

이러한 점에서 이 에세이집에 표명된 내용 몇 가지를 강조하고자 한다.

첫째, 루카치는 지나간 옛 독일 시민문화의 열렬한 지지자다. 앞으로 전개될 지적, 정치적 변화에서도 이러한 입장은 큰 변화 없이 유지된다. 루카치의 물음, 즉 "시민으로 태어난 사람이 시민적이 아닌 방식으로 달리 살 수 있을 것인가?"라는 수사학적 질문이 그의 이러한 태도를 미리 보여준다. 독일 시민문화에 대한 기본태도가 이 비평집에서는 당시 시민계급 몰락의 분위기에 상응해서 후기 낭만주의, 유미주의 색채를 띠고 있을 뿐이다. 그는 정신적 지향점을 독일 낭만주의에서 구하고, 괴테가 아니라 노발리스에서 이상적인 예술모델을 찾고 있다.

둘째, 루카치는 예술에 시민문화의 중심적 의미를 부여하고 예술에서 진리를 향한 길을 모색한다. 이 에세이집에서 주장하는 예술관, 즉 예술은 형이상학적인 진리를 향한 전범적(kanonisch) 수단이고 예술형식은 자아성(Selbstheit)과 삶의 의미를 획득하기 위한 인식론적 수단이라는 견해는 앞으로 전개될 그의 예술이론에서도 핵심문제로 계속 머문다. 그가 처한 당시의 분위기에 맞춰 시와 노벨레, 특히 비극에서 모범적인 예술장르를 보고 있다.

셋째, 루카치의 예술관에는 예술적 표상과 종교적 표상의 상관관계가 두드러지게 드러난다. 지나간 시민문화를 향한 동경은 잃어버린 고향에 대한 향수와, 신 없는 세계에 숨겨져 있다고 믿는 삶의 내재적 의미를 찾으려는 종교적 파토스와 연결되어 있다. 진리를 향한 길로서의 예술은 정신적으로 소외되고 혼돈된 삶에서 자기자신을 다시 찾아야 하는 깊은 내면의 갈망과 영혼의 길, 즉 내재적인 종교적 열망과 깊은 관련을 맺고 있다. 루카치 전 생애에 걸친 라이트모티브(Leitmotiv), 즉 총체성을 향한 지적 탐구는 이미 여기에서 그 맹아적 모습을 보여준다.

넷째, 루카치는 이 책에서 예술에서의 윤리적 모멘트를 강조한다. 예술은 교육(교양) 수단이자 인격완성을 위한 수단으로서 삶을 가능한 한 도덕적으로 형상화해야 한다는 생각은 그의 전체 미학에서 핵심주제의 하나다. 『소설의 이론』에서는 윤리를 소설의 기본요소로 파악하고 마지막 저서『미적인 것의 고유한 특성』에서도 수미일관하게 미학과 윤리의 불가분한 연관관계를 강조한다.

마지막으로, 그는 낭만적 동경과 종교적 파토스로 기울어지는 자신의 경향을 지적 차원에서 극복하려고 노력한다. 이 에세이집에서 자주 언급하는 '빌헬름 마이스터의 방황'은 유미주의적 감정의 무정부 상태에 빠지거나 옛 종교의 '보다 평온한 항구'에 머무는 것으로 끝나지 않고, 「에세이의 형식과 본질」에서 말하듯 '끝없는 여정' 뒤에 한 목표에 '도착'하여 또다시 새로이 길을 떠나는 것으로 이어진다. 그리하여 독일 시민문화에 대한 루카치의 논의는 계속되고 낭만주의와 종교적 파토스를 극복하고 하나의 새로운 이정표를 찾으려는 그의 노력에 새로운 지평이 열린다.

3. 『소설의 이론』에 나타난 독일 고전주의 해석과 총체성 개념의 등장

『소설의 이론』(1914/15)은 루카치의 예술론적 사고가 처음으로 개념적으로 분명하게 표현된 저작이다. 특히 새로운 고전주의 해석과 총체성이라는 개념의 등장이 그러하다. 이 책에서 논의된 예술 개념은 루카치 전체 미학에서 가장 중요한 의미를 가지기 때문에, 루카치 미학을 이해하기 위해서는 이 텍스트를 깊이 있게 분석할 필요가 있다. 루카치가 첫 번째 에세이집에서는 주관적 시각에서 예술론을 펼쳤다면, 『소설의 이론』에서는 '객관적'인 관점에서 예술관을 전개한다. 이 저술은 명백하게 헤겔의 역사철학과 미학에서 영향을 받고 있지만 그럼에도 이러한 전환은 이전 저서에 표명된 루카치의 생각과 완전히 결별하는 것이 아니라 오히려 새로운 전환과정을 보여준다.

이 저술을 지배하는 기본 톤은 여전히 시민사회의 위기의식이다. 이는 1차세계대전을 전후한 세계상황(Weltsituation)에 대한 절망으로 한층 더 고조되어 있다. 그는 이 저술에서 '삶의 무의미', 심지어 '완전히 타락한 시대'를 말하지만, 그에게 예술은 여전히 이 '의미 없는 세상'에서 진리를 위한 길잡이이자 삶이 기댈 수 있는 유일한 정신적 주춧돌이다.

또한 1차세계대전 전후한 시기의 절망감과 위기의식으로부터 특정한 정신적 경향이 두드러진다. 다름 아니라, '전혀 다른 새로운 세계상황'에 대한 열망과 유토피아적 경향이다. 유토피즘이『영혼과 형식』에서는 예술적 동경의 형태로 나타난다면,『소설의 이론』에서는 보다 일반적인 성격을 띤다. 유토피아적 생각은 1차세계대전 후에 본격화하는 표현주의 흐름을 예고한다. 훗날 헤겔주의자가 된 루카치는 지난날을 뒤돌아보면서『소설의 이론』에 나타난 비관주의적이고 유토피아적인 현실인식을 '헤겔 철학의 키르케고르화'라고 특징짓지만, 앞으로 헤겔주의자로 발전할 청년 루카치의 관점에서 보면 우리는 이를 '키르케고르적 역사비관주의의 헤겔화'라고 규정할 수 있을 것이다.

루카치가『영혼과 형식』에서 현실을 개념적으로 파악할 수 없는 어떤 것으로 바라보면서 현실을 대체로 거부하는 태도를 보인다면,『소설의 이론』에서는 헤겔의 역사철학적 의미에서 현실과 세계를 '세계상황'이라는 개념으로 객관화하려고 한다. 따라서 '영혼의 풍경'이라는 이미지가 이제 역사적 차원을 획득한다. 우선 루카치는 헤겔의 철학과 미학에 기대어 그의 소설이론의 단초를 이른바 '모범적'인 역사철학적 상황에서 찾는다. 이 상황에서 인간은 자연과 공동체에 대해서 직접적이고 본질적인 관계를 맺으며 그 속에서 인간의 영혼은 마치 고향에 있는 것처럼 안온하게 느낀다. 루카치는 이와 같은 역사적 상황을 일단 '형이상학적 원환'(metaphysischer Kreis)의 세계라고 규정한다. 이러한 세계에서는 의식은 내면세계와 외면세계의 분열을 느끼지 못하고, 영혼은 그 자체로 완결되며, 삶의 의미는 그 원환 속에 유기적으로 존재한다. 이러한 상황에서는 이미 존재하는 세계를 수동적으로, 비전적으로, 있는 그대로 순순히 받아들이는 태도를 보이면 된다. 인간의 영혼은 자신의 주위 세계에 내재되어 있는 삶의 의미를 구태여 찾아나설 필요가 없는데, 삶의 의미는 자기가 살고 있는 세계에 이미 존재하기 때문이다. 루카치는 이러한 상황을 호메로스의 서사시에 나타나는 '서사시적 세계상황'이라고 부른다. 오디세우스의 경우 온갖 방황과 역경, 심지어 주위의 유혹에도 불구하고 그가 가고자 하는 목표, 즉 고향으로의 귀향이라는 목표에는 아무런 변화가 없다. 이러한 서사시적 세계상황에 뒤이어 나타난 세계에서는 영혼이 한때 마치 집처럼, 고향처럼 느끼던 형이상학적 원환이 더 이상 영혼의 고향이 되지 못하는데, 시간이 지남에 따라 정신이 자기 스스로 '생산'을, 다시 말해 '반성'을 시작하면서 한때 완결되어 있던 형이상학적 원환을 폭파해 버렸기 때문이다. 형이상학적 원환이 폭파됨과 동시에 자아와 세계의 조화로운 관계는 분열되고 삶의 의미도 상실되었다.

영혼은 한때 존재했던 옛 고향집과 함께 삶의 목표와 의미를 상실하였고 외부세계에 대해서는 낯설고 고독하게 되었다. 이때부터 사라져버린 형이상학적 고향과 삶의 목표와 의미를 찾아나서는 '고독한 영혼'의 이야기가 시작된다. 삶의 의미 상실은 루카치에게 삶의 완결성과 총체성의 상실을 의미한다. 여기에서 루카치는 그의 미학에서 가장 중요한 개념인 총체성(Totalität)을 도입하는데, 총체성이란 의식의 완결성과 유기적인 삶의 의미를 포괄하고 모든 개별적 현상을 아우르는 으뜸원리이다. 총체성이란 또한 훗날의 인류의 의식이 동경해마지 않는 것을 포괄하는 총괄개념(Inbegriff)이다.

호메로스의 서사시 이후에 나타난 정신의 모든 형식들은 루카치에 의하면 원초적인 총체성을 향한 영혼적 동경의 표현이다. 철학이란 본래 "향수며 어디에서든 집을 찾고자 하는 충동"이다. 형이상학적 영역의 자연스러운 통일성이 완전히 해체되고 모든 형이상학적 모범들이 사라진 세상에서는 비전적 현실과 만들어진 총체성만이 형이상학적 모범으로 존재할 따름이다. 이때부터 미학은 스스로가 형이상학의 위치를 요구할 수 있게 된다.

그리스 서사시는 그 이후 미적 형식들의 모범이라고 할 수 있는데, 그리스 서사시는 이미 존재하는 존재의 총체성을 그대로 받아들여 표현하고 있고 따라서 그 자체 안에 이미 미적 총체성의 동질적이고 유기적인 형식을 지니고 있기 때문이다. 그러나 정신이 자연스러운 존재의 총체성으로부터 점차 멀어져 감에 따라 그리스 서사시 이후의 미적 형식들은 어쩔 수 없이 세계구조의 파편상을 형식 속에 끌어들이지 않으면 안 된다. 모든 미적 형식에 대한 루카치의 새로운 견해는 그리스 서사시의 이러한 철학적이고 미학적인 모범에서 출발한다. 따라서 루카치는 우선 『영혼과 형식』에서 비극이라는 장르에 부여한 의미를 다시 역사적으로 해석하면서 비극의 제한된 총체성을 보여준다.

루카치에 따르면 그리스 비극의 특징은, 주인공이 내면적으로 본질이 동일한 존재를 중심으로 움직이고 있고 죽음이라는 것이 동일한 의미의 담지자로서 인간을 서로 연결시키고 있으며 합창이 대화에 서정적 의미를 부여하는 데 기여하고 있다는 것이다. 이에 반해 현대 드라마의 주인공은 고독할 수밖에 없고 그의 언어는 독백적이며 그렇기 때문에 독백은 역설적이게도 대화가 될 수밖에 없다. 현대 드라마의 주인공은 운명체험의 황홀감에서 삶의 본질을 보았으며 자신의 고독을 극복했다는 착각에 빠져 있다. 그러나 실제로는 드라마 주인공의 영혼은 "삶에 대한 슬픔과 환멸이며 홀로 있을 수밖에 없는 처지고 그래서 공동체를 애타게 갈구하는 피조물의 고통"에 젖어 있다는 것이다.

존재가 자연발생적으로 완결된 감각적 총체성을 잃어버린 현재의 세계상황에서는 드라마(특히 비극)가 '문제적'(problematisch)이기는 하지만 그럼에도 모든 것을 포함하고 그 자체로서 완결적인 세계를 찾을 수 있는 유일한 형식일지도 모른다고 루카치는 조심스럽게 말한다. 그는 『영혼과 형식』에서처럼 이 저술에서도 비극을 유일한 완결된 형식으로 보면서도, 다른 한편으로는 비극의 한계와 문제적 성격을 암시한다. 비극이라는 드라마의 문제적 성격은 전체 삶의 총체성이 아니라 삶의 총체성을 초월하는 제한된 삶의 양상을 보여준다는 점에 있다. 루카치는 이처럼 완결되었지만 제한된 드라마의 총체성을, 서사시의 '외연적 총체성'과 대조시켜 '내포적 총체성'이라고 규정한다.

드라마적 총체성과 서사시적 총체성의 결정적인 차이점은 양자가 삶에 대해 맺고 있는 관계에 있다. 드라마적 총체성은 전적으로 삶의 본질 및 초월성과 관련을 맺고 경험적 삶에 일종의 필연적 삶을 대비시킨다면, 서사시적 총체성은 전체 삶을 포괄하는 경험적 현실과 관련되며 삶의 초월성은 물론 삶의 내재성도 포함하는 것이다.

그리스 서사시(Epos)에서는 객체와 주체의 관계가 언제나 유동적이고 서사시를 형상화하는 주관성이 경계의 의식을 넘나들고 있으나, 호메로스 이후의 서사문학(Epik)에서는 주체와 객체의 관계가 분명하며 경험적 주체가 삶에 대해 주관적인 입장을 취한다. 루카치에 따르면 서사문학의 이러한 주관적 입장은 노벨레(Novelle)에서와 같은 작은 규모의 서사형식에 가장 잘 드러난다. 노벨레에서는 형상화하는 주관성이 자신을 제어하면서 전체 삶에 맞서서 더 쉽게 형식의 통일성을 만들어 낸다. 그러나 이러한 형식통일성은 삶이라는 무한한 소재로부터 주관적인 취사선택을 할 수밖에 없으므로 노벨레의 서사적 주관성은 근본적으로는 서정시적 분위기를 띨 수밖에 없다. 노벨레는 '의미 없는 삶'의 '무의미성'을 산문적으로 표현할 수 있는 '가장 순수한 예술기교적 형식'일 수는 있지만 전체 삶의 총체성을 형상화하는 데는 무언가를 결여하고 있다.

루카치의 장르이론에 따르면 전원시(Idylle)는 노벨레가 지향하는 상대적 의미를 넘어서서 절대적 의미를 추구하려는 형식이다. 이 형식에서 절대적 의미가 가능한 것은 시인이 자신의 전체 인격과 세계의미에 대한 자신의 해석을 집어넣기 때문이다. 따라서 전원시라는 형식은 주관적인 서정적 분위기를 만들어 낼 수는 있지만 전체 삶의 총체성을 표현할 수는 없다. 루카치가 『영혼과 형식』에서는 서정시, 노벨레, 비극을 시민적 의식에 적합한 형식으로 보면서 비극의 예술체험을 통해서만 자아성과 삶의 본질을 인식할 수 있다고 여긴다면, 『소설의 이론』에서는 이러한 예술형식들을 전체 삶의 총체성과 서사적 총체성이라는 관점에서 바라보면서 이들이 가진 주관적이고 제한된 총체성의 불충분한 성격을 지적한다. 여기에서 우리는 루카치가 이제 드라마적, 서정시적 형식들로부터 일정한 거리를 두고 있음을 알 수 있다.

인간정신의 역사철학적 해석과 영혼의 총체성이라는 예술원칙은 완전히 헤겔의 『미학』에 근거를 두고 있다. 헤겔은 『미학』의 마지막 장에서 호메로스의 서사시를 전범으로 삼아 시문학 이론(Theorie der Poesie)을 전개하며 총체성이라는 범주를 사용한다. 헤겔의 경우 이 개념은 서사시적 총체성뿐만 아니라, 이 형식총체성의 근저에 있는 호메로스 시대의 역사철학적 상황과도 깊은 관련을 맺고 있다. 헤겔은 그리스적 세계의 총체성을 통일적인 세계관과 민족정신을 넘어서서 객체와 주체, 보편적인 것과 특수한 것 사이에 유기적 관계가 존재하는 총체성, 현실과 자연을 함께 아우르는 존재 그 자체의 총체성으로 파악한다. 그러니까 호메로스 서사시의 형식총체성은 호메로스가 살았던 시대의 시적 세계상황과 존재 그 자체의 총체성이다. 헤겔은 서사시적인 것과 드라마적인 것의 주요 차이를 구분한다. 서사시 주인공이 일반적인 존재의 총체성과 관련을 맺는다면, 드라마 주인공은 개인적 성격과 주관적 분위기와 관계를 맺는다. 서사시 주인공의 이야기는 개인적 사건 속에서 진행되기는 하지만, 이 사건은 전체 삶의 총체성과 직접적으로 연결되어 있다. 이에 비해 드라마 주인공의 이야기는 오로지 개인적 행동의 테두리 내에서 진행되며 또 이 행동은 특수한 개인적 운명과 관계되어 있다. 루카치의 총체성 개념 및 서사시적 총체성과 드라마적 총체성의 차이에 대한 논의는 분명히 헤겔 미학의 서사시적 총체성 이론에 근거한다. 물론 헤겔로부터 물려받은 개념들이 루카치에서는 '영혼적', '생철학적'이라는 자기 시대의 색채를 띠기는 한다. 요컨대 호메로스의 서사시의 총체성이 루카치에게는 '영혼적' 총체성과 함께 '절대적인 삶의 의미'를 뜻한다.

현대적 서사시에 대한 헤겔의 짧은 언급은 루카치의 소설이론에 기본개념과 단초를 제공한다. 헤겔은 시문학 이론을 펼치면서 소설이라는 형식에 관해서 매우 짧지만 중요한 생각을 언급한다. 그의 『미학』에서는 소설을 시민사회라는 변화된 세계에서 그리스 서사시가 변모해 생겨난 '현대적 서사형식'이라고 부른다. 그에 따르면 소설(헤겔이 말하는 '현대적 시민적 서사시')의 특징은, 소설이 비록 산문적인 시민사회에서 전개되기는 하지만 그 주인공은 일상적이고 평범한 세계질서에 저항하면서 산문적인 상황 속에서도 본질적인 것과 진정한 것을 찾아나서서 사라져버린 시적 세계의 '권리'를 다시 획득하려 끊임없이 애쓰는 데 있다. 다시 말해 소설의 형상화 원칙은 산문적인 현실에 바탕을 두면서도 사라져버린 총체성을 복원하라는 내재적 요구에도 기초한다.

헤겔의 이러한 기본생각에서 출발해서 루카치는 서사시와 소설의 차이점을 부각시킨다. 서사시가 그 자체로 완결된 삶의 총체성을 형상화한다면, 소설은 삶의 숨겨진 총체성을 찾아내 이를 다시 구성한다는 것이다. 루카치에 따르면 그리스의 서사시는 시적 세계상황에서 펼쳐지며, 서사시의 주인공은 유기적인 삶의 의미(총체성)를 잃지 않고 공동체에 대한 직접적인 관계를 유지한다. 반면에 소설은 관습에 지배되는 시민사회에서 전개되며, 주인공은 공동체와의 관계를 잃고 자신의 개별적 자아에 갇힌 채 역사에 내재한 삶의 의미를 찾기 위해 고독하면서도 험난한 길로 나아가지 않으면 안 된다.

루카치에 의하면 서사시와 소설 사이의 전환기에 나타나는 형식은 단테의 서사시(Epopöe)이다. 여기에서 주인공은 현세에서의 삶과 의미의 분열에도 불구하고 내세의 종교적 세계라는 길잡이 별(정향점)에 의지해 자기의 길을 찾을 수 있었다. 하지만 형이상학적 정향점(Orientierungspunkt)이 사라지고 난 이후에는 주인공은 형이상학적 길잡이와 방향을 잃어버린 세계상황에 처하게 된다. 이때부터 고독한 주인공의 이야기가 시작되고 소설이라는 새로운 서사적 형식이 탄생한다. 소설의 주인공은 형이상학적 고향을 상실한 세계에 내버려지는 처지가 되고 인간의 영혼은 오로지 자기 자신에게만 의존하게 된다. 그럼에도 주인공의 영혼은 이 세계에서 정신적 고향과 삶의 의미를 다시 찾고자 하는 형이상학적 열망과 고향에 대한 충동으로 가득 차 있다. 하지만 주인공은 영혼의 동경이 성취될지에 대해 스스로도 알지 못하는데, 그가 도달하고자 하는 것에 대해 뚜렷한 목표의식이 없기 때문이다.

그렇지만 주인공의 영혼이 언제나 삶의 의미나 '총체성을 향해 나아가는 길'을 걷고 있다는 사실 자체에는 변화가 없다는 점을 루카치는 거듭 확인한다. 이러한 영혼의 의도가 주인공의 심리와 소설의 기본생각의 본질이라는 것을 강조한다. 물론 이러한 영혼의 의도는 근본적으로 추상적이기는 하다. 그럼에도 소설은 무엇보다도 이러한 추상적 영혼의 의도가 형식화되고 객관화되어야 하는 형식이다. 소설은 추상적 내용을 지니므로 추상적이고 형식해체적인 성격을 유지할 위험을 안고 있다. 이러한 위험을 피하기 위하여 소설에는 형식을 구체적으로 구성하는 몇 가지 요소가 필요하다.

산문적인 세계 속에서 지배적으로 작용하는 사회적 형식들, 예컨대 법칙이나 직업은 루카치에 의하면 소설형식의 구성적 요소가 되지 못하는데, 그것들은 근본적으로 소설의 근저에 놓인 영혼의 동경이나 내용적 기본생각과 직접적 관련이 없기 때문이다. 그에 따르면 이러한 현상들은 영혼이 이 세계에 혼자서 존립할 수 없고 영혼을 지배하는 낯선 힘을 필요로 한다는 사실의 역사철학적 객관화일 뿐이다. 이에 대해 루카치는 다음과 같이 말한다.

"법칙이 지배하는 자연과 기분이나 분위기가 지배하는 자연은 영혼 속의 동일한 곳에서 생겨난다. 이러한 자연들이 생겨나는 까닭은 의미로 가득 찬 실체에 도달하는 것이 불가능해진 상황 때문이다. 즉 구성적 주체에 적합한 구성적 객체를 찾는 것이 불가능해진 상황 때문이다."

그러므로 관습적인 구성물들은 내면성을 일깨울 수 없는, 경직화되고 낯설게 된 의미의 복합체이다. 루카치는 이러한 복합체를 제2의 자연이라고 부른다. 제2의 자연은 영혼과는 아무 관련이 없지만, 영혼의 제1의 자연에 맞서기에는 충분히 독자적이다. 양쪽의 영역은 각각의 다른 영역에 들어가려고 하지 않고 상호 영향을 끼치려 하지 않으며 서로 대결한 상태로 마주보고 있다. 양자를 연결할 수 있는 것은 루카치에 의하면 작가의 형상화하는 주관성뿐이다. 작가의 이러한 주관성에 속하는 것은 우선 작가의 윤리적 주관이다. 작가의 윤리적 주관은 사회적인 구성물과는 관계없이 오로지 '내면으로부터 행동하고', 따라서 총체성을 향한 기본생각과 직접적인 관계를 맺어 추상적 성격을 극복할 수 있다. 다시 말해 작가의 윤리적 주관을 통해서만 소설의 형식은 구체적이고 구성적일 수 있다. 바로 이러한 이유 때문에 루카치는 윤리성을 소설의 기본요소라고 말한다. 윤리성은 서사시에서는 형식에 내재하는 유기적 원칙이라면, 소설에서는 소설의 형식을 구성하는 기본원칙이다. 그렇기 때문에 서사시가 그 자체 속에 편히 쉬는 성격을 가지는 것과 달리, 소설은 끊임없이 형성되어가는 성격을 지닌다. 소설의 끊임없이 전개되어가는 성격 때문에 소설의 형식은 헤겔이 말하는 이른바 '나쁜 무한성'과 이질적 요소들에 노출될 위험을 안고 있다. 또한 윤리적 주관 때문에 소설형식은 더욱더 추상적이 될 위험도 있는데, 윤리적 주관은 현존하는 총체성이 아니라 현존하는 총체성의 주관적 측면을 보여주기 때문이다.

이와 같은 이중의 추상성과 형식해체의 위험에 맞서기 위해서 소설은 루카치에 따르면 다른 예술형식들보다 훨씬 더 엄격한 형식원칙을 요구한다. 루카치는 여기에서 아이러니(Ironie)를 소설의 마지막 구성요소로서 또 그의 미학의 중요한 범주로 도입한다. 아이러니는 그에게는 마지막 주관성이자 형상화의 마지막 객관성이다. 아이러니는 윤리적 주관의 '자기교정'이자 이중의 추상화의 헤겔 변증법적 지양이다. 아이러니를 통해 얻은 마지막 객관성 덕분에 소설에 통일적인 형식구조, 즉 유기적 총체성의 세계가 생길 수 있다. 물론 이 유기적 총체성은 호메로스의 서사시에서 볼 수 있는 총체성을 의미하는 것이 아니라 "유기적인 것에 가장 근접한 총체성"이다.

아이러니를 통해 얻어진 소설의 유기적 총체성은 전기적 성격을 통해 이야기를 구성한다. 이 전기적 구성은 중심인물의 제한된 체험을 통해 무한한 소재를 간추려 정리하고, 이상을 향한 주인공의 발전과정을 통해 개인과 세계의 관계를 보여준다. 개인이나 세계는 그 자체만으로는 유기적 구조를 가질 수 없고 각기 고립되어 이질적 구조를 지닐 수밖에 없지만, 전기적 구성을 통해 개인과 세계 사이에 균형이 잡히면, 새롭고 독자적이고 그 자체로 완결되고 의미 있는 삶, '문제적(problematisch) 개인'의 삶이 생겨난다. 아이러니와 전기적 구성을 통해 얻어진 의미 있는 소설구조는 현대에 주어진 역사철학적 상황 속에서 작가가 형상화할 수 있는 가장 의미 있는 형식이다. 이러한 소설구조는 루카치에게는 오늘날의 주어진 세계상황 속에서 '문제적 개인'이 '삶의 의미의 내재성'을 경험할 수 있는 총체성의 최고형식이다.

물론 루카치는 우리가 실제로 삶의 총체성과 삶의 의미를 가지고 있다고 말하지는 않는다. 오히려 루카치는 소설은 의미 있고 유기적인 구조와 형식으로부터 생겨난 미적인 허구적 총체성이지만, 이 총체성은 현대적 세계상황에 존재하는 존재와 당위 사이의 실제적 분열을 결코 극복할 수 없다고 말한다. 따라서 그에게는 소설이 지닌 허구적 총체성의 창조는 현재의 세계상황에서 '의미 없는 삶'에 대해 '그럼에도 불구하고 맞서는 태도'(Trotzdem-Einstellung)다. 아이러니적 주관은 이 싸움이 희망이 없다는 사실을 잘 알고 있을 뿐만 아니라 나아가서는 이 싸움마저 포기한다면 한층 더 희망이 없다는 것도 파악하고 있다. 따라서 소설은 루카치의 표현을 빌리면 '성숙한 남성적 성격'의 형식이고 '인간적 성숙성에 도달한 상태의 멜랑콜리'다. 창조된 소설의 형식총체성으로는 현실에 영향을 끼치는 것이 불가능함에도 불구하고, 형식 창조의 최고의 의미는 '문제적 개인'이 형식체험을 통해서 점점 더 분명하게 자아인식에 도달하며 삶의 의미에 대한 인식에 가장 가까이 다가갈 수 있다는 점에 있다. 루카치의 거의 파토스적인 이러한 주장에 따르면 소설 형식을 통해 얻어진 자아인식은 '신이 떠나버린 세계'에서 인간이 획득할 수 있는 '인간 최고의 자유'이다.

아이러니적 주관성과 이를 통해 얻은 예술적 인식은 곧 마성적(dämonisch) 주관성이며 신 없는 세계에서 스스로 신의 존재가 되고자 하는 주제넘은 생각이다. 예술적 사고와 신학적 사고의 직접적인 관련성은 이미 『영혼과 형식』에서 암묵적으로 표현되기는 했다. 『소설의 이론』에서 그는 아이러니를 통해 예술적으로 얻은 자아인식과 자유가 신학적 인식을 대체해야 한다는 점을 보다 분명하게 보여준다. 소설이라는 예술형식은 루카치가 생각하기에는 신적인 형이상학(metaphysisch)의 세계가 초주관적(metasubjektiv) 마성적 내면성이 되어버린 사실을 객관화한다. 또한 이러한 내면성을 통해 얻은 최고의 자유로서의 자아인식은 "이 세상에 아직 올 수 없는 데 대해 구세주 신이 느끼는 말로 표현할 수 없는 고뇌"를 형상화한다. 여기에서 우리는 루카치의 소설이론의 근저에는 총체성과 삶의 의미를 향한 내면의 동경이 있는데, 이러한 동경은 종교적 표상과 무엇보다도 이 시대를 강하게 지배했던 유토피아적 열망에 뿌리를 내리고 있음을 짐작할 수 있다. 미학과 종교의 관련성과 경계를 논의하는 그의 주저 『미학』에서도 이 양자의 상관관계를 다시 한 번 다루게 된다.

이러한 일반적인 소설이론에서 출발해서 루카치는 소설의 유형(Typologie)을 만들어 내려고 노력한다. 소설의 시초를 그는 역사철학적 전개에 따라 세르반테스의 소설 『돈키호테』에서 찾고 있다. 이에 따르면 이 소설은 기독교의 신이 이를테면 단테의 『신곡』 이후 완전히 세상을 떠나버리고 존재적 현실과 당위적 이상 사이의 간극이 메워질 수 없는 세계상황에서 전개된다. 일체의 형이상학적 정향점을 잃어버린 상태에서 인간은 그러한 간극을 '외부세계의 선험적 존재'로서 당연시하고 있다. 루카치에 따르면 소설의 유형은 주인공이 역사철학적으로 조건지어진 외부세계에 어떻게 대응하느냐에 따라 나누어진다. 즉 주인공이 그러한 외부세계에 관념주의적으로(idealistisch), 낭만주의적으로(romantisch), 아니면 적절하게 대응하느냐에 따라 달라진다. 따라서 그는 소설의 유형을 관념주의적, 낭만주의적, 고전주의적 소설로 분류한다.

이에 따르면 『돈키호테』는 모범적인 관념주의적 소설이다. 이 소설의 관념주의적 성격은 주인공이 역사철학적으로 조건지어진 현실과 이상 사이의 간극을 알아채지 못한 채 순수한 관념주의와 관념적 표상으로 그의 이상을 실현할 수 있으리라고 굳게 믿고 있다는 점에 있다. 소설의 관념주의적 성격은, 주인공이 외부세계를 잘못 판단하고 자신의 확고부동한 관념주의와 관념적 표상에 대한 확신을 근거로 모험적 행동들을 전개시키고 급기야는 형이상학적 정향점이 없는 세계상황 속에서도 스스로가 신의 역할을 할 수 있다는 태도를 보인다는 점에 있다.

루카치는 관념주의적 소설 주인공의 주제넘고 우스꽝스러운 이러한 내면성을 마성적 주관성이라고 규정하는데, 이 마성적 주관성의 역사철학적 의미는 갈수록 점점 더 산문적이 되어가는 세계에 맞서 '최초의 투쟁'을 벌인다는 데 있다. 그에 의하면 관념주의적 소설의 이러한 마성적 주관성은 관념주의적 소설형식의 진수이면서 그 형식원칙을 이루며, 이를 바탕으로 '관념주의적 소설의 형식총체성을 가능하게 한다.' 『돈키호테』가 모범적인 관념주의적 소설유형으로 여겨지는 까닭은 절대로 되돌아올 수 없는 '역사적 순간'의 가장 깊은 본질, 즉 마성적 주관성을 소설이라는 형식으로 만들었기 때문이다. 이후에 등장하는 관념주의적 소설들은 근본적으로 시민사회와 타협하고 시민사회를 긍정하는 이상형(예컨대 디킨스의 소설도 이에 포함된다)을 보여준다는 면에서『돈키호테』의 변형이다.

물론 루카치는 이러한 변형들과 '현대적' 관념주의적 소설유형인 발자크의 소설을 구분한다. 발자크의 소설은 관념주의적 소설의 모범적 원형인『돈키호테』와 매우 근접해 있다고 하면서 그 이유를 다음과 같이 설명한다. 즉『돈키호테』에서 볼 수 있는 초기 시민사회의 마성적 주관성은 발자크 시대의 보다 진척된 시민사회에서 모든 사람(주인공을 비롯한 등장인물들)을 사로잡고 있기 때문에 통일적인 형식으로 기능할 수 있다는 것이다. 그는 발자크 소설의 형식 총체성의 특수한 성격을 강조하면서 발자크의 마성적 주관성은 노벨레(중단편소설) 형식에서 가장 잘 형상화되었고, 발자크 장편소설의 서사적 총체성은 노벨레적인 형상을 짜맞춘 데서 생겨난다고 주장한다. 훗날 루카치가 스스로 비판하듯이 여기서 그는 발자크의 소설을 '마성적 원칙'이라는 개념에 억지로 끼워 맞춰 관념주의적 소설유형으로 분류한다. 그러나 여기에서 이미 루카치는 후일 발자크를 리얼리즘 작가로 해석하고 리얼리즘 이론을 전개하면서 근본기준으로 삼은 '형태의 총체성' 개념을 앞질러 제시하고 있다.

루카치가 말하는 두 번째 소설유형은 낭만주의적 소설이다. 대표적인 예는 플로베르의『감정교육』이다. 낭만주의적 소설유형은 역사철학적 상황이 매우 진척된 단계, 이를테면 완전히 산문화된 세계상황에서 전개된다. 주인공은 이미 그의 이상을 포기해 버렸는데, 왜냐하면 그는 관습에 의해 지배되는 세계에서는 총체성과 삶의 의미를 찾을 수 없다는 점을 너무나 잘 알기 때문이다. 낭만주의적 소설의 주인공은 관념주의적 소설의 주인공 돈키호테와는 정반대로 오로지 내면적 세계로 퇴각하여 그곳에서 외부세계를 향해 순수한 내면적 투쟁자세를 취한다. 그는 단지 내면성의 힘으로 관습적인 세계에 맞서 싸우고 그의 이상을 실현할 수 있으리라 믿는다. 하지만 실제로는 그러한 자기의식적 지적 내면성은 환멸과 실망에 그치고 서정시적 분위기를 넘어서지 못한다. 낭만주의적 소설 주인공의 내면성은 서정시의 내면성과 차이를 보이는데, 후자는 현실에서 도피하는 순수한 기분이나 분위기인 데 반해, 전자는 본질상 외부세계에 입장을 취하는 기분이나 분위기이기 때문이다. 낭만주의적 내면성은 세계상황에 대한 감정적 슬픔이기는 하지만 그보다는 세계에 대해 방어태세를 취하는 내면적 투쟁자세이다. 이러한 낭만주의적 내면성은 종국적으로는 "필연적이고 가능한 행동의 문제", 다시 말해 윤리적 문제와 관련되어 있다. 그런 면에서 낭만주의적 내면성은 일종의 서사시적 성격을 가지고 있고 그것의 윤리적 내용을 바탕으로 소설의 형식이 될 가능성이 있다. 그러나 다른 한편으로 루카치는 이러한 윤리적 내면성에서 소설형식의 해체 위험성을 보는데, 낭만적 주인공은 객관적인 삶과 유리된 주관적이고 유토피아적인 면을 강조함으로써 소설의 기본생각을 너무 개인주의화하고 심리화하기 쉽기 때문이다. 루카치가 보기에 이러한 면은 낭만주의적 소설유형의 형식통일성을 위험에 빠뜨리는 요인이다.

낭만주의적 소설의 이러한 형식해체의 위험성을 저지하고 형식총체성을 가능하게 하는 유일한 요소는 시간이다. 시간은 – 베르그송의 '지속적 시간'(durée)이란 의미에서 – 일종의 구체적이고 유기적인 지속성으로서 이러한 형식해체의 요소들을 통일적·종합적으로 함께 묶어주는 역할을 하기 때문이다. 통일적인 시간체험으로서 기억은 이상과 세계 사이의 간극을 생생하게 보여주고 '삶의 내재성'을 가시화함으로써, 낭만주의적 내면성에 객관적이고 서사시적 성격을 부여한다. 그러나 루카치는 『영혼과 형식』에서 강조한 낭만주의적 내면성을 여기에서 서사적 총체성의 관점에서 바라보면서 소설이라는 형식이 되기 위해서는 낭만주의적 내면성으로는 불충분하다고 여긴다. 낭만주의적 내면성은 삶의 총체성이라는 관점에서 보면 '좌절'을 의미하고 그것의 자아만족성은 현대적 시민사회에 대한 '절망적인 방어'라고 말한다. 이러한 견해는 루카치가 낭만주의적 감정이나 분위기와 완전히 결별하지는 않았지만, 지적으로는 『영혼과 형식』에서 취한 낭만주의적 입장에서 단호히 물러서고 있음을 암시한다. 이러한 변화는 독일 고전주의 소설과 괴테에서 자신의 새로운 정향점을 찾는 데서 가장 뚜렷이 나타난다. 낭만주의와 노발리스 대신에 이제는 괴테의 『빌헬름 마이스터의 수업시대』가 그의 소설이론의 중심에 자리잡는다.

관념주의적 소설유형과 낭만주의적 소설유형을 변증법적으로 지양하고 있는 마지막 소설유형은 루카치가 보기에는 고전주의적 소설유형으로서, 이 유형의 모범을 괴테의 『빌헬름 마이스터의 수업시대』에서 찾고 있다. 이 소설의 종합적 성격은 무엇보다도 역사철학적으로 조건지어진 외부세계에 대해 주인공이 갖는 내면적 태도, 즉 외부세계에 대한 적절한 대응에 바탕한다. 루카치는 이러한 태도를 다음과 같이 설명하고 있다. '고전주의적' 주인공은 내면적으로도 행동 차원에서도 앞선 두 소설유형의 주인공 사이에서 중간적 입장을 취하고 있다. 괴테 소설 주인공의 내면성은 관념주의(마성적 주관성)로 인해 협소해진 내면성도 아니고, 내부로만 향한 낭만주의적 내면성도 아니다. 이 주인공이 현실을 대할 때 그 내면성은 모험적으로 외부적 행동을 취하지도 않고, 외부적 행동을 완전히 포기하지도 않는다. 주인공은 역사철학적으로 조건지어진 외부세계의 테두리와 한계를 의식하고 긍정하면서도 외부세계에 영향을 끼치고 행동을 통해 자기이상을 최대한 실현시키려고 노력하는 적절한 태도를 취한다.

빌헬름 마이스터의 내면성 속에는 세 가지 중요한 요소가 있다. 공동체, 휴머니즘, 아이러니가 그것이다. 빌헬름 마이스터의 내면성이 세계와 화해하려면 먼저 '인간적이고 내면적인 공동체'가 있어야 한다. 이 공동체의 구성원들은 공동의 목표와 태도를 가지고, 주인공과 마찬가지로 혼자서가 아니라 공동으로 이상을 실현하려는 마음가짐을 가지고 있다. 이러한 공동체에 바탕한 내면성은 주인공의 위상과 의미를 상대화시키면서 동시에 안정화시키는데, 빌헬름 마이스터에 등장하는 '탑의 모임'(Turmgesellschaft)에서의 주인공처럼 소설의 모든 인물들은 하나의 공통된 목표를 추구하기 때문이다.

이러한 공동추구라는 기본생각은 루카치에게는 곧 휴머니즘의 이념이다. 이 이념의 주요 특징은 구성원 각자가 외부세계와 내부세계 사이에서 평형을 유지하려고 노력하는 데 있다. 다시 말해 이 이념은 자아교육의 공동의지다. 즉 '내적 고요와 안정'을 잃지 않고 길고 긴 교양과정을 성공적으로 걷도록 해주는 인간품성을 개발하겠다는 공동의지다. 따라서 빌헬름 마이스터의 휴머니즘 이상은 루카치에게는 본질적으로 교양이상(Bildungsideal)이다. (독일소설의 특징으로 간주되는 교양소설의 원형을 괴테 소설에서 찾는 것도 루카치가 말하는 이러한 교양이상 때문이다.)

빌헬름 마이스터는 오랜 교양과정의 결과 내면성과 세계 사이의 간극에 대해 통찰하고 이 통찰을 행동을 통하여 실현시키려고 노력한다. 다시 말해 현재적 삶의 형식들을 체념하듯 받아들이고 어느 정도는 사회에 적응하며, 그러면서도 자신의 영혼 속에서만 실현 가능한 내면성을 스스로를 위해 보존한다. 고독과 방황 속에서 주인공은 궁극적으로 체념(Entsagung)에 도달하는데, 이는 세계상황에 대한 부정도 긍정도 아니고, 세계상황을 이해하며 체험하는 태도다. 즉 현실세계와 영혼의 깊은 동경, 이 양자에 최대한 부응하고자 노력하며 세계상황을 체험하는 자세다.

따라서 빌헬름 마이스터의 외부세계는 그의 내면성에 부응하여 형상화된다. 그 형성물은 관념주의적 세계상의 모상도 아니고 오로지 주관적인 낭만주의적 세계상도 아니며, 여전히 관습적인 사회의 상이다. 이 관습적 세계에는 생생한 의미가 부분적으로 침투할 수 있다. 물론 이러한 삶의 의미는 객관적으로 존재하는 것이 아니라 형식을 부여함으로써만 얻을 수 있다. 다시 말해 삶의 의미는 궁극적으로는 '작가의 인격'이 형식에 미치는 영향을 통해, 즉 작가의 아이러니적 주관을 통해서만 가능하다.

형식의 마지막 객관성을 이루는 고전주의적 소설의 아이러니는 교육작업의 완성을 위해 외부세계를 낭만화하거나 이상화할 위험을 안고 있다. 루카치의 새로운 낭만주의 해석에 따르면 노발리스는 현실을 낭만화하는 위험에 빠지고 있다. 그는 현실과 형이상학의 분열된 통일성을 복원하기 위하여 실제적 현실 대신에 역사철학적 세계상황에 존재하지 않는 '미리 예정된 하모니 세계'를, 이를테면 중세적 서사시의 동화적 현실을 형상화의 원칙으로 사용한다. 이러한 낭만적 현실 형상화의 결과 노발리스는 외부세계와 이상 사이에 실제로 존재하는 간극을 예술적으로 드러내고 하나의 총체성을 인위적으로 건조하게 된다. 여기에서 루카치는 낭만주의와 노발리스에 대해 『영혼과 형식』에서와 다른 평가를 내린다. 낭만주의는 전 우주를 범시적으로 지배하는 것처럼 보이지만 근본적으로는 서정적인 분위기의 세계이며 아무런 구성적·서사시적 힘을 가지고 있지 않기 때문이다. 여기에서 우리는 루카치가 노발리스와 낭만주의에 분명한 거리를 두면서 대신 고전주의와 괴테에 경도되고 있음을 확인할 수 있다. 루카치가 『영혼과 형식』에서는 노발리스의 낭만주의를 모범적인 예술원칙이라고 여기고 노발리스의 낭만주의 관점에서 괴테를 바라본다면, 이제는 정반대로 노발리스의 낭만주의를 괴테적인 고전주의 관점에서 바라보면서 노발리스의 범시적 원칙의 한계와 부적합성을 지적한다.

이러한 정반대 입장의 저변에는 서사시적 총체성이라는 새로운 시문학 원칙이 작용한다. 이 원칙에 따르면 시문학은 현실의 모범이어야 하는 것이 아니라 현대의 세계상황에 적합해야 한다. 이러한 의미에서 『빌헬름 마이스터』는 오늘날의 세계상황에서 가장 적절한 태도를 취하며 따라서 서사시적 총체성에 가장 가까운 서사적 형식이다. 동시에 루카치는 괴테 소설의 다른 위험성, 즉 현실의 이상화와 고전적 서사시에 가까워지려는 경향도 지적한다. 현실의 이상화에 대한 전형적인 예로서 괴테의 교양소설 말미에 나오는 시민과 귀족 두 신분의 결혼을 든다. 이것은 "실제로는 신분 대립의 지양이 아니라 신분의 내면화"에 불과하다. 곧 시민사회의 초월화이자 이상화다. 그렇기 때문에 괴테의 소설은 소설로 시작했지만 서사시로 끝날 위험성을 내포하고 있다. 처음에는 시민적 무대분위기로 출발했지만 마지막에는 실제 삶을 지배하는 귀족분위기로 기울어지는 것도 이 때문이다. 따라서 소설 초반의 시민적 공동체의 기본 톤이 결국에는 일종의 불협화음으로 머물러 있다고 그는 결론짓는다.

톨스토이 소설 역시 루카치에 의하면 소설의 형식을 넘어서서 서사시적 형식에 가까워지는 경향을 보인다. 그러나 톨스토이의 소설에서는 괴테의 소설과 다른 양상이 나타난다. 루카치에 따르면 러시아문화는 유럽문화와는 질적으로 다른 요소를 가지고 있다. 러시아문화에는 '유기적이고 자연적 원초 상태'에 대한 친밀성이 내포되어 있다면 유럽문화는 그렇지 않다. 유럽문화의 자연에 대한 관계는 사회현상, 즉 '제2의 자연'과 너무나 깊숙이 뒤얽혀 있어서, 자연 개념 자체가 강한 문화적 색채를 띤다. 그렇기 때문에 유럽문화와 자연개념을 문화비판적으로 대립시키는 것은 아무런 순전히 논쟁적으로 머물 수밖에 없다고 루카치는 지적한다.

이에 반해 러시아문화에서의 자연개념은 '창조적 논쟁'을 가능하게 한다. 톨스토이 소설의 현실형상화는 루카치에 의하면 자연과 현실의 관계가 어떠한가에 따라서 세 가지 유형으로 구분할 수 있다. 첫 번째 유형의 소설은 순수한 자연의 형상화로 여기에서는 모든 인간적, 문화적 현상이 오로지 자연적인 것으로 파악되고 자연적 법칙성과 영원한 시간의 리듬이 지배하는 하나의 코스모스에 융해된다. 이로써 모든 영혼적인 것이 이러한 자연적인 것에 흡수되어 거의 무無가 되어 버린다. 따라서 이와 같은 현실형상화는 자연과 현실 사이의 보편적인 관계를 파악할 수가 없다. 두 번째 유형의 소설은 순수한 관습적 세계의 형상화이며 이 또한 자연과 현실 사이의 올바른 관계를 나타낼 수 없다. 세 번째 유형의 종합적인 현실형상화는 톨스토이 소설에서 '위대한 순간'(예컨대 『전쟁과 평화』의 안드레이가 전장에서 겪는 죽음의 체험)을 형상화할 때 드물게 성공하는데, 이러한 위대한 순간(대개 죽음의 순간)에 주인공은 자연과 현실의 본질적인 관계뿐만 아니라 '호메로스적인 자연'에서만 가능한 삶의 의미를 불현듯 깨닫게 된다. 그렇기 때문에 톨스토이의 현실형상화 역시 현재의 역사적 세계상황과 예술형식을 넘어설 것을 요구하는데, 이를 충족시키려면 소설형식을 넘어서는 예술원칙, 즉 서사시가 필요하다.

현재의 역사철학적 상황이 변하지 않는 동안에는 소설이 지배적인 형식이 될 수밖에 없다라고 루카치는 소설이론을 마무리한다. 유토피아적인 것을 실제로 존재하는 것으로 형상화하는 것은 결국은 형식파괴적이고 현실을 창조하지 못한다고 말한다. 그럼에도 불구하고 이 소설이론의 말미에서는 도스토옙스키적인 신비적이고 유토피아적인 세계에 대한 관심도 내비친다. 그러나 톨스토이를 비롯한 모든 소설의 현실형상화는 형식체험일 뿐이고 새로운 현실의 실제적인 실현과 새로운 예술형식은 오로지 새로운 역사철학적 상황에서만 가능하다는 것을 잘 인식하고 있다. 이로써 루카치는 이론적으로는 새로운 역사적 전망을 제시하지 못하면서도 새로운 세계상황과 새로운 예술을 위한 자신의 현실참여적 길을 예견한다. 이상에서 살펴보았던 소설이론이 그의 후기 저작과 문예이론에 대해 갖는 의미와 관련하여 몇 가지 중요한 점을 언급하고자 한다.

첫째, 루카치는 『소설의 이론』에서 의심할 나위 없이 헤겔주의자이자 변증법적 방법론자이다. 이 저술의 기본 톤을 이루는 것은 여전히 비관적인 시대분위기와 당시의 일반적인 정신적 흐름, 특히 유토피즘과 생철학의 영향이다. 그러나 그의 인식론적 입장은 확실히 헤겔에 훨씬 가까우며, 특히 미학적 카테고리의 역사화와 그것의 변증법적 전개에 관한 한 더욱 그러하다. 그는 헤겔적 역사철학의 도움을 받아 '영혼의 풍경'과 그것의 예술형식을 역사적으로 이해하려고 노력한다. 또 헤겔의 변증법적 방법론에 기대어 자신의 생각을 전개한다. 『빌헬름 마이스터』를 관념주의적 소설과 낭만주의적 소설 사이의 종합적 유형으로 파악하는 것, 윤리를 법과 도덕의 종합으로 여기는 것, 추상적 생각과 나쁜 무한성을 지양하는 것, 시간을 양면적으로 보는 것 등이 그 예이다.

둘째, 『소설의 이론』은 본질적으로 헤겔 및 독일 고전주의 미학과 초기 낭만주의의 예술관, 예컨대 헤겔의 총체성이라는 카테고리, 괴테의 마성원칙, 초기 낭만주의자들의 아이러니에 대한 해석 등에 영향을 받고 있다. 이 소설이론서의 핵심개념인 총체성과 그리스문화를 전범으로 삼는 관점 등은 헤겔의 미학사상과 독일 고전주의 예술이론의 중요 특징이다. 여기에서 우리는 헤겔 미학과 독일 고전주의의 관계를 자세히 다루지 못했지만, 분명한 점은 헤겔 미학은 본질적으로 동시대의 문학흐름에 영향을 받아 이를 개념적으로 다시 표현한다는 것이다. 헤겔은 열악한 시대의 상황 속에서도 그나마 동시대 작가인 괴테와 쉴러 등에서 새로운 서사적 형식의 가능성을 보고 있다.

셋째, 루카치가 헤겔과 독일 고전주의에서 물려받은 총체성의 개념은 헤겔의 총체성 개념과 본질적으로 유사하지만 루카치 자신의 고유한 특색을 띤다. 헤겔의 총체성 개념은 절대정신의 구현이라는 그의 전체 철학세계 속에서 '일정한 철학적 의미'를 가진다면, 루카치의 총체성 개념은 '절대적 미학적 의미'를 획득한다. 『영혼과 형식』에서 루카치가 주장한 바에 따르면, 삶의 총체성은 실제로는 얻을 수 없으며, 예술을 통해 만든 유일한 질서인 예술총체성이 다시 삶에 작용함으로써 우리는 삶의 총체성을 체험할 수 있다. 예술총체성이야말로 절대적 총체성을 간접적으로 표현할 수 있다는 생각은 『소설의 이론』에서도 그대로 관철된다. 또한 예술적 총체성이라는 개념은 절대적 인식과 절대적 진실에 이르는 길이라는 의미도 내포하는데, 예술적 총체성을 통한 삶의 총체성의 재현은 언제나 인식적 차원에서 전체 삶을 굽어볼 수 있고 직접 경험할 수 있는 가능성을 제공하기 때문이다. 예술의 진실은 루카치에서는 언제나 삶의 진실과 관련되어 있다. 예술적 총체성 체험을 통하여 우리는 자아인식과 자아성에 도달하고 삶의 의미를 경험할 수 있다. 물론 『소설의 이론』에서는 예술에 요구하는 진리가 변하고 있다. 루카치는 『영혼과 형식』에서는 '절대적인' 자아인식과 '초월적인' 삶의 의미를 요구하면서 이것들이 비극에 가장 잘 표현되어 있다고 여겼으나, 『소설의 이론』에서는 소설이라는 예술형식에 대해 역사철학적 상황에 상응하는 자아인식과 삶의 근저에 놓인 내재적 삶의 의미를 형상화할 수 있다. 『영혼과 형식』에서는 비극의 예술진리에 초월적 내지 종교적 진리에 대한 요구가 '분명히' 표현되어 있다고 여겼으나, 『소설의 이론』에서는 이러한 진리에 대한 요구를 약화시키므로 이러한 요구는 '은밀히' 내재적으로 암시되는 데 그친다. 그럼에도 예술은 신이 없는 세계에서 종교적 진실을 대체해야 하고 절대적 진리에 다가가는 형식이 되어야 한다는 기본적 요구에는 아무런 변화가 없다.

넷째, 전체 철학체계에서 '일정한 상대적 진실'을 말하는 헤겔의 미학은 루카치에서는 '절대적 진리'를 말해주는 미학이 된다. 총체성의 개념과 그것의 절대적 진리에 대한 요구는 훗날의 개념적인 변모(마르크시즘적 전환)에도 불구하고 루카치 미학의 핵심 요소가 된다. 독일 고전주의에 의해 규정된 새로운 예술관은 독일 낭만주의로부터 거리를 두고 독일 고전주의와 괴테에서 새로운 정신적, 미학적 정향점을 찾는다. 시민사회의 점증하는 위기를 체험한 그는 오랜 방황 끝에 초기의 유미주의적, 신낭만주의적 시대경향에서 어느 정도 벗어나고 있다.

다섯째, 그의 '방황'(Irrfahrten)과 '편력시대'는 새로운 통찰력을 통해 끝난 듯 보인다. 이는 독일 고전주의는 오늘날의 세계상황에 가장 알맞은 정신적 고향이고 그곳에서 현대인간의 고독한 영혼이 안식처를 구할 수 있으며, 나아가서 괴테의 고전주의 소설은 현대인간이 올바른 길로 나아갈 수 있는 모범적인 주인공의 상과 인간상을 보여준다는 깨달음이다. 독일 고전주의의 미적 인간상은 루카치의 전체 지적 발전에 가장 중요한 출발점이다. 다시 한번 지적할 점은 루카치의 사고는 본질적으로 19세기 독일 교양시민계급의 지적 전통에 깊이 뿌리를 내리고 있다는 사실이다. 독일 시민계급의 주요 특징은 교양이념과 이에 바탕한 예술적·문학적 교양이다. 루카치의 교양은 광범위한 지적 전통과 문학적 교양체험, 이를테면 독일 고전주의 문학과 헤겔을 위시한 독일의 관념철학, 그리스 로마의 고대 문학, 그리고 19세기 유럽의 문학 전통을 포괄한다.

마지막으로, 루카치는 그의 지적 변화에도 불구하고 계속해서 독일 고전주의와 19세기 유럽문학의 열정적인 비평가로 머물고 있다. 많은 예술이론가들, 특히 아도르노가 『소설의 이론』을 루카치 지적 발전의 정점이자 동시에 종말이라고 평가하는 것도 놀라운 일이 아니다. 루카치는 곧 이어질 마르크스적 연구서 『역사와 계급의식』에서 총체성이라는 미학적 주요개념을 이데올로기적·정치적으로 바꾸어 표현하고, 반 세기가 지나 집필한 주저 『미적인 것의 고유한 특성』에서는 오랜 기간에 걸쳐 얻어진 마르크시즘 연구와 마르크스적 개념장치를 통해 유물론적 미학을 시도하지만, 궁극적으로는 초기저술의 주요 생각을 그대로 유지한 채 이를 새로운 차원에서 표현하고 있다.

2장

『역사와 계급의식』에 나타난 마르크시즘 해석

1. 부다페스트 학파의 지식인들: 루카치, 하우저, 만하임
    1) 헝가리 역사 개관
    2) 일요서클의 성립배경
    3) 일요서클의 형성과 성격
2. 루카치의 정치적 실천과 헤겔적 마르크시즘 수용
    1) 시대적 배경
        (1) 부르주아지 문예비평가의 정치참여
        (2) 소비에트공화국에서의 문화적 실천
    2) 『역사와 계급의식』의 주요 내용
        (1) 변증법적 방법과 총체성의 원칙
        (2) 의식의 물화현상과 물화된 의식형태
        (3) 부르주아지 철학 비판
        (4) 독일 고전주의 예술이 갖는 철학적 의미
        (5) 역사의 주체로서의 프롤레타리아트 계급의식
        (6) 실천개념과 「블룸테제」
    3) 마르크시즘 해석에 나타난 총체성의 이념과 고전주의 해석의 관계
    4) 네오마르크시즘에 끼친 영향

1. 부다페스트 학파의 지식인들: 루카치, 하우저, 만하임

게오르크 루카치, 아르놀트 하우저, 카를 만하임은 우리에게도 익히 알려진 이름들이다. 루카치는 그의 대표적 저서 『영혼과 형식』, 『소설의 이론』, 『역사소설론』, 『역사와 계급의식』, 『청년 헤겔』을 통하여, 하우저는 『문학과 예술의 사회사』를 위시하여 『예술의 사회학』, 『예술사의 철학』 등을 통하여, 카를 만하임도 『이데올로기와 유토피아』, 『지식사회학』 등의 저서를 통하여 우리나라 인문사회학 분야에 상당한 영향을 끼쳤다. 그러나 이들이 모두 헝가리 출신이고 동시대의 지식인이라는 사실은 그렇게 많이 알려져 있지 않다. 이러한 사정에는 여러 이유가 있겠지만 그 중의 하나는 이들이 주로 헝가리가 아닌 서구에서 활동하였고 대부분의 저술을 영어나 독일어로 썼기 때문에 우리는 이들을 서구나 독일의 지식인으로 안다는 데 연유한다. 그 다음 중요한 원인으로는 우리가 이들의 이론을 유럽이나 동구의 시각이 아니라 미국이나 서구의 시각을 통해 일방적으로 받아들였다는 점을 들 수 있다. 우리가 익숙해온 이러한 서구편향적인 시각에는 오랜 기간 우리가 처했던 정치적·이데올로기 상황이 크게 작용하였다.

그러나 이들은 어디까지나 헝가리 출신의 지식인들이고, 약간의 연령차이는 있지만 거의 동일한 시대적·지적 체험을 공유한 동시대의 지식인들이다. 이들이 함께한 체험 중에서 가장 중요한 것은 1915년부터 1919년 사이에 부다페스트에서 형성한 젊은 지식인들의 모임이다. 흔히 '일요서클'이라 부르는 이 모임은, 훗날 전세계적으로 명성을 얻게 되는 루카치, 하우저, 만하임 같은 헝가리 지식인들의 학문적 모태가 되었을 뿐만 아니라 그들의 삶을 지탱해 주는 정신적·도덕적 지주가 되었고 이른바 '부다페스트학파'의 출발점이 되었다.

'부다페스트학파'란 엄밀한 의미에서 보면 루카치와 그의 제자들로 이루어진 지식인그룹을 의미한다. 일생 동안 아카데미즘의 변방에서, 이를테면 방외적方外的 지식인으로 활동했던 루카치는 대학을 중심으로 해서 이루어지는 독일식의 학파(Schule)를 형성하지 못하였다. 그러나 2차세계대전이 끝나고 모스크바에서의 오랜 망명생활로부터 헝가리로 돌아온 루카치는 부다페스트대학의 미학교수로 재직하면서 일군의 소장학자들을 배출하였는데, 이들 중에서 크게 활약한 사람은 2019년에 작고한 아그네스 헬러와 죄르지 마르쿠시, 페렌츠 페헤르 등이다. 특히 헬러는 루카치의 수제자로서 루카치의 사상적 유산을 재해석하고 계승·발전시켜 나가는 데 주도적 역할을 하는, 이를테면 '부다페스트학파'의 대표격인 지식인이다. 그녀가 쓴 『르네상스 인간』, 『일상생활의 철학』은 이 학파가 이룩한 업적 중에서도 가장 주목받는 저서이다.

그러나 이번 장에서 거론하는 '부다페스트학파의 지식인들'이란, 루카치와 그의 제자들로 이루어진 좁은 범위의 지식인그룹이 아니라 이 학파의 모태가 되는 일요서클의 지식인그룹을 뜻한다.

예컨대 우리가 알고 있는 '프랑크푸르트학파'와 비교해 보면, 이들 지식인들을 하나로 묶어 학파라는 이름을 붙이기에는 이들의 결속력이 다소 느슨하고 이론의 응집력이 좀 약하다는 느낌을 받는 것은 부인하기 힘들다. 그럼에도 이 그룹의 지식인들을 학파라는 이름으로 묶는 이유는, 그들 상호간의 차이점에도 불구하고 근본적인 면에서는 많은 공통점이 있고, 무엇보다도 루카치라는 인물을 중심점으로 긴밀하게 연결되기 때문이다. 이러한 의미에서 '부다페스트학파의 지식인들'을 우리는 '일요서클의 지식인들', 혹은 '루카치와 동시대의 헝가리 지식인들'이라는 말로 바꾸어 부를 수도 있다.

1) 헝가리 역사 개관

헝가리는 동구 여러 나라들 중에서도 아시아적 요소가 가장 강한 나라다. 우선 헝가리를 구성하는 민족들 중에서 가장 큰 민족 집단인 마자르족은 중앙아시아에서 유럽으로 진출한 튀르키예족의 일파고, 헝가리어는 우랄 알타이어와 관련 있는 핀란드·헝가리어군에 속한다(예컨대 이름을 표기하는 방식도 우리와 비슷해서 먼저 성을 부르고 다음에 이름을 붙인다. 따라서 게오르크 루카치의 헝가리식 이름은 루카치 죄르지가 된다).

헝가리가 국가형태를 갖추고 유럽역사에 등장하는 것은 896년이다. 봉건귀족에 의해 세워진 헝가리는 상당 기간 정치적 독립을 유지하다가 1526년 터키제국의 침공에 참패한 후에는 합스부르크가에 편입되었다. 이때부터 1차세계대전이 끝나는 1918년까지 400여 년 동안 합스부르크가의 지배를 받아 합스부르크가의 황제가 헝가리왕을 겸임했다. 법적(de jure)으로 보면 헝가리는 엄연히 독립된 왕국이고 자체의 헌법에 의해 스스로를 지배할 권리가 보장되어 있음에도 불구하고 실제로는(de facto) 합스부르크가의 절대왕권에 종속되어 있었다. 이로 인해 헝가리 자체의 통치권을 주장하는 헝가리의 귀족계급과 절대왕권을 주장하는 합스부르크가 사이에는 끊임없는 마찰과 갈등이 야기되었다.

빈의 절대권력에 맞서 싸우는 헝가리인의 민족적 저항은 19세기까지 면면히 이어진다. 이러한 상황이 일대 변화를 겪는 것은 19세기 초반에 와서다. 19세기 초 유럽의 여러 나라는 프랑스 시민혁명과 나폴레옹의 전쟁으로 인해 사회적·민족적 해방운동의 소용돌이에 휘말리게 되었다. 이 여파로 헝가리를 위시한 동구의 여러 나라에서도 독립 및 자주권을 쟁취하려는 움직임이 있었다. 헝가리의 진보적 세력은 헝가리어를 공식어로 삼고, 농노제를 비롯한 봉건적 구속을 폐지하며, 일반적 조세의무를 도입하는 등의 사회개혁정책을 실시하고자 하였다. 그러나 빈의 절대왕권은 헝가리의 경제발전을 위해서 봉건적 제도를 폐지하려고 하면서도, 다른 한편으로는 이러한 정책이 가져다 줄 변혁에 대한 두려움 때문에 본격적인 실시를 지연하거나 저지하였다.

이러한 상황에 결정적 변화를 가져다 준 사건은 1848년 유럽 전역에서 일어난 시민혁명이었다. 서구는 물론 동구의 여러 나라에까지 파급되었던 시민혁명의 물결에 힘입어 헝가리 국민은 오스트리아 정권에 저항하는 무장봉기를 시도하였지만, 차르 정권이 파견한 러시아 군대에 무참히 패했다. 그후 18여 년 동안 헝가리는 강력한 무단 독재권력에 철저한 탄압을 받았다. 그러나 1866년 오스트리아가 독일의 패권을 두고 프로이센과 벌인 프로이센-오스트리아 전쟁에서 패한 후 빈 정권은 헝가리에 대해 일정한 양보를 하지 않을 수 없었다. 이것이 곧 1866년에 빈 정권과 헝가리 사이에 이루어진 이른바 대타협이다. 이를 계기로 헝가리에서는 자체의 헌법이 복원되었고, 오스트리아와 헝가리 사이에는 이른바 '오스트리아·헝가리 이중군주국'(die Österreichisch-Ungarische Doppelmonarchie)이라는 국가형태가 생겨났다. 이제 빈 정권은 헝가리의 국내정치를 두고는 어느 정도 자율권과 독립성을 부여하였지만, 외교·국방·재정 등의 문제에는 계속 절대적 권력을 행사하였다. '오스트리아·헝가리 이중군주국'은 1차세계대전이 끝나면서 합스부르크가가 붕괴하는 1918년까지 50여 년 동안 계속되었다.

그러나 1866년의 대타협은 헝가리에 근대적 의미의 자본주의적 발전을 할 계기와 형식적 틀을 마련해 주었다. 이때부터 19세기 말까지 30여 년 동안 엄청난 생산력 증대와 함께 급속한 경제발전이 이루어졌다. 이러한 경제성장에 힘입어, 19세기 후반기에는 헝가리 국민의 민족적 자긍심이 고조되고 헝가리의 독립운동이 코슈트와 같은 민족적 지도자를 중심으로 더 한층 가열되었다. 헝가리의 독립운동은 처음에는 여러 민주적 세력이 떠받침으로써 성공을 거두는 듯했지만, 이 운동의 주도권이 점차 봉건적 지주계급에 넘어감으로써 실효를 거두지 못하였다.

이 기간 동안에 자본주의적 발전과 산업화로 말미암아 부다페스트를 중심으로 한 도시에서는 중산층 내지 시민계층이 급격하게 성장하였다. 이 계층은 근본적으로는 봉건질서와 제도에 반대하는 자유주의적 성향을 지녔지만, 다른 한편으로는 그 동안 획득한 경제적 기득권을 잃어버리지 않을까 하는 두려움 때문에 일체의 근본적이고 급격한 사회변혁운동, 특히 노동계층의 변혁운동(이 시기에 이미 헝가리에는 노동운동이 본격화되고 1880년경에는 노동자의 이익을 대변하는 정당이 결성되었다)에는 반대입장을 취하였다. 그러나 이들 헝가리 시민계급은 자유주의적 색채를 띤 정부의 입법에 영향력을 행사하여, 가톨릭교회의 권한을 제한하고 모든 종교에 동등한 권리를 부여하며 시민적 결혼을 보장하는 등의 자유주의적 입법조치를 취하게 함으로써 봉건적 잔재를 제거하는 데 일정한 성공을 거두었다.

헝가리 시민계급의 이러한 성과에도 불구하고 세기말을 전후한 헝가리에서 정치적·경제적 주도권을 장악한 세력은 여전히 귀족계급과 교회영주들이었다. 당시 헝가리의회는 상원과 하원으로 나누어져 있었는데, 상원은 유럽 내에서도 가장 반동적인 선거법에 의해 구성되었다. 상원의 대표자들은 귀족과 막강한 재력가, 그리고 왕의 임명에 의해 선출되는 교회영주들이었다. 상원은 하원과 동등한 권한을 가지고, 일체의 사회개혁적 입법을 저지하거나 지연시킬 수가 있었다. 봉건지배계층이 주도하는 정부의 정책 역시 그들의 이익, 특히 대지주계층에 의하여 좌우되었다. 이들 봉건지주계층은 자신들의 봉건적 가치체계나 농업경제의 이익을 고수하면서 진보적 사회개혁이나 산업화와 같은 자본주의적 발전에 거의 적대적인 태도를 취하였다. 또한 그들은 자신들의 경제적, 계급적 이해를 계속 확보하기 위해서 헝가리의 독립보다는 오히려 기존의 합스부르크 군주국가의 체제가 존속하기를 바랐다.

1896년은 헝가리가 생겨난 지 천 년이 된 해로서 이 해를 기념하여 범국민적인 축제가 열렸다. 이 시기를 전후한 세기말의 헝가리 상황을 요약하면, 천여 년 동안 거의 아무런 변화를 겪지 않고 온존해온 봉건적 지배질서 및 농촌적 삶의 방식과 급격한 산업화로 생겨난 자본주의적 질서 및 도시적 삶의 형태가 공존하고 있었다. 농촌적 삶과 도시적 삶, 봉건적 질서와 자본주의적 질서의 이러한 대립은, 당시의 독일이나 서구에 비해 매우 극단적인 양상을 띠고 있었다. 한편에서는 농촌을 중심으로 해서 천여 년 넘게 지속되어 온 이른바 '동구적 봉건성'과 '헝가리적 빈곤'이 지배하고, 다른 한편에서는 부다페스트를 중심으로 해서 자본주의적 산업화과정과 서구지향적인 근대화과정이 급속히 진행되고 있었다. 우리가 다루게 될 루카치와 일요서클의 지식인들의 사회화과정과 지적 형성과정은 이러한 상황 속에서 이루어진다.

2) 일요서클의 성립 배경

일요서클에 속하게 될 헝가리지식인들은 대체로 1896년부터 1차세계대전이 발발하는 1914년 사이에 성장기를 겪고, 그들의 중요한 지적 체험도 이 기간 동안에 이루어진다. 루카치는 1885년, 하우저는 1892년, 만하임은 1893년에 태어났다. 일요서클이 생겨나는 1915년을 기준으로 해서 보면, 루카치는 한창나이인 30세이고 하우저와 만하임은 20대 초반이었다. 7, 8세의 연령차이가 있지만, 루카치는 하우저, 만하임과 동일한 세대에 속하는데, 동일한 헝가리적 배경 속에서 동일한 시기에 지적 체험을 겪었기 때문이다. 물론 연령차이로 인해 약간의 다른 친소관계가 성립하기는 한다. 루카치가 비슷한 나이의 벨러 벌라주와 친하고, 하우저가 만하임과 일생 동안 깊은 우정을 나누었다는 것이 그 예다. 80세에 가까운 만년의 하우저가 루카치를 선배동료로 대하면서도, 다른 한편으로는 '스승'으로 대접하려는 태도를 보이는 것도 부분적으로는 연령차이에 기인한다. 이러한 연령차이에도 불구하고 이들은 동일한 역사적·지적 체험을 공유하고 있다는 점에서 근본적으로 동일한 세대의 지식인들이라고 할 수 있다.

이 세대가 공유하는 역사적·정신적 체험을 보다 구체적으로 논의하기 위해서는 우선 일요서클이 생겨난 시대적 배경을 개관해 볼 필요가 있다. 앞에서도 언급했듯이, 당시의 헝가리는 농촌경제를 바탕으로 하는 봉건적 질서 속에서도 부다페스트를 중심으로 한 도시에서는 급속한 산업화가 이루어지고 자유주의적 성향을 지닌 도시 중산층과 시민지식인층이 형성되었다. 그러나 이들 중산층은 서구의 부르주아지에 비해 경제적 토대나 사회·정치의식적인 측면에서 힘이나 역량이 아직도 미약하였다. 이들 계층은 전통적인 봉건귀족 계급의 정치적 헤게모니에 정면으로 도전할 정도의 힘이나 자신감을 갖지 못했다. 그들은 봉건지배 계급에 감연히 맞서는 대신에 자신들의 경제적 기득권을 지키고 사회적·정치적 입장을 다지는 한도 내에서, 일종의 타협주의적인 정치태도, 다시 말해 당시의 지배적인 봉건질서를 묵인하거나 아니면 수동적으로 지지하는 정치태도를 취하였다.

당시 헝가리의 중산층 혹은 부르주아지의 이러한 정치태도를 잘 보여주는 하나의 예는 루카치의 아버지다. 그는 자수성가하여 부다페스트의 영향력 있는 은행장까지 신분상승을 한 신흥부르주아지의 대표적 인물이다. 그는 기본적으로는 서구의 자유주의적 가치를 추구하였지만, 정치적으로는 여전히 당시의 기존질서에 동조하거나 적어도 이미 순응하는 태도를 보였다. 그가 당시의 관습에 따라 막강한 재력으로 귀족칭호를 얻은 것도 당시 헝가리 부르주아지의 이러한 정치적 태도와 관련이 있다. 초기의 루카치가 귀족주의적인 정신세계에 편애를 보이고 초기 저서에서 '폰'(von)이라는 귀족칭호가 붙은 '게오르크 폰 루카치'(Georg von Lukács)를 저자이름으로 쓴 것도 자신의 출신배경을 드러내는 좋은 예다.

헝가리 중산층의 이러한 정치적 태도에도 불구하고 루카치의 아버지 세대가 지향한 것은, 특히 이 세대의 교양계층과 지식인층이 추구한 것은 어디까지나 서구 부르주아지의 자유주의적 이상과 문화적 가치였다. 이 세대는 헝가리의 전통적인 봉건질서와 가치에 반기를 들고 사회의 각 분야에서 자유주의적 개혁운동을 벌였다. 대체로 1896년에서 1914년 사이에 주로 중산층 출신의 지식인들이 주도한 이 운동을 1848년 이후의 '제1차 개혁운동'과 구별해서 '제2차 개혁운동'이라고 부른다. 이 운동은 한마디로 급진자유주의의 성격을 띠고 있었다. 이 운동에서 중요한 역할을 했던 사회학자 오스카 야시는 이 운동의 성격을 다음과 같이 회고한다.

"그 당시 우리는 젊었고 유토피아적이었다. 우리는 이념의 힘을 믿었다. 다시 말해 우리는 진보의 이론이 지닌 끝없는 낙관주의를 믿었고, 결코 패배하지 않는 진리의 힘과 속속들이 부패한 구체제의 취약성을 믿었다. 우리는 무엇보다도 우리의 고상하고 단순하며 투명한 원칙을 보급하는 일의 중차대함을 믿었다. 우리는 합리주의의 신봉자였고, 부정부패의 반대자였으며, 공리주의의 진리라는 단단한 창끝을 날카롭게 갈아서 천 년이나 계속되어온 봉건주의적 교회(성직자) 세력의 아성에 도전하여 자랑스럽고도 외로운 투쟁을 감행한 기사단이었다."

그러나 서구의 진보주의적인 자유주의 이념과 윤리적 이상주의, 유토피즘적 성격을 강하게 띤 이 개혁운동은 처음부터 승산이 없는 싸움이라고 할 수 있는데, 이 싸움을 뒷받침해 줄 대중적 기반이 취약한 데다가 그들의 적대세력인 봉건세력과 교회세력의 힘은 너무나 막강했기 때문이다. 비록 이 운동은 나중에 하나의 정치세력으로 결집되기도 했지만, 근본적으로는 지식인 중심의 운동차원에만 머물렀고 사회를 변혁시키는 대중적인 정치운동으로까지는 확대되지 못하였다.

루카치와 일요서클 지식인들은 지적 성장기에 이러한 급진적 자유주의의 지식인운동에서 많은 영향을 받았다. 이들이 1910년 초에 펴낸 《20세기》라는 잡지와 《서구》라는 문예지에 루카치가 자주 글을 기고한 것도 이 운동의 이념에 어느 정도 동조했기 때문이다. 그러나 루카치와 그의 세대는 이 운동의 자유주의적 이념에는 찬동하면서도 동시에 이 운동의 실증주의적이고 공리주의적인 사회이론에는 처음부터 매우 비판적인 거리를 유지하였다. 이 운동을 주도했던 야시를 비롯한 당시의 급진주의적 사회학자들은 세기말과 1910년대에 서구에서 유행하던 허버트 스펜서류의 실증주의와 공리주의에 영향을 받아 '낙후한' 동구적 상황을 서구의 발전이론 모델로 해결하려고 하였다. 그들은 유기체의 진화론을 사회의 발전이론에 그대로 적용시켜서, 사회의 유기적이고 점진적인 발전과 자본주의의 물질적 생산이 역사를 발전시킬 것이라는 다분히 공리주의적이고 기계주의적인 진보론을 믿고 있었다. 그러나 아직도 봉건적 잔재가 삶의 전반을 강하게 지배하던 동구적 상황에서는, 다른 한편으로 서구 자본주의의 모순과 갈등이 날로 첨예화되는 당시 유럽의 전반적인 상황에서는, 이러한 기계론적이고 낙관론적인 사회이론은 점차 설득력과 신빙성을 상실해갈 수밖에 없었다.

루카치를 위시한 이 세대의 젊은 지식인들은 '제2차 개혁운동'의 선배 지식인들과는 달리 공리주의적이고 실증주의적인 사회이론보다는 보다 근본적이고 철학적인 문제에 더 관심을 기울였다. 그들은 '철학의 빈곤'에 시달리면서, 서구(특히 독일)에서 논의되고 있는 새로운 철학적 제사조 및 20세기의 모더니즘 예술사조에 민감한 반응을 보였다. 이러한 경향은 이 시기에 쓰여진 초기 루카치의 저서, 특히 『영혼과 형식』, 『소설의 이론』에 여실히 나타난다. 막스 베버의 사회학 이론, 게오르크 짐멜의 사회 경제사적인 측면에서의 문화비평, 신칸트학파의 가치이론과 형식개념, 세기말을 전후한 서구의 인상주의적이고 유미주의(예술을 위한 예술)적인 문예사조, 1차세계대전을 눈앞에 둔 시대상황의 혼란과 중압감, 당시 유럽의 지식인들이 처해 있던 무력감과 소외감, 외부적 형식의 무질서와 무가치성에 맞서서 예술적 형식에서 삶의 근거와 가치의 절대적 근거를 찾으려는 예술이론적 노력, 이러한 요소들이 초기 루카치 저서의 곳곳에 스며들어 있다.

루카치와 그의 세대는 이른바 '형이상학적 고향'을 상실한 세대였고, 정신의 본래적 고향을 다시 찾으려는 지적 방황 및 낭만적 동경에 시달리던 세대였다. 『소설의 이론』의 중요 모티브가 되는 '형이상학적 고향상실'이라는 개념은 이 세대의 정신적 상황을 말해주는 절묘한 메타포다. 그들은 한편으로는 질식할 것 같은 헝가리의 현실에 고통당하면서, 다른 한편으로는 이로부터 벗어나려는 심리적·정신적 충동에 사로잡혔다. 완전히 막혀 버린 것처럼 보이는 절망적인 상황에서 출구를 찾으려는 필사적인 안간힘, 바로 이것이 이들 세대가 지녔던 지적 에너지의 원천이자 추동력이었다.

이러한 정신적 상황을 가장 잘 말해주는 예는 이들 젊은 세대가 공통적으로 지니고 있던 거의 병적일 정도의 여행충동과 보다 높은 교양 및 정신세계를 향한 동경과 열망이었다. 여행을 통해 끊임없이 변화하는 새로운 '인상'을 받아들이지 않고는 그들의 정신적·심리적 갈증은 해소되지 않았고, 이탈리아, 프랑스, 독일 등으로 정신의 순례여행을 떠나지 않고는 교양에 대한 욕구가 충족되지 않았다. 이러한 면에서 그들은 정신의 국제 에트랑제이자 문화의 세계주의자였다. 루카치와 일요서클의 젊은 지식인들이 일찍부터 서구 여러 나라를 전전하고, 하이델베르크나 베를린 대학 등에서 전지 수학을 하는 것도 이러한 상황과 관련이 있다.

이러한 상황은 바꾸어 말하면 그들이 헝가리의 현실과 그들이 속했던 계급으로부터 유리되었다는 것을 의미한다. 만년의 하우저가 회고하듯이 그들은 일찍부터 헝가리의 삶과 헝가리의 정신생활로부터 소외되었다. 그들은

1910년대와 20년대에는 헝가리와의 관련 속에서 지적 활동을 했지만 히틀러가 집권한 1930년대 이후에는 외국에서만 생활하였다. 하우저와 만하임은 영국에서, 루카치는 독일과 모스크바에서 삶의 대부분을 보냈다. 그래서 헝가리인이면서도 헝가리 사정보다 서구의 사정에 더 정통한 동구 지식인의 유형이 생겨나게 되는 것이다. (이러한 사정은 오늘날의 헝가리 지식인 및 동구 지식인 일반에도 그대로 해당된다. 일요서클의 후예라고 할 수 있는 아그네스 헬러 같은 부다페스트 출신의 지식인들이 최근까지 미국이나 유럽에서 활동하고 있는 것도 동구 지식인의 이러한 면과 관련이 있다.) 만년의 하우저가 헝가리 출신이면서도 헝가리 문제가 아닌 서구의 문제를 다루는 데 생애를 소비하였다는 사실에 일종의 수치심과 함께 반성하는 태도를 보이고, 루카치가 그의 방대한 저작 중에서도 정작 헝가리와 헝가리 문화현상에 관한 연구저서를 남기지 않았다는 점은 매우 놀라운 사실이다.

루카치와 그의 세대는 일찍부터 그들의 모국어로부터도 소외되었다. 본래 헝가리는 정치적·문화적으로 합스부르크 제국에 속했기 때문에 헝가리어 말고도 독일어를 사용하기는 했다. 특히 교양계층에서는 독일어가 일종의 문화어의 구실을 하였다. 그러나 이들에게 어디까지나 모국어는 헝가리어였고, 독일어는 이를테면 '배워서 익힌' 언어였다. 만하임과 하우저가 언제나 독일어 때문에 고통을 당하고(이러한 고통으로 인해 그들의 독일어 의식이 날카로워지기는 했다), 루카치가 『현대 드라마 발달사』와 『영혼과 형식』을 헝가리어로 쓰고 난 이후부터는 대부분의 저서와 논문을 독일어로 썼으며 독일어권과는 유리된 삶을 시작한 1930년대 이후부터는 초기 저술의 문체와 달리 매우 생경한 독일어를 구사하는 것도 이러한 사정 때문이다. 아도르노가 후기 루카치의 미학을 비판하는 글에서 『소설의 이론』에서 보여준 높은 수준의 독일어 문체에 비해 그의 후기 저작에 나타나는 생경한 문체의 문제점을 지적하면서 이를 후기 루카치의 스탈린주의적이고 교조주의적인 이데올로기관과 결부시키는 것도, 이러한 맥락에서 재음미할 수 있다.

루카치와 그의 세대는 자신들이 속했던 계급으로부터도 소외되었다. 더 정확히 말하면 그들은 자신들이 속했던 헝가리의 시민사회로부터 등을 돌리기 시작하였다. 자유주의적 시민질서에 바탕한 법치국가를 만듦으로써 시민계급의 가치와 귀족계급의 이해를 화합시키고 통일시킬 수 있으리라는 19세기 자유주의의 환상은 급속한 자본주의 발전이 몰고 온 사회계층 간의 갈등과 날로 첨예화되는 헝가리 민족구성집단 간의 대립으로 산산이 깨지고 말았다. 환상(Ilusion)에서 깨어나는 일, 그것은 곧 환멸(Desillusion)이었다. 헝가리 시민층이 믿고 있던 자유주의적 이상과 가치로부터의 소외는 이들 젊은 세대들에게 시민사회 및 자본주의 체제 일반에 대한 강한 환멸과 반발, 그리고 불신감을 불러일으켰다. 시민(Bürger)에서 반시민(Antibürger)으로 나아가는 과정, 이것이 곧 이들 세대가 겪은 가장 중요한 체험이었다.

그러나 이러한 체험 후 이들은 시민적 가치와 시민사회 자체를 전면적으로 거부하는 방향으로 나아가기보다는 오히려 시민적 가치를 관념적·형이상학적 차원으로 상승(versteigen)시킴으로써 그들이 처해 있던 사회적·계급적 위치를 뛰어넘으려고 하였다. 그들이 지녔던 서구의 예술이나 학문세계에 대한 동경과 욕구는 단지 그들 개인의 교양을 위한 수단에만 그치는 것이 아니라 낮은 차원의 삶의 스타일에서 보다 높은 차원의 스타일로 나아가는 교량 역할을 하였다. 이러한 동경은 끊임없는 정신의 상승으로 때로는 현실과는 동떨어진 수직적 상승으로 이어져 유토피아적이고 신비주의적인 정신세계를 낳는다. 초기 루카치에서 보이는 플라톤적인 정신주의와 독일적 신비주의로의 경도는 바로 이러한 정신세계의 단적인 표현이다.

루카치 그룹의 지식인들을 규정하는 또 하나의 특징은 유대인으로서 사회로부터의 소외감이다. 루카치를 위시한 일요서클의 멤버들은 대부분 유대인 가정 출신이었다. 프로이트가 정신분석학회를 두고 말한 것처럼 일요서클은 일종의 '유대인 가족기업'(프로이트가 정신분석학회의 유일한 비유대인이었던 융이 학회에서 탈퇴한 것을 두고 그의 생애에서 가장 비통한 일이었다고 회고하는 것도 이 때문이다)의 성격을 띠었다. 유대인은 마자르족, 슬라브족, 체코족 등과 함께 당시 헝가리를 구성하던 소수 민족집단이다. 그러나 이들 민족집단은 그 수에 비해 엄청나게 큰 경제적·사회적 비중을 차지하고 있었다. 19세기 말의 통계를 보면, 유대인은 당시 헝가리 전체 인구의 5% 정도밖에 되지 않았지만, 산업자본가의 12.5%, 은행가 및 고리대금업자의 43%, 법률가의 45%, 의사의 49%를 점유하고 있었다. 이러한 상황은 빈도 예외가 아니었다. 당시 독일 문화의 심장부는 베를린과 빈이었다. 1차세계대전 이전까지만 해도 동구와 발칸반도에 이르기까지 광대한 영토를 소유하고 있던 합스부르크가(오늘날의 오스트리아)의 수도인 빈은 동구 여러 곳에 산재해 있던 유대인 집합촌인 슈테틀(Shtetl)의 동구 유대인이 동경하는 문화의 중심지였다. 체코의 모라바 출신의 프로이트, 다뉴브강 하류의 루세라는 소도시 출신인 엘리아스 카네티, 파리의 카페에서도 눈 오는 동구의 고향을 그리워했다는 요제프 로트, 프라하의 프란츠 카프카, 잘츠부르크를 떠난 후 오랜 망명생활에 지쳐 자살한 슈테판 츠바이크도 넓은 의미의 동구 유대인이었다. 현대 모더니즘 예술을 배출한 화가들과 음악가들, 빈의 중심극장이었던 부르크테아터(Burgtheater)로 몰려든 수많은 연예인들, 훗날 언어분석철학자로 현대 서구 철학에 지대한 영향을 끼친 비트겐슈타인도 유대인이었다. 이와 같이 상대적으로 큰 비중을 차지하던 유대인의 경제적·사회적 위치로 인해 점증하는 사회계층 간의 갈등과 민족상호 간의 대립 속에서 유대인집단은 질시와 공격의 표적이 되었다. 반유대적 사회감정은 당시 헝가리에서도 팽배해 있었고, 이 때문에 유대인 지식인들은 더 큰 위기감과 소외감을 느끼게 되었다. 헝가리로부터 탈출하고자 하는 욕망과 충동, 그리고 초기 루카치의 저작에 등장하는 형이상학적 고향 상실감과 새로운 삶의 공동체를 찾으려는 낭만적 동경, 이러한 정신적 특성에는 분명 유대인으로서 지녔던 국외자적 소외감이 큰 요인으로 작용했을 것이다.

이렇게 보면 루카치그룹의 지식인들은 이중적 의미의 국외자였다. 초기 루카치가 자주 사용하는 '문제적 개인'이라는 개념이나 훗날 만하임에 와서 보다 구체적으로 이론화되고 체계화되는 이른바 '자유로이 부유하는 지식인'(schwebende Intelligenz)이라는 개념은 동구라는 변방 출신의 방외적 지식인과 유대인이라는 국외자적 지식인이라는 그들의 삶 자체로부터 나온 것이다. 이러한 이중적 의미의 소외감은 그들의 형이상학적 욕구를 한층 더 고조시켰고, 그들이 처한 삶의 제반여건에 대한 사회학적 문제의식을 더욱 날카롭게 하였다. 형이상학적 충동과 미학적 감수성, 그리고 사회학적 인식에 대한 강렬한 욕구는 일요서클 지식인들의 공통적인 특징이었다. 초기 루카치의 예술적 감수성과 형이상학적 충동은 마르크시즘의 사회인식으로 이어졌고, 만하임의 문화에 대한 관심은 지식인의 사회적 위치와 역할 그리고 지식 및 문화일반에 대한 연구로 이어져 '지식사회학'의 창시자가 되었으며, 하우저는 예술사에 대한 관심을 사회학적 인식과 결합시켜 이른바 예술사회학의 출발점을 마련했다.

3) 일요서클의 형성과 성격

일요서클이 태동한 시기는 1차세계대전의 발발과 함께 루카치가 병역을 치르기 위해 하이델베르크대학에서 부다페스트로 돌아온 1915년 가을이다. 이 모임이 해체되는 것은 루카치가 헝가리공산당에 입당해서 활동했던 1919년이다. 이 서클의 집중적인 활동기간은 4년 정도에 불과하다. 그러나 이 모임의 구성원에 따라서는 이 서클이 1920년대까지 계속되었다고 주장하는 사람도 있다. 이 서클의 중요한 창립멤버 중 한 사람인 벨러 벌라주는 헝가리소비에트공화국이 붕괴한 후에도 '역사의 폭풍우는 이 모임을 해체시킬 수가 없었고, 오히려 베를린에서 뮌헨, 프라하에서 빈에 이르는 유럽 전역에 그물망 같은 것을 던져놓았다'라고 회고하면서 일요서클의 결속력과 영향력이 20년대 후반까지 지속되었다고 주장한다. 이러한 주장은 어느 정도 타당성을 지니는데, 20년대 루카치의 빈 망명시절에도 간헐적으로나마 모임이 열렸고, 1920년대 말에 이르기까지 루카치와 만하임 사이에는 일련의 논쟁이 계속되고 있기 때문이다. 따라서 일요서클의 전체 역사를 쓰기 위해서는 성립배경과 형성과정은 물론이고, 이 모임의 해체기에 해당하는 20년대 이후의 각 구성원의 활동, 그리고 1930년 이후의 영향사까지 포함해야 한다. 그러나 어느 정도 응집력을 가지고 집중적으로 활동한 기간은 1915년에서 1919년 사이라고 보는 것이 옳을 것이다.

일요서클은 처음에는 비공식적인 성격을 띠고 출발하였다. 이 서클의 주축은 루카치와 그의 오랜 친구인 벌라주였다. 정신적·이론적인 면에서는 루카치가 주도적 역할을 하였다면, 개인적 친분이나 회원들 상호간의 관계에서는 벌라주가 구심적인 역할을 하였다. 이 두 사람을 축으로 해서 예술학자 러요시 퓔레프, 철학자 얼러베르트 포거러시, 시인이자 예술가 언너 레스너이를 위시한 몇몇 여성회원들, 그리고 무엇보다도 만하임과 하우저가 이 서클의 중요 멤버가 되었다. 이들은 일요일 오후마다 거의 정기적으로 벌라주 집에 모여 밤늦게까지, 때로는 다음날 새벽까지 토론을 벌였다. 이 모임의 열띤 분위기와 다방면에 걸친 폭넓은 토론은 당시 아직도 20대 초반에 있던 젊은 참가자들에게 지울 수 없는 깊은 인상을 남겼다. 만하임은 이 모임을 회고하면서, 일요서클에 필적할 만한 지적 공동체를 어디에서도 찾을 수 없었노라고 말하고, 하우저도 이 시기를 회고하는 대답에서 이 모임에서 이루어진 무수한 토론의 열기와 진지성은 너무나 강렬해서 이 시기의 강렬한 지적 체험이 없었다면 이후의 지적 활동은 거의 불가능했을 뿐만 아니라 자신의 삶 자체까지도 버텨내기 힘들었을 것이라는 발언을 하고 있다.

이 서클의 모델이 된 것은 게오르크 짐멜이나 막스 베버가 주위의 제자들과 젊은 지식인들을 집으로 초청해서 개인적으로 이끌었던 서클이다. 특히 루카치가 에른스트 블로흐와 함께 참가하였던 이른바 '베버서클'은 일요서클 형성에 직접적인 아이디어를 제공해 주었을 뿐만 아니라 이 서클에서 논의된 내용에도 크게 영향을 끼쳤던 것처럼 보인다. 일요서클의 기본방향과 성격은 당시 독일대학을 지배하고 있던 신칸트주의와 정신과학(Geisteswissenschaft), 그리고 베버류의 사회학이론이었다. 19세기 말부터 1차세계대전까지 독일 철학계를 지배했던 신칸트주의는 칸트류의 엄격한 논리에 의해서 절대적인 인식체계를 다시 정립하려는 일련의 철학적 움직임으로서, 이 학파는 당시의 실증주의적인 사회학이론과 심리학적이고 문화상대주의적인 철학적 사조에 반대해서 하나의 절대적이고 객관적인 정신체계 및 형식개념을 세우려고 하였다. 루카치도 당시 신칸트학파의 중심지였던 하이델베르크 대학에 머물면서 대표적 학자인 하인리히 리케르트, 에밀 라스크 등의 영향을 받았고, 이러한 영향하에서 미학의 체계를 세우려고 하였다. 교수자격논문으로 시도했던 『하이델베르크 미학(1916~1918)』(은행가의 후예답게 이 논문이 반세기가 훨씬 지난 다음 은행 비밀 금고에서 우연히 발견되었다는 뉴스는 화제가 되었다)에서도 루카치는 창작자의 심리라든가 작품의 영향사와는 관계없는 예술작품(Werk) 자체의 객관적이고 보편타당한 미적 가치를 규명하려고 하였다. 일요서클에서 가장 많이 다루었던 테마도 당시 새로이 등장한 초기무성영화를 비롯한 미학 일반의 객관적인 의미와 가치, 그리고 미학적 형식 상호간의 관계 및 위계질서였다.

일요서클의 토론 성격을 강하게 지배했던 또 하나의 흐름은 딜타이류의 정신과학이었다. 딜타이는 자연과학의 '제국주의'와 사회과학의 실증주의적 방법론에 반대해서, 정신과학의 독자적인 학문성격과 객관적 기준을 세우려고 하였다. 그는 정신사적인 방법론을 통해서 인간정신이 지니는 고유한 법칙과 의미를 밝히려고 하였다. 일요서클이 인간정신의 여러 표현형식, 특히 드라마나 소설, 서정시와 조형예술이 지니는 특징과 이들 상호 간의 관계를 폭넓게 논의한 것도 이러한 정신과학적 방법론의 영향에 기인한다.

일요서클은 근본적으로 딜타이류의 정신과학적인 방법론과 객관적 논리를 강조하는 신칸트학파의 인식론을 결합시키려고 하였다. 그러나 정신사적 방법론과 신칸트주의적 인식론은 서로 화합할 수 없는 면을 지니고 있었다. 퓔레프는 이러한 면을 다음과 같이 표현한다. "어떻게 해서 이념이 영원하면서도 동시에 역사를 가질 수 있는가? 어떻게 해서 예술적 형식이 영원하면서도 역사적 발전에 종속될 수 있는가? 영원성과 역사성이라는 서로 상반되는 두 원칙은 완전히 배타적일 수 밖에 없지 않는가?" 초기 루카치와 일요서클에서 논의된 예술이론의 성격을 간단히 표현하면, 정신(이념) 및 예술형식이 지니는 절대적 가치와 상대적 역사성 사이에서 하나의 종합, 다시 말해 전체를 포괄해서 설명할 수 있는 하나의 총체성 원칙을 얻으려는 노력이다. 총체성을 향한 노력은 초기에는 신비주의적이고 유토피아적인 경향을 띠지만 나중에 가서는 점차 헤겔적이고 마르크스적인 변증법적 총체성 개념으로 발전하게 된다. 『영혼과 형식』에서 『소설의 이론』을 거쳐 『역사와 계급의식』으로 이어지는 초기 루카치의 저작은 총체성의 원칙과 방법을 찾으려는 이러한 노력으로 일관된다.

정신과 예술형식의 절대적 가치와 기준을 찾으려는 노력은 바꾸어 말하면 삶의 절대적 가치와 기준을 구하려는 노력이다. 정신과 예술형식의 문제는 이들의 경우 미학의 문제이자 동시에 윤리의 문제이기도 하다. 어떻게 살아야 하는가 또 우리의 삶이 의존해야 할 윤리적 근거는 무엇인가 하는 물음은 일요서클 지식인들에게 가장 중요하고 근원적인 문제였다. 그들은 삶의 존재이유와 삶의 윤리적 근거를 국가나 민족, 계급이나 결혼, 직업 등과 같은 외적 구조물에서 찾지 않고 예술의 형식에서 찾았다. 루카치를 위시한 일요서클의 지식인들이 예술의 형식개념에 필사적으로 집착했던 이유는, 예술의 형식은 삶의 표면적이고 경험주의적인 사실 및 이에 바탕한 실증주의적 학문의 진리보다 훨씬 심오하고 진정한 내면적 진실을 담을 수 있다고 믿었기 때문이다. 더 심오하고 진정한 내면적 진실, 그것은 곧 초기 루카치와 만하임 등이 자주 사용하는 개념인 '영혼'(Seele)에서 집중적 표현을 얻는다. 영혼은 삶의 절대적 근거를 찾으려는 내면의 깊은 충동 혹은 동경이자 진정한 삶을 살아가려는 윤리적 의지이다. 루카치는 『도스토옙스키 연구』(『소설의 이론』은 이 연구의 서론으로 쓰여진 것이다)에서 영혼의 문제를 윤리의 문제와 결부시켜 말하고 있다.

"우리가 거듭 강조하지 않으면 안 되는 점은, 단 하나의 본질적인 것은 우리, 즉 우리의 영혼이라는 점이다. 물론 우리는 외적 구조물이 지니는 실제적인 힘을 부인할 수는 없다. 그렇다. 국가도 하나의 힘이다. 그렇다고 국가가 과연 철학의 유토피아적 의미에서, 다시 말해 본질적인 행동이라는 진정한 윤리의 의미에서 존재하는 것으로 보아야 하는가?" 여기에서 루카치는 국가라는 외적 구조물과 예술형식을 극단적으로 대립시키면서 예술형식이 지니는 진정한 윤리관과 '본질적 행동'의 가능성을 시사한다. 이렇게 보면 루카치가 미학적·윤리적 문제에 대한 관심으로부터 '본질적 행동', 즉 정치적 실천으로 나아가는 것은 나름의 내적 필연성을 지닌다.

일요서클은 1918년 11월 루카치가 헝가리공산당에 입당해서 정치현장에 뛰어듦으로써 새로운 단계에 접어든다. 이 서클이 이론적 논의의 차원을 넘어서 정치적 실천으로 나아갈 것이라고는 아무도 예상하지 못하였다고 한다.

"플라톤의 국가론, 볼셰비즘의 국가이론, 혁명적 윤리의 문제, 도스토옙스키 및 중세의 신비주의, 그리고 정신과학, 게오르크 짐멜과 빌헬름 빈델반트 및 독일 낭만주의의 가치를 논의했던 이 철학자 그룹이 어느 날 갑자기 혁명적 정치 그룹으로 내 앞에 등장하였다"라고 일요서클의 어느 여자회원은 당시 상황을 회고한다. 일요서클은 정치적 실천에는 별로 관심이 없었고 마르크시즘에 대한 관심도 이론적 차원을 넘어서지 못하였다. 이렇게 보면 루카치의 볼셰비즘 정치로의 급격한 전환은 준비된 것이라기보다는 시대적 상황에 의해 강요된 측면이 더 강하다고 할 수 있다.

그러나 루카치의 경우 이론에서 실천으로의 전환은 나름의 논리적 필연성을 갖고 있다. 그것은 위에서 언급한 윤리의 문제와 관련이 있다. 루카치는 일요서클의 지식인들 중에서 윤리적 문제에 가장 민감하고 과격한 입장을 취하였다. 루카치는 이미 『소설의 이론』에서 당시의 시대 상황을 '도덕적으로 완전히 타락한' 상황으로 간주하고 이를 넘어서는 새로운 정신적 지평과 윤리적 가능성을 도스토옙스키의 소설에 나타나는 윤리관과 신비주의에서 찾고 있다. 이러한 면에서 보면 볼셰비키혁명은 새로운 출구를 마련해주는 계기가 되었다. 루카치의 이러한 공산주의로의 전환을 그의 친구인 벌라주도 일요서클의 '정신주의적' 입장에서 해석한다. "나는 공산주의를 나쁘고 비도덕적이라고 생각한다. 사유재산에 대한 집착을 성스러운 정신에 위배되는 죄악이라고 생각한다. 그러면서도 나는 공산주의를 인간을 정신화시키는 단 하나의 길이라고 생각한다." 실제로 루카치는 100여 일밖에 지속되지 못한 헝가리소비에트공화국에서의 정치적 참여와 문화예술정책을 통하여 자신과 일요서클이 생각했던 예술적 이념과 윤리적 이상을 실현시키려고 하였다. 그는 정치적 전략·전술을 완전히 윤리적 차원에서 생각하고, 정치를 예술적 이념 및 윤리적 이상을 실현시키기 위한 수단으로 간주한다.

그러나 일요서클의 다른 회원들은 루카치와 함께 헝가리소비에트공화국의 문화예술정책에 동참은 했지만, 루카치의 정치적 태도에 처음부터 강한 회의와 불신감을 가지고 있었다. 특히 만하임과 하우저는 이때부터 이미 정치적 실천에는 일정한 거리를 유지하는 이른바 지식인의 입장을 취하였다.

만하임은 '회의한다는 것은 지식인의 권리일 뿐만 아니라 지식인의 의무'이기도 하며, 지식인은 맹목적인 믿음의 '값싼 행복'을 가져서는 안 된다는 태도를 보였다. 이렇게 보면, 만하임의 '자유로이 부유하는 지식인'이라는 개념은 이미 그 뿌리를 내리고 있다. 정치적 실천과의 관계에서 보면, 하우저는 루카치보다는 만하임에 가깝다. 『문학과 예술의 사회사』를 위시한 하우저의 예술이론은 만하임의 지식사회학에 결정적으로 힘입고 있다. 비록 만년의 하우저가 만하임 식의 지식인개념을 부인하고, 지식인 역시도 자신이 속한 계급에서 자유로울 수 없다는 점을 분명히 하지만, 정치적 실천과는 일정한 거리를 두고 자신의 활동을 이론적 영역에 한정시키고 이론적 작업을 통해 실천의 가능성을 모색하려는 입장은 만하임의 태도와 크게 다르지 않다. 만년의 하우저가 마르크시즘이 주장하는 이론과 실천의 관계를 인정하면서도 자신은 '이론적 마르크시즘'에 머물 수밖에 없었다는 점을 솔직히 고백한 것도 이러한 입장과 관련이 있다.

아무튼 일요서클은 헝가리소비에트공화국이 무너지고 호르티정권이 들어서면서 (이 정권은 1945년까지 지속된다) 해체 혹은 와해 국면에 접어든다. 회원의 대부분은 망명의 길에 오르고, 제각기 다른 문화권과 각기 다른 정치·이데올로기 입장에서 독자적 길을 걷게 된다. 그러나 이들이 그 후에 이룩한 지적 성과는 이 기간 동안의 일요서클의 활동이나 체험이 없었더라면 이루어지지 않았을 것이고 그들의 지적 세계의 기본 틀과 방향도 이미 이 기간에 어느 정도 형성되었다고 보아야 한다.

2. 루카치의 정치적 실천과 헤겔적 마르크시즘 수용

"고전은 읽혀지기보다는 인용되는 경우가 많다"는 말이 있다. 오늘날처럼 지식이 전문화 내지 단편화되고, 한 이론에 대해 다른 이론이 끊임없이 재생산되는 시대에서는 고전적 저서를 직접 읽는 일은 더욱 힘들게 되었다. 1923년에 출간된 루카치의 『역사와 계급의식』이 이미 '고전'의 반열에 서게 되었는지에 대해서는 논란의 여지가 있겠지만, 적어도 마르크시즘과 네오마르크시즘 논의에서 보면 고전적 가치와 중요성을 지니고 있다고 하겠다. 이른바 현상학적 마르크시즘의 대표적 이론가인 메를로퐁티는 『변증법의 모험』에서 『역사와 계급의식』을 '네오마르크시즘의 바이블'이라고 말하는데, 이는 이 책이 20세기 서구마르크시즘 논의에서 갖는 중요성을 단적으로 말해준다. 그러나 정작 이 책이 왜 중요하며 네오마르크시즘에 실제로 어떻게 영향을 끼쳤는가 하는 문제를 구체적 종합적으로 연구하는 것도 매우 어려운 과제인 듯하다. 이러한 사정에는 여러 가지 원인이 있겠으나 가장 큰 원인은 루카치의 방대한 이론체계 자체의 연구가 갖는 어려움 때문이 아닌가 생각된다. 루카치는 『역사와 계급의식』 외에도 문학과 철학, 역사와 정치 등 많은 분야에 방대한 저서를 남겼다. 이들 분야는 동떨어져 있는 것이 아니라 일관된 체계 속에서 서로 밀접한 관련을 맺고 있다. 이는 『역사와 계급의식』도 예외가 아니다. 흔히 『역사와 계급의식』을 정치사상사 내지 이데올로기사의 관점에서 파악하는데, 이는 자칫 일면적 성격을 띠기 쉽다. 『역사와 계급의식』은, 루카치라는 사상가의 개인적 지적 발전과정에서 보면, 한 사람의 부르주아지 문학비평가로부터 마르크스적 이론가로 나아가는 이행과정을 보여주는 저서다. 따라서 이 저서에서는 이데올로기 문제뿐만 아니라 문예이론적 미학적 문제에 대한 논의도 함께 이루어진다. 또한 이 저서에 논하는 철학적 이데올로기적 문제는, 1930년대 이후에 전개될 루카치의 문예이론과 비평, 미학의 이론적 출발점이 된다. 이러한 면에서 볼 때, 『역사와 계급의식』은 초기 루카치의 문예이론과 후기 루카치의 이론적 체계와의 관련 속에서 연구되어야 한다. 이러한 점에 주목하여 『역사와 계급의식』의 마르크시즘적 해석과 『영혼과 형식』 및 『소설의 이론』의 문예학적 논의와의 상관관계, 그리고 『역사와 계급의식』이 후기 루카치의 마르크스적 문예비평에 대해 갖는 의미 등을 함께 고찰하고자 한다.

다음으로 『역사와 계급의식』 논의에서 중시할 일은, 이 책을 쓸 당시 루카치 개인이 처한 사상적 정치적 상황을 1차세계대전을 전후한 유럽의 일반적인 사상적 정치적 상황과 연결시켜 살펴보는 것이다. 다시 말해 부르주아지 문학비평가로부터 마르크스적 이론가로 나아가는 루카치의 사상적 발전과정을 구체적으로 추적해야 한다. 이러한 논의에는 초기 루카치의 문예이론의 밑바탕이 되는 독일 고전주의문학과 독일 관념철학, 그리고 세기말 전후 독일의 사상적 흐름이 포함된다. 그 밖에도 『역사와 계급의식』은 1차세계대전 이전까지 사회주의운동 내에서 전개되었던 이데올로기 발달사, 1920년대를 전후하여 전개되었던 헝가리공산당 내부에서의 정치적 투쟁과 이념적 투쟁, 30년대 이후 스탈린 치하의 이데올로기적 갈등, 그리고 50년대 이후 오늘날까지 이어지는 동구의 정치적 이념적 발전상황과 밀접한 관련을 맺고 있다. 이 글에서는 루카치의 사상적 발전을 가능한 한 사회주의운동 내부의 이데올로기적 정치적 상황 속에서 조명해보고자 한다.

마지막으로 『역사와 계급의식』은 소련과 동구의 이른바 정통 마르크시즘보다 서구의 마르크시즘 논의와 인문사회과학 논의에 더 큰 영향을 끼쳤기 때문에 20세기 서구 사상사, 특히 네오마르크시즘의 관점에서 고찰해야 한다. 이를 위해서는 적어도 20세기 이후 서구의 좌파지식인들과 이들의 사상적 체계에 대한 종합적 연구가 동시에 이루어져야 할 것이다.

루카치에 관한 연구가 갖는 일반적 어려움과 문제점을 염두에 두고 루카치의 『역사와 계급의식』이 어떠한 정신적 시대적 상황 속에서 생겨났고 중요한 내용이 무엇이며, 현대 사상가들에게 어떠한 영향을 끼쳤는가를 개략적으로 살펴보고자 한다.

1) 시대적 배경

(1) 부르주아지 문예비평가의 정치참여

『역사와 계급의식』은 여덟 편의 논문으로 이루어진 책이다. 이 책의 출간을 위해 따로 쓴 「물화物化현상과 프롤레타리아트의 의식」, 「조직문제의 방법론」을 제외하고는 1919년에서 1921년 사이에 쓴 논문들이다. 이 시기는 루카치의 생애에서 가장 격동적인 시기였다. 1885년 헝가리 부다페스트에서 상류 부르주아 유대인 가정에서 태어난 루카치는, 일찍이 부다페스트에서 대학교육을 마치고 1909년경부터 1918년에 이르는 10여 년 동안 베를린대학과 하이델베르크대학 등지에서 유수한 독일 지식인들과 집중적으로 교류하며 폭넓은 교양을 쌓았다. 이 시기 루카치에게 가장 큰 영향을 끼친 지식인은 게오르크 짐멜, 에밀 라스크, 에른스트 블로흐와 막스 베버 등이다. 그 밖에 당시 독일의 강단철학을 지배하던 신칸트철학과 딜타이의 생철학 및 정신사적 학문연구방법론에 깊은 영향을 받았다. 독일문화권의 변방이라 할 수 있는 오스트리아제국 출신의 젊은 지식인이 독일문화의 중심지에서 10여 년간의 '수업시대'를 거치고 부다페스트로 되돌아왔을 때, 그는 『영혼과 형식』, 『소설의 이론』 등으로 이미 저명한 문예비평가로서의 명성을 얻고 있었고, 헝가리의 지식인 사회에서 주도적인 역할을 할 여건을 갖추고 있었다.

주로 문학적 철학적 문제에 깊은 관심을 가지고 있던 루카치는 1918년 말에 헝가리 공산당에 입당하는데, 이러한 정치적 변화는 그와 매우 가까운 사람들에게조차 일종의 놀라움 내지 스캔들로 받아들여졌다. 루카치의 이러한 변화는 느닷없이 또 우연히 이루어진 것이 아니라 루카치 자신의 주체적 선택과 내적 필연성에 의해 이루어졌다. 루카치의 이러한 내적 필연성은 1차세계대전을 전후한 당시 유럽의 시대적 상황과 밀접한 관련을 맺고 있다. 『역사와 계급의식』이 다시 출간된 60년대 말에 쓰여진 이 책의 서문에서 루카치는 당시 자신이 처해 있던 정신적 상황을 시대적 상황과 결부하여 서술한다. 이에 따르면 이 시기 루카치의 정신세계를 지배하던 가장 중요한 요소는 1차세계대전 전후의 유럽에 대한 깊은 절망감과 이와 결부된 묵시론적인 위기의식이고, 나아가서는 이를 극복하려는 열띤 지적 노력이다.

이러한 루카치의 정신세계가 잘 나타나는 곳은 1차세계대전이 발발하던 해에 쓴 『소설의 이론』이다. 이 책에서 루카치는 당시의 시대상황을 '도덕적으로 완전히 타락한 시대' 내지 일체의 가치와 삶의 의미가 사라져버린 시대로 파악한다. 달리 말하면 당시 유럽의 부르주아지 사회를 바라보는 루카치의 시각이 그 한계점에 도달하고 있음을 말해준다. 그럼에도 불구하고 이 부르주아지 문학비평가는 소설이라는 형식 속에서 이러한 시대상황에 대한 절망감과 위기의식을 극복할 가능성을 탐색하고 있다. 『소설의 이론』에 따르면,

현대의 대표적 서사형식인 소설은 일체의 가치와 삶의 의미가 사라져버린 시대적 상황의 산물이면서도, 다른 한편으로는 그리스의 서사시에 나타나는 바와 같은 하나의 총체적 세계를 찾으려는 현대인의 동경과 의도를 표현하는 형식이다. 물론 일체의 가치와 삶의 의미가 더 이상 존재하지 않는 객관적인 역사상황 속에서 총체성의 세계를 찾으려는 노력은 실패와 좌절, 모험과 위험을 내포한다. 그러면서도 삶의 의미와 총체성의 세계를 찾으려는 노력을 포기하지 않는 현대인의 의식의 표현으로서의 소설형식은, 오늘날의 역사철학적 상황의 한계 속에서 인간이 가질 수 있는 '가장 의미 있는 형식'이다. 비록 루카치가『소설의 이론』에서 소설이라는 형식에 긍정적 의미를 부여하고 있지만, 이 저서를 관류하는 기본적 감정과 분위기는 관념적 차원에서의 부르주아지 사회에 대한 비관론이고, 이러한 비관적 인식을 미학적으로 극복하려는 부르주아지 지식인의 멜랑콜리다. 훗날『소설의 이론』에 덧붙인 서문에서 관념적 차원의 시대상황 파악으로 인해 생겨난 이러한 현실인식을 '낭만주의적 반자본주의'라고 부르고 '좌파적 윤리관과 우파적 인식론'의 혼합이라고 일컫는 것은, 바로 이러한 면을 두고 하는 말이다.

『소설의 이론』에 드러나는 루카치의 극단적인 위기의식이 일대전환을 맞는 것은 1차세계대전이 끝난 후에 일어난 유럽의 정치변화 속에서다. 러시아혁명의 성공, 혁명과 반동이 교차되는 가운데 생겨난 바이마르공화국, 패전으로 인한 오스트리아제국의 붕괴와 이에 뒤따르는 헝가리를 위시한 동구 국가들의 정치적 혼란 속에서 루카치를 비롯한 당시의 부르주아지 지식인들은 정치적으로 일대 위기와 시련을 겪는다. 이러한 혼란과 변혁의 소용돌이 속에서 루카치가 어떻게 헝가리의 사회주의 정치현장에 뛰어들게 되었는가를 이해하기 위해서는, 당시 헝가리의 사회적 정치적 상황을 살펴보는 것이 좋을 것이다.

1차세계대전 이전의 헝가리는 차르 정권하의 러시아처럼 반봉건적 사회체제를 바탕으로 한 정치체제를 유지하고 있었다. 이러한 체제를 지배했던 세력은 지주를 중심으로 한 귀족계급과 도시의 상층 부르주아지계층이었다.

1차세계대전의 패배로 합스부르크가가 붕괴하자 귀족계급은 곧 정치적 지배권을 상실하였다. 시민계급의 경제적 정치적 토대가 아직도 미약했던 상황 속에서, 유일한 정치세력으로 등장한 것이 헝가리의 사회민주당이었다. 1차세계대전 이전에 이미 부다페스트를 중심으로 한 도시 노동자계층을 기반으로 형성된 사회민주당은 주로 서구적 민주주의를 정치프로그램으로 하는 진보적인 시민적 지식인들이 이끌었다. 그러나 기존 정치세력인 사회민주당에 대항해서 새로운 정치세력이 갑자기 등장하는데, 바로 소련공산당의 적극적 지원과 간섭에 의해 세워진 헝가리공산당이다. 소련의 전쟁포로였던 벨러 쿤을 앞세워 소련의 볼셰비키정권은, 세계 사회주의 운동사에서 최초로 적극적인 개입을 통해 1918년 11월 19일에 헝가리공산당을 창립했다. 아무런 조직기반이 없었던 헝가리공산당은 아직도 조직화되지 못한 도시 노동자계층과 군인 등을 동원하여 무력으로 정권을 쟁취하고자 하였다. 그러나 이러한 시도는 벨러 쿤을 위시한 공산당지도자의 검거와 투옥으로 일단 실패로 돌아갔다. 초기의 이러한 실패에도 불구하고 헝가리공산당은 이듬해(1919) 3월에 정권을 쟁취하는 데 성공한다. 헝가리공산당이 성공한 배경에는 여러 요인이 있지만 가장 큰 요인은 헝가리의 민족주의 문제였다.

헝가리는 오스트리아가 그랬던 것처럼 여러 민족(마자르족 외에도 다수의 슬라브족이 포함되어 있다)으로 구성된 방대한 복합적 민족국가였다. 1차세계대전 후 체코슬로바키아와 루마니아, 유고슬라비아는 각각 헝가리왕국 내에 거주하던 소수민족의 자주권과 영토의 반환을 요구하였다. 이로써 헝가리는 역사적 공동체로서의 전통적 헝가리 국가의 존립에 심각한 위협을 맞게 된다. 사회민주당을 주축으로 하는 당시의 연립정권은 이러한 문제를 적절하게 해결하지 못하였다. 전승국인 연합국은 헝가리왕국 내 소수민족의 영토 요구와 민족 자결권을 인정하였다. 연합국에 우호적 태도를 취하면서 서구적 의회민주정치를 정치적 목표로 삼고 있던 당시의 사회민주당 중심의 연립정권은 연합국의 정책에 동조할 수밖에 없었다. 연합국과 사회민주당의 이러한 정책에 전면적으로 반대입장을 취했던 연립정권의 시민적 소수정당은 드디어 연립정권에서 퇴진하고, 헝가리의 민족문제를 해결하기 위해 사회민주당과 공산당의 연합전선을 강력하게 요구하였다. 이러한 국내외의 압력에 의해 헝가리사회민주당은 헝가리공산당이 주도권을 잡는 일종의 소비에트 형식의 공화국을 세우는데, 이것이 1919년 3월에 세워진 헝가리소비에트 정권이다. 그러나 이렇게 세워진 헝가리소비에트 정권은 그해 8월에 붕괴함으로써 이른바 '133일 정권'의 막을 내린다. 이 정권이 단명한 가장 큰 이유는 본래부터 취약했던 정치적 지지기반과 도시의 노동계급과 농민은 물론 시민계층의 요구를 충족시킬 정책을 수립할 수 없었기 때문이다. 그리고 결정적 계기는 연합국의 지원을 받는 체코슬로바키아와 루마니아와 치른 전쟁에서 헝가리가 패배한 것이다. 아무튼 이를 계기로 구체제의 지배계급에 의해 다시 반동적 정권이 수립되고 이 정권은 2차세계대전이 끝날 때까지 계속된다.

이러한 상황 속에서 루카치는 1918년 12월에 헝가리공산당에 입당하고 헝가리소비에트 정권이 세워진 후에는 문화와 교육을 담당하는 정치책임자로 활동하였다. 이 정권이 무너지자 벨러 쿤과 함께 빈으로 망명하였다. 한때 그는 빈에서 체포되어 헝가리로 강제송환될 운명에 처했으나 토마스 만을 위시한 문인들의 구명운동으로 위기를 모면하였다. 그후 루카치는 1920년대의 대부분을 빈에서 망명하면서 당의 정치적 이론적 작업에 종사하였다. 특히 이 시기에 벨러 쿤과 예뇌 런들레르를 중심인물로 하는 헝가리공산당 내부의 권력투쟁과 이론투쟁에 적극적으로 참여하였다. 레닌과 소련공산당의 노선을 추종하는 벨러 쿤 일파와 헝가리 자체의 노동운동 전통과 생디칼리슴적 노선을 강조하는 런들레르 일파 사이의 당내 분파투쟁에서 루카치는 런들레르 일파의 이론적 기수로 활약하였다. 당내의 정치투쟁을 겪으며 루카치는 사회주의 이론과 실천에 대한 문제의식을 날카롭게 다듬었다. 또한 1차세계대전 후 동구 여러 나라에서 모여든 망명정치인의 집합장소이기도 했던 빈은 이데올로기 문제의 토론장 역할을 하였다. 루카치의 이른바 '마르크시즘 수업시대'에 쓰여진 『역사와 계급의식』 등의 수많은 정치·이데올로기 논문들은 이러한 시대적 배경 속에서 생겨났다.

(2) 소비에트공화국에서의 문화적 실천

　　　　　　　루카치의 정치 참여와 마르크시즘으로의 이행이 어떻게 이루어지는가를 알기 위해서는 헝가리소비에트공화국에서의 루카치의 문화예술정책과 정치적 실천을 살펴보는 것이 좋다. 소비에트정권하의 교육문화장관으로서 루카치는 매우 과격한 문화정책을 수립하고 이를 실현하고자 하였다. 이 시기에 루카치가 수립한 정책을 보면, 무엇보다도 문화의 중요성을 강조하고 자신의 문화적 이상을 정치적 실천의 중심부에 놓고 있다. 그는 정치를 자신의 문화적 이상을 실현하는 수단으로 간주하고 있다. 심지어 "정치는 하나의 수단이고 문화가 목적이다"라고 말하기까지 한다. 그는 시민사회가 처한 위기의 근본적 원인은 시민적 이데올로기와 시민적 경제질서 사이의 불협화음에 있다고 보면서, 시민사회의 '비극'은 "시민적 이데올로기가 자본주의적 경제질서를 훨씬 능가하는 데 있다. 시민적 이데올로기가 낳은 자본주의적 경제질서로 인해 초기의 시민계급이 지녔던 이데올로기에 따라 살 수 없다는 데 있다"고 주장한다. 시민사회의 두 요소(시민적 이데올로기와 시민적 경제질서)의 관계를 루카치는 당시 유행하던 문화文化와 문명文明이라는 개념으로 구별하고 있다. 자본주의적 질서가 문화에 대한 문명의 지배로 특징지어진다면, 사회주의 정치의 과제는 자본주의적 생산을 인류의 봉사자가 되도록 조직하고 문화가 경제와 문명에 대해 지배권을 행사하도록 하는 데 있다고 주장한다. 그러니까 루카치는 시민사회 자체를 부정하는 것이 아니라 시민사회를 규정하면서 동시에 제약하는 요소, 즉 자본주의적인 경제질서를 거부한다. 동시에 시민적 문화가 갖는 긍정적인 면을 강조한다. 시민적 문화와 이데올로기에 대한 이러한 긍정적 견해에는 시민적 문예비평가로서 루카치가 초기의 문예이론에서 전개했던 독일 고전주의 문학관과 이와 결부된 휴머니즘적 가치관이 깔려 있다. 루카치는 후기 엥겔스의 표현을 빌려 "새로운 문화의 기초는 19세기 고전주의의 관념론의 문화적 유산이다"라고 말함으로써 자신이 갖는 문화관의 긍정적 내용이 무엇인가를 분명히 보여준다. 이로써 루카치는 문화정책의 기본목표를 시민적 문화의 혁명적 변혁에서가 아니라 독일 고전주의적 문화의 실현과 완성에서 찾는다. 또한 문화를 "인간이 인간다운 삶을 누려야 한다는 윤리적 이념의 구체적 모습"이라고 정의하는데, 이러한 문화관은 그의 문화관이 부르주아지 문화가 갖는 일정한 휴머니즘적 윤리적 가치관과 직접적으로 연결되어 있음을 말해준다. 만년의 루카치가 당시 정치 참여의 결정적 동기가 윤리적인 요소 때문이었다고 회고하는 것도, 그의 문화정책과 정치적 실천의 근저에 있는 휴머니즘적 윤리 충동을 두고 하는 말이다.

이러한 문화적 윤리적 가치를 실현하기 위하여 루카치는 교육, 특히 예술교육에 커다란 의미와 중요성을 부여한다. 그는 예술을 교육의 가장 적합한 수단으로 간주한다. 루카치는 예술이 시민적 문화의 에센스라고 하면서 예술의 특수한 성격을 이렇게 표현한다. "예술은 결코 고갈되는 법이 없다. 예술에는 계급의 투쟁을 넘어서는 진정으로 인간적인 그 어떤 것이 있다." 예술의 중요성에 대한 거의 파토스적인 이러한 강조를 보면 그의 문화관의 가장 중요한 요소가 예술, 특히 독일 고전주의 예술이며 미학적 차원이 그의 정치 실천에서 결정적 역할을 하고 있음을 가늠할 수 있다.

헝가리소비에트 정권에서 루카치가 정치적 실천을 통해 표명하는 이러한 문화관과 예술관, 그리고 이와 결부된 윤리관은 다음에 논의할 『역사와 계급의식』에서도 그대로 이어진다. 하나의 차이점이 있다면, 『역사와 계급의식』에서는 아직도 정리되지 않은 초기의 이러한 파토스적인 견해가 마르크시즘의 본격적 논의를 통해 보다 굳건한 논리적 틀과 보다 심화된 방법론 속에서 전개된다는 것이다.

2) 『역사와 계급의식』의 주요 내용

(1) 변증법적 방법과 총체성의 원칙

마르크스의 여러 이론을 하나의 이론적 체계 내지 세계관으로 파악하려는 마르크시즘(Marxismus)이라는 개념이 보편성을 획득하기 시작한 것은 1880년대 독일 사회민주당 내에서 마르크스이론을 둘러싼 논쟁이 일어나면서부터다. 1884년 당시 독일 사회민주당의 지도자인 에두아르트 베른슈타인은 마르크스의 중요한 이론, 예컨대 자본주의 붕괴이론, 절대빈곤이론, 유물론적 역사관, 헤겔식 변증법, 계급투쟁이론 등은 오늘날에는 더 이상 유지될 수 없다고 주장함으로써 당내에 이른바 '수정주의' 논쟁을 불러일으켰다. 베른슈타인의 주장에 대해 카를 카우츠키는 마르크스이론을 수정할 아무런 이유가 없다고 말하면서 이른바 '정통' 마르크시즘 이론을 전개하였다. 마르크스이론을 둘러싼 이러한 논쟁은, 당시의 독일 사회민주당과 노동운동 내부에서 전개되었던 이데올로기 논쟁을 집약적으로 표현한 것이다.

1869년에 결성된 독일 사회민주당의 이데올로기적인 특징은, 급진적 사회혁명을 주장하는 마르크스적 이론에 맞서 점진적 사회개혁을 주장하는 라살적 이론의 승리이다. 독일 사회민주당은 시민사회와 자본주의 체제 내에서 노동운동의 확대를 통하여 노동계급을 해방하고 사회주의 정권을 획득할 수 있다고 믿었다. 이러한 정치관에는, 자본주의는 자체의 모순에 의해 스스로 붕괴하리라는 막연한 기대감과 역사의 대세는 자기편에 유리하게 발전하리라는 낙관적 역사관이 깔려 있다. 이러한 '천진난만한' 역사관은 19세기 독일 시민계급의 실증주의적 역사관, 자연과학과 기술의 발달이 가져다준 '과학주의적'(szientifisch) 인식론, 이에 영향받아 '엄격한' 칸트의 인식론을 바탕으로 다시 철학을 정립하려는 신칸트철학, 그리고 다윈의 진화론에 바탕한 맹목적 역사진보관 등과 같은 당시의 지배적인 시민적 이데올로기와도 밀접한 관련을 맺고 있다. 당시의 독일 사회민주당은 특히 이러한 시민적 이데올로기에 깊이 감염되어 있었다. 독일 통일(1871) 이후에 나타나는 급속한 경제성장과 부의 증대, 그리고 제국주의적 팽창의 분위기 속에서 빌헬름 1세 치하의 독일 사회민주당은 근본적으로는 토지귀족계급(융커)과 시민계급을 주축으로 하는 당시의 지배계급과 이데올로기적 정치적으로 입장을 같이하였다.

이러한 독일 노동운동의 이데올로기적 입장은 마르크스 이론의 수용과 해석에도 그대로 반영된다. 위에서 언급한 베른슈타인의 마르크시즘 비판과 해석의 특징, 즉 절대빈곤이론과 계급투쟁론에 대한 비판, 마르크스 유물론과 '추상적' 변증법을 신칸트적 과학주의 입장에서 재해석하려는 시도 등은 이러한 맥락에서 이해할 수 있다. 베른슈타인의 마르크시즘 해석이 지니는 특징, 즉 경제중심주의적이고 실증주의적인 마르크시즘관을 흔히 속류 마르크시즘(Vulgärmarxismus)이라고 부른다. '정통' 마르크시즘 이론을 펼친 카우츠키 역시 당시의 지배적 이데올로기에서 크게 벗어나지 못하고 있다. 즉 마르크스가 주장한 이론의 기본골격을 대체로 인정하면서도, 마르크시즘은 현대의 학문 발전이 가져다준 인식, 예컨대 다윈의 진화론, 신칸트학파의 가치론 등에 의해서 다시 심화·확대되고 '개선'되어야 한다고 주장한다.

『역사와 계급의식』이 마르크시즘의 발달사에서 획기적 중요성을 갖는 큰 이유는, 당시의 이러한 실증주의적 경제중심주의적 마르크시즘을 처음으로 극복하려고 하였고, 마르크시즘을 칸트의 인식론이 아니라 헤겔의 변증법적 인식론을 통해 해석하려고 했기 때문이다. 이 책의 두 번째 논문인 「마르크시스트로서의 로자 룩셈부르크」에서 루카치는 이미 "마르크시즘이 부르주아지 학문과 구별되는 점은, 경제적 모티브가 역사를 지배한다는 생각이 아니라 총체성의 시각이고, 마르크시즘의 체계가 아니라 그것의 변증법이다"라는 기본테제를 제시한다. 부르주아지 학문과 이에 영향받은 '속류' 마르크시즘관이 비변증법적 사고(현상과 본질의 상관관계를 밝히기보다 현상적이고 경험적인 사실을 중요시하는 실증주의적 사고, 부분과 전체의 상호관계를 총체적으로 설명하기보다 개별적 문제에 집착해서 기계론적으로 해결하려는 미시적 사고, 경험적 사실과 가치, 자연과 사회의 문제를 따로따로 분리해서 생각하려는 신칸트철학에서 볼 수 있는 이원적 사고)를 그 특징으로 한다면, 진정한 마르크시즘, 즉 '정통' 마르크시즘은 경제적 사회적 삶의 모든 부분을 독립적이고 개별화된 실체로 파악하지 않고 '구체적 총체성'의 한 부분으로 파악하며, 변증법적 방법론을 통해 이러한 부분이 전체의 움직임 속의 모멘트임을 밝혀내는 데 주안점을 둔다. 부르주아지의 개별적 학문이 부분적이고 현상적인 각각의 사실로부터 독자적인 하나의 추상적인 개념체계를 만들어내어 이를 초역사적 범주로 고정시킨다면, 마르크시즘은 이러한 개념체계들이 역사적으로 생성되었고 앞으로도 계속 발전한다고 생각하고 이를 사회와 역사의 구체적 총체성의 관점에서 역동적으로 파악하려고 한다. 바꾸어 말하면 부르주아지의 철학이 사회와 자연을 총체적으로 인식하는 방법이자 체계로서의 전통적 기능을 상실하고 새로이 등장하는 현대의 개별 학문에 이러한 전통적 기능을 위임한다면, 마르크시즘은 변증법적 방법론과 총체성의 원칙을 통해 학문과 철학의 분리를 지양하고 모든 학문을 포괄하는 하나의 기본적 인식의 원칙과 방법을 제시한다고 루카치는 주장한다.『역사와 계급의식』이 갖는 결정적 의의는 마르크시즘을 이처럼 하나의 철학으로 재정립했다는 점이며, 20세기 서구의 지식인들에게 깊은 영향을 끼치게 된 것도 바로 이러한 점에 기인한다고 할 수 있다.

(2) 의식의 물화현상과 물화된 의식형태

이상에서 논의된 루카치의 마르크시즘관은 다분히 원칙론적인 성격을 띨 뿐, 정작 부르주아지의 철학과 학문이 왜 개별적이고 비변증법적일 수밖에 없으며, 어떻게 마르크시즘만이 사회의 총체성에 대한 변증법적 인식을 획득할 수 있느냐 하는 근본적인 문제에는 아직도 언급이 없다. 이에 대한 보다 본질적이고 구체적인 논의가 이루어지는 곳이 이 저서에서 가장 길고 중요한 논문인「물화현상과 프롤레타리아트의 의식」이다.『역사와 계급의식』이 현대의 마르크시즘 논의에서 결정적 영향력을 끼치는 것도 바로 이 논문 때문이다. 이 논문은 현대의 부르주아지 학문이 갖는 방법론적 한계와 이와 결부된 속류 마르크시즘관의 근본원인이 어디에 있는가를 자본주의사회와 부르주아지계급이 가진 특수하면서도 보편적인 의식형태, 즉 물화(Verdinglichung)라는 핵심개념을 통해 설명하고, 이러한 물화현상을 극복할 유일한 가능성을 프롤레타리아트 계급의식과 마르크시즘에서 찾는다.

그러면 루카치가 말하는 물화라는 개념이 도대체 무엇이며, 그 구체적 내용이 무엇인가를 살펴볼 필요가 있다. 우선 루카치는 마르크스의『자본론』(1867-94)에 나오는 상품의 물신성(Warenfetischismus) 개념과 인간의 소외이론으로부터 이 개념을 추출하고 있다. 마르크스는『자본론』의 서두에서 가치(Wert)의 문제를 설명하면서, 본래 노동을 근원으로 해서 창출되는 가치가 자본주의 시장경제의 핵심적 단위인 상품(Waren) 속에 어떻게 실현되는가 하는 문제를 상세하게 분석한다. 마르크스는 이러한 상품분석을 통해 노동의 산물로서의 생산품이 자본주의적 시장경제의 메커니즘 속에서 생산품 본래의 가치인 사용가치(Gebrauchswert) 외에도 화폐(Geld)를 매개로 하는 교환가치(Austauschwert)가 생겨나는 과정을 서술하면서 상품 속에 내재하는 가치의 이원적 성격과 구조를 밝혀낸다. 화폐를 매개로 이루어지는 자본주의의 상품경제가 양적으로 확대되고 질적으로 심화됨에 따라 상품 자체가 본래 갖는 이원적 가치 중에서도 교환가치가 절대적 우위를 차지하게 되고 그럼으로써 상품은 교환가치만을 지닌다는 가상(Schein)이 생기게 된다. 이의 결과로 생생하게 살아가는 인간이 구체적 대상에 노동을 가함으로써 만들어낸 생산품은, 살아 있는 유기체의 노동의 산물로서의 상품이 갖는 구체적 성격을 상실하고, 시장경제 속의 상품이라는 추상적 성격을 띠게 된다.

이러한 상품의 추상화(Warenabstraktion) 현상은 인간으로 하여금 상품의 구체적 본질적 성격을 간파하지 못하도록 만들고 단지 상품의 추상적 가상적 속성만을 절대적인 어떤 실체로 간주하도록 만든다. 고대의 토템사상에서 고대인이 하나의 물건에 신통력과 절대적 힘을 부여하고 그럼으로써 이 물건을 신성한 실체로 숭배하듯이, 현대의 인간은 상품이라는 물건을 하나의 절대적 실체 내지 범주로 생각해서 거의 맹목적으로 숭배하는 것이다.

상품에 대한 물신숭배적 태도는 현대인의 의식과 사고에 결정적 영향을 끼친다. 즉 현대인간의 의식은, 상품이 갖는 변증법적 매개과정을 인식하지 못하고 밖으로 드러나는 가상적 현상 자체에만 집착하며, 나아가서는 구체적 노동 및 인간 간의 관계를 '미혹적 형태의 물건 간의 관계'(die phantasmagorische Form eines Verhältnisses von Dingen)로 여긴다. 루카치가 『역사와 계급의식』에서 말하는 의식의 물화현상이란 현대의 자본주의 시장 경제 속에서 인간이 근본적으로 가질 수밖에 없는 바로 이러한 의식형태를 의미한다. 마르크스가 물화현상을 주로 노동의 소외현상이나 이로부터 연원하는 노동자계급의 소외현상과 관련하여 부분적으로 논의한다면, 루카치는 이러한 물화현상을 현대 자본주의와 현대인의 의식 전반에 걸치는 하나의 본질적이고도 보편적인 현상으로 파악해 이를 자본주의의 모든 현상에 확대 적용시키고 있다. 루카치는 자본주의하에서 생겨나는 일체의 의식형태, 그리고 이것이 구체화된 일체의 사회형태를 물화라는 하나의 개념을 통해 설명한다. 예컨대 자본주의의 지배적 의식형태인 합리주의적 사고와 기계주의적 사고, 형식주의적 사고와 관료주의적 사고, 그리고 이것이 사회적으로 구체화된 형식인 현대의 노동과 관료조직 등은 모두 물화된 의식의 산물이다.

이러한 관점에서 보면 루카치가 『역사와 계급의식』에서 전개하는 물화개념은 마르크스가 얘기하는 소외개념을 포괄하는 하나의 총괄개념 내지 상위개념이라고 할 수 있다. 현대의 인간은, 자신의 개성이나 전체의 인격과는 관계없이 스스로를 객관화하면서 독자적으로 발전하는 이러한 물화된 의식형태 속에서, 그리고 물화된 사회형태와 물화된 인간관계 속에서 소외를 체험한다. 소외란 인간의 자연스러운 감정이나 본질적 욕구가 물화된 사회형태가 만들어내는 인위적 제약이나 비본질적 욕구에 대해 갖는 낯섦의 감정이고, 물화된 인간관계 속에서 인간이 자기 본래의 공동체적 삶의 관계를 상실하고 혼자만이 동떨어져 있다고 느끼는 고독의 감정이다. 현대사회에서 인간이 체험하는 군중 속의 고독이라든가, 카프카의 문학에서 극단적 표현을 얻고 있는 소외의 여러 양상, 이를테면 가족이라는 공동체 속에서 카프카적 주인공이 겪는 갈등과 소외, 현대의 거대한 관료조직과 이러한 관료조직이 행사하는 권력의 익명성 속에서 맛보는 좌절감과 무력감 등은 근본적으로 모두 이러한 물화현상에 기인한다.

인류 역사상, 인간의 소외현상은 여러 형태로 존재해왔다. 고대의 노예제 사회나 중세 봉건사회에서도 인간은 소외를 체험했음이 분명하다. 그러나 이 경우의 소외는, 현대의 자본주의사회에서처럼 양적으로 그렇게 확대되지 않고 질적으로도 그렇게 심화된 양상을 보이지 않았다. 이 시기의 소외는 기껏해야 지배계급과 피지배계급 사이의 권력구조에서 나오는 단순한 성격을 띤 소외였다. 이러한 소외가 보편적 성격을 띠고 본질적 문제로 등장하게 된 것은 자본주의가 상당한 단계까지 발전한 시기에 이르러서이다. 루카치는 『역사와 계급의식』에서 소외가 20세기에 와서 왜 심각한 논의의 대상이 되는가 하는 문제를, 자본주의적 상품생산과 시장경제가 인간의 삶을 속속들이 지배하고 이로 인해 인간의식의 물화현상이 심화되어가는 과정과 결부하여 설명한다. 상품생산과 교환경제가 아직도 인간의 삶을 철저하게 지배하지 않고 있던 초기 자본주의 단계에서는 소외의 문제는 비교적 소박한 형태로 논의된다. 예컨대 현대의 소외현상을 문명비판의 차원에서 논의한 18세기 루소의 소외이론, 그리고 사회에 대해 자연을, 현대적 자본주의 질서에 중세의 봉건적 질서를, 합리주의적 산문정신에 낭만적 시적 정신을 대비시키는 19세기 초의 문학적 낭만주의의 소외이론 등은 초기 자본주의 상황의 산물이다. 따라서 소외의 문제가 19세기 후반의 마르크스에 와서 본격적인 철학적 학문적 논의의 대상이 된 것은 결코 우연이 아니다. 그러나 마르크스의 소외이론이 그것이 지닌 철학적 논리적 성격에도 불구하고 다분히 윤리적이고 휴머니즘적인 차원에서 부분적으로 전개되고 있다면, 『역사와 계급의식』에서 펼쳐지는 소외이론은 마르크스의 소외이론이 갖는 윤리적 휴머니즘 파토스를 넘어서서 물화라는 개념을 통해 소외를 보다 심층적·포괄적으로 다룬다. 루카치의 소외개념의 이러한 이론적 확대와 심화는 루카치가 체험했던 20세기 유럽 자본주의사회의 소외현상이 마르크스가 체험했던 19세기 후반 자본주의사회의 소외현상에 비해 훨씬 더 확대되고 심화된 것과 그 맥을 같이한다. 이러한 면에서 보면, 소외라는 20세기의 핵심적 문제에 시달리던 당시 서구의 시민지식인들이 무엇보다도 소외가 심화되고 물신화과정이 일상적 의식형태로 굳어져가는 과정을 이론화한 루카치의 물화이론에 깊은 감명을 받은 것은 충분히 이해가 가는 일이다. 이 책이 당시의 아도르노, 벤야민, 블로흐에게 깊은 감명을 주었으며 네오마르크시즘 이론가들의 마르크시즘 해석에 새로운 지평을 마련해 준 것도 바로 이러한 점 때문이다.

(3) 부르주아지 철학 비판

자본주의 상품경제 속에서 일어나는 의식의 물화현상은 이처럼 인간의 소외를 심화할 뿐만 아니라, 상품이 갖는 가치의 이원성을 바탕으로 한 자본주의 사회는 부르주아지 의식의 이원성을 낳고 사물을 인식하는 주체의 분열을 불러온다. 루카치는 물화현상에 기인하는 부르주아지 의식의 특징인 이러한 이원성을 출발점으로 해서 칸트에서 시작해 헤겔에 이르는 독일의 관념철학을 비판한다. 그는 독일의 관념철학이 갖는 이원적 성격을 다음과 같이 설명한다. 독일의 관념철학은 중세의 신학적 세계관에 비해 진보를 의미하는데, 초기 시민계급의 의식을 반영하는 관념철학은 중세의 신학적 세계관과는 달리 현실과 세계를 더 이상 주체와 무관하게 존재하는 어떤 실체로 받아들이지 않고 현실과 세계를 주체에 의해 만들어진 것으로 파악하기 때문이다. 그리하여 주체는 스스로가 인식의 주체임을 의식하게 된다. 다른 한편으로 초기의 부르주아지계급은 주체에 의해 만들어진 현실과 세계를, 초기 자본주의 상황 속에서 의식의 물화현상이 진전됨에 따라 주체와는 무관하게 독립적으로 존재하는 그 어떤 것으로, 다시 말해 이미 오래전부터 마치 자연형식처럼 존속되어왔으며 주체가 파악할 수 없는 사회환경으로 여기게 된다. 이의 결과로 인식론적 주체는 이제 현실과 세계에 대해 이중적 태도를 취한다. 즉 현실을 파악함에 있어 한편으로는 적극적·행동적 태도를 취하고, 다른 한편으로는 수동적·정관적 태도를 취한다. 루카치는 부르주아지 의식이 갖는 이러한 이중적이고 분열적인 성격을 부르주아지 사고의 이율배반성(Antinomie)이라고 부른다. 현실과 세계를 대하는 초기 시민계급의 이러한 이중적 태도는 루카치에 의하면 독일 관념철학에서 보는 인식론의 이원성의 근본원인이 된다. 칸트가 그의 인식론에서 이성을 이론적 이성(순수이성)과 실천적 이성(실천이성)으로 구분하는 것은 인식론적 주체가 갖는 이원성을 말해주는 단적인 예다. 이러한 의미에서 루카치는 독일 관념철학을 한마디로 통일적인 '인식론적 주체'(erkenntnistheoretisches Subjekt)를 찾으려는 노력이라고 정의한다. 이러한 노력이 궁극적으로 실패한 이유를 루카치는 부르주아지 의식이 물화과정에 종속됨으로써 현실과 세계를 하나의 통일적인 것으로 파악할 수 없었기 때문이라고 설명한다. 루카치에 의하면 칸트철학도 내용적인 차원에서는 – 예컨대 물자체物自體를 상정하여 – 현실의 대립과 모순을 끝까지 주장하면서도 단지 형식적인 범주론을 통해 이러한 대립을 극복하려고 했기 때문에 실패했다. 칸트의 이러한 인식론적 대립과 이원성을 극복하고 하나의 인식론적 주체를 찾으려는 셸링과 피히테의 철학적 노력 역시, 칸트의 『판단력 비판』이 그랬던 것처럼 '비합리적'이고 '신화적'인 방법론 때문에 실패했다고 루카치는 비판한다. 요컨대 독일 관념철학이 하나의 통일적인 이성의 원칙을 찾는 데 실패한 근본이유를, 초기 자본주의의 물화된 의식에 사로잡혀 있던 시민적 주체가 현실의 현상에만 집착할 뿐 현실의 본질에까지 침투할 수 있는 철학적 방법론을 발견하지 못한 사실에서 찾고 있다.

그러나 루카치에 의하면 이 시기의 독일 관념철학 중에서도 유일하게 시민적 의식의 물화현상과 이로 인해 생겨난 이성의 이원적 성격 내지 이율배반적 성격을 간파하고, 이를 부분적으로 해체하는 데 성공한 철학이 있으니 그것이 곧 헤겔철학이다. 독일 관념철학이 추구하던 하나의 통일적인 인식론적 주체와 이성의 원칙을 찾는 데 헤겔철학이 부분적으로 성공한 이유를 루카치는 헤겔철학의 바탕이 되는 그의 기본적인 철학 프로그램에 있다고 본다. 즉 헤겔은 그의 전 철학체계의 기초가 되는 『정신현상학』(1807)에서 처음으로 현대 자본주의 사회 의식의 물화현상(헤겔은 이를 외화外化, Entäußerung)라는 개념으로 표현한다)을 간파하고, 개념의 변증법을 통해 이러한 의식의 물화(외화)현상을 인간정신의 본래 모습인 자기의식(Selbstbewusstsein)으로 다시 귀환시키고, 이를 통해 주체와 객체의 동일적 관계를 복원시키는 것을 그의 철학의 기본 프로그램으로 삼음으로써 하나의 인식론적 방법론을 찾는 데 성공했다는 것이다. 이러한 철학적 프로그램과 이와 결부된 인식론적 방법론에 힘입어 헤겔철학은 적어도 시민적 사고의 이원성과 형식적 틀을 벗어나는 데 성공하였다. 그러나 하나의 통일적 인식론적 주체 내지 이성의 원칙을 정립하는 데는 성공하지 못했는데, 헤겔의 철학은 밖으로부터 들고 들어온 초역사적인 이성원칙, 즉 '세계정신'이라는 인위적 원칙을 만들어냈기 때문이다. '세계정신'이라는 인식론적 주체가 초역사적이고 근본적으로 형이상학적인 이유는, 역사 속에서 스스로 구현되어가는 세계정신의 전개과정이 실제로는 구체적으로 행동하는 주체의 의지와는 관계없이 이루어지고, 그럼으로써 주체 스스로에게는 인식될 수 없는 미지의 어떤 실체로 계속 머물기 때문이다. 이의 결과로 나타나는 것이 바로 헤겔철학에서 보는 구체적 역사과정의 강제적 구조화 내지 무리한 체계화이고, 전 철학체계의 인위적인 관념적 구성 내지 조립이다. 이로써 헤겔이 본래 의도했던 철학적 프로그램, 즉 물화현상에 기인하는 부르주아지의 이원적이고 형식적인 사고가 갖는 제약과 한계를 개념의 변증법으로 극복하고, 이를 통해 사고의 통일적 원칙과 인간의 총체성을 복원하려던 시도는 종국적으로는 '무無'로 해체되었다. 루카치는 헤겔철학을 이처럼 전체적으로는 매우 부정적으로 비판하면서도, 적어도 세계정신이라는 원칙을 출발점으로 하여 끊임없이 주체와 객체의 동일적 관계를 연역적으로 전개시켜나가는 철학적 방법론, 즉 변증법적 방법론은 모든 독일 관념철학의 한계는 물론 부르주아지 철학 전반이 갖는 한계를 훨씬 넘어서고 있다고 말하면서 서구의 철학사에서 헤겔의 변증법이 갖는 의미와 중요성을 매우 강조한다.

(4) 독일 고전주의 예술이 갖는 철학적 의미

현실을 총체적으로 파악할 수 있는 통일적 이성원칙을 찾으려는 칸트에서 헤겔에 이르는 독일 관념철학의 노력이 수포로 돌아갔음에도 불구하고, 이러한 노력이 구체적으로 결실을 맺는 영역이 있으니 그것은 루카치의 주장에 따르면 독일 고전주의 예술과 예술이론이다. 루카치는 독일 고전주의 예술과 예술이론에 무엇보다도 철학적 의미를 부여한다. 즉 독일 고전주의 예술의 실제와 이론은, 독일 관념철학의 한계를 넘어서는 '체계이론적'이고 '세계관적'인 의미와 중요성을 가지고 있다는 주장이다. 루카치는 자신의 주장을 다음과 같이 이론적으로 뒷받침하고 있다.

위에서 언급한 것처럼 현실을 하나의 통일적인 전체, 즉 총체성으로 파악하려는 독일 관념철학은 시민사회나 시민계급의 물화된 의식 때문에 한계에 부딪히고 있다. 부르주아지의 물화된 의식이 두드러지게 표현되는 것은 루카치에 의하면 그들의 자연관에서이다. 노동과 주체의 적극적 실천을 통해 자연을 문화와 문명으로 변화시킨 것이 현실이라면, 이러한 현실을 스스로 만들어낸 부르주아지의 의식 속에서 시간이 지남에 따라 현실은 자연과는 무관하게 이미 처음부터 독자적으로 존재한 어떤 것으로 여겨진다. 다시 말해 현실은 자연법칙의 불변성 비슷하게, 전혀 변화하지 않는 정태적이고 경직된 성격, 즉 비변증법적 성격을 띠게 된다. 현실인식에 투영된 부르주아지의 이러한 자연관은 초기 부르주아지의 자연법사상에 가장 잘 나타난다. 중세의 봉건적 질서의 이데올로기적 필요성에 의해 생겨난 신학적 자연관에 대항해서 초기의 시민계급은 자연법사상을 처음에는 그들의 계급 이익을 쟁취하기 위한 이데올로기적 무기로 사용하였다. 그러나 초기의 이러한 자연법사상은 시간이 지남에 따라 이미 쟁취한 부르주아지의 기득권과 시민적 질서를 옹호하고 고수하는 데 사용되었다. 즉 사회변혁을 위해 사용되었던 초기 시민사회의 자연법사상은, 점차 부르주아지 사회의 기존체제를 옹호하는 쪽으로 기울어짐으로써 그 기능이 정반대로 전환되었다. 이로써 초기 부르주아지의 자연개념은 부르주아지의 이데올로기가 되었고, 그렇게 됨으로써 그것은 자연과 현실, 자연과 사회의 관계를 변증법적으로 파악하는 데 결정적 장애요소가 되었다. 독일 관념철학이 현실을 변증법적으로 인식하는 데 실패한 기본원인은 바로 이러한 자연관에 기인한다.

이러한 독일 관념철학의 자연개념에 정반대되는 자연개념은 루카치에 의하면 독일 낭만주의의 자연개념이다. 낭만주의의 예술과 철학은 자연을 순전히 인간의 내면적 차원에서만 파악하고, 철저히 내면화된 자연개념을 물화된 의식에 정반대되는 이상으로 간주하였다. 하지만 이러한 낭만적 자연관은, 현실은 아예 처음부터 침투·통찰될 수 없는 것이라는 전제에서 출발하고, 그렇기 때문에 현실과 아무런 관련을 맺지 못하고 단지 기분이나 분위기(Stimmung)의 차원에 머물 수밖에 없다. 이러한 면에서 보면 낭만주의의 자연관과 이에 바탕한 현실인식 역시 자연과 현실의 변증법적 관계를 올바로 파악할 수가 없다. 올바른 자연 인식과 이를 바탕으로 현실의 본질을 변증법적으로 파악하는 데 성공한 유일한 영역은 루카치에 따르면 독일 고전주의 예술과 예술이론뿐이다. 독일 고전주의의 대표적 예술이론인 쉴러의 「소박문학과 성찰문학」을 인용하면서 루카치는 자연을 인간 내면에 깊숙이 존재하는 의식의 한 형태로 파악한다. 즉 자연이란 "자연으로 그대로 머물러 있었거나 아니면 다시 자연이 되고자 하는 성향이나 동경을 가진 인간의식의 한 부분 내지 형태다"라는 것이다. 『역사와 계급의식』에 나타나는 다분히 추상적 성격을 띤 루카치의 자연관을 보다 구체적으로 이해하기 위해서는 『소설의 이론』에 나타나는 자연관과 현실관, 그리고 이에 바탕한 예술적 총체성 개념을 다시 한번 살펴보는 것이 좋겠다.

『소설의 이론』에서 루카치는 소설이라는 장르를, 의식의 분열로 특징지을 수 있는 현대의 '문제적' 개인이 호메로스의 서사시에서 볼 수 있는 총체성을 다시 찾으려는 여정, 즉 총체성에 대한 현대인의 내면적 지향성 내지 동경을 형상화한 현대적 서사형식이라고 규정한다. 주인공의 이러한 내면성과 동경은, 바꾸어 표현하면 쉴러가 말하는 '호메로스적 자연'에 대한, 즉 인간 의식이 자연과 완전히 조화를 이루고 자연과 정신, 자연과 현실 사이에 아무런 간극도 알지 못했던 총체적 세계에 대한 현대인의 '성찰적' 동경 내지 내면적 지향성이다. 소설의 형식이 형상화의 원칙으로 삼는 예술적 총체성의 중요한 특성은, 관념철학이나 낭만주의에서처럼 자연과 정신, 자연과 현실을 이원적으로 파악하지 않고 이 양자를 총체적으로 파악하려는 원칙적 프로그램적 요구이다. 루카치는 총체성에 대한 이러한 프로그램적 요구를 독일 고전주의가 갖는 '예술원칙'이라고 부른다. 독일 고전주의 예술이론이 인식론적 중요성을 띠는 이유는, 자연을 총체적 의식의 한 형태로 파악한 데 있고 그럼으로써 독일 관념철학과 낭만주의의 잘못 파악된 자연관과 현실관을 극복하려고 한 데 있다.

독일 고전주의 예술이론과 이에 근거한『소설의 이론』에서 표명되는 총체성이라는 '예술원칙'이 구체적으로 형상화되는 것은 독일 고전주의 문학의 실제 속에서다. 독일 고전주의 문학은 독일 관념철학과는 달리, 그것의 형식이 갖는 총체성에 대한 요구 때문에 삶의 구체적 내용에 관심을 가짐으로써 개별적 요소들의 우연적 관계를 전체와의 관련 속에서 해체시키고, 우연과 필연을 단지 외면상의 대립으로 여기고 이를 지양해서 하나의 총체적 삶의 현실을 형상화할 수 있었다고 루카치는 주장한다. 그런데 삶의 구체적 현실을 형상화하려는 고전주의 문학의 '예술원칙'은 바꾸어 표현하면 총체적 인간상과 이에 결부된 휴머니즘적 이상이다.『소설의 이론』에서 총체성이라는 소설형식의 기본이념을 형상화하는 서구 소설의 여러 유형 중에서 고전주의 교양소설『빌헬름 마이스터의 수업시대』를 가장 이상적인 소설유형으로 보는 이유도, 이 교양소설이 총체적 인간상과 휴머니즘적 이상을 가장 중요한 형식원칙으로 삼고 있기 때문이다. 여기에서 우리는 독일 고전주의 문학의 예술적 총체성이 인간적 윤리적 총체성과 밀접한 관련을 맺고 있음을 다시 한번 확인할 필요가 있다.『역사와 계급의식』에서 루카치는 "인간이 이루고자 하는 모든 것은 그가 지닌 모든 힘이 합쳐진 상태에서 생겨나지 않으면 안 된다. 개별적인 모든 것은 거부해야 할 성질의 것이다"라는 괴테의『시와 진실』에 나오는 문장을 인용하면서, 독일 고전주의가 추구하는 인간적 윤리적 총체성의 이상과 원칙은 독일 관념철학이 해결하려고 했던 기본문제, 즉 사회적으로 갈가리 찢기고, 개별적 체계 사이에서 그 힘이 분열된 인간을 어떻게 하면 다시 전인적 총체적 인간으로 복원시킬 수 있는가 하는 윤리적 문제를 적어도 미학적 형상적 차원에서는 해결하는 데 성공했다고 주장한다.

그러나 독일 고전주의 예술이 총체적 인간상과 이를 통해 사회의 총체성을 형상화하는 데 성공하기는 했지만, 이러한 총체성은 어디까지나 형식적 차원에서 구현되는 예술적 총체성일 뿐, 역사 속에서 실현되는 구체적 총체성은 아니다. 독일 고전주의의 예술적 총체성은 단지 프로그램적 성격을 띨 따름이다. 예술작품의 형식적 완성은 총체성의 원칙에 힘입어 현상과 본질 사이에 가로놓인 대립과 간격을 메우고 있기는 하지만, 이러한 대립과 간격을 실질적으로 해체하고 있는 것은 아니다.『역사와 계급의식』에서 루카치는 독일 고전주의 예술과 예술이론이 이룩한 성과와 한계를 이렇게 지적하면서 독일 고전주의 예술이 해결하지 못한 과제를 이제는 마르크시즘과 역사의 새로운 주체인 프롤레타리아트가 해결할 수 있다고 주장한다. 그러니까 마르크시즘은 무엇보다도 독일 관념철학과 고전주의 예술에 의해 이미 예시된 총체성이라는 인식론적 원칙과 휴머니즘적 이상을 사회적 현실과 역사에 실제로 적용시키는 철학이고, 프롤레타리아트계급은 이러한 원칙과 이상을 구체적으로 실현할 실천적 과제를 떠맡고 있는 역사의 주체이다. 이들은 이론과 실제의 괴리가 지양되는 실천의 구심점이다.

이러한 면에서 보면『역사와 계급의식』에 나타나는 마르크시즘관의 역점과 방향은 독일 관념철학 및 고전주의 예술의 비판과 평가에 의해 미리 정해지고 있다. 이 저서에서 논의하는 마르크시즘 해석의 특징, 즉 물화개념을 바탕으로 독일 관념철학의 이원성을 비판하고, 현실을 현상적 개별적 모멘트로 보는 게 아니라 이들 모멘트를 변증법적으로 매개하여 현실의 현상과 본질을 파악하려는 총체적 인식론을 주장하고, 프롤레타리아트의 실천을 통해 독일 고전주의 예술의 휴머니즘적 이상을 실현하려는 미학적 윤리적 면을 강조하는 관점은 모두 이러한 상관관계 속에서 보다 분명히 이해될 수 있다.

(5) 역사의 주체로서의 프롤레타리아트 계급의식

역사 속에 내재하는 주체와 객체의 동일적 관계로서의 현실의 총체성을 변증법적으로 파악하는 마르크시즘의 세계관을 자신의 것으로 인식하고 또 실천할 수 있는 주체는 루카치에 의하면 프롤레타리아트계급과 계급의식이다. 다시 말해 프롤레타리아트는 변증법적 역사의 발전과정을 인식하고 실천할 수 있는 역사의 주체이다. 루카치는 프롤레타리아트가 이론적인 면에서나 실천적인 면에서 역사의 주체가 될 수 있는 이유를 다음과 같이 설명한다. 프롤레타리아트의 핵심적 요소와 그것의 구체적 형식은 프롤레타리아트 계급의식이다. 루카치는 프롤레타리아트의 계급의식이 갖는 특징을 위에서 언급한 「물화현상과 프롤레타리아트의 의식」이라는 논문에서 현대 자본주의사회의 물화현상 및 소외현상과 결부시켜 논의한다. 이 논의에 따르면, 프롤레타리아트의 의식 역시 부르주아지의 의식과 마찬가지로 자본주의 시장경제 속에서 일어나는 물화현상과 소외현상에 내던져져 있다. 그러나 전자가 후자와 구별되는 점은, 프롤레타리아트가 겪는 물화와 소외의 극단적 양상이다. 즉 프롤레타리아트는 그들의 노동의 산물로서 생겨나는 자본주의 상품경제 속에서 소외를 직접적으로 느끼고 극단적으로 체험하기 때문에, 이러한 극단화된 소외의식은 부르주아지의 소외의식과 달리 보편적 소외현상과 물화현상을 넘어설 가능성을 잠재적 또 객관적으로 소유하고 있다. 다시 말해 프롤레타리아트가 계급으로서 갖는 의식, 즉 계급의식은 물적物的 성격을 띤 것을 비물적非物的인 것으로, 비인간적인 것을 인간적인 것으로, 양적인 것을 질적인 것으로, 부분적인 것을 전체적(총체적)인 것으로 전환시킬 수 있는 변증법적 성질과 구조를 내포하고 있는 것이다. 그러니까 프롤레타리아트의 계급의식이 갖는 이러한 변증법적 성질은, 부르주아지와 부르주아지 사회가 지닌 물화된 의식과 이의 사회적 형식인 여러 카테고리(특히 경제적 카테고리)가 인간상호간의 관계(인간적 카테고리)임을 밝혀내고, 이를 통해 주체와 객체의 분리를 지양해서 인간과 사회를 총체적으로 인식하고 실천할 수 있는 객관적 가능성을 의미한다. 『역사와 계급의식』에서 루카치는 하나의 객관적 가능성으로 프롤레타리아트 계급에 귀속될 수 있는 프롤레타리아트의 이러한 의식을 '귀속의식'(zugerechnetes Bewusstsein)이라고 부른다. 물론 이 경우의 '귀속의식'이란 프롤레타리아트가 경험적 일상생활이나 어떤 역사적 순간 속에서 느끼는 주관적 실증적 의식이 아니라 역사 속에서 이미 객관적으로 형성되어왔고 앞으로도 형성되어가는 객관적이면서도 보편적 성격을 띤 의식이다. 루카치에 따르면, 프롤레타리아트에게만 귀속되는 이러한 의식의 발달과정은, 프롤레타리아트가 자신의 계급을 스스로 의식해가는 과정이자 동시에 종으로서의 인류가 역사 속에 객관적으로 내재하는 주체와 객체의 동일적 관계를 인식하고 이를 실천에 옮기는 과정이기도 하다. 이를테면 초계급적 범인류적 성격을 띠고 있다. 프롤레타리아트의 이러한 계급의식은 이론과 실천의 관계를 변증법적으로 연결시키는 중요한 고리 역할을 하는 역사의 주체이다.

『역사와 계급의식』에서 루카치가 해석하는 프롤레타리아트의 계급의식론과 이에 바탕한 마르크시즘관은 헤겔의 역사철학과 『정신현상학』의 변증법적 방법론에 의해 결정적 영향을 받고 있다. 『정신현상학』이 인간의 의식이 개념의 변증법을 통하여 자기의식을 거쳐 절대정신에 도달하는 인식론적 여정을 서술한다면, 『역사와 계급의식』은 프롤레타리아트의 계급의식 속에서 절대정신과 세계정신을 실현할 객관적 형식과 가능성을 찾고 있다. 프롤레타리아트의 계급의식에 대한 루카치의 이러한 해석은, 훗날 루카치 자신이 인정하듯이, 자의적으로 설정된 역사의 주체, 즉 헤겔의 세계정신이라는 역사의 주체를 극복하고 그 대신 역사 속에 객관적으로 내재하는 구체적이고 실제적인 역사의 주체를 찾으려는 의도에서 비롯되었다. 그러나 이러한 의도는 종국적으로 프롤레타리아트 계급의식이 헤겔의 세계정신이 갖는 관념적 성격을 그대로 물려받는 결과를 낳았다. 즉 역사 속에서 스스로 이루어지는 정신의 자기발견, 외화(물화)를 다시 거두어들임으로써 자기의식에 도달하는 인식과정, 인류의 자기의식 구현 등은 모두 『정신현상학』과 『역사와 계급의식』이 공통적으로 갖는 관념적 특성이기도 하다. 다시 말해 『역사와 계급의식』에서는 다시금 역사의 주체로서의 프롤레타리아트계급과 계급의식이, 구체적으로 행동하고 실천하는 주체와는 관계없이 그의 머리 위를 지나치면서 목적론적인 역사의 방향을 향해 전개되는 또 하나의 관념적 원칙이 된다. 1967년에 쓴 이 책의 서문에서 루카치가 『역사와 계급의식』이 스승보다 한술 더 뜬 저서이고, 이 책의 구성이 '헤겔을 다시 헤겔화'한 것이라고 스스로 비판하는 것도 바로 이러한 면을 지적하는 말이다.

루카치는 『역사와 계급의식』이 갖는 관념적 특징과 구성의 근본적 원인이 이 책을 쓸 당시 깊은 영향을 받았던 딜타이의 정신사적 방법론과 신칸트학파의 주관주의적 인식론에 기인하는 것이라고 비판한다. 그러나 필자의 견해로는, 이보다 더 근본적 원인은 부르주아지 문예비평가로서의 초기 루카치가 가졌던 고전주의적 예술관과 윤리관, 그리고 이 시대의 일반적 위기의식과 결부된 그의 유토피아적 사고에 기인한다고 본다. 실제로 『역사와 계급의식』을 지탱하는 분위기와 기본 톤은 여전히 윤리적 휴머니즘적 파토스이자 유토피아적 비전이다. "플로레타리아트의 비인간적 생활조건에 대한 분노는 곧 비장한 열광으로 변할 것이고, 그럼으로써 프롤레타리아트를 그들의 질곡으로부터 해방시킬 것이다"라고 말하면서 루카치는 프롤레타리아트가 가진 이러한 감정과 의식은 '인류의 양심이자 윤리'이며 동시에 인류를 구원해야만 하는 '소명의식'이라고 주장한다.

루카치의 이러한 윤리적 유토피아적 파토스는 초기 루카치의 예술관과 사상을 관류하던 지배적 요소다. 이러한 맥락에서 보면 『역사와 계급의식』에서도 루카치는 계속 미학적 비전과 윤리적 문제의식을 가지고 마르크시즘에 접근하고, 어떤 의미에서는 마르크시즘을 통해서 예술적 윤리적 문제를 해결하려는 것처럼 보인다. 『역사와 계급의식』에 나타나는 이데올로기적 정치적 사고를 『소설의 이론』에 나타나는 미학적 사고와 연결지어 생각해보면 그의 이 이데올로기적 정치적 연구서가 미학적 연구의 연장선상에 위치하고 있음을 확인할 수 있다.

『소설의 이론』의 역사관을 규정하는 것이 관습적 형식(물화된 의식형태)과 이를 극복하려는 미학적 형식에 내재하는 내면적 동경 사이의 대립과 간극이라면, 루카치는 이제 이러한 대립과 간극이 그의 마르크시즘관에 의해 지양·극복되었다고 생각하는 듯하다. 소설 주인공의 '영혼'과 역사에서 내재적으로만 존재하던 삶의 의미는 드디어 프롤레타리아트의 계급의식과 실천 속에서 구체화되고 있다고 믿는 듯하다. 이로써 소설의 주인공은 프롤레타리아트라는 역사의 주인공이 된다. 소설의 주인공은 더 이상 개인적 차원이 아니라 계급이라는 집단적 차원에서 미학적 윤리적 이념을 실천하는 정치의 주인공이 된다. 이러한 의미에서 본다면 『역사와 계급의식』의 마르크시즘관은 초기 루카치의 예술이론에 표현된 미학적 이념(총체성)의 이데올로기화 내지 정치화고, 루카치의 전체 사상을 지배하는 핵심개념인 총체성은 이데올로기적 정치적 차원을 획득한다.

『역사와 계급의식』의 마르크시즘관이 미학적 근원에서 비롯하고 있음을 말해주는 징표는, 그의 모든 관심이 소외현상과 물화현상, 그리고 이로 인한 의식의 분열현상에 집중되고 있고, 인간의 총체성 회복을 마르크시즘 해석의 출발점과 목표로 삼고 있다는 점에서도 여실히 나타난다. 이러한 관심과 시각은, 부르주아지 문예이론가로서의 초기 루카치가 예술적 형식과 이념에 대해 가졌던 강렬한 관심과 예리한 감수성 없이는 생겨나기 힘들었을 것이다.

(6) 실천개념과 「블룸테제」

루카치의 실천(Praxis) 개념은 위에서 언급한 프롤레타리아트의 계급의식에 대한 견해와 밀접한 관련을 맺고 있다. 루카치에 따르면 프롤레타리아트의 계급의식은 현실의 총체성을 인식할 수 있는 이론의 주체이자 현실의 총체성을 실현할 수 있는 실천의 주체이다. 실천이란 객관적 가능성으로 프롤레타리아트계급에 귀속된 의식이 실제로 현실화되어가는 것을 의미한다. 실천은 물화된 현대 부르주아지의 현상적 경험적 의식에 비판적 태도를 취하면서 물화된 인간관계와 사회와 인간에 대한 경제의 일방적 지배를 지양하려는 프롤레타리아트의 의식과 의지가 구체화됨을 의미한다. 다시 말해 루카치의 실천개념은, 역사 속에서 주체와 객체의 동일적 관계를 구현할 역사철학적 당위성의 표현이고, 물화되고 비인간화된 자본주의적 상황을 지양해야 할 윤리적 소명의식의 표현이다. 이러한 실천개념의 구체적 표현으로서의 당은, 이러한 역사철학적 윤리적 사명을 짊어지고 있는 프롤레타리아트의 의식이 구체화된 형식이고, 이러한 사명을 수행하려는 프롤레타리아트의 실천적 의지가 조직화된 형식에 불과하다. 이러한 당 개념에서 출발해서 루카치는 당의 가장 중요한 과제는, 이처럼 객관적으로 이미 주어진 프롤레타리아트의 계급의식을 촉진시키고, 프롤레타리아트의 '교양과정'을 '건강한 궤도'로 이끌어가는 이데올로기적 교육을 담당하는 데 있다고 주장한다. 그리고 루카치는 당에, 프롤레타리아트가 갖는 역사적 윤리적 소명의식을 완수해야만 하는 세계사적 메시아적 과제를 부여하고 있다.

헝가리소비에트 정권에서 루카치가 행하고 있는 정치적 프로그램과 실천을 보면 루카치의 실천개념과 당개념이 갖는 이러한 교육적 요소와 윤리적 요소, 그리고 메시아적 요소를 다시 확인할 수 있다. 문화중심주의적인 정치적 실천 속에서 루카치는 주로 예술교육을 매개로 한 프롤레타리아트의 이념적 교육을 통하여 자신의 정치적 이상을 실현하려고 한다. 1920년을 전후하여 쓴 루카치의 정치적 논문「전술과 윤리」, 「사회주의적 생산에서의 도덕의 역할」, 「공산당의 도덕적 사명」에서도 사회주의적 실천에서 윤리성이 가장 중요한 요소라는 점을 강조하고 있다.

이러한 루카치의 실천개념은, 당시 당의 조직문제를 둘러싼 두 개의 대립적 입장, 즉 노동계급의 자연발생적 집단행동과 자발적 투쟁의 결과로 당 조직이 생겨난다는 로자 룩셈부르크의 입장과, 노동계급의 사회주의 혁명을 실현시키기 위해서는 당의 전위적 엘리트를 중심으로 하는 강력한 조직이 필요하다는 레닌의 입장 사이의 중간쯤에 위치한다. 즉 노동계급의 객관적 가능성과 자발적 실천 가능성을 강조한다는 점에서 루카치의 실천개념은 로자 룩셈부르크에 가깝지만, 노동계급이 갖는 이러한 면을 당이 적극적으로 선도하고 올바른 궤도로 이끌고 가야 한다는 면에서는 당의 엄격한 조직성과 지도적 위치를 강조하는 레닌의 입장에 가깝다. 그러나 전체적으로 보면 루카치의 입장은 로자 룩셈부르크에서 점차 레닌의 입장으로 넘어가는 과정을 보여준다. 그것은 주로 이념적 차원에서 출발한 그의 '순수한' 실천개념이, 1920년대 이후의 구체적인 정치적 실천과정 속에서 변모 내지 교정되어감을 뜻한다. 이러한 변화의 결정적 계기를 마련해준 것은 1920년에 루카치가 쓴「의회주의 문제에 관하여」라는 정치논문에 대한 레닌의 비판이다. 레닌은 "루카치의 논문은 매우 과격하고도 나쁜 논문이다. 이 논문에서의 마르크시즘은 단지 말뿐의 마르크시즘일 뿐, 여기에는 각 시대의 **특수한 역사적 상황에 대한 구체적 분석**을 결하고 있다"라고 신랄하게 비판한다. 루카치는 레닌의 비판을 즉시 "정곡을 찌른 비판"이라고 인정하고, 이때부터 레닌의 정치적 실제와 이론적 작업과의 논쟁을 통하여 자신의 관념적 실천개념과 마르크시즘관을 교정하려고 노력한다.

1924년에 쓴『레닌 사상의 상관관계에 대한 연구』는 레닌과의 논쟁의 결과로 생겨난 중요한 논문이다. 이 논문에서 루카치는 레닌의 마르크시즘관이 총체적 시각과 변증법적 방법에 의해 특징지어져 있다고 하면서 레닌은 궁극적으로는 자신이 도달한 결과를 다른 방법으로 보여주는 데 지나지 않는다고 주장한다. 그러나 레닌의 마르크시즘관이 자신의 마르크시즘관과 유일하게 다른 점은, 자신의 마르크시즘관과 실천개념이 다분히 관념적이고 형이상학적인 구성의 결과로 생겨났다면, 레닌의 그것은 "사회의 총체성 속에서 일어나는 실제적 운동의 진정한 마르크스적 분석"의 결과로 생겨났다는 점이라고 말한다. 그리고 루카치는 레닌을 "그의 예리한 시각은 언제나, 이론이 실천으로 실천이 이론으로 전환되는 변증법적 순간과 모멘트를 향하는 실천의 위대한 변증가"라고 규정한다. 그러나 레닌이라는 정향점에 의해서 이론과 실천에 대한 올바른 이해에 도달하려는 루카치의 전 생애에 걸친 노력에도 불구하고, 루카치와 레닌의 논쟁은 일종의 '수업과정' 내지 '교양과정'의 성격을 강하게 보여준다. 이론과 실천의 관계를 조정하려는 루카치의 노력이 좀처럼 성공을 거두지 못하는 이유를 여러 측면에서 고찰해볼 수 있다. 필자의 견해로는, 루카치의 정치적 이론의 근저를 이루는 서구 부르주아지의 전통적인 문화 예술적 이상과 소련을 중심으로 하는 20세기 유럽의 사회주의 현실 사이에 있는 좀처럼 메우기 힘든 간극이 가장 중요한 이유라고 본다. 이런 면은 20년대 이후 정치가로서의 루카치가 겪는 개인적인 갈등과 모순이자, 또한 당시 사회주의 정치의 현장에 뛰어들었던 20세기 서구 부르주아지 지식인이 일반적으로 겪은 갈등과 모순이기도 하다. 레닌이 이를테면 서구적 상황에서 생겨난 마르크시즘이라는 서구의 이론적 무기를 가지고 러시아의 정치적 사회적 문제를 해결하려 하였다면, 루카치를 위시한 서구의 지식인들은 사회주의적 정치 실천을 통해 그들의 문화적 예술적 이상을 실현하고자 하였다. 다시 말해 레닌이 실천의 문제를 언제나 도구적·전략적 차원에서 파악한다면, 루카치는 실천의 문제를 주로 문화적·윤리적 차원에서 파악하는 것이다. 루카치가 "정치는 하나의 수단이고 문화가 목적이다"라고 한다든가 에른스트 블로흐가 러시아인들은 "개처럼 사고하고 왕처럼 행동한다"는 식으로 시니컬하게 표현하는 것은, 이러한 실천관이 지니는 상이한 역사적 문화적 배경과 성격을 잘 말해준다. 루카치의 이러한 문화·예술중심적 사고는 그의 정치적 사고를 구체적인 현실정치와 연결시켜 전개시키는 것을 매우 어렵게 만든다. 루카치는 항상, 그의 정치적 실천적 사고를 그의 문화 예술적 이상으로부터 직접 도출해서는 구체적이고 전략적인 매개과정에 대한 충분한 반성 없이 그대로 정치적 실제에 옮겨놓으려는 성향을 강하게 보여준다.

루카치의 이러한 문화우위적 실천관과 이에 바탕한 정치관이 마지막 표현을 얻는 것은 이른바「블룸테제」(1928)에서다. 이 테제는 어떻게 헝가리에서 사회주의혁명을 성공시킬 수 있을 것인가 하는 전략적 문제를 둘러싸고 벌어진 헝가리공산당 내부에서의 이념적 정치적 투쟁에서 루카치가 블룸이라는 가명으로 제출한 정치적 테제이다. 이 테제에서 루카치는 당시의 헝가리에서는 프롤레타리아트에 의한 사회주의 혁명이 사실상 불가능하다고 보고, 그렇기 때문에 프롤레타리아트의 혁명으로 나아가기 위한 과도기적 정치형태가 불가피하다고 주장하면서 이른바 '민주주의적 독재'(Demokratische Diktatur)라는 정치적 프로그램을 제시한다. 여기에서 루카치가 주장하는 '민주주의적 독재'란 프롤레타리아트 혁명의 완수를 위한 전략적 대안의 성격이라기보다는 오히려 루카치 자신이 생각하는 이상적 정치형태라는 원칙론적 성격을 띤다. 루카치는 근본적으로 프롤레타리아트의 혁명을 하나의 동떨어진 정치적 사건이나 목표로 보지 않고, 역사발전의 궁극적 완성이라는 면에서 파악한다. 이러한 의미에서 루카치는 프롤레타리아트 혁명과 부르주아지 혁명 사이에 '만리장성'을 쌓아서는 안 된다고 주장하면서, 프롤레타리아트 혁명이란 시민적 혁명이 이룩한 성과를 수미일관하게 밀고 나가는 것이고, 프롤레타리아트의 투쟁과 실천의 궁극적 목표는 '총체적 민주주의'(ganze Demokratie)의 실현을 의미한다고 말한다. 이때 루카치가 말하는 '총체적 민주주의'란 '시민적 민주주의의 완벽한 실현'을 의미한다. '민주주의적 독재'라는 정치적 프로그램 속에 포함되어 있는 '총체적 민주주의'의 근저에는, 20년대의 루카치가 사회주의적 이론과 실천을 통하여 구제·실현하고자 했던 부르주아지의 예술이상(총체성)이 깔려 있다. 프롤레타리아트 혁명을 부르주아지 혁명의 계승·발전 및 완수로 보는「블룸테제」에서 나타나는 루카치의 정치적 입장은, 사회주의 리얼리즘을 비판적 리얼리즘 및 시민적 리얼리즘의 계승·발전으로 파악하는 루카치의 예술적 입장과 궤를 같이한다.

「블룸테제」에 나타나는 '인민전선정책'에 관한 루카치의 견해도 이러한 그의 민주주의관과 밀접한 관련이 있다. 이 테제에서 루카치는 '민주주의'에 대한 직접적인 적과 민주주의적 가치의 실현을 위한 최대의 위험은 바로 파시즘이고, 그렇기 때문에 파시즘의 위험을 저지시키는 것이 당의 최급선무라고 말하면서, 이러한 반파시즘 투쟁에서 필요한 것은 진보적이고 민주적인 시민적 정치세력과 프롤레타리아트와의 광범위한 연합전선이라고 주장한다. 1920년대 말의「블룸테제」에서 제시한 '인민전선정책'에 관한 견해는 30년대 이후 프랑스를 중심으로 한 유럽 사회주의 정책의 기본노선이 되었고, 루카치 자신의 정치적 미학적 논의의 기본입장이 되었다.

시민적 요소를 강조하는 루카치의 이러한 정치테제는 헝가리공산당은 물론 코민테른 내부에서도 격렬한 비판의 대상이 되었다. 특히 벨러 쿤을 중심으로 하는 헝가리공산당 강경파들은, 1919년의 프롤레타리아트에 의한 헝가리의 사회주의적 혁명의 성공을 예로 들면서 루카치의「블룸테제」가 부르주아지적이고 수정주의적이라고 맹렬한 공격을 퍼부었다. 이로 인해 정치적으로 완전히 궁지에 몰리게 된 루카치는 1929년 자아비판을 강요당하였고, 당 내부의 분파투쟁에서 패배를 당하게 되었다.「블룸테제」로 인한 정치적 패배로 루카치는 1919년 이후 10여 년 간 매진한 적극적 정치활동에 종지부를 찍고 당 정치에서 완전히 물러났다. 이 사건은 루카치의 생애에서 결정적 전기가 된다.「블룸테제」는 루카치에게 "정치로부터의 정신의 원칙적 후퇴"를 의미하였고, 현실정치에 대한 내면적 확신의 패배를 의미하였다.

그러나 루카치의 이러한 정치적 패배는 그의 입장의 완전한 포기나 정치현실에 대한 절대적 수긍을 의미하지는 않는다. 그의 내면적 확신과 현실 사이의 갈등·긴장 관계는 계속되고, 앞으로의 그의 작업 속에 해체되지 않은 채 그대로 남게 된다. 즉 그는 자신의 이념적 확신을 실현하기 위한 투쟁을 계속하는 것이다. 그러나 이러한 투쟁은 더 이상 직접적인 정치적 실천이나 당내의 분파투쟁이 아니라 주로 문학비평이나 문학이론, 철학이나 이데올로기 분야에서 이루어진다. 이러한 투쟁은 공개적으로가 아니라 은밀히, 적극적으로가 아니라 소극적으로 이루어진다.「블룸테제」로 인해 생겨난 이 시기 자신의 입장을 회고하면서 밝힌 사실, 즉「블룸테제」와 이로 인한 정치적 패배는 그 후에 전개될 행동을 은밀하게 규정하는 결정적 모멘트가 되고 있다는 주장은 이러한 사정을 단적으로 말해준다. 심지어는 이러한 당시의 입장을 일종의 '게릴라전'이라고 규정하면서, 마치 자신의 이상을 실현하기 위해 이미 관료화된 당조직의 테두리 속에서 은밀히 싸우고 있는 듯한 인상을 주려고 한다. 이러한 싸움은, 루카치가 즐겨 쓰는 표현을 빌리면 정치의 일선으로부터 후퇴하면서 자신의 이상을 위해 싸우는 일종의 '퇴각전'(Rückzugsgefecht)이다. 이러한 투쟁 속에는 1930년대 초 베를린에서 사회주의 문예이론가로서의 활동, 30년대 이후 모스크바 망명시절 스탈린 체제하에서 독일 고전주의 문학을 위시한 19세기 서구의 시민적 리얼리즘 문학에 관한 방대한 연구, 고전주의 미학과 마르크스적 미학연구, 그리고『청년 헤겔』,『이성의 파괴』와 같은 철학적 이데올로기 연구 등이 포함된다. 이 시기의 루카치는 그의 표현을 빌리자면, 스탈린 체제하에서 통용되던 '당의 공식적 정치용어의 탈'을 쓰고 「블룸테제」에 집약적으로 나타나는 정치관과 이와 결부된 그의 예술관을 마르크시즘의 개념과 방법론을 빌려 구체적으로 전개시키고 있다.

3) 마르크시즘 해석에 나타난 총체성의 이념과 고전주의 해석의 관계

이상에서 우리는 루카치의 정치참여가 근본적으로는 미학적 윤리적 동기에서 이루어졌고, 『역사와 계급의식』의 마르크시즘관, 그리고 『레닌』과 「블룸테제」에 나타난 정치관이 근본적으로는 초기 루카치 예술이론의 연장선상에서 표명되고 있음을 살펴보았다. 『역사와 계급의식』은 앞으로 이루어질 루카치의 문예비평과 미학에 결정적 영향을 끼친 책이다. 루카치는 이 마르크시즘 연구를 통해 앞으로 전개될 문예학적 이론과 미학의 기초를 정립한다. 또한 이 저서는 부르주아지 문예비평가에서 마르크스주의자로 발전해가는 초기 루카치의 지적 발전과정을 일단 마무리하는 계기를 마련해준다. 1차세계대전을 전후한 유럽 부르주아지 사회의 혼돈과 위기의식에서 출발한 루카치는 예술의 형식 속에서 하나의 정신적 거점 내지 미학적 비전을 찾으려고 노력하였다. 그는 이러한 미학적 비전을 총체성이라는 개념으로 표현하고 미학적 총체성을 『영혼과 형식』에서는 비극형식과 낭만주의적 예술관에서, 『소설의 이론』에서는 소설형식과 고전주의적 예술관에서 찾는다. 그리고 『역사와 계급의식』에서는 마르크시즘과 프롤레타리아트의 계급의식에서 미학적 총체성의 구체적이고 실천적인 가능성을 찾았다고 믿는다. 마르크시즘은 루카치의 경우, 독일 고전주의 예술형식이 가장 이상적으로 형상화하는 총체적 인간상과 휴머니즘적 이상을 실현할 새로운 역사의 담당자라는 면에서 독일 관념철학과 고전주의 예술의 20세기적 후계자이다.

『역사와 계급의식』에 나타나는 루카치의 마르크시즘관은 독일 고전주의와 결부된 그의 미학적 이념과 너무나 밀접하기 때문에 여기서 루카치의 정치적 사고와 미학적 사고를 분리해서 생각하기가 힘들다. 이러한 면은 특히 정치적 이데올로기적 총체성 개념과 미학적 총체성 개념 사이의 관계에 적용된다. 루카치의 사상적 발전은 이 두 요소의 유기적 결합에 의해 이루어지고, 총체성 개념은 이데올로기적·예술적 이론을 포함한 루카치의 전체 사상 체계에서 하나의 **기본**원칙이 된다. 이러한 의미에서 루카치의 예술비평의 가장 굵은 선은 『역사와 계급의식』에서 이미 그어졌고, 마르크스적 미학의 틀도 이미 분명한 윤곽을 드러내고 있다.

『역사와 계급의식』에서 루카치는 그의 마르크스적 미학에서 가장 중요한 문제, 즉 왜 예술적 형식이 사회의 총체성에 대해 변증법적 인식능력을 가질 수 있는가에 대해 성찰한다. 루카치에 따르면 예술적 형식은 인간의 총체성과 구체적인 삶의 총체성을 형상화하려는 성향과 그것이 갖는 감각성과 상징성 덕분에, 경직되고 물화된 다른 사회적 형식보다도 현상과 본질의 관계를 변증법적으로 매개하는 능력이 훨씬 뛰어나며, 변화하는 '현실의 변증법적 본질에 대한 감수성'도 질적으로 다르다. 이러한 특성 덕분에 예술적 형식은 사회적 변화가 어느 정도 진행된 후에야 비로소 변화를 인식하는 개념적 학문적 체계보다 앞질러 현실의 변증법적 구조를 예시하고 형상화할 수 있는 미학적 인식능력을 가지고 있다. 사회의 총체성 형상화에서 예술적 형식이 맡는 이러한 역할은 30년대 이후 루카치의 리얼리즘 이론과 만년에 쓰여진 『미적인 것의 고유한 특성』에서 더 구체적으로 논의된다.

이러한 문제와 결부하여 또한 왜 예술적 형식이 비교적 자율적인 성격과 독립적 성격을 갖는가 하는 미학의 기본문제도 부분적으로 언급한다. 경제나 법률, 국가 등과 같은 헤겔이 말하는 '객관적 정신'은 물화되고 단지 직접적 경험적으로 주어지는 실증적 사실이나 형식(루카치는 이러한 것을 『소설의 이론』에서 '제2의 자연'이라고 부르고 있다) 속에서 표현된다면, 예술적 형식은 '자연과의 직접적 교류'의 결과로 생겨난다. 이때 루카치가 뜻하는 자연이란, 위에서 언급한 것처럼 인간을 둘러싸고 있는 자연뿐만 아니라 인간의 내면에 존재하는 특수한 의식으로서의 자연까지도 포함한다. 여기서 루카치는 예술적 형식에 나타나는 이러한 자연도 사회적 요인에 의해 규정된다는 점을 인정한다. 그러나 루카치는 예술적 형식 속에 보이는 "자연과 인간의 상호관계가 사회적으로 규정된 방식 속에 일단 성립되면, 이러한 상호관계는 사회적 삶의 기초로부터 벗어나서 객관적 정신보다 더 큰 자율성과 독립성을 계속 갖게 된다"고 말한다. 객관적 정신의 여러 형식이 물화되고 물신화된 사회적 형식이라면, 예술적 형식은 '초역사적 초사회적 가상(Schein)'이자 '지속적 영향력'을 가질 수 있는 '자연형식'(Naturform)이라고 주장한다.

예술적 형식이 갖는 이러한 특성은 루카치의 후기 미학에서 계속 논의된다. 루카치는 예술적 형식이 갖는 이러한 특성을 '긍정적 변증법'의 모멘트로 파악하는 반면에 사회적 형식 속에서는 '부정적 변증법'의 모멘트를 찾고 있다. 변증법의 엄격한 분리, 즉 예술적 형식이 갖는 '긍정적 변증법'과 사회적 형식이 갖는 '부정적 변증법'의 이원적 분리는 루카치로 하여금 마르크시즘의 변증법을 너무 좁게 해석하고 적용하는 결과를 낳았다.『역사와 계급의식』에서 파악되는 루카치의 변증법개념은 근본적으로 역사 발달과정에서 전개되는 주체와 객체의 관계라는 역사적 차원에만 적용될 뿐, 자연과 자연의 발달과정이라는 비역사적 차원에는 거의 적용되지 않고 있다. 이러한 변증법개념은, 사회나 역사뿐만 아니라 유기체로서의 자연 전반에까지도 변증법을 적용하고 있는 엥겔스적인 변증법개념과는 대립적인 입장을 취한다. 후기의 루카치는『역사와 계급의식』에서 자신이 파악하고 있는 변증법개념이 너무나 일면적인 성격을 띠고 있다고 비판하면서, 만년에 쓴『사회적 존재의 존재론』 등에서는 마르크스적 노동개념을 매개로 하여 사회와 자연의 변증법적 관계를 폭넓게 파악함으로써 자신의 초기 변증법개념을 교정·확대한다. 하지만 『역사와 계급의식』에서의 루카치는 소외와 물화라는 핵심적 개념을 지렛대로 하여 의식의 총체성, 인간의 인격적 윤리적 총체성을 실현하는 데 총집중하고 있어서, 사회와 자연의 관계에 대한 변증법적 파악은 폭이 좁혀질 수밖에 없었다. 그러나『역사와 계급의식』에서 자연변증법에 대한 인식을 바탕으로 밝혀낸 예술적 형식이 갖는 변증법적 특성, 즉 인간중심주의적이고 윤리적인 성격, 예술의 예지적 성격과 자율적 성격 등은 계속 그의 변증법적인 미학적 사고의 핵심적 내용을 이루게 된다.

다음으로『역사와 계급의식』에서 논의되는 개념 중에서 후기의 문예비평에서 중요한 비중을 차지하는 것은 퇴폐(Dekadenz)라는 개념이다. 이 개념은

30년대 이후의 루카치의 문예비평과 이데올로기비판에서 매우 중요한 역할을 한다. 루카치의 경우, 퇴폐라는 개념은 윤리적인 퇴폐만 의미하는 것이 아니라, 이 말이 어원적으로 지닌 본래의 뜻, 즉 의식이나 문화의 타락 내지 변질을 의미한다. 따라서 루카치는 퇴폐라는 개념을 매우 포괄적이고도 철학적인 의미로 사용하고 있다. 물론 퇴폐현상은 자본주의의 물화현상과 이와 결부된 시민적 의식의 이원적 성격과 밀접한 관련을 맺고 있다. 퇴폐란 초기의 부르주아지계급이 스스로 쟁취한 이데올로기, 이를테면 합리주의 등의 토대 위에서 더 이상 안전하게 느끼지 못하고 심한 위기의식을 느끼는 '문제적' 의식의 형태이고, 나아가서는 물화과정의 심화로 인해 사회를 총체적 변증법적으로 파악할 능력을 상실하고 회의론적 불가지론적으로 기울어지는 후기 부르주아지의 비변증법적 의식 형태이다. 퇴폐는 루카치의 표현을 빌리면 후기 부르주아지의 내적 불안감과 절망감, 즉 실존주의적 불안의식의 단적인 표현이며, 이러한 현상은 자본주의의 모순이 심화되고 첨예화될수록 더 공허하고 알맹이가 없는 형식주의적 성격을 띠게 된다. 루카치가 본격적 이데올로기 비판서라고 할 수 있는 『이성의 파괴』와 그 밖의 문예비평적 논문들에서 독일 고전주의 이후의 시민적 이데올로기를 이러한 퇴폐현상의 심화과정의 표현으로 파악하고, 이의 극복을 위해 독일 초기 시민사회의 예술이상, 특히 독일 고전주의 예술이상과 예술형식을 안티테제로 내세우는 것도 『역사와 계급의식』에서 정립된 이데올로기관과 퇴폐개념에서 비롯한다. 「블룸테제」이후 루카치의 문예비평과 문예이론의 가장 중요한 특징은 퇴폐개념을 바탕으로 하는 엄격한 이데올로기 비평이다. 이데올로기 비평을 핵심으로 하는 루카치의 문예비평 활동에는 30년대 스탈린치하의 사회주의 테두리 내에서 독일 고전주의 예술이념과 결부된 미학적 정치적 이상을 실현하려는 은밀한 '게릴라전'도 포함되지만, '인민전선정책'이라는 이 시대의 보다 포괄적인 전략적 테두리 속에서 일체의 후기 부르주아지적 문화·예술현상(특히 표현주의 이후의 문화현상)을 퇴폐적이라고 못박고, 이러한 흐름을 전면에서 저지시키려는 공개적 전면전도 중요한 비중으로 포함된다. 다만 30년대 후반 1차세계대전을 전후하여 표현주의의 평가를 둘러싸고 벌어진 이른바 '루카치·브레히트 논쟁'에서 루카치는 표현주의 이후의 서구 부르주아지 예술이 갖는 부정적 성격을 주로 이데올로기적 차원에서 비판함으로써 사회주의 리얼리즘론이 부각되도록 하는 소극적 간접적 전략을 택하고 있다. 이에 반해 브레히트는 적극적 직접적으로 사회주의 리얼리즘론을 전개하는데, 이는 브레히트가 루카치의 리얼리즘론이 갖는 관념적 성격을 비판하면서 루카치가 퇴폐라는 현상에 '홀린 듯 사로잡혀 있다'고 비꼬고 있는 데서도 드러난다.

마지막으로 『역사와 계급의식』에서 루카치는 자신의 리얼리즘론과 마르크스 미학의 핵심 개념인 '반영' 이론도 부분적으로 전개한다. 그러나 루카치는 여기에서 반영(Widerspiegelung) 대신에 모사(Abbild)라는 개념을 사용한다. "올바른 사고의 기준은 오로지 모사의 성격이 어떠한 것인가" 하는 논의를 통해서만 찾아질 수 있다고 말함으로써 루카치는 이미 30년대 이후의 리얼리즘론에서 구체화되고 만년의 『미적인 것의 고유한 특성』에서 이론적으로 정립될 반영론을 프로그램적으로 예고하고 있다. 루카치는 여기에서 플라톤의 이데아론에 나오는 관념적 모사이론도, 이와 정반대되는 기계주의적 유물론에서 주장되는 자연주의적 모사이론도 완전히 배격하면서, 대신 사고의 모사적 성격을 존재와 사고, 본질과 현상 사이의 변증법적 파악을 통하여 찾으려고 노력한다. 이러한 모사이론의 근저를 이루는 것은 물론 『역사와 계급의식』에서 획득된 마르크시즘의 총체적 변증법적 현실인식과 역사인식이다. 그러나 이 현실은 부분적 현실이 아니라 총체적 현실이고, 경험적이고 실증적인 현실이 아니라 현실이 본질적으로 지니고 있는 변증법적 변화과정과 경향적 잠재적 가능성까지를 포함한 변증법적 현실이다. 따라서 모사론의 기초는 부분적 경험적 현실 그 자체가 아니라 변화·발전하는 '보다 높은' 변증법적 현실이다. 그러면서도 모사이론에서 사고가 갖는 적극적 역할도 동시에 강조한다. 프롤레타리아트의 계급의식이 구체적인 역사 발전과정에서 주체와 객체의 동일적 관계를 실현하는 데 없어서는 안 되는 요소인 것처럼, 사고 역시 '보다 높은 현실'을 구성하는 필수불가결한 요소라고 말한다. 이때 루카치가 뜻하는 올바른 사고란 현실의 총체성을 인식할 수 있는 마르크시즘의 변증법적 사고 외에도 예술적 형식이 사회의 총체성에 대해서 갖는 변증법적

인식능력도 동시에 포함하고 있다.

4) 네오마르크시즘에 끼친 영향

1967년에 쓴 『역사와 계급의식』 서문에서 루카치는 이 책이 끼친 영향을 말하고 있다. "『역사와 계급의식』은 젊은 지식인 서클에 깊은 영향을 끼쳤다. 나는 이 책이 계기가 되어 사회주의운동에 참가하게 된 일련의 사회주의자들을 알고 있다. 이 책이 당의 테두리를 넘어서서 광범위한 영향력을 행사하게 된 이유는 한 사람의 사회주의자에 의해 헤겔과 마르크스 관계가 다시 거론되었기 때문이다."

이 책은 루카치 자신의 말대로 당의 내부보다 외부, 특히 당시의 시민지식인계층에 영향을 끼쳤다. 일반대중에게는 거의 이해되지 못했는데, 이 책은 독일 관념철학, 그 중에서도 특히 헤겔철학의 개념체계와 방법론을 전제로 하여 썼기 때문이고, 그 밖에도 자신의 초기 예술이론에서 연원하는 일련의 새로운 마르크스적 개념이 등장하기 때문이다. 이러한 견지에서 보면 『역사와 계급의식』이 주로 철학적 훈련을 받은 당시의 젊은 시민지식인계층, 예컨대 벤야민, 아도르노, 블로흐, 마르쿠제 등에게 깊은 영향을 주고 이를 통해 마르크시즘의 리바이벌에 결정적 자극을 주었다는 것은 우연한 일이 아니다. 다음에서는 『역사와 계급의식』이 프랑크푸르트 학파의 마르크시즘 논의와 뤼시엥 골드만을 위시한 구조주의적 마르크시즘 논의에 끼친 영향을 개략적으로 살펴보자.

『역사와 계급의식』이 현대의 서구 시민지식인계층에 영향을 끼친 근본이유는, 이 책이 마르크스, 엥겔스 이후에 쓰여진 최초의 본격적인 마르크시즘 연구서이기 때문이다. 특히 마르크시즘을 헤겔철학과의 관련 속에서 파악함으로써, 마르크시즘을 주로 경제주의와 유물론, 그리고 계급투쟁의 측면에서 이해하던 당시의 지식인들에게 마르크시즘을 새로운 시각에서 볼 지평을 열어주었다. 그리고 이 책은 독일의 관념철학과 고전주의 예술은 물론 당시의 지배적 철학사조의 세례를 철저하게 받은 시민계급 출신의 지식인에 의해 쓰여져서, 총체성의 이념과 헤겔의 변증법, 그리고 소외현상과 물화현상 등의 개념을 동원하여 독일 관념철학과 당시의 지배적 부르주아지 철학에 근본적인 비판을 가함으로써, 당시 철학적 이데올로기 면에서 심각한 위기에 처해 있던 시민지식인들에게 마르크시즘이 적어도 현대의 여러 문제를 설명하는 철학적 방법론과 이론적 틀이 될 수 있다는 인식의 계기를 마련해 주었다.

이러한 면에서 보면 1920년대 초에 설립된 프랑크푸르트대학의 '사회문제연구소'를 중심으로 한 대학지식인들이 바로 이 시기에 출간된 『역사와 계급의식』에 주목하고, 이로부터 영향을 받은 것은 충분히 납득이 가는 일이다. 프랑크푸르트학파가 루카치의 마르크시즘관으로부터 결정적 영향을 받은 것은 그것의 변증법적 방법론 때문이다. 프랑크푸르트학파에 있어서 마르크시즘은 무엇보다도 현대의 여러 문제를 설명하기 위한 하나의 변증법적 사회이론이다. 그것은 실증주의적인 부르주아지의 사회이론이나 가치판단을 유보하는 막스 베버식의 사회학에 '비판적' 태도를 취하면서, 사회를 총체적으로 파악하고 사실과 가치, 이론과 실천을 변증법적으로 연결시키려는 학문적 태도이다. 이러한 면에서 프랑크푸르트학파의 학문적 출발점은 루카치의 변증법적 마르크시즘관과 근본적으로 동일한 선상에 있다. 그러나 프랑크푸르트학파의 '비판적' 사회이론이 루카치의 마르크시즘과 다른 점은, 이론개념(Theoriebegriff)을 둘러싼 견해 차이다. 루카치는 『역사와 계급의식』의 마르크시즘관에서 프롤레타리아트의 의식과 계급의식, 그리고 이를 인식하고 실현하는 주체로서의 프롤레타리아트계급과 당에 대한 해석을 통해서 이론과 실천의 합일과 통일을 주장하고 있다. 즉 올바른 이론은 곧 올바른 실천을 낳는다는 식의 당위적이고 비교적 단순한 이론개념을 가지고 있다. 이러한 이론개념은 사회적 진보의 필연성, 프롤레타리아트 혁명의 필연적 성공들을 믿는 루카치의 사회관 및 역사관과 밀접한 관련을 맺고 있다. 그러나 프랑크푸르트학파는 루카치와는 달리 이론은 실천으로, 사회주의적 혁명은 역사적 진보로 이어진다는 견해에 정면으로 반대하는 입장을 취한다. 이러한 입장은 프랑크푸르트학파의 이론개념에 대한 이론적 재조정을 불가피하게 만든다. 프랑크푸르트학파의 '비판이론'이라는 개념에는, 인식과 이론을 규정하는 요소, 즉 실제적 이해 내지 관심(das praktische Interesse)이 이론을 형성하는 인식의 전제로서 함께 반성의 대상이 되어야 한다는 주장이 내포되어 있다. 프랑크푸르트학파의 비판이론이 반성의 대상으로 삼는 인식론적 관심은 이른바 '이성적 사회'와 '정치적 억압이 없는 사회' 실현이고, 나아가서는 '인류가 자신의 문제를 스스로 규정하고 해결할 수 있는 사회이념'에 이론적으로 편을 드는 데 있다. 이러한 이론개념은 분명 마르크시즘이라는 이론을 정치적 지배와 억압의 도구 내지 이데올로기로 이용하는 30년대 이후 스탈린 체제하의 사회주의적 이론개념을 겨냥한 비판적 성격을 띤다. 프랑크푸르트학파가 이론에 대해 갖는 이러한 태도는 20세기 부르주아지 사회현상과 부르주아지 이론개념뿐만 아니라 소련을 위시한 사회주의의 정치적 실천과 사회주의적 이론개념에도 적용된다는 점에서, 이 학파의 비판개념은 범체제적이고 범이데올로기적이며, 나아가서는 거의 절대적(total) 성격을 띤다. 이러한 면은 프랑크푸르트학파의 변증법개념에도 그대로 적용된다. 루카치가 초기 부르주아지의 예술이상과 프롤레타리아트의 실천개념을 연결시켜 하나의 긍정적 낙관주의적 역사관을 만들어내고, 이를 통해 '긍정적 변증법'을 전개시킨다면, 프랑크푸르트학파는 후기자본주의(특히 미국 망명시절에 경험한 미국 자본주의와 문화산업)와 스탈린적 사회주의 상황의 진단으로부터 하나의 부정적 비판주의적 역사관을 만들어내고, 이를 통해 '부정적 변증법'을 전개시키는 것이다. 이러한 차이점은 그들이 서 있던 정치적 입장의 차이에서 비롯한다. 즉 루카치가 사회주의적 정치체제의 비교적 폐쇄적이고 제한된 테두리 내에서 변증법을 긍정적으로 전개시킨다면, 프랑크푸르트 학파는 변증법을 범체제적으로 또 열려진 상태에서 극단적으로 밀고 나감으로써 그 부정적 모습이 드러나도록 하는 것이다. 특히 『계몽의 변증법』(1947) 이후의 호르크하이머와 아도르노에서 두드러지는 부정적 변증법과 비관주의적 역사관은 이러한 관련 속에서 이해될 수 있다.

 1950년대 이후의, 하버마스를 대표로 하는 이른바 프랑크푸르트학파 제2세대의 비판이론의 특징은, 제1세대가 갖는 부정적 변증법과 비관주의적 역사관을 넘어서서, 『역사와 계급의식』에 나타난 마르크시즘관, 그 중에서도 특히 이론과 실천의 관계를 긍정적으로 재정립하려고 한 데 있다. 하버마스는 마르크시즘의 실천개념을 중시하면서도, 이론과 실천의 관계가 다시 정립되기 위해서는 마르크스의 이론이 수정 내지 확대되어야 한다고 주장한다. 즉 마르크스이론 중에서도, 특히 상부구조와 하부구조의 관계, 루카치가 주장하는 계급 특유의 소외이론과 역사의 주체문제, 역사철학적인 관점에서 바라보는 루카치식의 프롤레타리아트의 계급의식관, 생산성과 생산관계에 대한 마르크스의 이론, 무엇보다도 노동만을 잉여가치의 원천으로 보고 현대의 학문적 기술적 발전을 잉여가치의 중요요소로 보지 않는 마르크스의 잉여가치론 등은 현대의 인문사회과학이 이룩한 여러 인식, 예컨대 소통이론 등에 의해 다시 조정되어야 하고 이를 통해 마르크스이론이 재구성되어야 한다는 주장이다.

『역사와 계급의식』이 철학적 사회학적 차원에서의 이러한 마르크시즘 논의 이외에 결정적 영향을 끼친 것은 현대의 변증법적 예술이론과 미학에서이다. 특히 아도르노는 초기 루카치로부터 결정적인 영향을 받고 있다. 아도르노는 초기 루카치의 『소설의 이론』과 『역사와 계급의식』에 등장하는 기본개념들, 즉 총체성의 이념과 변증법적 방법론, 무엇보다도 물화개념을 그대로 수용하여 계속 발전시킨 문예이론가이다. 그러나 아도르노가 루카치와 다른 점은 초기 루카치의 기본개념, 예컨대 물화개념을 극단적으로 밀고 나갔다는 점이다. 루카치가 소외현상과 물화현상을 설명하면서, 이들 현상은 자본주의 경제구조에서 생겨나는 하나의 보편적 현상이면서도 동시에 프롤레타리아트의 계급의식과 실천에 의해 극복 가능한 것으로 파악한다면, 아도르노는 소외와 물화현상은 상품경제와 상업주의가 지배하는 후기 자본주의의 사회현상과 문화현상에만 적용되는 것이 아니라 억압적 구조와 성격을 본질로 하는 소련의 관료주의적 사회구조에도 그대로 적용된다고 주장한다. 아도르노의 표현을 빌리면, 그것은 테크놀로지에 지배되는 현대의 산업사회와 개인의 삶이 철두철미하게 통제되는 '관리된 사회'의 보편적 현상이다. 물화현상에 대한 상이한 견해는 그들의 예술관에도 그대로 반영된다. 즉 루카치가 20세기의 서구 예술을 물화현상의 결과로 생겨난 퇴폐적 예술이라고 거부하면서 초기 부르주아지의 예술이상을 옹호하는 데 반하여, 아도르노는 독일 고전주의 예술이상에서가 아니라 물화현상을 철두철미하게 반영하는 현대의 모더니즘적 예술에서 물화되고 관리된 세계의 안티테제를 찾고 있다.

　루카치의 물화개념은, 아도르노의 미학에 영향을 끼치기에 앞서서 이미 40년대 초의 발터 벤야민의 예술이론에 깊은 흔적을 남겼다. 벤야민은 「기술복제시대의 예술품」 등의 논문에서 현대예술을 아우라(Aura)가 상실된 예술로 규정하는데, 이러한 그의 현대 예술관은 루카치의 물화개념을 예술이론에 적용시킨 결과라고 할 수 있다. 벤야민의 물화개념에 대한 이해는, 루카치의 경우처럼 물화현상을 상품경제라는 자본주의적 생산관계 속에서가 아니라 현대의 가장 중요한 생산수단의 하나인 테크놀로지에서 찾고 있다. 생산관계보다는 생산수단, 즉 기술을 현대인간의 물화된 의식의 근본원인으로 보는 벤야민의 예술관은 아도르노와 마르쿠제 등의 사회이론과 예술이론에 직접적인 영향을 끼쳤다. 그것은 물화현상을 현대의 보편적 현상으로 바라보는 시각을 마련해주었다. 아도르노가 물화현상이 자본주의뿐만 아니라 사회주의체제에도 적용된다고 생각하는 것은 바로 이러한 발터 벤야민의 예술관에서 비롯한다. 마르쿠제가 예컨대 『일차원적 인간』 등에서 현대의 테크놀로지의 발달에 의해 일차원적으로 획일화되어가는 현대사회의 성격을 지적하면서 프롤레타리아의 계급의식과 생활방식마저도 이러한 획일화된 사회구조 속에 편입됨으로써 프롤레타리아트가 혁명적 주체로서의 역할을 상실하고 있다고 주장하는 것도 바로 이러한 벤야민의 사고와 연결된다. 테크놀로지가, 마르크스가 이해했던 것처럼 생산성을 높이고 그럼으로써 역사적 진보를 이룩하는 원동력으로 작용하는 것이 아니라 현대의 억압적 지배구조를 합리화하고 정당화하는 이데올로기로서 기능하고 있다는 마르쿠제의 생각은 하버마스의 사회학적 이론에서 더욱 발전된 모습을 하고 전개된다.

　물화현상을 파악하는 루카치와 프랑크푸르트학파 사이의 견해 차이는 그들의 예술관에도 상이한 모습을 하고 나타난다. 물화현상을 테크놀로지가 아닌 자본주의적 생산관계 속에서 파악하는 루카치가 현대의 예술형식들을 자본주의 특유의 예술현상으로 간주한다면, 벤야민, 아도르노, 마르쿠제 등은 '기술복제시대'의 예술품이 갖는 하나의 보편적 현상으로 보고 있다. 그러나 물화된 의식의 반영으로서의 '기술복제시대'의 예술을 둘러싼 평가에서는 프랑크푸르트학파 구성원들 간에 이견을 보인다. 벤야민은 아우라가 상실된 현대의 예술에 대체로 긍정적 의미와 기능을 부여한다. 즉 제의적, 종교적 의식에서 출발한 전통적 예술이 관조적 수동적 수용태도를 가진다면, 현대의 영상예술을 비롯한 기술복제시대의 예술은 비판적 능동적 성격을 가짐으로써, 궁극적으로는 예술의 대중화, 나아가서는 정치의 민주화에 기여할 수 있다는 입장이다. 이에 반해 아도르노는 기술의 발전이 예술에 대해 갖는 벤야민의 낙관적 견해와 긍정적인 정치적 역할에 비판적 태도를 취하면서 기술과 예술, 물화현상과 예술형식 사이의 복잡한 관계를 보다 구체적으로 매개하려고 한다. 아도르노의 변증법적 예술이론과 미학에 따르면, 현대의 모든 예술형식은 산업사회의 테크놀로지에 종속되어 있고, 물화된 사회형태의 이데올로기에 감염되어 있다. 그러나 진정한 예술은, 예술형식이 본래 가지고 있는 철두철미한 미메시스적 성격에 힘입어, 산업사회가 기술을 이용하는 것과는 달리 예술적 기술을 사용하고, 물화된 의식을 극단적으로 묘사함으로써 사회적 물화현상을 뛰어넘을 수 있는 변증법적 모멘트를 가지고 있다고 주장한다. 이러한 견해는, 아도르노 예술관의 기본명제, 즉 예술은 사회와 밀접한 관련을 맺고 있으면서도 궁극적으로는 사회의 안티테제로 기능한다는 생각과 연결되어 있다. 아도르노는 이러한 예술관을 현대의 기술을 이용한 쇤베르크의 음악기법, 그리고 20세기 소외와 물화현상의 극단적 표현인 카프카나 베케트의 문학형식의 예를 들어 설명한다. 마르쿠제 역시 물화된 의식과 물화된 사회형태가 지배하는 오늘날의 일차원적 사회에서 이를 극복할 수 있는 유일한 가능성을 예술에서 찾고 있다. 마르쿠제의 예술관에 따르면, 현대의 테크놀로지와 물화현상의 결과로 생겨난 모든 부르주아지 학문을 포함한 의식형태가 기술적 사고와 전문적 사고, 그리고 이에 바탕한 지배이데올로기에 봉사하고 있다면, 감성적 에로스적 성격을 본질로 하는 예술형식만이 이러한 경직된 의식형태와 지배이데올로기를 극복할 수 있다.

 마지막으로 『역사와 계급의식』에 영향을 받는 것은 뤼시엥 골드만을 위시한 이른바 구주조의적 마르크시즘에서이다. 특히 골드만은 초기 루카치의 문예이론, 즉 『영혼과 형식』, 『소설의 이론』에 나타나는 비극론과 소설론, 그리고 『역사와 계급의식』에 나타나는 루카치의 마르크시즘관을 이론의 출발점으로 해서 구조주의적 시각을 통해 자신의 문예이론을 전개시킨 가장 순수한 '루카치주의자'이다. 골드만 이론의 중심을 이루는 소설 이론에서 그는, 루카치의 『소설의 이론』의 기본 생각을 그대로 받아 소설형식을 "타락한 사회에서 타락한 방식으로 진정한 가치를 추구하는 문제적 개인의 얘기"라고 정의하면서 이러한 정의를 『역사와 계급의식』에 나타나는 루카치의 마르크시즘관의 기본개념, 즉 물화현상과 시민사회의 이원적 구조 등을 사용하여 보다 구체적으로 전개한다. 그러나 골드만의 루카치 수용의 특징은, 루카치가 초기의 예술이론을 변증법적 예술이론으로 계속 발전시키고 있다면, 골드만은 초기 루카치의 예술이론에 자신의 시각을 고정시키고, 루카치의 마르크시즘관을 주로 자본주의 사회의 구조주의적인 이원성과 모순을 확인 내지 규명하는 데 사용한다는 점이다. 이러한 시각은, 역사의 주체와 정치적 실천을 부정하고, 주로 자본주의체제에 내재하는 구조적 모순이나 인류학적 문제를 밝히는 데 주안점을 두고 있는 알튀세르식의 구조주의적 마르크시즘과 맥을 같이 한다.

이상에서 『역사와 계급의식』과 관련된 문제점들을 여러 각도에서 조명해 보았다. 여기에서 논의된 문제점들을 다시 비판적으로 종합해본다면 다음과 같은 점을 부각시켜볼 수 있다.

첫째, 루카치의 『역사와 계급의식』은 마르크시즘을 하나의 철학적 방법론과 체계로 재정립함으로써 20세기 마르크시즘 논의에 결정적 공헌을 하였다. 특히 마르크시즘을 헤겔철학과의 관련 속에서 서술함으로써 오늘날 활발히 진행되는 헤겔적 마르크시즘 논의의 '르네상스'에 하나의 출발점을 마련하였다. 이 저서의 기본개념, 즉 총체성의 이념과 변증법적 방법론, 그리고 소외와 물화개념은 넓은 의미에서의 변증법적 사고에 대한 중요성을 인식시킴으로써, 마르크시즘 연구뿐만 아니라 현대의 철학적 논의 및 인문사회과학 전반의 방법론적 성찰을 불가피하게 만들어 현대의 학문적 지평을 넓히는 데도 크게 기여하였다.

둘째, 『역사와 계급의식』은 이 책이 근본적으로 지닌 관념적 성격에도 불구하고, 이론과 실천을 연결시키려고 부단히 노력한 저서이다. 물론 루카치의 이러한 노력이 일단 실패로 끝나긴 했지만, 사회주의적 정치현장 속에서 자신의 이상을 실현함으로써 이론과 실천을 연결시키려고 계속 노력했다는 점은 주목에 값할 만한 것이다. 사회주의적 실천 속에서 서구 부르주아지가 이룩한 이데올로기적 성과를 계승 발전시키고자 한 루카치의 노력은, 서구 부르주아지의 긍정적 측면을 수렴하려는 헝가리를 위시한 동구 여러 나라의 1980년대의 이데올로기적 정치적 발전성향과 궤를 같이하는 것으로 파악되어야 한다(1985년 루카치 탄생 100주년을 기념하면서 헝가리공산당이 루카치를 긍정적으로 재평가한 것은 대단히 흥미로운 일이다).

셋째, 『역사와 계급의식』은 서구 시민사회의 문화적 예술적 전통과 오늘날의 서구의 문화적 현상을 이해하는 데 여전히 유용한 이론적 근거를 제시해준다. 특히 부르주아지 예술을 설명하고 평가하는 데 루카치의 이 저서는 아직도 하나의 중요한 이론적 출발점이 되고 있다. 이러한 면에서 『역사와 계급의식』은 정치적 논의에서보다는 문화적 예술적 논의에서 더 중요한 의미를 지닌다.

마지막으로, 『역사와 계급의식』, 그리고 그의 전체 이론이 우리의 관심의 대상이 될 수 있는 것은, 그의 정치사상적인 측면보다는 서구 부르주아지 이데올로기나 문화·예술 현상을 바라보는 시각의 차원에서다. 물론 루카치는 여러 면에서 다른 문화권(예컨대 제3세계의 문화권)과는 거의 '만리장성'을 쌓고 있을 정도로 철저히 유럽중심주의적인 시각을 가진 서구 지식인의 일반적 한계를 가지고 있다. 그러나 헝가리라는 서구 변방 출신의 방외적方外的 입장에 있는 지식인으로서의 루카치는 독일을 위시한 현대 서구의 문화나 예술 현상을 예리하게 또 매우 비판적으로 바라보는 시각을 가지고 있음이 분명하다. 이러한 면에서 보면, 서구의 문화적 예술적 현상과 자본주의 체제 내에서 이루어지는 오늘날의 우리 문화 현상을 비판적 주체적으로 바라보아야 하는 우리의 입장에서는, 루카치의 시각은 계속 유익한 모델의 역할을 할 것이다.

3장

루카치 문학사관에 대한 비판적 고찰

1. 독일 고전주의 문학관
2. 현대 독일 문학사관
3. 독일 고전주의의 신화

이번 장의 주된 목적은 루카치의 문학사관을 소개하고 이를 비판적으로 검토해 보는 데 있다. 일반적으로 루카치의 문학사관은 그의 리얼리즘론과 함께 너무 '고전주의적'이라는 비판을 받아왔다. 다음에 상세히 밝혀지겠지만 루카치의 문학사관은 그의 고전주의, 특히 독일 고전주의 문학과 미학에 관한 해석 및 견해와 밀접한 관련을 맺고 있다. 따라서 루카치의 문학사관에 대한 주요 내용은 그의 독일 고전주의 문학관에 대한 논의가 될 것이다. 오늘날 독일 대학의 독문학사 연구는 독일 고전주의 문학에 치중되고 있는데, 아마도 현대 독일 시민문학의 근간을 이루어 온 18세기 독일 고전주의의 예술이념을 극복하는 것이 아직도 독일 시민문학과 문학연구의 최대 숙제로 남아 있기 때문일 것이다. 독일 고전주의 예술이상은 이미 독일의 전통적 시민사회가 새로운 역사발전단계에 들어서는 1차세계대전을 전후한 시기부터 끊임없이 비판과 도전을 받아왔다. 특히 2차세계대전 후 나치즘의 역사를 통하여 독일 고전주의의 예술이상이 표방한 휴머니즘의 이상과 '야만적'인 역사 사이의 엄청난 간극을 의식하게 된 독일 지식인들은 나치즘의 역사적 과거와 독일적 시민사회의 극복이라는 문제와 결부하여 독일 고전주의 문화를 새로운 의식과 시각에서 조명·반성하기 시작하였다. 더구나 1960년대 말을 전후하여 시작된 독일의 학생운동을 기점으로 본격화된 독일사회의 정치적·이데올로기적 논쟁 속에서 독일 고전주의 논의는 새로운 의미를 획득하게 되었다. 1930년대 초의 루카치와 브레히트의 리얼리즘 논쟁이 다시 논의되고 이와 결부하여 루카치의 문학관과 미학이 그의 고전주의 문학관과의 상관관계에서 재조명된 것도 이러한 역사적·사회적 맥락에서이다.

1. 독일 고전주의 문학관

　　이미 언급했듯이 루카치의 미학·정치 사상의 근간이 세워지는 것은 『영혼과 형식』에서 출발해서 『소설의 이론』을 거쳐 『역사와 계급의식』에 이르기까지다. 특히 『소설의 이론』에서 헤겔의 역사철학과 『미학』을 빌려 오늘날의 시대를 호메로스의 서사시적 세계상황에 대비하여 '산문적이 되어버린 세계상황'이라고 규정하고, 소설이라는 형식은 이러한 산문적 시대에 살고 있는 현대 인간의 의식을 가장 적합하게 표현하는 현대적 예술형식이라고 말한다. 다시 말해 소설의 형식은 일체의 절대적 가치를 잃어버린 산문적 현실에 살면서도 내면에서는 이미 상실된 서사시적 세계, 즉 총체성이 지배하는 (현실과 이상, 존재와 당위의 간극이 없는) 세계를 추구하는 현대인간의 의식의 반영이다. 루카치는 『소설의 이론』에서 역사철학적으로 규정된 이와 같은 세계상황에 대처하는 주인공의 내면적 태도에 따라서 소설의 형식을 관념주의적 소설, 낭만주의적 소설 및 고전주의적 소설의 유형으로 나눈다. 그러면서 루카치는 괴테의 교양소설 『빌헬름 마이스터의 수업시대』를 현대소설의 모범으로 간주하는데, 이 소설 주인공의 내면성은 자기의 이상주의를 과신하고 현실에 저돌적으로 뛰어드는 『돈키호테』류의 관념주의적 소설과, 현실을 아예 처음부터 포기하고 내면으로만 침잠하는 현대의 낭만주의적 소설 사이에서 중용의 태도를 취하기 때문이라는 것이다. 즉 괴테의 교양소설 주인공은 현대의 역사철학적 상황의 한계를 깊이 인식하면서도 현실과 이상에 부응하려는 태도를 취하면서 소설형식에 내재하는 기본 의도인 잃어버린 총체성으로의 길을 끝까지 추구한다는 것이다. 초기 루카치의 이러한 생각은 1930년대 이후에 이루어진 그의 새로운 독일 고전주의 해석에서 '마르크스주의적'인 변화를 겪는다. 산문적 세계상황의 역사철학적 현실파악은 이제 시민사회와 자본주의에 대한 마르크스적 해석으로 대치된다. 루카치는 자본주의와 자본주의의 모순을 다음과 같이 파악한다. 자본주의는 그것이 지닌 생산력으로 인간의 능력과 개인의 개성을 전개시키고 이를 통해 인류의 해방과 역사의 진보에 기여한다는 점에서 진보의 성격을 띤다. 그러나 다른 한편으로 자본주의는 부정적 면을 가지고 있는데, 자본주의적 생산력은 동시에 새로운 생산관계를 야기하고 그럼으로써 자본주의의 진보적 성격 자체를 부정하기 때문이다. 자본주의의 이러한 이중적 성격은 루카치에 의하면 무엇보다도 시민의식의 이원성을 낳는 결과를 초래한다. 즉 인간을 해방시키는 자본주의의 긍정적 면이 시토아앵(citoyen)의 의식 속에서 체현된다면 부정적 면은 부르주아지의 의식 속에 구현된다. 그러니까 시민계급의 의식 속에서는 시토아앵이라는 긍정적 성격을 띤 문화시민과 부르주아지라는 부정적 성격을 띤 경제시민의 분열이 이루어지고 있는 셈이다. 루카치는 이를 '한 인간에 동시에 내재하는 시토아앵과 부르주아지의 이원성'이라고 표현한다. 여기에서 주목할 점은 루카치는 이 모순론에서 시민의식의 분열을 너무 강조하고 심지어 이를 실체화함으로써 종내는 이러한 의식의 분열 자체가 자본주의와 시민사회의 기본적 모순으로 보이게 한다는 것이다. 마르크스가 자본주의적 생산력과 생산관계의 기본적 모순을 본질적으로 **경제적·정치적** 문제로 삼았다면(즉 자본주의적 생산력이 처음에는 시민계급의 정치적 해방을 가능하게 하지만 나중에는 이로 인해 생겨난 자본주의의 생산력과 생산관계의 모순이 자본주의적 생산관계를 파괴하고 새로운 생산관계를 낳는다), 루카치는 자본주의와 자본주의의 기본적 모순을 주로 **휴머니즘적·역사철학적·인식론적** 관점에서 파악한다. 루카치의 이러한 (의식의 이원성을 강조하고 시토아앵과 부르주아지를 대립개념으로 보는) 자본주의 모순론은 『소설의 이론』에 나타나는 역사철학관의 변용이자 『역사와 계급의식』에 표현된 마르크스주의관의 연장 내지 확대다.

    소설의 주인공 역시 의식의 분열 속에서 갈등을 일으킨다. 즉 그의 의식은 한편으로는 관습적이고 경험적인 세계와 결부된 부르주아지의 의식 속에서, 다른 한편으로는 총체성의 세계를 동경하는 시토아앵의 이상 속에서 시달리고 있다. 시토아앵과 부르주아지라는 시민의식의 이원성은 루카치에게는 처음부터 자본주의에 내재하는 역사철학적으로 규정지어진 모순이며, 이 모순은 자본주의적 상황에서는 해결될 수 없고 오로지 사회주의적 실천에서만 해결될 수 있는 성질의 것이다. 이처럼 근본적으로 『소설의 이론』의 역사철학으로부터 유도된 루카치의 자본주의관은 그의 독일 관념철학과 고전주의문학

해석의 기본적 전제가 된다. 독일 관념철학에 나타나는 인식론적 이원론은 그에 의하면 시민적 의식의 결코 해결될 수 없는 이원성의 반영인 동시에 이러한 분열을 극복하고 총체성을 회복하려는 노력의 표현이다.

『청년 헤겔』(1938)에서 루카치는 헤겔철학이 이룩한 최대의 공적은 그가 독일고전철학이 끝내 찾아내지 못한 인식론적 원칙을 변증법적으로 정의하고 이로써 시민사회와 역사를 전체적이고 통일적인 것으로 파악한 데 있다는 점을 거듭 강조한다. 루카치에 따르면 헤겔이 변증법적 방식을 전개시킬 수 있었던 것은, 그가 '노동'과 '소외'와 같은 개념을 통하여 이미 이 시기의 자본주의적 단계에서 형성되기 시작한 물신화된 사회적 카테고리를 해체하고, 고대 그리스사회의 총체성에 대한 깊은 이해와 인간의 고결성에 대한 휴머니즘적 요구를 통하여 자본주의적 이원성을 지양할 수 있었기 때문이다. 루카치는 여기에서 헤겔철학의 총체적 현실파악에 의한 진리에 대한 요구와 인간의 윤리적 총체성에 대한 휴머니즘적 요구 사이에 직접적 상관관계가 있음을 강조한다. 루카치에 의하면 헤겔의 철학이 독일 관념철학의 정점을 뜻한다면 독일 고전주의 문학은 18세기의 상승하는 독일 시민계급의 예술실천의 완성을 의미한다. 『역사와 계급의식』에서도 루카치는 이미 독일 고전주의 예술은 그것의 특별한 형식원칙, 즉 인간의 총체성의 형상화라는 원칙에 힘입어 자본주의의 핵심적 문제, 즉 의식 차원의 이원성을 구체적으로 형상화함으로써, 헤겔철학이 궁극적으로는 충족시키지 못한 총체성에 대한 시대의 요구에 보다 더 부응했다는 견해를 펴고 있다.

루카치의 자본주의 모순론을 따른다면 역사철학적으로 도저히 해결할 수 없는 자본주의적 모순, 즉 의식의 이원성을 '시적'(poetisch)으로 극복하는 데는 세 가지의 가능성이 있다. 그 첫째 가능성은 낭만주의이다. 낭만주의는 '주체의 의식적인 확대'를 통하여 자본주의적 모순을 해체하려 하고 이를 통해 시민사회의 산문적 세계에 순전히 주관주의적인 시적 세계를 대립시키고자 한다. 따라서 낭만주의의 시문학은 근본적으로 자본주의에 대한 '맹목적 반항'이며, 결과적으로는 시민사회의 객관적 모순을 그대로 지나쳐버린다. 낭만적 동경은 총체성을 향한 현대인간의 동경이기는 하지만 전혀 구체적인 목적과 방향을 가지고 있지 않다. 낭만적 동경은 주체의 상상력 속에서만 부동浮動하고 있으며, 그렇기 때문에 그것은 현대 시민사회의 '정신적 고향 상실성'을 의미할 뿐이다. 낭만주의에 정반대되는 것은 자연주의적 묘사방법이다. 자연주의의 근저에는 자본주의에 대한 주체의 무비판적 종속과 산문적 현실의 긍정이 자리잡고 있다. 다시 말해 자연주의는 현대인간의 부르주아지적 현실에 대한 의식의 굴복이자 경험적인 자본주의 세계에 대해 현대인간이 시적 의도(총체성에 대한 추구)를 포기하는 것을 뜻한다. 이러한 극단적 두 개의 현대적 예술형식 사이에서 독일 고전주의는 하나의 리얼리스틱하고 이상적인 시적 태도를 취하는데, (예컨대 괴테의 교양소설에 나타나는) 독일 고전주의의 행동하는 주체는 시민사회를 긍정도 부정도 하지 않고 역사철학적으로 인식·인정해서 인간과 사회의 총체성을 형상화하려고 함으로써 시민적 인간의 이원성을 해체하고 산문적 세계와 분열된 인간에 인간적 총체성의 시적 이미지를 대비시키기 때문이다.

    루카치가 상정하는 독일 고전주의의 인간상에는 무엇보다도 교양이상과 교육이상이 자리잡고 있다. 독일 고전주의 문학이 추구하는 교양이상은, 끊임없이 시적 총체성을 지향하면서도 사회적 현실에 발을 내딛고 휴머니즘의 이상을 실현하려고 계속 노력한다는 점에서 오늘날의 산문적 세계상황에 부응하려는 현대인간의 바람직한 의식과 태도를 나타낸다. 이러한 의미에서 루카치에게 괴테의 『빌헬름 마이스터』는 계속해서 시민사회라는 테두리 내에서 현대의 인간이 이룩할 수 있는 최대한의 미학적 형식을 뜻하며, 이 소설이 다다른 높이에 현대의 시민적 예술은 두 번 다시 도달하지 못하고 있다. 독일 고전주의의 '아이러니'는 『소설의 이론』에서 주장한 것처럼 총체성을 향한 막연한 동경을 형상화하는 소설형식의 주관성을 마지막으로 통제하는 기준인데, 작가는 바로 이 최후의 통제기준인 아이러니를 통하여, 계속 성장하는 주인공의 이상주의적·유토피아적 지향성 때문에 야기되는 고전주의적 소설형식의 해체를 저지하기 때문이다. 독일 고전주의 문학에서 아이러니의 역할은 그러니까 휴머니즘의 이상을 실현하려는 현대소설 주인공의 실제적이면서도 비실제적이고, 체험적이면서도 유토피아적인 성격을 끊임없이 의식하고 반성하도록 만들고 이를 통해 가능한 한 가장 사실적인 미학적 형식을 획득하는 데 있다. 다시 말하면 루카치가 이 책에서 새로이 전개하는 『빌헬름 마이스터』 해석은 서두에서 지적한 것처럼 『소설의 이론』에 나오는 기본 생각의 의역意譯이자 확대라고 할 수 있다. 역사철학적으로 파악된 초기의 산문적 현실세계의 이원성은 다만 새로운 개념, 예컨대 소외와 노동분업 등에 의해 다시 정의되고 해석된다.

루카치는 『빌헬름 마이스터』의 인간상을 통해 형상화된 독일 고전주의의 예술적·철학적 이상이 쉴러와 헤겔의 예술이론에도 고스란히 나타나 있다고 본다. 「미적 교육에 관한 편지」와 「소박문학과 성찰문학」에 표현된 쉴러의 예술관은 현대예술의 본질적 특징을 나타내는데, 쉴러의 예술관은 총체성의 회복이라는 프로그램적 예술이상을 통해 총체성을 향한 현대인간의 성찰적 동경과 '서사시'를 지향하는 현대의 서사시적 형식 즉 소설의 형식내재적인 의도를 잘 표현하고 있기 때문이다. 루카치는 쉴러의 예술이상을 단지 규범적이고 모방할 만한 가치가 있고 현대예술이 모범으로 삼아야 할 고대 그리스의 미학적 규범으로서가 아니라, 시민사회의 이원성을 지양하고 인간의 총체성을 실현하기 위한 미래지향적인 미학적 프로그램으로 파악한다. 따라서 쉴러의 예술이상은 회고적인 것이 아니라 전망적인 것이다. 다시 말해 쉴러의 예술이상은 완전히 상실된 고대 그리스 세계에 대한 애가哀歌적인 우수가 아니라 미래에 대한 희망이자 인류의 이상적 역사상황에 대한 신념이다. 쉴러에 대한 루카치의 해석은 헤겔의 예술이념에 대한 그의 해석과 직접적으로 연결된다. 루카치에 의하면 독일 고전주의의 예술이상에 대한 헤겔의 변증법적 해석은 독일 고전주의 미학의 정점을 뜻한다.

『소설의 이론』을 고찰하면서 필자는 이미 루카치의 소설이론과 독일 고전주의 해석이 본질적으로 헤겔의 『미학』, 그 중에서도 특히 소설이라는 현대적 예술형식에 대한 헤겔의 생각에 힘입고 있다는 사실을 지적한 바 있다. 헤겔은 그의 『미학』의 마지막에 「시문학」을 논하면서 일종의 장르론을 전개하였다. 여기에서 현대의 서사적 시문학의 형태를 얘기하면서 소설의 형식을 '시민적·산문적 사회에 의해 규정된, 다시 말해 역사철학적으로 결정된 현대의 서사시적 형식'이라고 정의하면서, '소설의 가장 중요한 특징은 새로운 시대에 주어진 산문적 상황 속에서 고대 그리스의 호메로스적 서사시의 사라져버린 주인공상像의 독자성과 예술이상을 다시 획득하는 데 있다'고 말한다. 헤겔에 있어서 고대 그리스의 세계는 그의 역사철학은 물론이고 그의 예술관에서도 하나의 전범적 출발점이다. 그리스의 세계는 그의 역사철학에서 정신과 자연, 윤리성과 법, 개인과 공동체(국가)가 유기적 총체성을 이루고 있는 인류 역사상 유례가 없는 이상적인 상황이다. 또한 이러한 상황은 총체적 세계관이 감각적 가상(Schein)으로 형상화되고 형식과 내용의 관계가 유기적 통일성에 의해 특징지어지는 '예술의 고향'이자 '예술이상의 발상지'이다. 그리스의 고전적 예술이상은 이로써 헤겔에게는 그의 세계정신이 전개되는 출발점이자 또한 그의 절대정신의 개선행렬이 전진하는 목표이기도 한 정신의 최고의 경지이다. 그것은 헤겔의 역사철학과 철학체계의 출발점이자 동시에 종착역이다. 헤겔에 있어서 역사의 지향점은 정신의 원천으로의 귀향이다. 따라서 헤겔의 철학이 지향하는 바는 이러한 최고의 정신적 위치, 즉 예술이상에 도달하고 이를 실현하는 데 있다. 헤겔의 예술개념은 그러니까 완전히 고전적 예술이상에 묶여 있고, 또 이러한 최고 위치의 관점에서 그리스 이후의 전 서구예술을 고전적 예술이상의 해체과정으로 파악한다.

헤겔의 『미학』에서 역사적 발전의 마지막 단계에 해당하는 것은 산문적 세계상황과 이에 상응하는 예술형식, 즉 중세로부터 오늘날까지를 포함하는 '낭만적' 예술이다. 오늘날의 세계상황의 특징적인 점은 시민적 목적과 관습에 결부된 산문적 정신의 우위와 지배인데, 이 산문적 정신은 그리스의 고전적 예술이상의 정신과 정반대 위치에 서 있다. 이러한 상황은 헤겔에 따르면 '시문학'(Poesie)이 생겨나기에는 매우 불리한 역사적 토대이다. 바꾸어 말하면 오늘날의 낭만적 예술은 산문적 세계에 대해 거부하는 태도로 마주서 있다. 낭만적 예술은 그러니까 산문적 정신의 감각적 가상이 되기를 원치 않고, 자신의 본래 정신에 대해 스스로가 주인이 되고자 한다. 낭만적 예술은 '기독교를 통해 세계 속에 등장한 정신의 자기 자신으로의 승격昇格'이자 '독자적 주관성의 발견'이다. 그리스의 고전적 예술형식(호메로스적 서사시)이 통일적 세계관인 정신적 총체성의 감각적 현현顯現이며 외부 세계의 소재성과 유기적 상관관계에 있다면, 낭만적 예술은 산문적 정신의 감각적 가상으로서 나타나기를 거부하고, 자기 자신을 알기 위하여 자체의 정신으로 되돌아가려고 한다. 낭만적 예술은 한편으로는 (감각적 가상으로서가 아니라) 자신의 독자적 힘으로 외부 세계의 소재성을 정복하려는 요구를 갖게 되고, 다른 한편으로 외부 세계는 더 이상 자신의 낭만적 내면성에 적합한 현존재가 되지 못한다고 여기면서 산문적 외부 상황에 대해 일종의 선전포고를 한다. 다시 말해 낭만적 예술의 내면성은 외부 세계가 더 이상 감당하지 못할 만큼 커버린 것이다. 외부로 드러나는 소재성은 이제 낭만적 내면성을 표현할 수가 없게 된다. 낭만적 예술에는 더 이상 그리스의 서사시적 예술에서와 같은 내용과 형식의 **유기적** 통일성은 존재하지 않고 다만 주관적 내면성에 의해 건조된 내용과 형식의 **인위적** 통일성만 존재한다.

 오늘날의 예술을 낭만적 형식이라고 규정한 헤겔의 예술형식론에 따른다면 우리는 현대예술에서 두 개의 커다란 형식 가능성을 추출할 수가 있다. 첫째로 낭만적 내면성의 주관적 요구는 급기야는 스스로의 힘으로 감히 외부 세계로부터 완전히 독립된 내면성과 형식 완성에 도달하려 하는데, 이것이 바로 낭만주의다. 둘째로 낭만적 주관성은 외부 세계에 대한 깊은 불만으로 인해 외부 세계를 가능한 한 상세하고 정확하게 모방함으로써 오늘날의 산문적 정신을 능가하려 하는데, 이것이 바로 자연주의다. 낭만주의와 자연주의 예술형식은 바로 이러한 공통적 근원에서 출발하여 현대예술에서 갈림길로 접어든다.

 낭만적 예술형식은 이제 정신의 감각적 현현이 아니라 '정신이 자기 자신을 인식하는' 형식이므로 순수한 사상이자 철학 자체이다. 그리하여 낭만적 예술형식은 예술의 영역을 떠나 철학의 영역으로 들어간다. 따라서 헤겔의 철학 체계의 입장에서 보면 낭만적 예술형식은 하나의 보다 높은 단계를 의미한다. 그러나 고전적 예술이상의 관점에서 보면 낭만적 예술형식은 고전적 예술이상의 마지막 해체과정, 나아가서는 예술형식 자체의 해체를 뜻한다. 헤겔이 원칙적으로 예술의 종말을 선언하는 것은 바로 이 때문이다. 하지만 헤겔은 현대예술의 몰락에 대한 프로그램적인 예언에도 불구하고 동시대의 예술실제에 관한 이론적 성찰에서 현대예술의 가능성에 많은 여지를 남겨두는데, 특히 괴테와 쉴러의 문학과 소설 및 노벨레(중단편소설)의 예술형식에 대해 부분적으로 긍정적 평가를 하고 있다. 이를테면「시문학」장에서 전개하는 단편적인 소설이론과 그리스적 예술이상에 준거해서 괴테의 작품이 새로운 문학적 위치를 정립하는 것을 긍정적으로 바라본다. 이러한 헤겔의 미학이론에서 루카치의 소설이론과 독일 고전주의에 대한 견해, 그리고 고전주의적 리얼리즘이 출발하고 있다.

루카치의 고전주의관의 출발점도 헤겔에서처럼 고전적 예술이상이다. 하나의 결정적 차이가 있다면 헤겔은 독일 고전주의를 낭만적 예술형식에 종속시켜 고전주의의 철학적 가치와 위계位階를 헤겔의 철학적 체계 속에서 확인하지만, 루카치는 독일 고전주의를 헤겔적 체계로부터 끌어내어 새로운 고전적 예술이상으로 다시 이론화한다는 점이다. 다시 말해 헤겔에 의해 절대화된 고대 그리스의 예술이상은, 독일 고전주의 예술에서 산문적 세계에 적합한 새로운 예술형식을 발견하고 있다. 헤겔적 의미의 예술이상은 이제 더 이상 존재하지 않는다. 그렇지만 그것은 루카치에 있어서는 결코 예술의 종말이 아니다. 고전적 예술이상이 헤겔에 있어서는 모든 예술의 전범(Paradigma)이고 예술사의 시작이라면, 독일 고전주의 예술이상은 루카치에 있어서는 현대예술의 새로운 표준이자 출발점이다. 그러면 루카치의 고전주의 문학관의 몇 가지 중요한 점을 다시 요약해 보자.

① 루카치는 그의 새로운 고전주의 문학관을 주로 『소설의 이론』에서 표현된 초기의 고전주의관과 헤겔의 『미학』으로부터 추출·전개하고 있다. 고대 그리스의 고전적 예술이상은 루카치에게는 계속해서 모든 예술의 모범적 기준이다. 그러나 현대예술을 두고 보면 이제 독일 고전주의의 예술이상이 새로운 규범적 기준이 되고 있다.

② 독일 고전주의의 예술이상은 동시에 현대예술의 예술원칙이다. 이 예술이상은 휴머니즘의 이상(인간의 총체성)과 교양이념 및 형상화의 원칙을 전

제한다. 독일 고전주의 소설 『빌헬름 마이스터』에서처럼 총체적 인간상의 형상화를 통해서만 현대예술은 현대적 인간의 분열을 시적으로 극복할 수 있고 윤리적 통일성과 완전성을 회복시킬 수 있다.

③ 독일 고전주의는 또한 인식론적 총체성의 원칙을 의미한다. 헤겔에서는 인식론이 요구하는 진리가 휴머니즘이 요구하는 총체성과 밀접한 관계를 맺고 있다면, 독일 고전주의 예술에서는 역으로 휴머니즘이 요구하는 총체성이 인식론이 요구하는 진리와 결부되어 있다. 「파우스트 연구」에서 루카치는 특히 독일 고전주의 예술의 인식론적 의미와 중요성을 강조한다. 파우스트와 메피스토펠레스의 변증법적 상관관계, 개인과 인류의 변증법, '개인의 연쇄적 비극에 의한 인류와 역사의 종국적 승리로서의 비극'을 강조함으로써 루카치는 괴테의 비극이 결과적으로는 인류와 역사의 궁극적 승리에 대한 변증법적 인식을 제공하고 있다고 주장한다. 또한 루카치는 헤겔의 『정신현상학』과 괴테의 『파우스트』의 병행 발전을 지적하면서 이 둘은 동일한 시기에 동일한 인식론적 원칙에 도달하고 있다고 말한다.

④ 마지막으로 독일 고전주의의 예술 원칙은 루카치에 있어서는 **리얼리즘**의 원칙을 뜻한다. 현대예술에서 낭만적 주체는 단지 내면성 속에서나 아니면 경험적 사실들 속에서 움직이고 있다면, 독일 고전주의에서 제시하는 형상화의 의지를 지닌 주체는 자본주의의 모순에 대해 적절하고도 **리얼리스틱한** 태도를 취한다. 그렇기 때문에 독일 고전주의는 주체와 객체, 내면성과 외부 사실, 본질과 현상을 사실적으로 묘사할 수 있다. 루카치의 리얼리즘관은 이러한 독일 고전주의 문학관에 깊이 뿌리 내리고 있다. 루카치가 독일 고전주의 문학 연구에서 제시하는 미학적 기준들, 즉 휴머니즘의 이상, 인식론적 총체성의 원칙 및 사실적 형상화의 원칙은, 독일 고전주의의 예술이상과 미학이상의 복합적이면서도 단일한 내용을 이루고 있다. 루카치는 독일 고전주의의 이러한 복합적 내용을 한마디로 총체성의 원칙(Totalitätsprinzip)이라고 부른다.

2. 현대 독일 문학사관

　　　　　　루카치의 문학사관은 그의 이러한 독일 고전주의 문학관에서 출발하고 있다. 루카치는 총체성을 형상화하고 있는 독일 고전주의의 예술이상을, 이를테면 자율적인 진리의 모멘트로 해석해서 이를 절대화한다. 따라서 독일 고전주의의 내용은 그에게 이데올로기 즉 엥겔스적 의미의 '허위의식'의 영역에 속하지 않고, 탈이데올로기 내지 초이데올로기적이며 '참된' 의식 그 자체를 의미한다. 독일 고전주의의 형식은 그렇기 때문에 루카치에게는 헤겔적 의미에서 참된 의식의 유일한 형상이며, 독일 고전주의의 휴머니즘 이상은 자본주의하에서 도달할 수 있는 최대의 시민적 이상(시토아앵의 이상)의 체현이다. 따라서 자본주의가 지속하는 한은 독일 고전주의 예술이상은 그것의 진리를 요구할 수 있으며 최고의 정신적 위치를 요구할 수가 있다. 그리스의 고전적 예술이상이 헤겔에 있어서는 그의 철학체계에 의해서만 다시 정복될 수 있다면, 독일 고전주의 예술이상은 루카치에 있어서는 오로지 마르크시즘에 의해서만 계승될 수 있고 사회주의적 실천에 의해서만 완전히 실현될 수 있다. 헤겔이 고대 그리스 이후의 예술을 고전적 예술이상의 해체과정으로 해석한다면, 루카치는 독일 고전주의 이후의 예술형식을 독일 고전주의의 예술이상의 해체과정으로 파악한다.

　루카치의 역사관에 따르면 독일 관념철학과 독일 고전주의 '예술 시기' 이후는 서구의 자본주의가 결정적으로 지배권을 행사하는 시기다. 그리고 이 시기는 산문적 현실과 소외와 관습의 세계가 시민적 생활에서 절대적 우위를 획득하는 시기이기도 하다. 상승하는 시민계급은 그들의 본래적인 시토아앵의 이상을 상실하고 오로지 자본주의적 삶의 형식들에 종속된다. 이 시기의 시민계급은 오로지 부르주아지의 실천을 변호·합리화하는 이데올로기만을 생산한다. 시민계급 의식 속의 시토아앵과 부르주아지라는 간극은 갈수록 메울 수 없을 정도로 커간다. 루카치에 의하면 이러한 시기는 헤겔(1831년 사망)과 괴테(1832년 사망) 사후와 1848년의 시민혁명이 좌절한 이후부터 시작된다. 이후부터 진행되는 시민계급의 이데올로기적·정치적 몰락은 19세기가

경과하면서 한층 더 상승·심화된다. 무엇보다도 1848년 시민혁명의 패배는 정치적 해방을 위한 독일 고전주의의 이데올로기적 준비와 프로그램을 마지막으로 물거품으로 만들었고, 이로써 휴머니즘적 시민이상 실현의 기회를 봉쇄해버렸다.

    1848년 시민혁명 실패 이후 독일 시민계급의 정치적 실천을 규정짓는 특징은 루카치에 따르면 독일 시민계급이 점차 그들의 본래적인 자유의 이상을 포기하고, 이것을 봉건계급과의 타협과 화해 속에서 통일국가와 제국의 창건이라는 이데올로기에 내맡겨버린 데 있다. 이데올로기의 발전과정에서 보면 독일 시민계급은 자본주의가 발전함에 따라 점차 소외와 붕괴의 과정에 처하게 되었다. 이러한 붕괴과정은 시간이 지남에 따라 양적으로는 물론 질적으로도 경직화와 심화를 겪게 되었다. 루카치는 이러한 과정을 통틀어서 한마디로 퇴폐(Dekadenz)라고 명명한다. 루카치의 퇴폐 개념은 자본주의 삶의 여러 형식은 물론 일체의 자본주의적 이데올로기를 포괄한다. 루카치의 퇴폐개념의 가장 중요한 특징은 독일 고전주의의 휴머니즘 이상의 상실이며 총체성의 전반적 상실이다. 즉 퇴폐는 소외의 과정에 처해 있는 독일 시민계급이 존재와 의식의 양면에서 총체성을 상실하고 이로 인해 사회와 역사를 전체적인 것으로 또 통일적인 것으로 파악할 수 없는 상황의 반영이다. 따라서 헤겔 이후에 나타나는 독일 부르주아지 철학은 (루카치에 의하면 헤겔철학의 해체는 이미 포이어바흐에서부터 시작된다) 예외 없이 소외되고 분열된 부르주아지 의식 즉 퇴폐의 산물이다. 이러한 퇴폐적인 부르주아지 철학의 근저에는 인간의 총체성과 역사의 이성에 대한 회의와 현대역사에 대한 절망이 도사리고 있다. 염세주의와 허무주의 및 비합리주의가 이러한 부르주아지 철학의 본질적 특성이다. 이러한 관점에서 루카치는 독일 부르주아지 철학에 대해 특유의 직선적인 이데올로기 사관史觀을 펼치는데, 이에 따르면 독일 부르주아지 철학은 셸링과 쇼펜하우어에서 시작해서 니체와 하이데거에 이르러 정점을 이루어 급기야는 나치즘의 이데올로기에서 파국적 종말을 체험하게 된다. 이러한 독일 부르주아지 철학의 지배적 흐름에 대응하는 또 하나의 이데올로기 노선은 독일 관념철학과 고전주의예술의 전통을 계승하는 마르크시즘에 의해서만 계승되어 명맥을 유지한다. 마르크시즘의 주요 내용을 이루는 것은 - 이것이 『역사와 계급의식』의 주요 테제다 - 마르크시즘의 변증법적 방법론에 의한 총체성이다. 이에 의해서 마르크시즘은 자본주의의 소외와 퇴폐화 과정, 이에 바탕한 부르주아지 철학의 이원성의 본질을 드러내고, 사회와 역사를 통일적인 전체로서 파악하며, 이로써 인간의 총체성을 회복할 수 있다.

루카치 이데올로기관의 이러한 극단적 분리는 그의 문학사관에도 그대로 반영된다. 루카치에 의하면 독일 고전주의 이후의 모든 현대 예술과 문학은 고전주의적 예술이상과 독일 고전주의의 형상화 원칙의 해체과정으로 특징지어진다. 즉 '불협화음적이고 추한 부르주아지의 현존재'가 '고전주의적 형식세계의 짜임새와 아름다움'을 파괴하는 것이다. 현실의 소재성을 완전히 제어함으로써 유기적 형식의 통일성을 창조하는 독일 고전주의의 '형상화하는 주체'는 이제 퇴폐적 현상과 퇴폐적·이원적 의식에 굴복하고, 이로써 더 이상 세계와 인간을 총체적으로 형상화할 수 없게 된다. 그 결과는 현대문학에 나타나는 형상화 원칙의 해체와 이와 결부된 통일적 인간상과 휴머니즘 이상의 상실이다. 이제 형식을 지배하는 것은 소재성의 부분적 요소들이다. 즉 형상화의 원칙이 소재성의 부분적 요소들을 지배해서 유기적 형식의 통일성을 이룩하도록 하는 것이 아니라, 오히려 현대예술에서는 바로 이러한 부분적 요소들이 독자성을 획득하여 형식을 건조建造하는 원칙 역할을 맡는다. 다시 말해 유기적 형상화의 원칙(Gestaltungsprinzip)에 대신해서 인위적 건조의 원칙(Konstruktionsprinzip)이 들어서는 것이다.

루카치에게 이러한 인위적 건조의 원칙을 잘 말해주는 것은 '낭만적 주관성'에 형식원칙의 근거를 두고 있는 낭만적 예술과 표면적 묘사와 르포르타주에 바탕한 자연주의 예술이다. 독일 고전주의에 뒤이어 나타나는 낭만적 예술은 현대예술의 지배적 사조가 되는데, 이 사조는 19세기의 후반기에 나타나는 심리적 예술형식에서 계승된다. 낭만적 예술의 심리적 표현방식의 밑바닥을 이루는 것은 루카치에 의하면 너무 확대·과장된 주관적 개인성과 내면 일변도의 심리적 주관성이라는 형식원칙이다. 여기에는 구체적인 사회적 구성요인들이 완전히 빠져 있고, 오로지 주관적 세계이해가 낭만적 예술의 여러 형식을 지배하고 있다. 이러한 주관적 세계이해는 루카치에 따르면 대체로 프리드리히 헤벨과 귀스타브 플로베르에서 시작해서 오늘날의 전위적 예술형식, 예컨대 제임스 조이스, 프란츠 카프카 및 사뮈엘 베케트 등의 문학에서 상승·심화·세련화 과정을 거치고 있다. 루카치는 이러한 전위적 모더니즘의 예술형식에서는 심리적 진행과정과 고독과 같은 주관적 불안의 비전만이 거의 존재론적인 모멘트로서 예술형식을 구성하는 원칙을 이루고 있다고 주장한다. 루카치에 따르면 낭만적 예술형식의 정반대로 이해되는 자연주의도 본질상 동일한 근원에서 출발한다. 자연주의는 한편으로는 낭만적·심리적 형식의 주관주의에 대한 불만에서, 다른 한편으로는 이러한 주관적 결점을 교정하고 보완하려는 의도에서, 경험적 세계를 마치 사진을 찍듯 가능한 한 상세하고 완벽하게 묘사하려는 의식의 반영이다. 독일 고전주의 예술형식의 기준에서 보면 이러한 여러 형식은 예술이상의 붕괴이자 총체성의 상실인데, 이러한 형식에는 주체와 객체, 내면 세계와 외부 세계 사이의 변증법적 형식의 통일성과 사회의 총체성의 유기적 형상화가 이루어지지 않고 있기 때문이다. 이러한 일반적인 시민적 문학사의 발전에도 불구하고 루카치에 의하면 19세기 서구 부르주아지의 일반적인 퇴폐화의 흐름에 저항하고 독일 고전주의의 형상화 원칙과 총체성 원칙을 유지·고수한 일련의 예술발전이 있는데, 그것은 고트프리트 켈러에서 시작해서 빌헬름 라베, 테오도르 슈토름, 테오도르 폰타네를 거쳐 토마스 만에 이르는 규범적인 문학사적 발전이다.

고트프리트 켈러는 루카치에 따르면 괴테와 독일 고전주의의 직접적 후계자다. 그는 바야흐로 시작되는 독일 시민사회의 퇴폐화 과정에서 독일 고전주의의 휴머니즘적 전통을 물려받아 계승하려고 하였고 독일 고전주의의 '민중적 민주주의'를 실현하려고 노력하였다. 켈러의 중심적 의도는 독일 시민계급의 현실생활에서 진행되고 있는 사적 생활과 공적 생활의 분리를 지양하고, 사적 영역으로 칩거하려는 시민을 공적 생활과 정치에 나아가도록 교육하는 것이었다. 독일 고전주의와 민주주의에 대한 깊은 이해를 바탕으로 그는 시민계급의 분열·붕괴의 과정과 고전주의적 예술형식의 해체과정으로부터 벗어났고, 고전주의적 예술이상에 접근할 수 있었다. 루카치는 빌헬름 라베와 테오도르 슈토름도 동일한 시각에서 해석한다. 이들 작가는 다가올 시민계급의 불가피한 몰락에 대한 인식에서 비롯하는 염세주의적 체념에도 불구하고, 내면적·도덕적 노력을 통하여 초기 시민계급의 시민적 이상뿐만 아니라 이를 통해 독일 고전주의의 예술이상까지도 고수·유지하는 데 성공하고 있다는 것이다. 이 작가들은 중단편소설(Novelle)과 액자소설(Rahmenerzählung) 및 서정시와 같은 예술형식들을 즐겨 사용하는 데, 이는 그들이 시민적 몰락의 과정에 직면하여 독일 고전주의적 의미에서의 서사적 총체성을 형상화하는 데 따르는 어려움을 명확하게 의식하고 있고, 그렇기 때문에 하나의 모멘트, 예컨대 회상이나 서정적 기분을 포착함으로써 '집중된 사건'의 총체성을 형상화하려 노력한다는 증거다. 따라서 이들은 '난파難破와 파국의 시대'에서 독일 고전주의의 휴머니즘적 이상을 마지막으로 고수·구제하려 애쓴 작가들이다. 19세기 후반기의 독일 시민작가에 대한 루카치의 해석에서 주목할 점은, 이 작가들이 고전주의적 예술이상의 형상화에 예외적으로 성공한 까닭은 이들이 모두 독일의 변방 출신(켈러는 스위스, 라베와 슈토름은 북독의 소도시 출신)이라는 지적이다. 다시 말하면 이 지역들은 독일의 다른 지방보다 경제적으로 낙후해 있었고 자본주의화 과정이 서서히 진행되었기 때문에 시민계급의 퇴폐화과정이 그렇게 깊이 진행되지 않았으며 이로 인해 초기 시민계급의 휴머니즘 이상이 비교적 오랫동안 지속될 수 있었다는 것이다. 변방론과 결부된 루카치의 19세기 문학사관은 18세기의 독일 고전주의에 집착하고 있는 그의 문학관을 단적으로 반영하며, 20세기의 서구 모더니즘문학에 대한 전면적 거부와 결부해서 생각하면 시사하는 바가 크다. 아무튼 19세기 독일 문학사의 마지막에 등장하는 작가는 테오도르 폰타네이다. 그는 루카치에 따르면 '내용과 형식의 현대성'과 고전적·리얼리즘적 소설 전통과의 관계를 강하게 유지·고수함으로써 19세기 독일의 시민적 리얼리즘의 전통을 세운 최고의 작가다. 인간의 도덕적 통일성을 위한 개인적 노력과 건전한 삶을 예술에서 미와 규범의 근간으로 삼아야 한다는 근본적 요구에 힘입어 폰타네는 19세기 부르주아지의 퇴폐성과 독일 고전주의의 형식의 해체에서 벗어날 수 있었다는 것이다. 만년의 폰타네는 '민중과의 깊은 연대성'에 의해서 초기의 정치적 오류(귀족적이고 반동적인 프로이센주의)를 극복하고 마지막에는 노동계급에 대한 이해를 획득했다고 루카치는 주장한다. 폰타네의 이러한 발전은 형상화의 원칙을 고수하는 리얼리즘이 표면적이고도 경험적인 사회의식에 대해 거둔 승리이자, '평민적·민중적인 것이 시민성에 대해 거둔 승리'를 뜻한다. 켈러에서 시작해서 폰타네에 이르는 규범적 문학사 발전을 서술하면서 루카치는 그의 독일 고전주의 문학관으로부터 도출한 기준과 모멘트, 즉 형상화의 원칙, 인간과 사회적 요소의 총체성, 휴머니즘 이상을 위한 교육과 교양의 이념, 객관성과 리얼리즘을 위한 아이러니와 유머의 역할, 진보와 민중적 민주주의 등의 정치적 기준, 지배계급에 대한 여성적 인물과 평민적 인물의 우위성 등을 19세기 독일 문학비평에 그대로 적용하고 있다.

그러나 이러한 문학적 전통을 가장 훌륭하게 이어받은 20세기의 대표적 소설가는 토마스 만이다. 만은 루카치에 있어서는 진보적인 독일 시민문화의 최고의 계승자이자 최후의 완성자다. 만 문학에 대한 루카치의 해석과 평가의 특징은 이 부르주아지 작가가 시민적 휴머니즘 전통과 시민적 리얼리즘의 변증법을 계승·발전시켜 드디어는 사회주의적 휴머니즘과 사회주의적 리얼리즘, 즉 비판적 리얼리즘으로 나아갔고 이로써 과도기의 문학사 발전에서 징검다리의 역할을 수행했다고 보는 데 있다. 이러한 해석은 완전히 그의 독일 고전주의 문학관과 19세기 독일 시민문학의 해석과 평가에 바탕하고 있다. 루카치가 독일 시민사회의 역사를 문화시민과 경제시민, 즉 시토아앵과 부르주아지의 분리의 역사로 파악하고 있다는 사실은 초기 만의 대표적 장편소설『부덴브로크 일가』의 해석에서도 다시 한번 증명된다. 루카치는 부덴브로크가에서 한때 독일의 자랑이었으며 오늘날에는 새로운 독일의 개혁과 부흥을 이끌고 영광스러운 옛 전통을 유기적으로 계승하는 근원이 되어야 할 시민적 문화의 담당자 내지 '진정한 시민'을 본다. 한편 이 소설에 나오는 하겐슈트롬가에서는 이와 반대로 퇴폐적이고 부정적인 신흥 부르주아지의 시민계급이 드러나고 있다고 생각한다. 루카치는 만의 전 창작활동을 한마디로 '진정한 시민'(시토아앵)을 찾고 독일 고전주의의 휴머니즘 이상을 실현하려는 시도라고 정의한다. 그러나 이러한 시도는 만에 있어서는 매우 어렵고 심지어는 객관적으로 불가능한데, 그 까닭은 독일 시민계급은 그들의 초기의 시토아앵 이상을 실현할 수 있는 역사적 기회를 정치적으로 놓쳐버렸고, 그리하여 그들의 역사에서 진정한 의미의 시민이 될 수 없었기 때문이다. 토니오 크뢰거의 동경은 루카치에 의하면 정치적으로 한번도 실현되지 못한 시토아앵 이상을 계속해서 실현시키고자 하는 전 독일 시민계급의 동경이다. 1차 세계대전을 전후한 만의 정치적 오류(전쟁 옹호론과 국가 보수주의적 정치관)도 독일 시민계급의 잘못된 정치적 발전의 당연한 귀결이며 그렇기 때문에 그의 정치적 오류를 개인적 오류로 간주해서는 안 된다고 만을 강력하게 옹호하고 있다. 루카치는 만이 초기의 잘못된 정치적 태도를 재빨리 극복할 수 있었고 서서히 민주주의에 대한 이해를 거쳐 사회주의에 대한 올바른 인식에 도달했다고 주장하면서, 그 이유로 만은 가장 훌륭한 독일 시민문화의 계승자로서 독일 시민계급의 모든 문제를 자신 속에 통합하고 최후까지 수미일관하게 사고했기 때문에 종국적으로는 초기의 반민주주의적이고도 낭만주의적인 길을 극복할 수 있었다는 점을 든다. 만이 반민주적·낭만적 과거를 극복할 수 있었던 것은 주로 그의 예술적 창작에 힘입고 있는데, 그가 독일 고전주의의 예술이상에 대한 시종일관한 태도와 동경 및 독일 고전주의의 형상화 원칙을 고수하려는 충실한 태도로 인간과 현실의 총체성을 형상화하고 이를 통해 시민적 리얼리즘을 창조적으로 계승·발전시킬 수 있었기 때문이라는 것이다. 루카치의 이러한 논리에 따른다면, 만의 이른바 '비판적 리얼리즘'과 이에 바탕한 그의 올바른 정치적 발전은 궁극적으로 만의 독일 고전주의 예술이상과 휴머니즘 이상의 관계에서 연원한다. 루카치는 만에게서 바로 괴테의 완벽한 후계자, 마치 한 사람의 수제자처럼 스승의 길을 그대로 답습할 뿐만 아니라 이를 넘어 그의 유산을 완성시킨 후계자를 보고 있다. 괴테와 만 연구에서 그는 거듭해서 두 사람의 공통된 발전과정을 지적하고 있다. 『젊은 베르테르의 슬픔』에서부터 『빌헬름 마이스터의 수업시대』와 『편력시대』에 이르는 괴테의 발전과정은 『토니오 크뢰거』에서부터 『요셉과 그의 형제들』에 이르는 만의 발전과정에 상응하며, 두 발전과정에서 시민적인 주관적 내면성이 독일 고전주의의 '교양이상'에 의해 사회적 활동성과 인간적 성숙성을 획득하고 이를 통해 형식의 완성에 도달하고 있다고 주장한다. 두 작가의 만년의 대표작인 『파우스트』와 『파우스트 박사』에서는 이러한 공통성이 정점에 도달하는데, 그것은 만이 만년의 소설에서 괴테처럼 한 예술가의 비극을 통해서 현대의 정신적·정치적 상황을 형상화하면서도 비극의 말미에 가서는 그래도 인류 발전의 비전을 제시하기 때문이라는 것이다. 루카치의 해석에 의하면 만 문학에 나타나는 스타일상의 특징들, 예컨대 아이러니와 유머 및 '놀이를 하는 듯한'(spielerisch) 정신적 태도 역시 '오늘날의 시민계급에 대한 올바른 자기인식'과 휴머니즘 이상과 교양이상에 대한 믿음에서 비롯한다. 이러한 스타일상의 특징들은 회의적인 유보적 태도와 놀이를 하는 듯한 우월성으로 오늘날의 주관주의적 허위의식의 가면을 벗기고 객관적 현실과 인간의 총체성을 사실적으로 형상화하는 역할을 한다고 루카치는 생각한다.

 루카치의 20세기 문학사관과 사회주의 리얼리즘론은 전적으로 독일 고전주의에서 시작해서 시민적 리얼리즘을 거쳐 만에 이르는 일련의 규범적 문학사관에 의해 지배되고 있다. 20세기의 유럽문학은 이러한 기준에 의하면 후기 부르주아지 사회의 퇴폐성의 반영이다. 그것은 후기 자본주의의 물신화되고 물화된 의식과 총체성 결여의 표현이자, 표현주의 이후 현대 문학의 또 다른 특징인 비변증법적 사고다. 실험적 전위예술을 위시한 20세기의 모더니즘을 루카치가 전면적으로 거부하는 것은, 그것이 그의 규범적 문학사관에 의하면 거의 예외 없이 이러한 후기 부르주아지 사회의 퇴폐성과 비변증법적 사고의 직접적 표현이기 때문이다. 루카치의 사회주의 리얼리즘도 따지고 보면 그의 독일 시민문학관에 근거하고 있다. 독일 고전주의 문학, 19세기 독일의 시민적 리얼리즘, 만으로 대표되는 이른바 '비판적 리얼리즘', 그리고 이러한 규범적 문학을 계승 발전시킬 사회주의적 리얼리즘이 그의 문학사의 대요大要를 이루고 있다.

3. 독일 고전주의의 신화

이상에서 논의한 루카치의 독일 고전주의 문학관과 이에 바탕한 현대 문학사관을 올바로 이해하기 위해서는 우선 루카치 이전의 독일의 문학사가들이 논의한 독일 고전주의 해석을 개관할 필요가 있다. 독일 고전주의와 괴테문학의 '신화'는 일찍부터 형성되기 시작하였다. 괴테 시대가 종언을 고하는 시기, 즉 1830년의 7월 혁명과 1848년의 3월 혁명을 전후하여 새로운 자유주의의 물결을 탄 '청년 독일파'(Junges Deutschland) 지식인들이 부분적으로는 독일 고전주의 문학을 신랄하게 비판했지만(이 시대의 대표적 문인 루트비히 뵈르네는 괴테를 '영주의 종'이라고 비난함으로써 괴테 문학의 귀족주의적·현실타협적 성격을 들추어냈다), 전체적으로 보면 그들은 괴테 문학의 크기와 권위에 압도당하였고 괴테 문학에 대응할 수 있는 독자적인 문학적 전통을 확립하지 못하였다. 이 시대의 문학적 반항아 하이네까지도 괴테 문학에 어렴풋한 저항감을 느끼기는 했지만, 괴테 시대의 문학을 '예술시대'(Kunstperiode)의 문학이라고 규정함으로써 은연중에 괴테 이후의 독일문학을 이 시대의 낙수쯤으로 생각하는 데 기여하였다. 그들은 괴테라는 '거인'에 비해 자신들은 '난쟁이'에 불과하고 괴테의 창조적 세계에 비해 자신들의 문학은 아류문학(Epigonentum)에 불과하다는 생각에 괴로워하였다. 말년의 괴테를 방문한 하이네는 회고록에서 정작 괴테를 만나서는 "예나에서 바이마르로 가는 길 옆에 서 있던 오얏나무의 열매가 달콤하기 이를 데 없었다"는 말밖에 못했다고 하면서 바이마르의 '독수리' 앞에서 자신이 무력했음을 고백하고 있다. '청년 독일파'의 짧은 저항이 있고 난 후의 19세기 독일문학은 실제로 괴테와 괴테 시대의 문학에 의해 주도·지배된다. 아달베르트 슈티프터의 교양소설 (양광陽光이 내리쬐는)『초가을』이라는 제목이 암시하듯 19세기의 독일 시민문학은 찬연하고 화려했던 독일 고전주의의 '한여름'을 되돌아보면서 복고적 성찰과 우수의 내면성 속으로 퇴각·은둔하는 것이다. 괴테 문학과 독일 고전주의 문학에 대한 19세기 독일문학의 이러한 관계는 대체로 19세기 독일 시민사회의 발전에 상응하는 것이다. 1830년과 1848년 시민혁명을 전후하여 한때 부르주아지의 승리와 지배가 도래하리라 믿었던 독일 시민계급과 지식인들의 기대와 열망은 속절없이 사라지고, 곧 그들은 19세기 후반기의 독일 시민사회를 특징짓는 토마스 만이 말하는 이른바 '권력에 의해 보호된 내면성' 속으로 도피해서 그 속에 안주·체념한다. 독일 귀족계급, 그 중에서도 특히 동(東)엘베강의 융커를 주축으로 하는 프로이센 귀족계급의 군사적 정치적 우위와 지배에 순응하게 된 독일 부르주아지는 이때부터 정치와 문화(교양)를 엄격하게 분리해서 생각하기 시작하였고, 그들의 내면적 문화와 교양의 이상을 괴테와 괴테 시대의 예술이상에 의거해서 표현하고 세련화하였다. 괴테와 교양이상의 '신화'가 깊이 뿌리내리게 된 것은 19세기 후반기의 독일 시민사회와 시민계급의 이러한 특수한 발전 속에서이다. 이 시기의 괴테 문학의 수용과 해석은 빌헬름 셰러의 실증적 문학사가 시도하듯 괴테라는 한 사람의 '문학적 천재'의 개인적·전기적 사실들을 천착하고 이를 통해 문학작품을 실증적으로 해명하고 빌헬름 딜타이의 정신사적 문학사가 보여주듯 괴테 문학의 '정신사적 위대성'을 부각시키는 데 주력하였다. 특히 독일 통일국가의 정체성과 연대감을 고양시키기 위해 이때부터 독일 바이마르 고전주의 및 괴테와 쉴러의 신화가 더 깊이 뿌리를 내리기 시작하였다.

괴테와 독일 고전주의 문학이 새로운 각도에서 조명받기 시작한 것은 독일의 노동운동이 본격화되면서부터다. 이 방면의 독일 고전주의 해석의 효시를 이루는 것은 19세기 말과 20세기 초 독일의 대표적 문학사가 프란츠 메링의 문학사다. 괴테를 위시해 18세기 독일의 대표적 작가 레싱과 쉴러 등의 문학에 방대한 해석을 시도하는 이 문학사가는, 18세기의 독일 시민문학을 넓은 의미의 사회경제사적 인식론에 바탕하여 조명하는 데 착수한다. 그러나 메링의 18세기 독일문학사 연구의 기본적 특징은, 18세기에 형성·완성된 독일 고전주의의 예술개념과 이러한 개념이 내포하는 정신적·도덕적 가치에 긍정적 내지 거의 절대적 의미를 부여하고 있다는 점이다.

> 그 본질상 응당 그렇게 되어야 하고 또 그렇기 마련인 인류의 근원적 능력이 제구실을 발휘하기 위해서는 예술은 이러한 인류의 원초적

능력을 방해하는 여러 요소를 제거하지 않으면 안 된다. 만약 이러한 방해요소들이 제거되는 날이면 모든 사람들의 마음속에 깊이 잠자고 있는 예술가의 영혼은 환호작약해서 깨어날 것이고 그렇게 되면 괴테의 이름도 마치 햇빛이 안개구름 속을 뚫고 나오듯 독일적 정신의 하늘에 그 찬연한 모습을 드러낼 것이다. 독일국민이 경제적·정치적으로 해방되는 날은 괴테가 승리하는 날이 될 것이다. 왜냐하면 그렇게 되면 괴테라는 이름에 의해서 예술은 전 독일 국민의 공동재산이 될 것이기 때문이다.

메링의 고전주의 문학관을 특징적으로 말해주는 이 발언에서 우리가 지적할 수 있는 것은, 그의 문학관이 근본적으로 관념론적 인식론(칸트의 선험적 미적 능력)에 바탕하고 있고, 괴테 시대의 예술이상과 예술 외적(정치적·경제적) 요소를 완전히 상호 대립개념으로 보고 있다는 점이다. 독일 고전주의 문학에 대한 본격적인 의미에서 최초의 사회주의적 해석이 이처럼 칸트의 관념주의적 미학과 괴테라는 이름의 권위에서 벗어나지 못하고 있다는 사실은 매우 중요한 의미를 갖는다. 물론 이러한 모순을 메링이라는 한 문학사가의 개인적 모순으로 해명할 수도 있다. 예컨대 그가 철저하게 19세기적 교양이상에 젖은 독일 교양시민계급의 전통을 계승하고 있다든가 아니면 19세기 후반을 지배하는 프로이센의 융커(토지 귀족)의 이데올로기와 덕목에 자신도 모르게 깊이 연루되어 있다든가 하는 점을 지적할 수 있다. 그러나 메링의 문학사관이 갖는 모순은 보다 깊고 넓은 사회사적 원인을 내포하고 있다. 그것은 독일의 노동운동이 지니는 복잡한 발전과정과 이데올로기적 성격에 기인한다. 여기에서 독일 노동운동의 복잡한 전개과정을 이데올로기의 발전과정과 연결시켜 상세히 논할 수는 없다. 그러나 한 가지 분명한 사실은, 주로 시민적 지식인이 주도해온 독일의 노동운동은 18세기 시민계급의 문화적·예술적 이상을 노동운동의 이론과 실천에 수렴·동화시켜서 계승·발전시키고자 했다는 점이다. 바꾸어 말하면 독일의 노동운동은 시민계급이 이룩하지 못한 문화적 이상을 프롤레타리아트의 실천을 통해서 실현하고자 하였다. 한번도 시민혁명을 정치적으로 완수하지 못한 독일 시민계급의 지식인들이 노동운동에서 그들의 시민적 이상을 계속 실현하고자 했다는 사실은 독일 노동운동의 이데올로기 발전에 혼란과 모순을 낳는 중요한 원인이 된다. 이러한 사정은 페르디난트 라살에서 시작해서 오늘날의 독일 사회민주당에 이르는 노동운동의 우파에는 물론이고 마르크스와 엥겔스로부터 로자 룩셈부르크와 카를 리프크네히트로 이어지는 노동운동 좌파의 이데올로기에도 그대로 반영된다. 어느 의미에서는 19세기 독일의 일급 교양시민이라 할 수 있는 마르크스도 '바이마르의 올림푸스'인 괴테의 '속물근성'을 꼬집기는 했지만, 괴테의 고전적 예술개념이 지니는 매력에 저항하지 못하였다. 심지어 만년의 엥겔스는 18세기의 독일 관념철학과 고전주의문학이 성취한 이상주의를 계승해서 실천하는 것이 마르크시즘의 목표라고 공언하기까지 하였다. 18세기 독일 시민계급의 문화적 이상과 괴테 시대의 예술이상은 이처럼 19세기 독일의 전 이데올로기사史를 관류하는 이념적 지표가 되었고 모든 정치적 운동의 이데올로기적 '공동의 우물'이 되었다.

이상 간략하게 개관한 독일 고전주의 문학의 수용사史를 고려하면, 루카치가 계속해서 독일 고전주의의 예술이념을 마르크시즘과 연결시키려고 한다는 사실은 그렇게 놀라운 일이 아니다. 메링의 독일 고전주의 문학관과 문학사관을 논하면서 루카치는 메링의 너무 단순하면서도 비변증법적인 사회학적 방법, 예컨대 정치적 영역과 문화적 영역의 분리, 경제적 제조건으로부터 파생하는 문화적 형식의 기계론적 추론, 독일 고전주의의 예술이상과 부르주아지 이데올로기 사이의 단순화된 대립 등을 지적하기는 했다. 루카치는 메링의 고전문학관에 대한 만년의 엥겔스의 비판적 언급, 즉 "마르크스와 나는 애초에 정치적·법적·기타 이데올로기적 표상과 이러한 표상을 매개로 하여 발생하는 행동을 기본적인 경제적 사실로부터 도출하는 데 중점을 두었고, 또 그러지 않으면 안 되었다. 그러면서 우리는 내용을 중시하느라 형식적 측면, 즉 이러한 표상들이 생겨나는 변증법적 연관관계와 방식을 밝히는 것을 소홀히 하였다"라는 발언에 동조하면서, 독일 고전주의와 당시의 경제적·사회정치적 상황의 관계를 구체적·변증법적으로 매개해야 한다고 주장한다. 루카치가 그의 고전주의 문학관에서 메링을 넘어서는 변증법적 방법을 전개시키고 있다는 사실에는 의문의 여지가 없다. 그러나 이러한 변증법적 방법은 위에서 확인했듯이 그의 초기 고전주의 문학관과 헤겔적 예술이상이라는 관념주의적 문학관에 너무나 집착했기 때문에 좀처럼 엥겔스가 요구하는 바의 구체적 변증법에 부응하지 못하고 있다. 루카치의 방법론은 메링이 이미 얘기한 내용을 다시금 확인하는 데 그치고, 예술의 자율성을 표명하여 예술과 정치를 또다시 분리시키는 결과를 낳는다. 독일 고전주의 연구에서 루카치는 상부구조와 하부구조를 유물론적으로 매개하려고 노력은 한다. 그러나 이러한 노력은 처음부터 그의 관념주의적 전제에 의해 봉쇄되거나 아니면 서술의 과정에서 다시 관념주의적 입장으로 되돌아간다. 루카치에 의한 독일 고전주의의 변증법적 해석은 그 근원에 있어서 관념주의적이다. 이러한 해석은 이미 위에서 지적한 것처럼 헤겔의 관념주의적 역사철학관과 낭만적 예술이상에 근원을 두고 있다. 마르크스주의자로서의 루카치는 엥겔스의 요구, 즉 어떠한 구체적인 경제적·정치적 상황에서 독일 고전주의의 미학적 표상과 형식 및 그리스 문화의 수용이 이루어졌으며 어떠한 방식으로 이러한 미학적 표상들이 다시금 구체적인 사회정치적 상황에 관계했는가 하는 문제를 추적하지 않고, 이와는 정반대로 당시의 사회적 상황을 주로 관념주의적·역사철학적 시각에서 묘사하고 독일 고전주의의 예술이상을 절대화시켜 이를 당시의 역사적 실천에 반대 테제로서 대립시키고 있다. 루카치가 실제적인 사회적 상황을 처음부터 그의 역사철학적·예술이론적 관점에서 바라본다는 사실은 다음과 같은 점에서도 여실히 나타난다. 즉 그는 상승하는 18세기 독일 시민계급의 경제적 낙후성과 정치적 취약성을 고전적 예술이상의 형성이라는 관점에서 매우 긍정적으로 평가하고 있다. 루카치에 따르면 독일 시민계급의 경제적 낙후성은 독일 고전주의의 성립에 매우 유리한 역사철학적 토대를 마련했는데, 왜냐하면 독일 시민사회의 경제적 낙후성으로 인해 자본주의적 모순, 특히 소외와 퇴폐의 여러 현상이 경제적으로 발전된 서유럽의 국가들, 그러니까 좀더 발전된 자본주의 국가들에서처럼 두드러지지 않을 수 있었고 그리하여 독일 시민계급은 아직도 자본주의의 '긍정적 면', 즉 인간의 해방과 개성의 전개 및 그들의 본래적 이데올로기(시토아앵 이상)를 보다 순수한 형태로 표현할 수 있었기 때문이다. (루카치의 변방론과 결부된 문학관도 이와 관련시켜 생각할 수 있다.) 독일 시민계급이 한번도 완수하지 못한 정치적 혁명의 부재 역시 '시대의 여러 문제', 특히 자본주의의 '기본모순'을 끝까지 생각할 수 있는 가능성을 제공해 주었다고 루카치는 주장한다. 루카치는 18세기 독일 시민사회의 특수한 역사적 상황에서 생겨난 독일 고전주의의 부정적 양상을 인식·인정하고는 있다. 그러나 동시에 그는 18세기의 독일 시민계급은 실제적으로 정치적 혁명을 완수할 수가 없었기 때문에 그들의 예술적·철학적 업적 외에는 다른 길이 없었다고 주장하면서 궁극적으로는 독일 고전주의의 관념주의적·비정치적 성격을 옹호하고 있다. 그는 독일 고전주의의 관념주의적·비정치적 요소를 상세하게 논술하지도 않고 이러한 요소를 독일 시민계급의 구체적인 사회적·정치적 실천과 연관짓지도 않은 채, 당시 독일의 경제적·정치적 상황을 처음부터 매우 어두운 색깔로 채색하고는 현실에 대한 당시 독일 시민계급의 미학적 태도가 정치적 곤궁으로부터 벗어날 수 있는 '유일무이한 길'이었다고 강변하고 있을 뿐이다. 비교적 만년에 쓴 고전주의 문학관에서 루카치는 독일 고전주의의 기본태도는 '미학적·정관적 태도'였고 미학적인 것의 우위는 처음부터 체념을 뜻하는 것이었음을 인정한다. 그러나 루카치는 이러한 미학적 체념을 부정적 계기로 보지 않고, 오히려 다가올 정치적 혁명의 이데올로기적 준비과정이라고 높이 평가한다.

이상의 서술을 요약한다면 루카치의 고전주의 문학관은 독일 고전주의와 그것의 예술적 자율성에 대한 요구를 유물론적으로 뒷받침하려는 힘겨운 이론적 시도라고 할 수 있다. 예술의 자율성에 대한 이론적 변화가 메링에 있어서는 칸트의 판단력(인간의 본래적 미적 능력) 비판의 의미에서 이루어진다면, 루카치는 한편으로는 고전적 예술이상에 변증법적 해석을 시도하고 다른 한편으로는 헤겔적 역사철학을 자본주의 분석에 원용하여 독일 시민계급의 정치적 해방의 불가능성을 합리화함으로써 궁극적으로는 예술의 자율성을 다시 옹호한다. 이러한 이론적 합리화로 인해 루카치는 독일 시민계급의 경제적 상황과 정치적 실천에 대한 보다 정확한 분석과 독일 고전주의가 지닌 역사적 성격의 정확한 분석 및 규정이 불가능해진다. 18세기의 독일 시민계급이 봉건적 정치체제의 테두리 속에서 그들의 경제적 힘을 바탕으로 하여 정치적·이데올로기적 이해를 어떤 방식으로 표현하려 하였고, 이데올로기적·미학적 영역에서 그들 특유의 계급적 이해를 어떤 방식으로 관철하려 했는가를 따지지 않고, 루카치는 독일 고전주의 예술과 관념주의 철학이 지닌 초계급적 성격을 강조한다. 이러한 루카치의 견해를 그대로 따른다면 독일 고전주의의 이른바 '당성'黨性(Parteilichkeit)이라는 것은 실질적인 정치세력을 뜻하는 것이 아니라, 추상적이고도 보편적인 성격을 지닌다. 독일 고전주의의 당성은 오직 민중성(Volkstümlichkeit), 보편적 인간성, 진보, 평민적 민주주의 등과 같은 개념으로만 이해될 수 있다. 루카치의 이러한 너무나 보편적인 정치적 기준은 그리스의 고전적 예술이상과 그리스의 폴리스(도시국가) 민주주의에 대한 해석과 밀접하게 관련 있다. 루카치는 헤겔처럼 고대 그리스의 폴리스 민주주의를 '아름다운 공적 생활', 즉 개인의 공동체에 대한 직접적 관계와 모든 개인의 공통된 윤리의식이 모범적으로 구현된 공동체적 삶으로 해석하고 최고의 정치적 규범으로 간주한다. 이러한 민주주의관에 따라 루카치가 생각하는 독일 고전주의의 주된 정치적 목표는 폴리스 민주주의를 다시 실현하는 것이다. 루카치의 정치이론이 언제나 추상적이고도 관념주의적인 성격에 시달리는 것은, 예술이상과 결부된 이러한 폴리스 민주주의에 대한 견해에 뿌리를 두고 있다.

루카치는 독일 고전주의의 보편성을 전제함으로써 독일 고전주의의 본질을 이데올로기 비판적으로 검토하고 또 예술의 사회적 기능을 전체적인 사회적·정치적 연관 속에서 고찰할 수 없게 만들고 있다. 그는 고전주의 연구에서 독일 고전주의의 내용과 형식이 역사철학적으로 규정된 자본주의적 모순의 결과라기보다 오히려 당시의 구체적인 사회정치적 산물이며 당시의 시대적 특수성과 제약성을 벗어나지 못한다는 사실을 심각하게 받아들이지 않는다. 그러나 보편적 인간성과 윤리적인 것을 지나치게 강조하는 독일 고전주의의 휴머니즘 이상이 오히려 18세기 독일 시민계급의 정치적 무력감에 대한 이데올로기적 반응이고, 나아가서 예술이상 자체도 그것이 지닌 이상주의적·

윤리적 엄격주의를 통하여 정치적 반대세력에 대적하기 위한 이데올로기적·정치적 수단이 아니었던가 하는 의문을 한 번쯤은 제기해 볼 수 있다. 우리는 독일 시민계급이 제한된 정치적 가능성 때문에 귀족계급과의 직접적인 대결을 의도적으로 회피했고, 그들의 정치적 투쟁을 주로 이데올로기적·도덕적·미학적 영역으로 옮겨놓았다는 사실도 좀처럼 부인하기는 힘들다. 그 밖에도 우리가 확인할 수 있는 것은 독일 시민계급은 한편으로는 정치적 해방의 제한된 가능성을 보상補償하기 위하여 이상주의를 한층 더 상승시켰고, 다른 한편으로는 그들의 이상주의의 공격적 성격을 순치하고 규율화 내지 세련화했다는 사실이다. 레싱에서 시작해서 질풍노도의 시대를 거쳐 바이마르 궁정에서 괴테와 쉴러를 중심으로 펼쳐지는 독일 전성기고전주의로 나아가는 18세기 독일문학사의 과정은 독일 고전주의의 이러한 양면적 성격을 여실히 보여준다.

루카치의 독일 고전주의 문학관에 대한 비판적 논의를 다시 요약하면, 그는 독일 고전주의의 예술이상과 예술개념을 하나의 절대적 예술원칙으로 삼음으로써 18세기 독일 시민사회와 시민계급의 예술 실천 사이의 구체적 상관관계를 밝히는 데 실패하고 있다. 이러한 비판은 그의 이데올로기 사관과 독일 현대 문학사관에도 그대로 적용된다. 진보적 이데올로기와 반동적 이데올로기의 다분히 기계론적인 이원론, 독일 고전주의에서 비롯하는 리얼리즘론에 대립되는 낭만주의와 자연주의의 규범론적 해석, 모더니즘에 대한 거의 단호한 거부 등이 모두 이러한 관점의 귀결이다.

그러나 루카치 문학사관에 대한 이러한 비판에도 불구하고 여전히 해명되어야 할 근본문제는 왜 독일 고전주의의 미학이 독일 현대 문학사에서 계속 그 규범적 성격을 지속할 수 있었으며, 왜 루카치의 미학이 독일 고전주의 예술이상을 절대화해서 이에 머물고 있는가 하는 문제이다. 이미 빙켈만에서 시작해서 레싱·쉴러·괴테·횔덜린·셸링을 거쳐 헤겔에 이르는 독일 고전주의 미학에서 표현된 그리스의 이상화는 특수한 시대사적 성격을 지닌다. 18세기의 독일 시민지식인들은 그리스의 문화와 정치를 그들이 실현해야 할 일종의 플라톤적 모델로 삼았다. 헤겔이 그리스의 문화와 사회를 그의 역사철학과 정치철학의 출발점으로 삼고 호메로스의 서사시를 미학의 전범으로 삼은 것도 이러한 독일 관념주의적 미학의 일반적 흐름 속에서 이해할 수 있다. 기독교를 위시한 서구의 절대적 이념들이 해체·붕괴에 직면하고 대신 초기 부르주아지의 개인주의적 주관성과 내면성이 점차 우위를 점해 가는 초기 자본주의 시대의 독일 시민계급이 새로운 하나의 절대적 이념을 고대 그리스에서 찾으려 했던 것은 충분히 납득이 가는 일이다. 독일 낭만주의 문학이 중세의 가톨리시즘에서 절대적 이념을 찾고자 했던 것도 이러한 맥락에서 이해할 수 있다. 단지 차이가 있다면 후자가 다분히 종교적 이상에서 그들의 절대적 이념을 찾았다면 전자는 문화적 이상에서 이를 구했다는 점뿐이다. 하지만 독일 고전주의와 낭만주의의 공통점은, 이미 이상과 실제, 이론과 실천의 간극과 산업화와 노동분업 등으로 인한 초기 자본주의의 소외현상에 시달리기 시작한 독일 시민계급이 자본주의 이전의 아직도 산업화되지 않은 '유기체적' 공동체의 사회와 문화에서 총체성의 모델을 구했다는 사실이다. 이 시기의 프랑스 시민계급이 고대 그리스만이 아닌 고대 로마의 문화적·정치적 이상을 수용해서 이를 보다 실천적이고 정치적인 이상을 표현하는 데 이용했다면, 독일 시민계급은 주로 그리스의 이상을 통하여 그들의 순수한 시민적 이상을 표현했다. 따라서 프랑스 시민문화의 고대 수용이 보다 실천적이고 정치적이라면, 독일 시민문화의 고대 수용은 보다 관념주의적·유토피아적 성격을 띤다. 여기서 우리는 이러한 고대 수용이 프랑스와 독일 시민계급의 각각 상이한 실천에 대체로 상응하고 있음을 새삼 강조할 필요가 없다. 독일 시민계급의 정치적 실천의 결핍과 부재는 그리스 문화를 이상화하는 데 알맞은 토양을 제공하였고, 소규모의 궁정을 중심으로 해서 국가적으로 사분오열되어 있던 독일의 정치적 상황은 로마의 공화정보다 그리스의 폴리스 민주주의를 선호하는 데 기여하였다. 보다 순수한 시민적 이상과 열정을 품고 있었던 젊은 괴테가 프로이센의 베를린이나 합스부르크가의 빈을 택하지 않고 바이마르라는 소공국에서 그의 문화적·정치적 이상을 실현하려고 했던 것도 이러한 관련 속에서 이해할 수 있다. 괴테의 문학이 지닌 기본적 성격, 예컨대 예술을 통한 인간성의 도야와 휴머니즘의 실현, 식물적 형태론에 입각한 삶의 유기체적 총체성, 사私적·개인적 삶에 대한 강조와 정신적 엘리트주의, 프랑스혁명을 위시한 시대적 사건에 대한 무관심과 정치 일반에 대한 일종의 니힐리즘, 계급적 타협을 통한 교양이상의 실현 등도 괴테의 문학이 생겨난 당시 바이마르 소공국의 정치적 상황을 전제로 하지 않고는 이해할 수 없다.

사회주의자 루카치가 독일 고전주의의 이러한 '고전주의'에 집착하는 것도 나름의 감정적·논리적 필연성을 가지고 있다. 19세기 독일 시민문화의 이념에서 출발한 루카치는 1차세계대전을 전후한 새로운 자본주의 단계에서 드러난 모순과 이 시기를 전후하여 팽배하기 시작한 유럽 부르주아지 지식인의 일반적 위기의식, 그리고 전통적 문화의식과 부르주아지의 깊은 간극을 극복하기 위하여 사회주의로 전향하였다. 그러나 그의 눈에 비친 자본주의적 모순은 주로 문화적·도덕적인 것이었다. 1919년 루카치가 헝가리 사회주의 정권의 문화장관으로서 문화정책을 실천하고자 했을 때도 그는 정치를 그의 부르주아지적 문화이상을 실현하기 위한 수단으로 간주하였다. 그는 시민사회의 위기의 근원은 근본적으로 '시민적 이데올로기와 시민적 경제질서의 불협화음'에 있으며, 시민사회의 비극은 "시민적 이데올로기가 자본주의적 경제질서를 훨씬 능가하는 데 있다. 시민적 이데올로기가 낳은 자본주의적 경제질서로 인해 시민계급이 시민적 이데올로기에 따라 살 수 없다는 데 있다"고 말한다. 그는 사회주의의 실천을 통하여 무엇보다도 총체적 의식 및 삶의 의미가 결여되고 도덕적으로 타락한 서구 부르주아지 사회의 퇴폐성을 극복하고자 하였다. 특히 동구의 변방 출신이자 19세기적 유대 시민지식인으로서의 루카치는 처음부터 서구 자본주의의 퇴폐현상과 소외현상에 누구보다도 예리한 감각을 지니고 있었다. 물론 20세기 서구 자본주의의 이러한 현상에 대한 예리한 의식과 비판은 현대 서구 부르주아지 지식인의 공통된 특징이다. 하이데거의 '비본질적' 현대의 삶에 대응하는 '본질적'이고 근원적인 '존재'의 철학적 성찰, 벤야민과 아도르노를 위시한 프랑크푸르트학파의 사회학적 자본주의 문화 비판, 루카치의 『소설의 이론』의 테제를 이어받아 이를 마르크스의 가치론에 결부시킨 골드만의 소설이론 등은 이러한 자본주의적 소외의 비판과 극복을 그 공통분모로 하고 있다. 루카치의 미학이 이러한 여러 이론과의 상관관계 속에서 논의되고 이러한 이론들의 원형적 출발점이 되는 것은 그러한 이유에서이다. 물론 여기에서 루카치 미학과 결부된 여러 이론과의 관계를 상세하게 논의할 수 없지만, 한 가지 확실한 것은 이들 이론은 거의 공통적으로 초기 서구의 시민적 문화이상의 규범과 가치에서 벗어나지 못하고 있고, 이를 극복하려는 노력도 이러한 이상을 낳은 서구 부르주아지 사회와 역사의 테두리 속에서만 계속 이루어지고 있다는 사실이다.

이상에서 논의한 루카치 문학사관의 비판에서 우리가 얻을 수 있는 인식은, 독일 초기고전주의의 예술이상을 올바로 이해·평가하고 진보적 문학사 속에서 '구제'하기 위해서는 새로운 시각이 필요하다는 점이다. 서구 부르주아지의 예술이념, 특히 독일 시민문화의 예술이념이 지닌 '형이상학의 과잉'은 서구 부르주아지 사회의 완고한 지속성과 그 안에서 머물고 있는 순환의 논리 속에서는 계속 시달림을 받을 수밖에 없다. 이러한 '이론의 고통'이 출구를 찾기 위해서는 서구 시민사회의 역사발전에 내재하는 이론과 실천의 간격을 극복하려는 자체의 지속적 노력은 물론이고, 나아가서는 서구지향의 역사와 문학사를 지양·극복하려는 세계사의 총체적 발전에 대한 새로운 시각이 요청된다.

4장

루카치 『미학』의 기본 사상

1963년에 출간된『미적인 것의 고유한 특성』(이하『미학』)은 루카치 만년의 저술로서, 여기에는 전 생애에 걸친 그의 미학적 사고와 사상이 총결산 형식을 띠고 최종적으로 서술되어 있다. 체계적 미학을 완성하는 것은 그의 젊은 시절의 꿈이었다. 1910년대 베를린 대학과 하이델베르크 대학 체제기간에 이 작업에 착수하였지만 1차세계대전을 전후한 시대적 사정과 아직도 정리되지 않은 철학적 입장 때문에 이 계획은 미완으로 끝났다. 반세기가 지난 1970년대 초반에 하이델베르크의 은행에서 우연히 발견된 이 작업과 관련된 원고를 바탕으로『하이델베르크 예술철학』과『하이델베르크 미학』이 추후 그의 전집에 수록되었다. 1차세계대전 직후 사회주의 정치에 발을 들여 놓게 된 루카치는 1920년대와 30년대 빈과 모스크바 망명기간 동안『역사와 계급의식』을 위시한 정치적 이데올로기적 저술과 함께 사회주의 리얼리즘의 대표적 이론가로서 문학이론, 문학사 연구 및 비평에 관한 단편적 연구를 중심으로 마르크시즘 미학의 기초를 세우려고 시도했지만, 체계적 미학을 정립하는 데는 이르지 못했다. 그가 이데올로기적 혼란과 문예비평적 작업의 기나긴 수업시대를 거치고 젊은 시절의 꿈인 체계적 미학에 착수할 여건이 마련된 것은 2차세계대전 후 헝가리로 돌아와서 60세에 부다페스트 대학교의 미학교수가 되고 난 이후이다. 그러나 아그네스 헬러, 페렌츠 페헤르, 죄르지 마르쿠시와 같은 젊은 학자들과 함께 시작된 그의 제도권에서의 미학연구는 1950년대의 동서냉전과 사회주의 진영 내부의 이데올로기 논쟁으로 중단되거나 변화를 겪게 되었다. 특히 임레 너지 정권하에서 두 번째로 문화장관이 된 루카치는 1956년의 이른바 헝가리 봉기와 소련의 개입으로 인해 또다시 정치적 실각을 맛보면서 정치 일선에서 완전히 퇴각한다. 이미 부분적으로 착수된 체계적 미학 집필에 전념하는 시기는 1950년대 후반에 와서이다. 루카치의 『미학』은 이러한 경로와 여건 속에서 완성되었다.

그러나 루카치의 『미학』은 본래 계획했던 체계적 미학의 일부에 지나지 않는다. 서문에서 밝히고 있듯이 그는 저술을 3부로 구상하였다. 완성된 제1부는 제목이 말하는 대로 『미적인 것의 고유한 특성』으로서 여기에서는 미적 영역의 철학적, 인식론적 근거를 정립하고자 하였다. 미 혹은 미적인 것의 본질은 과연 무엇이며 그것은 과학적 영역, 종교적 영역과 어떻게 다르며 어떻게 해서 생겨나는 것인가 하는 등의 근원적 의문에 철학적 해명을 시도하고 있다. 제2부는 '예술작품과 미적 태도'라는 제목하에 예술작품의 구체적 구조와 예술활동의 창조적 수용태도 등의 문제들을 다룰 예정이었다. 제3부는 '사회적·역사적 발전으로서의 예술'이라는 제목하에 예술을 역사적으로 고찰하려고 하였다. 제1부가 이를테면 변증법적 유물론의 성격이 강하다면 제3부는 역사적 유물론의 접근방식이라고 할 수 있다. 전자가 논리적·인식론적 성격이 강하다면 후자는 구체적 상황 속에서 전개되는 예술의 발전과정을 서술함으로써 전자의 철학적 입장을 구체화하고 보완하는 성격을 띠었을 것이다. 그러나 제1부의 서술과정에서도 그는 이 양자, 즉 변증법적 접근과 역사적 접근을 분리하지 않고 양자의 상호관련성을 강조한다. 계획된 제2부의 예술작품의 구조, 형식, 장르에 관한 이론이나 예술활동의 창조적·수용적 태도 역시 부분적으로는 제1부에서 함께 다루고 있다.

모든 저술이 그러하듯 루카치의 『미학』에도 그가 살았던 시대의 상황과 정신적 흐름, 저자의 시대와의 갈등 등이 그대로 나타난다. 우선 그는 마르크시즘의 유물론적 인식론을 바탕으로 논의를 전개하면서 자기시대의 일체의 관념론적 철학과 20세기 서구 부르주아지의 현실 및 예술사조에 비판을 가한다. 다른 한편으로는 자신이 몸담았던 사회주의의 정치적 현실과 이데올로기, 사회주의 문학 및 예술의 실천을 두고도 상당한 정도의 비판적 거리를 유지한다. 마르크시즘과 사회주의 이념에 굳건히 발을 딛고 있으면서도 사회주의 현실에 비판적인 그의 정치적 입장은 『미학』에도 강한 흔적을 남기고 있으며 심지어 그의 『미학』의 성격을 규정하는 요인이 된다.

이러한 문제와 결부하여 또 하나 지적할 점은, 그의 초기 미학적 사고와 『미학』의 유물론적 입장의 상호관련성이다. 앞에서 시사했듯이 루카치의 『미학』은 그가 오랜 기간 생각해 왔던 미학적 사고를 마르크시즘의 방법론으로 정리하고 체계화한 것이다. 루카치의 『미학』은 지금까지의 미학적 사고를 요약하면서 동시에 하나의 체계적 마르크시즘적 미학이 되려는 요구를 하고 있다. 이러한 요구는 그가 『미학』을 마르크스적 개념과 방법론으로 서술하고 있다는 점에서 본래의 목표에 어느 정도 부응하고 있는 것처럼 보인다. 그러나 이러한 개념적 장치와 전개방식의 밑바탕에 있는 기본사상은 그의 리얼리즘론과 비평적 연구의 출발점인 고전주의 예술이념이다. 이러한 의미에서 루카치의 『미학』은 고전주의 예술이념의 본질적 특징들을 마르크시즘적으로 개념화하고 체계화하려는 시도라고 할 수 있다.

루카치는 우선 '미적인 것의 고유한 특성'을 반영이론으로부터 이끌어낸다. 유물론적 인식론의 근간을 이루어 왔던 반영이론을 매우 상세하게 세분화해서 고찰한다. 그는 반영이론을 포괄적으로 다루지 않고 세 가지 반영형식들, 즉 일상적 반영, 과학적 반영, 미적 반영으로 나누어서 각각의 특징을 고찰한다.

첫째, 일상적 반영이 지닌 특징은, 일상생활을 영위하는 인간의 태도와 노동이 직접적이면서도 실천적인 목표를 겨냥한다는 데 있다. 이로 인해 생겨나는 일상적 반영의 의식은 일단은 주위세계를 객관화하고 주위세계를 있는 그대로 즉 유물론적으로 받아들이는 성격을 띤다. 이런 면에서 일상적 반영은 근본적으로 유물론적 성격을 지닌다고 할 수 있다. 그러나 일상적 태도와 의식은 다른 한편으로는 이미 경직되어 있거나 모호한 일상적 사고 형태들, 예컨대 습관이나 관습, 전통 등에 너무 깊이 연루되어 있을 뿐만 아니라 주위세계를 도식적으로 유추하거나 인간이나 인격과 관련지어 받아들이는 성향이 있다. 루카치는 일상적 반영이 지닌 유추적이면서도 인격적인 성향을 '인간중심화(Anthromophosieren)'라는 개념으로 표현한다. 따라서 일상적 반영이 이루어내는 객관화의 정도는 그 객관화가 지속적이면서도 일반적인 성격을 획득하기에는 너무 주관적이고 자연발생적인 면을 지니고 있다.

둘째, 일상적 반영이 지닌 이러한 한계를 넘어설 수 있는 반영형식은 과학적 반영이다. 과학적 반영도 일상적 반영에서와 동일한 현실과 노동과정 속에서 이루어진다. 그러나 과학적 반영이 일상적 반영과 다른 점은, 과학적 반영은 일상적 반영이 지닌 주관적·직접적 성격을 가능한 한 최대로 제거하고 그럼으로써 객관적 세계의 법칙성을 지속적으로 자기 것으로 만들려고 노력하는 데 있다. 루카치는 이러한 과학적 반영의 특성을 인간중심화하는 일상적 반영과 대비해서 인식의 주체 및 객체의 '탈인간중심화(Desanthromophosieren)'라고 규정한다. 과학적 반영을 통해 인식의 주체는 자체의 수단과 처리 방식을 고안해내고 그것들의 도움에 힘입어 한편으로는 객관적 현실을 인간의 인지 및 감각성의 한계를 벗어나서 수용하도록 만들고 다른 한편으로는 스스로를 통제할 수 있는 메커니즘을 자동화하도록 만든다. 과학적 반영은 일상적 반영이 지닌 주관적이고 직접적인 표상세계를 '인지와는 더욱더 멀어지게' 하고 '개념에 보다 더 가까워지도록' 만듦으로써 그러한 표상 세계를 개념적 수준으로 끌어올린다. 과학적 반영을 통한 이러한 객관화와 개념화 과정이 곧 인류가 이룩한 학문 전체의 역사이고, 이 역사는 고대 그리스에서 본격적으로 태동해서 르네상스를 거쳐 현대에 와서 정점을 이루었다. 이러한 과정은 물론 직선적인 하나의 통일된 과정이 아니라 두 개의 거대한 방향의 상호 투쟁 속에서 이루어졌다. 하나는 일상의 사고, 종교와 관념론과 같은 인간중심화하는 방향이고 다른 하나는 탈인간중심화하는 방향인데, 이 양자의 투쟁 속에서 과학적 반영의 원칙이 관철될 수 있었다. 그렇기 때문에 과학적 반영의 이러한 과정은 인류가 일체의 초월성, 형이상학, 종교로부터 해방되어온 역사의 과정이기도 하다.

마지막으로 미적 반영 역시 과학적 반영에서와 동일한 현실에서 이루어졌다. 동일한 현실과 주위 세계에 대응하면서 양자의 반영형식들은 상호 보완적인 작용을 하고, 위계를 정할 수 없는 동일한 가치를 지닌다. 그럼에도 미적 반영이 과학적 반영과 다른 점은, 그것이 주체와 인간, 나아가서는 인류 전체와 관련을 맺고 있다는 사실이다. 과학적 반영이 가능한 한 주관적 측면과 인간 중심화의 경향을 극복하면서 단지 주위 세계를 객관화함으로써 '무엇에 관한' 의식을 자기 것으로 만들었다면, 미적 반영은 주위 세계와 관계 속에서 주관적 생각과 감정을 객관화함으로써 개별적 인간으로서의 자기 자신은 물론이고 유적 존재로서의 인간 전체, 즉 인류에 대한 의식 – 루카치는 이를 자기의식(Selbstbewusstsein)이라고 명명한다 – 을 창조해 내었다. 루카치는 자기 자신과 인류에 대한 이러한 자기의식이 미적 반영의 본질적 모멘트이고 미적 형식의 고유한 특성을 만들어 내는 내용적 실체이자 근간이라고 본다. 미적 반영이 지닌 이러한 특성은 인류의 기원과 함께 처음부터 생겨난 것이 아니라 인류가 노동을 통해 자연과의 신진대사를 일정 수준에까지 끌어올리고 난 시점부터 생겨난 것이라고 할 수 있다. 따라서 루카치는 『미학』의 상당 부분을, 미적 반영의 본질과 특성이 생겨나는 과정을 발생론적으로 고찰하는 데 할애한다. 이를 명확히 개관하기 위해 루카치 사고와 논리의 전개 과정을 하나하나 따라가 보자.

가) 루카치는 예술의 근원이 주술이라는 점과 이 양자가 공통적으로 지닌 미메시스적·환기적(evokativ) 성격과 인간중심화하는 성향을 강조한다. 주술적 행위는 미메시스를 통해 주위 사람들에게 환기적으로 무엇을 알리거나 특정한 대상에 자신의 주관적 감정을 투영시킴으로써 주위 세계에 영향력을 행사하려고 한다는 점에서 일상적 인간의 직접적인 실천적 목표와 연관을 맺고 있다. 미적 반영 역시 주술적 실천이 지닌 그러한 면을 내포하는데, 미적 반영도 주술처럼 일상의 감정과 생각, 감각적으로 인지된 것을 미메시스적으로 모방하면서 동시에 그러한 것들을 인간중심화하고 객관화하려고 하기 때문이다. 과학과 주술이 제각기 독자성을 유지하면서 병존 관계를 맺어왔다면 예술과 주술은 서로 뒤엉켜 공존하는 양상을 띠었다. 그러다가 예술은 시간이 지나면서 서서히 주술의 외피를 벗고 그것으로부터 해방된다. 하지만 예술은 이러한 해방과정에서도 본래 자신이 지녔던 미메시스적·환기적 성격을 그대로 보존한다. 주술로부터 예술이 독립되어 가는 과정에서 예술의 중요한 모멘텀이 생겨난다. 즉 미메시스를 통해 인간이 가진 주관적 세계와 인지 능

력의 외연과 내포가 확장되면서 양에서 질로의 변증법적 전환이 일어나는 것이다. 미메시스를 통해 이루어지는 이러한 질적 변화는 인지된 것을 어떤 특정한 목적에 초점을 맞추어 투입하고 동원하는 특수한 능력을 낳는다. 루카치는 미적 활동의 미메시스가 지닌 이러한 면을 '미적 설정'(ästhetische Setzung)이라고 부른다. 미적 설정이란 곧 인지된 소재나 내용을 고유한 방식으로 정리하고 형상화하는 미적 능력을 말한다.

나) 이러한 능력에 의해 인간은 현실로부터 본질적인 모멘트를 이끌어내고 이 현실의 부분들을 하나의 '주도적 원칙'에 의해 조직한다. 루카치가 거듭 강조해온 리얼리즘론의 핵심 요소인 형상화 원칙이 여기에서도 다시 모습을 드러낸다. 루카치의 반영이론에 따르면 형상화 원칙은 예술의 발생에 처음부터 자리잡고 있고 근원적으로 예술의 본질에 속한다. 따라서 리얼리즘의 형상화 원칙은 다른 여러 스타일 중의 하나가 아니라 미학적 원칙 그 자체다. 여기서도 루카치는 또다시 자연주의에 완강히 반대하는 입장을 취하는데, 자연주의의 사진 찍는 식의 수동적 반영은 본질적인 것에 적극적으로 집중함으로써 하나의 완결되고 집중적인 총체성의 세계를 만들어내는 미적 반영 혹은 미적 미메시스의 원칙에 근본적으로 위배되기 때문이다. 예술가가 그린 초상화가 초상화 사진보다 더 깊은 감동을 주는 것도 바로 이 때문이다.

다) 예술은 형상화 원칙에 힘입어 주술과는 다른 종류의 인간 중심적 반영형식을 만들어 낸다. 주술이 인간 중심적 반영에 어떤 초월적 현실이나 존재가 있다는 것을 상정하고 우리에게 이러한 초월적 현실을 믿을 것을 요구한다면, 예술은 일체의 초월적 힘에 기대지 않고 반영형식 그 자체가 되려고 노력한다. 주술적 반영 그리고 그 이후에 나타나는 종교적 반영이 초월성과 관련을 맺고 있고 이를 통해 초월성에 의존하면서 인간 자신에 대한 의식을 얻게 된다면, 미적 반영은 현실 자체와의 관련을 통하여 처음부터 인간 스스로에 의해 창조된 의식, 즉 자기의식을 갖게 된다. 종교와 예술이 인간중심화하면서 자기의식을 만들어 내는 공통점이 있음을 지적하면서도, 루카치는 초월성에 의존적인 자기의식과 예술형식 자체에 독자적으로 내재하는 자기의식의 차이점을 뚜렷이 부각시키고 있다.

라) 미적 반영의 자기의식은 주술이나 종교의 자기의식과는 달리 일반화하는 능력을 갖는다. 주술 및 종교의 자기의식은 초월적 입장 혹은 출발점에 묶여 있기 때문에 자체가 지닌 직접적 성격과 개별적 성격을 넘어서지 못한다. 이에 반해 미적 반영은 그것이 지닌 형상화 원칙과 같은 형식 자체의 고유한 특성에 힘입어 직접적이고 개별적인 것 그리고 주술적인 것에 붙잡힌 일상의 의식으로부터 본질적인 특징들을 이끌어내고 그러한 특징들을 개별적이 아닌 전 인류적인 일반적 의식(인류의 자기의식)으로 끌어올림으로써 미적 자기의식의 일반화를 가능하게 한다. 미적 일반화 과정은 과학적 일반화 과정과도 뚜렷이 구분된다. 왜냐하면 미적 반영이 인간을 인간중심적으로 또 감각적·구체적으로 일반화한다면, 과학적 반영은 주위 세계를 탈인간중심적으로 또 개념적으로 일반화하기 때문이다. 미적 반영은 미적 자기의식의 이러한 일반화 과정을 통하여 인류의 자기의식과 유적 존재로서의 인간에 걸맞은 인간상을 창조하였는데, 이러한 인간상은 호메로스부터 괴테에 이르는 인류의 예술사에서 생생히 살아있는 인류 발전의 그때마다의 단계를 보여주고 있고, 역사적 진행과정의 유기적 구성부분으로서 또한 '인류의 기억'으로서 우리에게 지속적으로 영향을 미치고 있다. 루카치는 예술에 구현된 이러한 인간상과 인간의 자기의식에서 '심오한' 휴머니즘과 휴머니즘 원칙의 실현을 본다. 따라서 루카치에게 예술은 곧 휴머니즘이자 인간해방의 원칙이다.

마) 루카치는 미적 반영의 내용적 실체라고 할 수 있는 이러한 자기의식과 휴머니즘으로부터 그의 『미학』의 가장 중요한 범주인 특수성(Besonderheit)과 전형(Typus)을 이끌어 낸다. (이 두 개념은 이미 『역사소설론』에서 모습을 드러냈다.) 미적 자기의식은 다분히 주관적인 성격을 띠지만, 유적인 것과의 관련을 통하여 주관적 모멘트를 지양하고 그것을 보다 차원 높은 특별한 주관성으로 고양시킴으로써 객관성을 획득한다. 바로 이러한 특별한 미적 주관성이 미적 반영의 특수한 성격과 미학의 특수성 일반을 규정한다. 이러한 미적 주관성은 일반적인 것과 개별적인 것을 유기적으로, 변증법적으로 매개시키고 그럼으로써 양자의 종합적 통일성을 이루어 내는 고유한 능력을 가진다. 루카치 미학 전체를 관통하는 핵심 개념의 하나인 전형은 이러한 내용적 측

면에서의 미적 주관성이 구체화되고 형식화된 것이다. 형식화된 것으로서의 전형은 일반적인 것과 개별적인 것 사이의 변증법적인 운동이 일어나는 매개과정에서 중심적 위치 혹은 일종의 장場의 역할을 한다. 전형의 특징은 미적 주관성처럼 일반적인 것과 개별적인 것 사이의 변증법, 그리고 객체와 주체의 통일성이 이루어진다는 점이다. 루카치는 미적 영역에서 이루어지는 이러한 변증법적 통일성을 '대자적으로 존재하는(fürsichseiend)' 작품개성(Werkindividualität)이라고 명명한다. 이 작품개성은 작품 속에서는 '그 자체로서 완결된 총체성'으로, 작품 밖으로는 무엇인가 고유한 것, 즉 '동질적 매체'(das homogene Medium)로 나타난다. 이 동질적 매체는 현실에 의해 촉발되지만 그럼에도 그 현실 속에서 결코 해체되지 않는 또 하나의 보다 높은 고유한 현실을 만들어 낸다. 미적 특수성과 전형 그리고 작품개성이라는 개념을 통해 루카치는 미적인 것의 고유한 특성을 결정화하고, 나아가서는 거듭 주장해온 예술의 총체성, 예술의 자율성, 그리고 예술의 진리를 철학적·인식론적으로 새롭게 옹호한다.

『미학』의 전반부가 주로 미적 반영에서 생겨나는 미의 고유한 특성들을 밝힌다면 후반부에서는 미학 일반에서 논의되는 중요한 문제점들을 다룬다. 우선 미적 특수성과 전형 개념으로부터 미학과 윤리학의 밀접한 상관관계 혹은 친화성을 부각시킨다. 미학과 윤리학이 상호 친화성을 갖는 까닭은, 예술작품의 근저에 놓인 주체와 객체, 외부세계와 내부세계의 통일성이 하나의 통일된 윤리적 내면성이나 인격의 총체성을 실현하고 유지하려는 일상적 인간의 동경이나 요구에 강한 호소력을 지니기 때문이다. 하지만 양자의 차이는, 미학이 자체의 형식과 작품개성을 통하여 하나의 완전한 통일성에 도달한다면 윤리학은 그러한 통일성을 좀처럼 실현하기 힘들다는 데 있다. 예술이 오랜 기간 예술 이외의 많은 목적을 위해 이용되었던 근본 이유도 바로 미적 총체성의 완전한 성격에 기인한다. 그 예로 루카치는 이데아의 초월을 위해 에로스를 미학화하는 플라톤의 에로스론, 종교적 목적을 구체적으로 나타내기 위한 중세에서 보는 바의 예술의 종교적 오용, 그리고 낭만주의와 키르케고르에서 보는 바의 유미주의적 이미지를 위한 삶의 미학화 등을 든다. 루카치는 이러한 관념론적, 종교적, 낭만적 미학에서는 미학과 윤리학 사이의 관계가 잘못 설정되었다고 보는데, 이러한 미학은 내세적이고 관념적인 모멘트에서 자체의 미적 근거를 찾고 그럼으로써 미적·윤리적 총체성이 지녀야 할 현세적이고 현실적인 근본 성격을 무시하고 있기 때문이다.

현실적 삶에서 좀처럼 실현할 수 없는 현세적인 윤리적 완성이 실현되는 것은 루카치가 인류의 경전으로 여기는 예술작품의 전형 속에서다. 예술작품의 전형 속에서는 개별적 개인의 윤리성과 인류의 일반적인 자기의식이 용해되고 그럼으로써 일상에서의 윤리적 실천이 지닌 개별적·제한적 성격이 지양된다. 루카치는 이러한 전형에 내재하는 윤리성과 개성을 이상적이면서도 '적절한 중용'이라고 말하는데, 그것은 개별성과 일반성 사이의 종합을 보여주기 때문이다. 이러한 윤리성을 구현하는 전형을 또다시 괴테의 『빌헬름 마이스터의 수업시대』에 등장하는 인물상에서 찾는다. 그는 여기에서도 낭만주의의 삶의 미학화와 범시적汎詩的인 삶의 태도를 환상이라고 거부하고 '괴테적인 타협'의 길과 고전주의 소설 주인공의 삶의 태도를 현실에 대응하는 적절한 태도라고 옹호함으로써 초기 미학이 선택했던 '고전주의적 길'을 다시 확인하고 있다.

예술과 윤리 사이의 이러한 관련성을 말해주는 것은 자연미와 예술미의 관계에 대한 루카치의 견해이다. 루카치에 따르면 자연은 그 자체로는 아무런 미의 성격을 가지고 있지 않다. 자연이 미적 의미를 획득하게 되는 것은, 자연에 대한 인간의 내면적인 태도가 윤리적인 면, 즉 삶에 대한 태도와 관련을 맺게 되면서다. 자연미 체험의 밑바탕에는 자연의 개념을 예술미의 차원으로 고양시키는 윤리적 주관성과 윤리적 삶의 태도가 자리잡고 있다. 자연체험과 윤리적 체험이 '진정한 예술작품'의 전형 속에서 함께 마주쳐야만 비로소 자연은 진정한 의미의 미적 체험이 된다. 모범적인 문학작품의 예로 『전쟁과 평화』와 『마의 산』을 들면서 이 소설 주인공들의 자연체험과 윤리적 체험의 어우러짐 속에서 자연미는 비로소 예술미로 승화되고 있다고 본다. 헤겔 미학을 이어받은 루카치의 기본 생각, 즉 예술미는 윤리적 이상과 직접적으로 관련되어 있고 예술미는 궁극적으로 자연미에 우선한다는 생각은 그의 『미학』에서 최종적 표현을 얻고 있다.

루카치 『미학』의 기본사상을 보완적으로 잘 설명해 주는 것은 상징과 알레고리에 관한 상세한 논의이다. 우선 그는 괴테의 상징 이론을 빌려 상징과 알레고리의 본질적 차이점을 부각시킨다. 즉 상징이 자체의 '사고적 모멘트'를 이념(Idee)에 두고 있다면, 알레고리의 사고적 모멘트는 개념(Begriff) 속에 들어 있다는 것이다. 알레고리의 실체인 개념은 그 자체로서 이미 내적으로 고정된 성격을 가지는데, 개념은 그 자체에 의해 정해진 대상의 내용과 범위를 결정적으로 제한하고 또 규정하기 때문이다. 따라서 알레고리의 사고적 모멘트인 개념은 대상의 감각적 직접성과 풍부한 현상세계를 상실하고 있다. 개념이 이미지로 전환된 것으로서의 알레고리는 이미지 속에서 감각적 직접성과 풍부한 현상세계를 잃어버림으로써 현상세계의 본래적 출발점으로부터 멀어진다. 이로써 알레고리의 이미지는 감각적인 인간적 인지와 개념적, 탈인간중심화하는 사상적 내용 사이의 간극을 메우지 못하고 영속화시킨다. 이에 반해 상징의 본질인 이념에는 종합하고 매개하는 힘이 있는데, 이념은 이미지로 전환되는 과정에서 현상의 내용뿐만 아니라 현상의 관련성 및 규정성의 내적 풍부함을 그대로 가져감으로써 이미지에 이념적인 것의 본질적 특징을 부여하기 때문이다. 그러니까 상징이 감각과 사고의 이원성을 지양하고 종합하여 인간과 관련된 현세적 성격을 갖는다면, 알레고리에는 초월성과 관련된 내세적 성격이 자리잡고 있다. 이러한 면에서 보면 상징이 인류 발전과정에서 생겨난 자기의식의 미적 특수성과도 그리고 전형 속에 나타나는 개별성과 일반성의 이원성을 연결하는 작품개성과도 관련을 맺고 있다면, 알레고리는 종교가 지닌 개별적이면서도 초월적인 의식과 관련을 맺고 있다. 여기서 루카치는 알레고리와 종교의 긴밀한 관련성을 지적하면서 왜 알레고리적 모사가 중세는 물론 현대에 이르기까지 종교적 목적에 봉사했던가를 밝힌다.

루카치는 현대문학에 나타나는 알레고리화 경향도 어떤 초월적 세계를 동경하는 현대인간의 종교적 욕구와 깊은 관련이 있다고 본다. 루카치는 벤야민의 『독일비극의 원천』을 인용하면서 내용에는 대체로 동의하면서도 알레고리를 하나의 원칙적 미적 범주로 옹호하고자 하는 벤야민의 기본의도에는 완강히 거부하는 입장을 취한다. 이로써 자신의 미학적 입장, 즉 현대문학의 알레고리적 경향은 초월성 및 종교와의 완전한 종속관계 속에서 전개되었고 그렇기 때문에 인간과 세상사와 관련되는 미학적 원칙의 현세적 성격에 위배된다는 입장을 다시 한번 강조한다. 루카치의 현대 문학사관에 의하면 서구의 현대문학은 바로크에서 시작해서 시간이 지나면서 알레고리화의 심화과정을 겪음으로써 종교적 초월성은 20세기의 아방가르드 문학에서 '색바랜 공허', '무', '심연'으로까지 상승되어 나타난다. 하지만 이러한 알레고리화의 추세에 저항하면서 미학적 원칙을 관철시킨 반대의 경향은 르네상스에서 시작해서 독일고전주의 그리고 19세기 리얼리즘문학에서 본격화된 현대문학의 발전이다. 이러한 모범적 발전과정 속에서 현대문학은 경전적 문학작품과 그것이 구현하는 전형을 통해 상징적이고 리얼리즘적인 인간상과 세계상을 만들어 내었고 그럼으로써 종교로부터 해방되었다. 루카치는 『미학』의 마지막 부분에서 예술의 이러한 해방과정을 역사적으로 매우 심도 있게 서술하고 있다. 과학이 그러한 것처럼 예술 역시 고대 그리스에서 종교로부터 해방되기 시작하였고, 중세 동안의 종교에 의한 피후견의 위치에서 벗어나면서 르네상스, 유럽 계몽주의, 특히 괴테 시대의 문학에서 '빛나는 예술시대'를 맞이하였다.

　『미학』에 관해 지금까지 주로 내용적 생산적 측면에 초점을 맞추어 살피고 있지만, 루카치는 이 저서에서 예술의 수용적 측면과 기능적 측면에 관해서도 언급한다. 인간은 시간이 지나면서 예술을 수용하는 특수한 태도와 미적 주관성을 발전시켰다. 이러한 미적 수용태도는 일상적 및 과학적 태도와 구별되는데, 미적 태도는 예술작품을 수용하는 과정에서 직접적인 실천적 목표설정을 유보함으로써 외연적인 세계로부터 내포적인 세계(총체성) 속으로 침잠할 수 있기 때문이다. 이러한 미적 태도는 카타르시스라는 예술체험 속에서 나타난다. 카타르시스를 통해 인간은 자신의 일상적 개별성을 극복하고, 일상생활에서는 예외적으로만 도달할 수밖에 없는 완전한 윤리적 실천을 체험하며 '윤리적 삶'에 대한 각오를 다짐할 수 있다. 아리스토텔레스의 개념에 기대고 있는 카타르시스의 보편타당한 성격을 루카치는, 카타르시스의 개인적 미적 체험은 예술작품의 전형을 통해 보편성과 연결되어 있다는 점을 강조함으로써 확인하고 있다. 이러한 면에서 루카치는 시종일관 예술이 사회적 정치적 목적에 직접 개입하는 것에 반대한다. 오히려 예술의 사회적 정치적 기능을 윤리적 중요성이라는 차원에서 찾는다. 예술은 내세지향적·초월적인 종교적 의식을 변화시킴으로써 '인류의 개혁'에 봉사하고 종교적 윤리와는 반대로 '인간영혼의 현세적 완성'과 '인류의 내면적 완성'에 기여하는 수단이 되어야 한다고 주장한다. 이러한 면에서 루카치의 기능미학 역시 독일 고전주의의 미적 교육, 그리고 인류의 윤리적 완성에 그 뿌리를 두고 있다.

이상에서 우리는 『미적인 것의 고유한 특성』이라는 저술을 통하여 나타난 루카치 만년의 미학사상을 다시 구성해 보았다. 서론에서 루카치는 자신의 젊은 시절의 꿈인 체계적 미학을 전혀 다른 내용과 방법론으로 접근하고 있다고 말하지만, 이러한 주장이 어느 정도 타당성을 갖는지에 대해서는 연구자들 사이에서 계속 논란이 되고 있다. 필자의 견해로는 방법론적으로는 유물론적 입장에서 미적 특성의 형성과정을 발생론적으로 밝히는 데 일정한 성공을 거두고 있지만, 그가 결과적으로 제시하는 미적 특성의 기본내용은 그의 초기 저술과 리얼리즘론에서 지속적으로 주장해 온 것과 비교해보면 이렇다 할 차이점을 부각시키지 못하고 있다. 마르크시즘의 오랜 수련기간을 거치고 전 생애 동안 품어 왔던 미학의 기본사상을 마르크시즘적 방법론으로 다시 체계화하려는 지적 치열성과 이를 통한 인격 및 사상의 통일성과 수미일관성에 우리는 일단 긍정적 평가를 내릴 수 있다. 그러나 한편으로 그의 미학사상은 근본적으로 그의 사상과 미적 감수성이 바탕하고 있는 근대 서구 부르주아지의 미학사상(특히 독일고전주의 예술이념)과 19세기 리얼리즘 문학에 묶여 있음을 부인하기 힘들다. 그의 문학이 갖는 이러한 성격은 서구 부르주아지의 미학 및 예술 전통을 우리의 입장에서 어떻게 이해하고 평가할 것인가 하는 보다 근본적이고 포괄적인 문제와 깊이 연결되어 있다.

루카치 『미학』에서 또 하나 문제가 되는 것은 그의 저술이 다 그러하듯 미완의 성격을 띤다는 점이다. 이 책의 곳곳에서 유물론의 변증법적 측면과 역사적 측면의 상호관련성을 지적하고 부분적으로는 사회적 역사적 발전과정 속에서 예술의 특성을 서술하고 있지만, 역사적 부분을 다룰 제 3부가 완성되지 못함으로써 그의 미학은 논리적 전개의 일관성에도 불구하고 구체성과 명확성을 결여하고 있다. 삶의 총체성을 체계화하려는 20세기 대표적 헤겔주의자로서의 루카치는 현실의 급속한 움직임과 복잡성을 이론화하려는 지적 운동 속에서 보다 풍부하고 '영리한' 현실의 변증법이라는 새로운 걸림돌에 부단히 시달리고 있다. 그럼에도 우리는 이 저서에서 드러나는 미적 문제에 대한 통찰력으로부터 미학적 사고를 계속할 중요한 이론적 단서를 찾을 수 있다. 인식의 출발점으로서의 일상적 태도와 사고, 예술과 과학의 관계, 예술과 종교의 관계, 예술의 해방투쟁에 관한 역사적 서술 등은 그 대표적 예들이다.

　마지막으로 루카치의 미학적 사고는 그의 정치적 사고와 밀접한 관련을 맺고 있다. 그는 끝까지 사회주의 정치이념에 충실하면서도 20세기 사회주의 정치, 특히 스탈린주의와 그 정치실천에 심도 있는 비판 및 평가를 내린다. '프롤레타리아트 민주주의'라는 개념에서 보듯이 그의 정치적 사고는 사회주의 이념에 민주적 요소를 도입함으로써 사회주의 정치의 새로운 지평과 가능성을 탐색하는 듯하다. 그러나 그가 진정으로 실현 가능한 사회주의의 정치적 지평을 이론화하고 있는지는 불투명하다. 그의 사고가 전개되었던 사회주의 이념과 동구사회주의가 붕괴되고 전 지구적으로 자본주의적 삶의 방식이 지배적이 되고 있으며 그가 그렇게도 기대를 걸었던 근대 서구의 이성과 예술이념 및 예술작품 그리고 예술적 천재개념에 대한 회의와 이에 대한 비판과 분해(Dekonstruktion)가 행해지고 있는 오늘날의 포스트모더니즘적 정신풍토와 문화환경 속에서 그의 미학사상이 계속해서 영향력을 행사할 수 있을까 하는 문제 또한 현재의 시점에서는 좀처럼 가늠하기 힘들다.

5장

독일 시민문학의 가능성과 한계
_ 루카치와 브레히트의 리얼리즘 논쟁

20세기 현대 독문학사의 가장 중요한 사건 중의 하나는 1930년대에 있었던 이른바 '사회주의 리얼리즘'을 둘러싼 논쟁일 것이다. 이 논쟁을 간단히 '리얼리즘논쟁'이라고도 하고, 논쟁의 주역인 두 사람의 이름을 따서 '루카치·브레히트 논쟁'이라 부르기도 한다. 이 논쟁은 오늘날에도 커다란 의의를 지니는데, 여기서 논의된 문제점들이 1960년대 후반을 전후하여 독일에서 다시 본격화된 리얼리즘논쟁의 새로운 출발점이 되기 때문이다. 이 글에서는 30년대 리얼리즘논쟁이 지니는 현실적 의미를 고려하면서, 이 논쟁의 역사적 배경과 성격, 그리고 이 논쟁을 주도하였던 루카치와 브레히트의 리얼리즘에 관한 문학적 이론과 그 차이점을 규명해 보고자 한다.

1930년대 독일에서의 리얼리즘논쟁을 이해하는 데 전제되어야 할 것은 이 문학논쟁이 전개되던 30년대 전후 유럽과 독일의 정치적 상황에 대한 이해다. 이 시기에는 러시아의 사회주의 정권이 그들의 체제와 권력을 굳혀가고 있었고, 다른 한편에서는 서구(특히 독일)의 파쇼적 정치세력이 영향력을 계속 강화하고 있었다. 이로 인한 사회주의진영과 파쇼진영 사이에 증대하는 정치적 긴장과 대립은 이 시기 유럽정치의 주요내용을 이룬다. 자유주의적 정치세력의 대부분을 포함한 파쇼진영의 최대 목표가 볼셰비즘 정치권력의 확대를 저지하는 것이었다면, 러시아를 위시한 서구의 사회주의 진영은 진보적 부르주아지계급과 연합전선을 구축함으로써 (특히 프랑스에서) 파쇼정권의 대두를 막고자 하였다. 히틀러가 정권을 장악하는 시기를 전후한 독일공산당(DKP)의 기본적인 정치노선은 코민테른의 '인민전선정책'(Volksfront-politik)에 의하여 지배되었다. (이 정책은 실제로는 독일공산당 내부의 모순과 대립으로 인해 관철되지 못하였다.) 러시아공산당이 이른바 일국사회주의 권력강화와 안정에 역점을 두었다면, 독일공산당은 독일 국내의 정치적 사정을 고려한 정책을 수립하지 않을 수가 없었다. 다시 말하면 독일공산당은 한편으로는 부르주아지 정치세력과 구별되는 정치노선, 즉 프롤레타리아트의 독재정권을 관철시키려 하였고, 다른 한편으로는 시민층의 정치세력(특히 독일 사회민주당)과 손잡고 반파쇼 공동전선을 구축하는 '역사적 필요성'에 부응해야 했다. 이러한 정치적 모순은 독일공산당의 문화정책에도 그대로 반영된다. 즉 당의 일부에서는 시민층의 문화에 완전히 대립되는 독자적인 문화정책을 수립하려고 한 반면에 다른 일부에서는 시대적 요구에 상응해서 광범위한 시민계층을 포함하는 포괄적 문화정책을 세우려고 하였다. 그러나 프롤레타리아트의 독자적 문화정책을 수립하려는 노력은 실제에서는 많은 어려움을 동반하였는데, 당시 독일의 상황이 그러한 계급적 문화정책을 실현시킬 여건을 갖추지 않았기 때문이다. 20년대 러시아의 사회주의 이행과정에서 벌어진 사회주의 문화정책에 관한 논쟁과 30년대 전후 독일에서 전개된 문화적·문학적 논쟁은 이러한 정치적 어려움을 배경으로 하여 생겨났다.

　트로츠키가 문화(문학)와 정치를 완전히 분리한 것은 이러한 어려움을 해결하기 위한 노력의 전형적 예다. 그는 정치적 혁명이 계속되는 동안에는 문화적 혁명은 불가능하며, 프롤레타리아트의 새로운 문화는 노동계급이 그들의 정치적 혁명을 완수하고 난 후에라야 비로소 가능하다고 주장하였다. 따라서 트로츠키에 의하면, 사회주의로의 이행과정에는 불가피하게 프롤레타리아트의 정치와 부르주아지의 문화가 공존하기 마련이라는 것이다. 레닌과 스탈린은 트로츠키의 이러한 정치와 문화의 엄격한 분리에 정면으로 반대하면서 전통적 문화와의 유기적 관련과 진보적 문화전통의 비판적 수용에 바탕한 문화정책을 수립하고자 하였다. 레닌과 스탈린의 이러한 생각은 20년대는 물론 50년대까지 지속되는 스탈린시대의 러시아 문화정책의 기본노선이 될 뿐만 아니라 30년대 독일 공산당의 문화정책과 문화정책을 둘러싼 논쟁에 결정적 영향을 미친다. 20년대 말 독일에서 결성된 '프롤레타리아트 작가동맹'과 그 기관지 《좌선회》(Linkskurve)를 중심으로 시작하여 30년대 말의 정치망

명까지 계속된 사회주의 리얼리즘을 위시한 일련의 문학논쟁도 이러한 일반적인 정치적·문화적 풍토 속에서 전개된 것이다.

　30년대 독일의 리얼리즘논쟁에서도 20년대의 러시아와 코민테른 내부의 문학적 논쟁이 지녔던 기본적 성격이 그대로 반영된다. 브레히트를 선두로 하는 일군의 작가들은 그들의 창작체험을 바탕으로 전통적 부르주아지 문학에 완전히 대립되는 새로운 차원의 프롤레타리아트의 문학론을 전개한 반면에, 루카치를 중심으로 하는 일련의 이론가 그룹은 혁명적이고 실험적인 예술형식과 이론에 반대하고 대신 진보적 문학전통에 입각한 사회주의문학론을 정립하려고 하였다. 이 그룹 사이의 논쟁이 대체로 전자보다는 후자에 유리한 방향으로 전개되고 브레히트의 이론보다는 루카치의 이론이 결과적으로 당 내부에서 더 큰 지지와 옹호(비록 적극적 성격을 띤 것은 아니지만)를 받게 된 것은, 무엇보다도 루카치의 이론이 코민테른의 기본 정치노선과 스탈린의 문화정책에 더 부합되었기 때문이다. 루카치의 미학이론이 주로 반파시즘 계열에 서 있던 진보적 시민지식인 계층에서 영향력을 획득하였고, 그의 이론이 동구에서는 스탈린주의와 반파시즘 정책이 기본노선이었던 50년대말 (1956년의 헝가리혁명을 전후한 시기)까지만 영향력을 행사할 수 있었다는 사실은 반파시즘정책과 결부된 루카치이론의 정치적 성격과 시대적 제약성을 말해준다.

　이러한 시대적 배경과 병행하여 30년대 독일의 리얼리즘논쟁을 이해하는데 고려할 점은 이 논쟁에서 가장 큰 역할을 담당한 루카치의 개인적 배경에 대한 고찰이다. 지금까지 독일에서 이루어진 리얼리즘논쟁에 관한 연구의 대부분은 30년대의 리얼리즘논쟁 자체에만 초점을 맞추면서 주로 루카치 리얼리즘론의 시민계급적 요소를 지적하거나 루카치에 대비되는 브레히트 리얼리즘론의 장점과 우월성을 강조하는 데 그칠 뿐, 루카치 미학체계의 근본적 분석을 토대로 이 논쟁에 대해 종합적 평가를 내리지는 않았다. 루카치 예술이론의 발전사적 배경을 이 연구에 포함시켜야 하는 가장 큰 이유는, 이 논쟁이 일어나던 당시 루카치의 이론은 (예컨대 브레히트와는 달리) 이미 어느 정도 철학적·미학적 체계를 완성한 후고, 그렇기 때문에 그의 이론적 체계를 이해하지 않고는 루카치 리얼리즘론의 본질에 접근할 수가 없기 때문이다. 이 논쟁에서 브레히트가 루카치 리얼리즘론의 관념주의적·형이상학적·유토피아적 성격을 비난하고 고지식할 정도로 경직된 그의 태도에 대해 끊임없이 불평하지만, 루카치이론의 이러한 면이 과연 어디에 기인하는지에 대해서는 근원적인 해명을 하지 못했다.

루카치의 철학적·미학적 체계가 형성되는 과정(1910년 전후 『영혼과 형식』에서 시작해서 1915년의 『소설의 이론』을 거쳐 정치적 좌경 후 1920년대 초반의 『역사와 계급의식』까지를 일컫는다)에서 가장 중요한 역할을 했던 것은 현실(Realität)이라는 개념을 파악하려는 그의 노력이었다. 그는 『영혼과 현실』에서는 현실을 개념적으로 파악할 수 없다고 선언하고 있으나, 『소설의 이론』에서는 헤겔의 역사철학과 미학을 빌려 현실을 개념화하려고 한다. 이 책에서 그는 오늘날의 현실을 헤겔적인 의미에서의 '산문적 역사상황'으로 간주하면서, 산문적 역사상황에 처한 현실의 특징으로 우선 현실과 이상, 존재와 당위의 간극과 분열로 규정될 수 있는 현실의 이원성을 들고 있다. 그러나 루카치의 현실개념은 다른 한편으로는 현실의 이원성을 지양하고 호메로스의 문학세계에 나타나는 이른바 '서사시적 총체성' 내지 '시적 총체성'을 다시 획득하려는 내면적·역사철학적 지향성을 가지고 있다. 여기에서 루카치는 소설이라는 형식을 산문적 역사상황 속에서도 총체성의 세계(현실)를 획득하려는 현대인간(부르주아지)의 내면적 동경과 역사철학적 지향성의 표현이라고 정의한다. 그리고 이러한 현대인간의 본질적인 내면추구가 부르주아지 사회의 현실에서 어떻게 나타나는가에 따라 관념주의적 소설, 낭만주의적 소설, 그리고 이 소설 유형들을 지양·종합하는 소설형식인 독일 고전주의 소설을 구분하면서, 괴테의 교양소설 『빌헬름 마이스터의 수업시대』와 『편력시대』를 오늘날의 제한된 역사적 상황에 가장 부응하고 가장 사실적(realistisch)인 소설이라고 말한다. 루카치가 괴테의 교양소설을 그의 미학이론의 모범적 원형으로 삼는 이유는, 이 소설의 주인공이 비록 현실의 실제적 이원성을 극복할 수는 없지만, 총체성의 현실과 휴머니즘의 이상(총체적 인간상)을 실현하려는 미학적 이념을 끝까지 추구하고 있다고 생각하기 때문이다. 1차세계대전을 전후하여 정치적으로 좌경한 루카치는『소설의 이론』에 표현된 이원적 현실상을 극복하고 총체성의 현실을 추구하는 미학적 동경과 이념을 실제로 실현시킬 가능성을 마르크시즘과 프롤레타리아트의 실제에서 찾는다.『역사와 계급의식』의 기본테제는 마르크시즘의 변증법적 방법론에 의해서 현실과 역사를 총체적으로 파악하는 통일적 원리를 찾는 데 있고, 나아가서는 프롤레타리아트의 실천에 의해서 그의 미학적 이념을 실현하려는 데 있었다. 이러한 의미에서는 루카치의 마르크시즘해석은 총체성이라는 미학적 이념의 이데올로기화이자 정치화라고 할 수 있다.

루카치의 리얼리즘개념(Realismusbegriff)의 근저에는『소설의 이론』의 미학적 이념이 추구하는 총체적 현실상과 인간상, 그리고『역사와 계급의식』의 마르크시즘에서 이미 파악되고 실현된 총체적 현실개념(Realitätsbegriff)과 역사관이 자리잡고 있다. 다시 말하면 루카치의 리얼리즘론은 이미 독일 고전주의의 총체성의 예술이상과 마르크시즘의 총체성의 사회(현실) 이상을 전제로 하고 있다. 루카치의 리얼리즘개념이 처음부터 체계적이고 객관주의적이며 정적靜的이고 조화적 성격을 띠는 것은 이와 같은 이론발전사적 배경을 갖고 있기 때문이다. 루카치 리얼리즘 개념의 성격을 가장 예리하게 통찰한 사람은 그와 동년배이자 지적 친구였던 에른스트 블로흐다. 그는 표현주의를 둘러싼 문학논쟁에서 루카치 이론의 핵심을 다음과 같이 지적한다.

> 루카치는 어디에서나 서로 관련성을 지니는 하나의 통일된 현실을 이미 전제로 하고 있다. 그의 이러한 통일된 현실에는 관념주의의 주관적 요소가 들어설 자리가 없지만, 그 대신 관념주의 이론체계나 독일 고전주의 철학체계에서 가장 융성한 총체성이 온전하게 들어서 있다. 이러한 면에서 본다면 루카치 리얼리즘 개념 자체가 아직도 고전주의적·체계적 특징을 가지고 있는지도 모른다.

독일 관념철학을 루카치 못지않게 깊이 이해한 이론가 블로흐가 이처럼 루카치 이론의 정곡을 파악했다는 사실은 결코 우연이 아니다. 브레히트가 루카치의 리얼리즘 개념을 비판하면서, '객관적'(objektiv)인 사실적 표현방식과 '객관주의적'(objektivistisch)인 사실적 표현방식을 구분하고, 루카치의 마르크스적 분석을 "엄청난 정리벽을 가지고 마치 책상서랍에 물건을 하나하나 분류해서 차근차근 정리해 두는 것 같다"고 비꼬는 것도 루카치 리얼리즘론이 지니는 객관주의적·체계적 성격을 두고 한 말일 것이다.

루카치의 표현주의 문학에 대한 비판적 입장도('리얼리즘논쟁'은 1차세계대전 후 본격화한 표현주의의 평가를 둘러싼 논쟁에서 시작되었다) 이러한 객관주의적 현실개념과 고전주의의 예술개념 및 이에 바탕한 현대예술의 이데올로기 비판에 근거한다. 루카치에 의하면 20세기의 표현주의 문학운동은 현대 후기 자본주의의 제국주의적 단계에서 나타나는 부르주아지의 퇴폐적 의식의 표현이다. 따라서 루카치의 표현주의 비판은 현대 시민사회의 퇴폐주의(퇴폐주의의 기본특징은 루카치에 의하면 총체적 의식의 결여이다)에 대한 이데올로기 비판의 성격을 띤다. 루카치가 보기에 표현주의 문학은 현대 부르주아지가 퇴폐적·실증적인 자본주의적 현실이나 이러한 현실의 반사작용으로 주체에 투영된 주관적 의식을 '현실의 본질'이나 '존재론적 요소'로 절대화하고, 현실의 총체성을 내면적 독백, 르포르타주나 몽타주와 같은 주관적이고 기계적 수법을 동원하여 인위적으로 다시 복원하려고 시도한다는 점에서 20세기 퇴폐주의의 극단적 표현이다. 따라서 이러한 표현주의 문학의 형식을 지배하는 기본원리는 현실의 총체성을 유기적으로 연결하는 고전주의적 '형상화의 원칙(Gestaltungsprinzip)'이 아니라 현실의 제요소를 기계적으로 조직하는 표현주의적 '건조원칙(Konstruktionsprinzip)'이다. 형상화원칙이 현실의 제요소를 총체적·변증법적으로 지배·연결함으로써 세계와 인간의 총체성을 형상화하는 형식원리라면, 현실의 요소를 부분적·기계적으로 연결하는 건조원칙은 루카치 리얼리즘의 형식원칙과는 근본적으로 양립할 수 없는 것이다. 루카치가 표현주의 문학에 신랄한 비판을 가하는 또 하나의 이유는 표현주의 문학이 표방하는 반부르주아지적 성격이 표면적·허위적이고 표현주의가 주장하는 휴머니즘이 근본적으로 독일 고전주의의 휴머니즘이상에 반하는 일종의 '가짜 휴머니즘'이라고 생각하기 때문이다. 물론 루카치는 표현주의가 반시민적·반자본주의적 요소를 지니고, 그것이 1차세계대전 후 서구 부르주아지 지식인들의 평화주의 운동의 일부라는 사실을 인정한다. 하지만 표현주의의 성격은 본질적으로 보헤미안적·낭만적인 것이고, 그것의 혁명적 파토스는 결과적으로 하나의 반항적 제스처에 불과하며, 그렇기 때문에 표현주의의 반시민계급적 태도는 '시민성(부르주아지성)의 완전한 청산'과는 아무런 관계가 없다고 주장하면서, 표현주의 문학을 비사실적 문학이라고 거부한다.

표현주의 문학과는 반대로 진정한 의미에서의 '시민성의 비판적 청산'이 이루어지는 리얼리즘 문학의 대표적인 예를 루카치는 토마스 만의 문학에서 본다. 19세기 후반(1885)에 태어난 루카치 개인의 발전과정에서 보면 그는 확실히 표현주의의 영향을 적게 받은 부르주아지 지식인이다. 물론 초기 저서에는 표현주의적 요소, 예컨대 다분히 감정적인 반자본주의적 반감, 과도한 혁명적 파토스와 유토피아적 기대 등이 없는 바는 아니지만, 그의 기본적 정신세계는 독일의 관념주의 철학(특히 헤겔철학)과 독일 고전주의 문학에 의거하여 전개·형성되었다. 이러한 면에서는 만의 문학세계도 루카치와 비슷한 발전경향을 보여준다. 그는 표현주의를 처음부터 '원색적인 영혼의 부르짖음'이라고 거부하고 그의 주된 예술적·정신적 근거를 독일 고전주의의 예술이념(교양이념과 휴머니즘이상)에서 구한다. 이러한 면에서 루카치가 1차세계대전 후 시민계급과 시민적 가치에 대한 만의 태도가 표현주의자들의 무비판적·감정적 반항이 아니라 실질적인 의미에서의 시민성의 비판적 청산을 뜻하고, 만의 문학이 구현하고 있는 시민성은 표현주의 문학의 '세련된 시민성'과는 엄격히 구별된다고 주장하면서 만의 문학을 사회주의적 리얼리즘으로 나아가는 비판적 리얼리즘 문학의 본보기로 삼는 것은 우연한 일이 아니다. 루카치가 만의 문학을 리얼리즘 문학으로 간주하는 가장 큰 이유는, 만의 문학이 표현주의문학과는 반대로 독일 고전주의의 예술이념에 근거하여 시민사회의 총체성과 인간의 총체성(즉 진정한 의미의 휴머니즘)을 형상화할 수 있다고 보기 때문이다. 루카치는 「문제는 리얼리즘이다」에서 만에 관하여 다음과 같이 말한다.

작가는 추상적이고 과학적인 사회분석을 통해 현실을 알 필요는 없다. 만은 그의 선임자인 발자크나 디킨스, 혹은 톨스토이처럼 현실에 대해 잘못된 견해를 가질 수도 있다. 하지만 그는 창조하는 리얼리스트로서는 현실을 잘 알고 있다. 즉 그는 사고와 감성이 어떻게 해서 사회적 존재로부터 생겨나고 체험과 감정이 어떻게 해서 총체적 현실의 일부가 되고 있는가를 잘 알고 있는 것이다.

루카치의 이러한 표현 속에서 우리가 느끼는 최대 의문점은, '창조하는 리얼리스트'로서의 작가가 과연 어떻게 해서 그의 이론적·정치적 인식의 잘못에도 불구하고 현실과 인생을 총체적으로 알 수 있는가 하는 문제다. 여기에서 루카치는 그의 리얼리즘론의 기준이 무엇인가를 암시하고 있다.

우선 여기에서 확인할 수 있는 것은, 미학적 인식은 과학적·정치적 인식과는 차원이 다르며, 미학적 형식은 여타의 형식에 비해 질적으로 다른 인식론적 가능성을 지닌다는 루카치의 생각이다. 만 문학의 경우 특히 이러한 미학적 인식이 가능한 것은, 현실을 묘사하는 주체로서의 작가가 항상 현실과 인간의 총체성을 형상화하려 하기 때문이고, 총체성을 형상화하는 그의 문학형식은 물신화(fetischsiert)되고 물화(verdinglicht)된 자본주의적 의식형태(일체의 부르주아지 학문과 현실적 정치관 등이 여기에 속한다)를 벗어나서 현실의 본질에 침투할 수 있는 인식론적 능력을 가지고 있기 때문이다. 루카치에 의하면 자본주의적 의식의 보편적 특징은 인간과 인간의 관계가 물건과 물건(상품)의 관계로 나타나는 데 있다. 상품생산에 의한 자본주의적 관계가 인간 생활을 지배함에 따라 인간의 의식은 점점 더 물화의 경향을 띠게 되고, 물화된 의식의 결과로서의 부르주아지 철학과 학문은 '반변증법적 사고'를 낳게 된다. 리얼리즘 예술형식이 지니는 '인식론적 성질'은 그러니까 이러한 예술형식이 인간의 총체성을 형상화하려는 고전주의적 형식원칙에 힘입어 소외되고 물화된 자본주의적 인간관계를 순수한 인간관계로 지양·발전시킴으로써 생겨나고, 이를 통해 '반변증법적 사고'를 극복할 수 있기 때문에 가능하다. 바꾸어 말하면 총체성의 예술원칙에 입각한 예술형식(리얼리즘)만이 예술의

'변증법적 성질'을 낳을 수 있는 것이다. 루카치가 만 문학이 반변증법적 인식형태(부르주아지 학문과 정치관)를 초월한 변증법적 인식을 가질 수 있고, 그렇기 때문에 만의 문학이 리얼리즘문학의 전범이 된다고 주장하는 것은 그의 리얼리즘론이 독일 고전주의 예술이념에 근거하고 있기 때문이다. 이 예술이념에서는 루카치 리얼리즘론의 가장 중요한 기준인 총체성의 원칙과 유기적 형상화의 원칙이 뚜렷한 윤곽을 보여준다. 루카치의 현대예술론에 의하면, 일체의 현대적 예술형식, 즉 기술적·과학적 수단으로서 총체성의 세계를 인위적으로 구성하려는 표현주의를 위시한 모든 실험적·전위적 현대예술형식은 예술의 근본원칙에 위배될 뿐만 아니라 또한 총체성이 파괴된 20세기 부르주아지의 퇴폐주의의 산물이기 때문에 본질적으로 반리얼리즘적인 것이다.

총체성의 원칙과 함께 루카치 리얼리즘론의 중요한 기준은 이른바 예술적 당성黨性(Parteilichkeit)이라는 개념이다. 예술의 당성이란 루카치에게서는 작가의 주관적 입장이나 현실정치에 대한 직접적 견해 표명과는 구별된다. 루카치는 문학이 어느 특정한 정치노선 편을 드는 것은 자본주의적 이해관계와 결부된 부르주아지의 정치의식의 반영이고, 근본적으로는 부르주아지의 이해와 목적에 영합하려는 태도라고 하면서, 이러한 문학을 '경향문학'(Tendenzliteratur)으로 규정한다. 그러니까 경향문학은 본질적으로 주관적인 부르주아지의 현실의식과 역사의식의 표현이다. 이에 반해 루카치가 주장하는 리얼리즘문학의 당성이란 현실의 객관성과 역사의 필연성, 즉 리얼리즘의 예술형식이 구현하는 객관적인 현실의 총체성과 목적론적인 역사관(역사가 절대이념이나 총체성과 같은 하나의 목적을 위하여 나아간다는 견해)의 표현이어야 한다. 그러니까 예술의 당성이란 루카치에 의하면 작가의 주관적인 개입이나 정치적 견해표명을 통해서 이루어지는 것이 아니라, 예술형식의 내재적 원칙에 의해서 스스로 형상화되어야 할 미학적 총체성의 유기적이고 객관적인 하나의 요소다. 이러한 관점에서 루카치는 작가가 작품의 전면에 나서서 주관적 입장(정치적 견해표명이든 이론적 코멘트든 간에)을 취하는 것을 극구 반대한다. 리얼리즘의 당성이란 예술형식의 내재적 법칙성이나 형식원칙 자체에서 나오기 때문에 본질적으로 주관적 현실의식이나 계급적 의식을 초월하는 것이다. 루카치 리얼리즘론이 지니는 이른바 '초계급적 성격'은 바로 이러한 근거에서 나오는 것이다. 발자크와 만 문학은 루카치에게 리얼리즘 문학이 지니는 특유한 당성 즉 초계급적 당성의 본보기다. 엥겔스의 발자크론을 인용하면서 루카치는 발자크의 주관적·직접적 정치태도는 "앙시앵 레짐의 몰락하는 귀족계급에 대한 찬양"이었지만, 예술작품의 실제에서는 자신의 계급적 동정과 정치적 선입관과는 정반대로 당시의 시대상을 올바르고 정확하게 형상화하지 않을 수 없었다고 말한다. 루카치는 여기서 엥겔스의 이른바 '리얼리즘의 승리'를 작가의 주관적인 정치의식에 대한 객관적인 예술형식의 인식능력과 초계급적인 예술적 당성의 승리로 재해석하는 셈이다. 만이 주관적인 정치적 견해표명에서는 모순되고 통일성이 없으면서도 그의 문학에서는 통일적인 정치적 성격을 보여줄 뿐 아니라, 종국적으로는 부르주아지적 한계성을 극복하고 사회주의적 정치전망을 제시한다는 루카치의 주장은 리얼리즘 문학의 예술적 당성에 대한 그의 확신에 근거한다. 한 작가의 작품은 절대로 작가의 주관적·정치적 견해에 의해서 해석되어서는 안 된다는 루카치의 거듭되는 주장 역시 이러한 관점에서 이해해야 한다.

　예술이 지니는 당성과 결부하여 루카치는 그의 리얼리즘론의 세번째 중요한 기준으로 전망(Perspektive) 개념을 들고 있다. 예술적 전망이란 예술적 당성처럼 총체적 현실과 역사의 유기적인 구성요소다. 따라서 전망이란 리얼리즘의 형식원칙에 내재해 있는 요소이며, 결코 작가의 주관적 개입이나 예술 외적인 목표설정에 의해서 작품 속에 끼어들어서는 안 되는 것이다. 이러한 이유에서 루카치는 정치적 전망(예컨대 사회주의)에 의해서 '비판적·시민적 리얼리즘'과 '사회주의적 리얼리즘'을 구분하는 것을 반대한다. 따라서 루카치는 이 둘 사이에는 엄격히 구별되는 경계선이 없을 뿐 아니라, 심지어 변증법적인 질적 변화도 존재하지 않는다고 주장한다. 미학적 형식이 내재적으로 구현하고 있는 객관적인 예술적 전망의 대표적인 예를 또 다시 만의 문학에서 찾고 있다. 루카치는 토마스 만론(루카치의 만론은 그의 미학의 핵심을 이해하는 가장 중요한 열쇠가 된다)에서 되풀이하여 만의 문학은 부르주아지의 현실을 가장 정직하게, 그리고 마지막까지 묘사했기 때문에 종국적으로는 역사발전의 객관적인 인식(사회주의적 전망)에 도달할 수밖에 없었다고 말하면서, 그의 문학은 비판적·시민적 리얼리즘으로부터 사회주의적 리얼리즘으로 나아가는 과정에서 교량 역할을 하였다고 주장한다.

루카치는 그의 리얼리즘론이 제시한 이러한 미학적 기준을 '미적 반영'(ästhetische Widerspiegelung)이라는 하나의 카테고리로 포괄적으로 설명하려 한다. 1960년대에 발표된 『미학』에 가서야 명확한 윤곽을 드러낼 미적 반영론은 간단히 말하면 그의 마르크스적인 객관주의적·통일적 현실개념에 근거한다. 즉 현실반영의 한 특수형식으로서의 미적 반영은 이미 주어진 모범적 현실상(총체적 현실상)을 전제로 한다. 따라서 루카치의 미적 반영론은 그의 리얼리즘 개념에서처럼 처음부터 정적이고 소극적이며 조화적인 성격을 띤다. 루카치의 미적 반영론은 작가에게 끊임없이 변화하는 현실과 적극적으로 논쟁하고 사회적 모순과 대립의 극복을 위하여 스스로 참가할 수 있는 여지를 남겨놓고 있지 않다. 다시 말하면 미적 반영의 주체로서의 작가에게 중요한 것은 이미 주어진 객관적 총체성의 세계를 그대로 인식·표현하는 것이지 미적 반영을 통한 작가의 주관적·적극적 개입이 아니다. 미적 반영의 중요한 기능은 한편으로는 현실과 인간의 총체성을 표현하는 것이고 – 루카치는 이를 유기적 성격을 띤 서술미학(Darstellungsästhetik)이라고 부른다 – 다른 한편으로는 이러한 총체적 표현을 수용자에게 전달해줌으로써 수용자가 그의 비변증법적인 현실인식을 넘어 총체성의 현실을 예술적으로 체험하고 인식하는 – 루카치는 이를 수용미학(Rezeptionsästhetik) 내지 기능미학(Funktionsästhetik)이라고 부른다 – 것이다. 루카치 미학에서 서술미학은 기능미학과 다른 차원에서 이루어진다. 바꾸어 말하면 미적 반영은 한편으로는 작가에게 하나의 일정한 표현방식을 제시하고 다른 한편으로 관객(독자)의 특수한 미적 수용태도를 전제한다. 루카치에 있어서 예술의 가장 중요한 기능은 예술수용자가 예술체험을 통하여 소외된 자본주의 실제에 대한 개별적이고 퇴폐적인 부르주아지의 의식을 극복하고 인간적 총체성과 도덕적 총체성을 다시 획득하는 데 있다. 예술의 주된 사회적 기능이 예술적 체험을 통하여 일상생활의 개별적 의식을 변화시키고, '진정한 시민'의 도덕적 완성에 기여한다는 점에서는 루카치의 미학적 기능은 소극적이고 간접적인 성격을 띤다고 할 수 있다. 이러한 의미에서는 루카치가 30년대 독일 프롤레타리아트 작가의 소설과 브레히트의 연극을 예술적으로 '너무 직접적인 것'이라고 거부하고 후기의 미학이론에서도 계속 카타르시스에서 예술의 핵심적 기능을 찾고 있는 것은 너무나 당연한 일이다.

이상에서 독일 고전주의의 예술이념과 형식원칙에서 비롯하는 루카치 리얼리즘론의 기본적 성격을 살펴보았다. 브레히트 리얼리즘론의 기본특징은 루카치의 리얼리즘론에서 보는 바와 같은 일종의 모델적 성격을 지닌 현실상, 즉 이론적으로 이미 고정된 현실개념을 전제로 하고 있지 않다는 점이다. 루카치의 리얼리즘론이 미학적·역사철학적 현실개념으로부터 구체적인 현실로 나아간다면, 브레히트의 리얼리즘 테제는 이와는 정반대로 구체적 현실로부터 출발한다. 브레히트에서는 루카치에서와 같은 절대적이고 이상적인 현실개념이 존재하지 않고, 미학적으로 표현되고 미학적 수단에 의해서 정복·쟁취되어야 할 구체적 현실만이 존재한다. 그러니까 브레히트가 생각하는 현실은 루카치에서처럼 하나의 개념이나 체계에 구속되어 있지 않다. 따라서 그의 현실개념은 개방적이고 투쟁적인 성격을 띤다. 루카치를 겨냥하고 있다고 생각되는 『작업일지』에서 브레히트는 다음과 같이 말한다.

> 리얼리스트와 관념주의자는 다같이 현실과 생각을 모사模寫한다. 그러나 관념주의자가 하나의 미이상(Schönheitsideal) 내지 예술이상에서 출발한다면 리얼리스트는 언제나 그의 이상을 현실이라는 척도에 기준해서 가늠하며, 그의 생각을 현실에 의하여 교정한다. 리얼리즘은 관념주의와 정반대 입장에 서 있을 뿐만 아니라 관념주의에 대한 투쟁을 의미하기도 한다. 리얼리즘은 현실을 표현할 뿐만 아니라 현실의 이상화 경향에 대항해서 현실 그 자체를 관철하기도 한다. 리얼리즘도 관념주의처럼 양식적 요소를 개발하고 신념을 펼쳐야 한

다. 그러기는 하지만 리얼리즘은 현실이 상실되어가는 양식화(Stilisierung)에는 반대하며(이러한 양식화에 대한 반대가 리얼리즘의 본질을 이룬다), 현실을 견강부회하는 신념에도 반대한다. 리얼리즘은 상대주의의 요소를 내포하는데, 리얼리즘의 현실묘사가 상대적 사실성을 띠기 위해서는, 리얼리즘이 현실을 드러낸다고 작가는 말할 수 있어야 하며 또 이러한 말이 관객에게 이해가 되어야 한다.

『작업일지』에서 그는 추상적이고 관념적이며 비투쟁적인 루카치의 리얼리즘론에 대한 경멸을 표현한다.

> 루카치라는 작자는 이데올로기의 몰락이라는 문제에 홀린 듯 사로잡혀 있다. 이것을 자신의 일거리로 삼고 있다. 이 칸트주의자는 마르크스의 카테고리들을 자기 방식대로 적용함으로써 결국에는 이 카테고리들이 불합리한 것임을 스스로 입증하는 자가당착을 저지르고 있다. 계급투쟁은 단물이 쏙쏙 빨려 빈 껍데기만 남은 개념이 되었고 형체를 알아볼 수 없을 만큼 추상화·관념화되었지만 아직도 버젓이 살아남아 그 모습을 드러내고 있다.

리얼리즘은 브레히트에 있어서는 현실이 사회적 기능의 상관관계, 즉 작가와 관객, 서술과 수용의 과정을 통해서만 비로소 완전한 의미를 획득한다는 점에서 하나의 상대적 개념이다. 여기서 우리는 브레히트의 리얼리즘론이 이미 사회적 기능과 실천을 강조하고 있음을 알 수 있다. 루카치에서 '서술미학'과 '기능미학'의 분리현상을 확인할 수 있었다면 브레히트에서 예술은 서술과 수용의 상호관계에 의해서만, 사회적 실천의 입장에서만 비로소 의미를 획득한다. 루카치가 리얼리즘론에서 계속 예술의 총체성과 독자성을 강조한다면, 브레히트는 반대로 예술의 자율성을 부인하고 예술을 사회적 실천의 한 부분으로 간주한다. 브레히트에 의하면 예술은 "그 나름의 특수성과 독자적인 역사"를 가지고 있지만 동시에 "다른 사회적 실제 중의 하나이며 또한 여타의 사회적 실제와 깊은 연관을 맺고 있는 것"이다.

루카치 리얼리즘론에 대한 브레히트의 비판은 무엇보다도 그의 고전주의적 예술이념과 형식원칙을 겨냥하고 있다. 루카치가 변호하는 시민적 리얼리즘의 예술형식은 브레히트에 의하면 시민사회의 실질적 내용과 그리고 이와 결부된 예술의 시대적·계급적 기능과 깊은 관계를 맺고 있다. 여기서 브레히트는 시민적 리얼리즘의 실질적 내용이 무엇인가를 묻고, 나아가서는 초기 시민사회에서 형성된 시민적 리얼리즘의 사회적 기능이 20세기의 변화된 사회현실에서 아직도 타당성을 지닐 수 있는가 하는 문제에 의문을 제기한다. 브레히트는 시민적 리얼리즘의 실질적 내용이 휴머니즘의 이상과 개인주의의 이상만이 아니라 이러한 이상을 낳게 한 보다 본질적인 내용, 예컨대 시민적 소유관계나 시민적 계급이익을 내포한다고 주장하면서 시민계급의 예술이상과 시민사회의 소유개념 사이의 상관관계를 밝히려 한다. 그는 루카치가 그의 리얼리즘론에서 '휴머니즘을 위해서'라는 부르주아지적 구호를 실질적인 내용에 대한 검토 없이 그대로 받아들여 절대화하고 있다고 비난한다. 또 루카치의 휴머니즘 개념이 지니는 추상적·일반적 성격을 지적하면서, 나름의 새로운 휴머니즘 개념을 정립하려고 노력한다.

> 자본주의의 원시림 시대(발자크 시대의 초기 자본주의 단계를 말함 - 필자 주)에서 개인은 다른 개인뿐 아니라 사회 전체와도 싸운다. 바로 이러한 상황이 초기 시민계급의 개인주의와 개성의 본질을 이룬다.

브레히트는 계속해서 새로운 사회주의적 상황에서는 이와 질적으로 다른 개인주의가 생겨날 것이라고 상정한다.

> 새로운 생산관계에 의한 사회주의적 경쟁방식은 다른 방식으로 개인을 만들어내며 다른 타입의 인간상을 창조할 것이다. 그러면 또 생기는 의문은 새로운 사회주의적 경쟁방식이 자본주의의 생존경쟁처럼 개인주의화를 가져올 것인가라는 것이다. 우리의 비평가들은 자본주

의적 개인에게 외쳤던 숙명적 구호 '너 자신을 부자가 되게 하라'를 부르짖고 있는 듯 보인다.

브레히트의 이러한 표현은 새로운 휴머니즘의 이상을 정립하려는 노력(비록 불충분하기는 하지만)의 반영이자, 시민적(부르주아지적) 예술이상의 근저에 놓인 시민적 개인주의에 대한 뛰어난 인식이며, 나아가서는 시민적 리얼리즘의 주요내용을 이루는 시민적 교양이상에 대한 유물론적 비판(물질적인 면뿐만 아니라 정신적인 면에서도 지식과 교양을 축적한다는 사실의 지적)이다.

시민적 예술의 기능은 브레히트에 의하면 바로 이러한 시민적 개인주의와 교양이상에 근거한다. 그러니까 부르주아지 예술은 관객으로 하여금 '단지 주인공의 내면적 감정에만 공감하게 함으로써' 개인적 내면세계의 확대와 조화를 획득하는 데 주된 목적이 있다. 쾌락과 관조, 자기중심적인 현실이해가 시민적 예술개념의 주요기능이다. 브레히트는 루카치의 리얼리즘론과 예술개념을 이와 같이 내용적·기능적 측면에서 분석하면서 루카치적 의미의 전통적인 시민적 예술개념은 오늘날 더 이상 사회적 실용성을 지닐 수 없고, 시민적 리얼리즘의 형식 역시 새로운 사회적 내용과 목적을 위해서는 더 이상 충분한 역할을 할 수 없다고 결론을 맺는다. 브레히트는 루카치의 예술개념에 대한 비판을 바탕으로 하여 나름의 새로운 예술형식과 예술개념을 그의 창작과정의 실천과 이론에서 정립하려고 시도한다.

"예술은 인간적 교류의 한 형식이다. 따라서 예술은 인간적 교류를 일반적으로 규정하는 요소들에 종속되어 있다. 바로 이러한 요소들이 전통적 예술개념에 혁명적 변화를 일으키게 하는 것이다"라고 말하면서 브레히트는 전통적 예술형식에 혁명적 변화를 일으키는 결정적 요인의 하나로, 예술과 새로운 생산성 사이의 새로운 관계양상과 이를 통해 생겨나는 일반적인 인지구조의 변화를 든다.

예술가는 각 시대에 따라 사물을 보는 시각을 달리한다. 그들의 시각은 자신의 개인적 특성에 의해서도 결정되지만, 또한 그들의 시대가 사물에 대해 알고 있는 일반적 지각이나 인식에도 종속되어 있다. 오늘날의 시대는 사물을 그 발전과정 속에서 스스로 변화할 뿐만 아니라 다른 사물과 상황에 의해 끊임없이 영향받아 변화될 수 있는 것으로 여기는 시각을 요구한다. 이러한 시각을 우리는 오늘날의 과학에서는 물론 예술에서도 찾아볼 수 있다.

여기서 브레히트는 두 가지 중요한 사실을 지적하는데, 하나는 학문적 수준과 기술 발전의 수준에 의해서 결정되는 인간의 인지구조가 역사적 성격을 띤다는 사실이고, 다른 하나는 이러한 인지구조의 변화가 각 시대 인간의 모든 정신생활을 규정하기 때문에 예술과 과학, 예술과 기술 사이에는 불가피하게 상관관계가 성립할 수밖에 없다는 사실이다. 바꾸어 표현하면 현대예술가의 일반적 지각은 현대라는 '기술적·과학적 시대'의 일반적 지각과 밀접한 관련이 있으며, 현대예술은 현대의 과학적 인식과 현대의 기술적 수단에 의존하기 마련이라는 것이다. 이러한 이유 때문에 브레히트에 있어서는 현대예술이 과학적 인식이나 기술적 수단을 이용한다는 것은 자명할 뿐만 아니라 당연한 일이다. 브레히트에서 단지 문제가 되는 것은 이러한 현대적 인식과 기술을 미학적으로 수단화하고 기능화하려면 어떻게 해야 하느냐다. 그러니까 브레히트에게 과학적·기술적 수단을 예술형식에 응용한다는 것은 예술의 본질적 문제라기보다는 오히려 기술적·방법론적 문제에 불과하다. 이와 같이 예술을 기술적·기능적으로 생각하는 브레히트의 예술이론은 루카치에 있어서는 – 그는 발터 벤야민을 비판하면서 이러한 미학적 사고를 20세기의 '기본실수' 중의 하나라고 규정하는데 – 그의 예술원칙에 대한 본질적 침해고 그의 예술개념에 대한 정면 공격을 뜻한다. 루카치는 결코 기술에 대해 부정적인 태도를 취하지 않는다. 그는 하이데거의 철학을 근본적으로 '기술적 대적인 사고'라고 말하면서, 이러한 사고는 낭만적 반자본주의의 이데올로기적 산물이라고 비난까지 한다. 하지만 기술 수단의 예술적 응용에 관해서는 확연히 반대의 입장을 취한다. 물론 루카치는 일반적 인지구조의 변화가 지니는 역사성과 현대기술이 지각에 미치는 영향을 부인하지는 않는다. 그러나 인지의 변화와 기술의 영향력은 그의 예술개념이 본질로 삼는 예술적 내용과는 아무런 관계가 없다. 루카치에서 중요한 것은 지각이나 인지의 변화 자체가 아니라 지각된 바의 내용을 어떻게 형상화하느냐 하는 문제다. 루카치에 의하면 예술은 총체성의 진리를 형상화하는 하나의 특수한 형식원칙이기 때문에 기술이나 과학을 통한 진리의 수단화 내지 자기화와는 원칙적으로 구분되어야 한다. "인간의 형상화는 결코 기술의 문제가 아니라 문학이라는 영역에서의 변증법을 구체화하는 하나의 인식방법"이라는 루카치의 주장은 예술형식이 지니는 '인식론적 성질'과 예술형식의 자율성에 대한 신념을 다시 말해주는 데 불과하다. 물론 브레히트에게는 루카치적인 의미의 예술적 인식과 예술적 자율성이라는 개념은 전혀 생소한 것이다. 그에게 예술적 진리란 독자적·절대적 성격을 띠는 것이 아니라, 사회적 실천과 사회적 기능 차원에서만 그 의미를 가지는 것이다. "진리의 인식이란 작자와 독자 사이의 공동과정 내지 공동작업"이라고 말하면서 브레히트는 예술의 '구체적 진리'와 리얼리즘의 '실용적 정의'를 요구하고 있다.

브레히트의 이러한 미학적 사고가 구체적 표현을 얻는 것은 그의 예술적 실제에서이다. 그의 '서사극'은 '극장'이라는 제도를 기능적으로 다시 규정하고 아리스토텔레스 연극론에 입각한 전통적 연극을 새로운 사회적 요구에 맞게 개혁하려는 노력이다. 브레히트의 서사극 이론에 의하면, 전통적 무대연극의 특징은 관객을 주인공의 행동과 일치시키도록 만들고 현실과 다른 세계로 끌고 가서는 종국적으로 카타르시스를 체험하게 하는 데 있다. 그러니까 전통적 극장은 관객의 수동적 태도와 하나의 통일적 예술효과 – 이러한 예술효과는 근본적으로 종교적·의식적儀式的 성격을 띤다 – 를 전제로 한다. 브레히트는 그의 서사극을 통해 관객과 무대의 전통적 관계를 새로이 규정하고 관객의 수동적 태도를 능동적 태도로 바꾸려 하며 나아가서는 의식적 예술효과인 카타르시스를 새로운 차원의 예술효과로 대치시키려고 한다. 아리스토텔레스적 연극이 카타르시스라는 연극효과만을 겨냥해서 관객들에게 사건의 전 진행과정을 하나의 연속적이고 통일적인 전체로 받아들이도록 한다면, 브레히트의 반아리스토텔레스적 연극은 관객들에게 연속적인 사건진행이 각 사건의 인과관계와 논리에 맞는가를 비교·검토하면서 추적하도록 만들고, 사건진행을 실제 현실과 대비시키기 위해서 가끔 사건의 연속적 흐름을 중단시킨다. 이를 통해 브레히트의 반아리스토텔레스적 연극은 주인공의 행동과 사건의 진행에 몰입함으로써 관객이 갖게 되는 소극적이고 일치된 수용태도를 거부하고, 사건의 진행과정을 감시·검토하는 일련의 '제동수단' 내지 '통제수단'을 사용함으로써 전통적인 예술수용 태도에 변화를 일으키고자 한다. 브레히트는 이러한 '통제수단'(Kontroll-Maßnahmen)을 통하여 얻게 되는 예술효과를 '소격효과'(Verfremdungseffekt)라고 부른다.

> 소격효과를 얻기 위해서 배우는 자신을 작중인물과 완전히 일치시키고 **완전히 작중인물화**하는 태도를 포기해야 한다. 그는 작중인물을 **보여주고** 그의 말을 **인용하며** 하나의 실제적인 진행과정을 **반복해야** 한다.

그러니까 '보여주고' '인용하며' '반복하는' 것들이 브레히트 연극의 서사적 성격의 내용을 이루는 셈이다. 브레히트의 서사극과 소격효과가 노리는 근본의도는 관객의 현실에 대한 인식의 흥미를 자극하고 비판적 의식을 일깨움으로써 연극이 종국적으로 사회의 변혁에 기여하려는 것이다.

루카치가 인간의 총체성을 강조함으로써 사회적 모순을 전면에 부각시키지 않고 관객들에게 주로 총체성을 체험시키려고 하였다면, 브레히트에게 중요한 것은 사회적 모순을 전체적 과정 속에서 묘사하고, '한 주인공의 전형과 그의 행동방식'을 사회적 관련 속에서 보여주는 것이다. 루카치의 리얼리즘론에 의할 경우 현실과 그 모순이 총체성을 구현하고 있는 인간상을 통하여 묘사되어야 한다면, 브레히트에서는 역으로 인간(개인, 전형)의 행동과 운명이 '사회적 현상의 일부'로서 사회의 전체 문맥 속에서 묘사되어야 하는 것이다. 루카치에게 종국적으로 통일적 인간상의 형상화가 중요한 것이라면, 브레히트에게는 개인과 현실의 인과관계를 보여주는 것이 가장 중요한 의미를 갖는다. 두 사람의 차이는 제각기 어느 한 면만을 강조함으로써 생긴다. 즉 루카치가 개인과 그의 총체성을 강조한다면 브레히트는 사회적 제요소의 인과 관계를 강조하는 것이다. 루카치는 브레히트의 서사극을 거부한다. 주된 이유는 브레히트의 서사극이 예술적 관점에서 볼 때 "너무나 이념적으로 수용자에게 영향력을 미치려 하고", 실제적·현실적 목적에 직접 관여하려는 작가의 주관적 의도가 너무 두드러진다고 생각하기 때문이다.

루카치는 만년에 이르러 브레히트의 소격효과에서 긍정적인 면을 보기는 한다. 그는 브레히트의 서사극과 소격효과가 근본적으로 부르주아지의 허위의식을 변화시키는 데 주된 의도가 있었다고 주장하면서, 이러한 면에서 브레히트는 '허위의식'에 사로잡혀 있는 부르주아지 작가와는 구별된다고 말한다. 그러나 루카치가 원칙적으로는 한번도 서사극을 인정하지 않는데, 브레히트의 서사극에서 드러난다고 생각되는 이념적·알레고리적 요소와 주관적인 정치적 의도가 고전주의적 예술개념에 근거하고 있는 그의 형상적·상징적 리얼리즘 개념과 일치하지 않기 때문이다. 그러나 서사극이 너무 합리적이고 논리적·과학적이며 예술 특유의 감정적 효과를 소홀히 하고 있다는 일반적 비난에 대해서 브레히트는 서사극은 감정적·감각적인 것이며 충분한 예술효과를 내고 있을 뿐 아니라 감정(emotio)과 이성(ratio) 사이에는 근본적으로 경계선이 그어져서는 안 된다고("지적 세계는 감정적 세계에 대체로 상응하기 때문이다") 주장하면서 그의 서사극을 적극 변호한다. 그리고 그는 소격효과를 통하여 획득하고자 하는 관객의 인식론적 태도, 즉 "경탄의 마음을 가지고 무언가를 찾으려는 비판적 태도"는 '과학적 시대의 예술'에 근본적으로 맞을 뿐 아니라 예술적 성격에도 부합하는 것으로 생각한다. 심지어 그는 연극을 통한 관객의 이러한 태도는 과학적 태도보다도 더 포괄적이고 더 실용적이며 더 기본적인 것이라고 주장하기까지 한다.

물론 브레히트의 서사극은 극중 환상에 몰입하는 태도(Einfühlungsakt)와 카타르시스적 연극효과를 완전히 배제하려는 것은 아니다. 소재와 목적에 따라서는 이러한 전통적 예술수단이 매우 효과적일 수도 있다고 말한다. 하나의 예로서 그의 후기작품의 하나인『갈릴레이의 생애』에서 사용한 전통적 수법을 들고 있다. 이러한 면에서 루카치가 만년에 가서 브레히트를 긍정적으로 평가한 것은 나름의 일관성이 있는 것처럼 보인다. 루카치는 이론가로서의 브레히트는 계속 거부하고 있지만, 작가로서의 브레히트의 예술에서는 그의 리얼리즘론에 상응하는 발전이 이루어지고 있다고 보기 때문이다. 만년에 쓴 브레히트론에서 "브레히트의 후기작품에는 초기작품이 보여준 단선적인 사회적 해방 대신에 선과 악의 다면적인 변증법이 들어서고 있다. 사회적인 것은 이제 다면적이고 모순적인 인간문제로 나타나는 것이다. 지난날의 알레고리적 의미성은 감각화되고, 감각화된 상징적 이미지로 변화하여 하나의 드라마적 전형을 이루고 있다"고 주장한다. 브레히트의 이 같은 발전이 과연 루카치적인 의미에서 이루어졌는지에 대해서는 여기서 상세히 논의할 수가 없지만 확실히 말할 수 있는 것은, 루카치는 브레히트 초기작품의 관념적이고 알레고리적인 요소가 망명기간 중에 쓴 작품의 '긍정적' 발전, 즉 도덕적·인간적 문제의 감각화와 상징화를 통하여 극복되었고, 이를 통해 브레히트의 문학이 자신의 리얼리즘론에 가까워졌다고 생각한다는 사실이다. 우리가 루카치 리얼리즘론이 강조하는 핵심적 요소, 즉 도덕적·인간적 총체성을 염두에 두고 본다면, 망명기간에 쓴 몇 편의 브레히트의 시에 대해 끝없는 경탄과 존경을 보내고 브레히트를 20세기 유럽문학사에서 가장 영향력이 큰 극작가라고 찬양한 루카치의 평가는 정직한 것이다. 이러한 면에서 우리는, 루카치가 그의 근본적인 확신에 반하면서까지 브레히트를 리얼리스트로서 추켜세웠고 루카치 만년의 브레히트에 대한 긍정적 평가는 그의 리얼리즘론에 모순되는 것이라고 주장하는 견해에는 동조할 수 없다. 그리고 루카치의 '그릇된 미학적 입장'이 근본적으로는 '그릇된 정치적 견해' 때문이고, 그의 역사철학적 견해를 미학적 견해에 그대로 옮겨놓은 데서 기인한다는 해석도 수정되어야 한다. 물론 루카치의 미학적 입장이 그의 정치적·역사철학적 견해와 깊은 상관관계를 맺고 있는 것은 부인할 수 없는 사실이다. 하지만 루카치의 전체 사고를 지배하는 가장 중요한 요소는 미학적 요소, 즉 독일 고전주의의 예술이념이다. 루카치의 정치적·역사철학적 견해는 이러한 예술이념에서 비롯하는 것이지 결코 그 역은 아니다.

    작가로서의 브레히트에 대한 긍정적 평가에도 불구하고 – 이것이 리얼리즘논쟁에 대한 우리의 결론이다 – 루카치는 고전주의의 예술원칙에 대해 거의 교조주의적인 신념을 품고 있었기에 브레히트의 예술이론적·예술실제적 기본테제, 즉 초기 시민사회의 역사적 단계에서 형성된 고전주의적 예술원칙은 '새로운 현실을 정복'하는 데 더 이상 적합하지 않고 그렇기 때문에 '사회적 투쟁의 새로운 여건에 상응하는' 새로운 예술개념과 예술형식을 모색해야 한다는 기본테제를 이해할 수 없었다. 브레히트의 말을 다시 인용하면, 이러한 리얼리즘논쟁은 리얼리즘이라는 이론 자체만의 논쟁이 아니라 시민계급 문학전통 전체의 평가에 관한 논쟁이다. 그리고 그것은 미학적 논쟁인 동시에 정치적 논쟁이다.

루카치가 주로 독일 고전주의 문학전통과 이에 준한 19세기·20세기의 시민적 문학전통을 미학적 규범으로 삼고 이러한 규범에서 벗어나는 현대문학을 퇴폐적이라고 일축하였다면, 브레히트는 문학적 전통과 현대문학의 평가에서 훨씬 큰 다양성과 보다 철저하게 기능적·변증법적·유물론적으로 사고하는 지적 능력을 보여준다. 예컨대 그는 자연주의 문학운동이 '현실을 정복'하기 위해서 새로운 예술의 사회적 기능을 추구하였다는 점에서는 사회주의 리얼리즘의 선구자라고 간주하기도 한다. 그는 표현주의 문학운동을 비록 "문법에서만 해방되고 자본주의에서는 해방되지 않은" 부르주아지 지식인의 문학운동이라고 규정하면서도, 다른 한편으로는 1차세계대전 후의 시민계급 지식인을 포괄하는 운동으로서의 표현주의는 그 후에 긍정적 발전을 하는 일군의 진보적 예술가와 지식인을 배출하였다는 사실을 지적한다. 루카치가 고전주의적 예술원칙의 입장에 서서 낭만주의를 일방적으로 거부한다면, 브레히트는 독일 낭만주의에도 긍정적인 면(예컨대 낭만주의자들의 민요수집과 초기 낭만주의가 이룩한 '뛰어난 예술적 업적')이 있음을 간과하지 않는다. 독일 고전주의 평가에서도 괴테의 예술적 위대성을 인정하면서도, 루카치와는 반대로 괴테가 정치적 해방이 아닌 사적私的 해방을, 집단의 해방이 아닌 개인의 해방에 주로 관심을 두었다면서 괴테문학의 이데올로기적 약점을 비판한다. 이러한 관점에서 괴테의 문학보다 쉴러의 문학에 더 큰 현실적 의미를 부여한다. 동시에 그는 유럽 계몽주의 문학과 레싱 시대의 독일 초기고전주의 문학도 이데올로기적 관점에서 고찰하면서 부르주아지의 정치적 해방을 위한 투쟁 속에서 생겨난 초기 유럽 시민문학의 이념적 순수성과 정치적 파토스를 전성기고전주의의 순응주의적이고 세련화된 이데올로기보다 높이 평가한다.

미학적 문제에 대한 이와 같은 루카치와 브레히트의 상이한 입장은 근본적으로 상이한 그들의 지적 능력 및 정치적 능력과 밀접하게 관련 있다. 이러한 근본적 차이는 한 사람이 철저한 이론가이고 다른 한 사람이 타고난 작가라는 사실에서 기인하는 것만은 아니다. (물론 이러한 차이가 리얼리즘논쟁에서 커다란 역할을 한 것은 사실이다.) 또 세대의 차이에서 오는 것만도 아니다. (1885년생인 루카치가 19세기적인 전통에 뿌리박고 있다면 세기말에 출생한 브레히트는 20세기의 시대정신에 투철하다. 이러한 차이가 가장 잘 나타나는 것은, 루카치가 19세기적 전통에서 나온 작가 토마스 만과 불가분의 관계인 반면에 브레히트는 동년배 예술이론가 발터 벤야민에 깊은 관심과 애정을 보이고 있다는 사실이다.) 두 지식인의 근본적인 차이는 무엇보다도 독일의 전통적 시민계급과 전통적 시민문화에 대한 그들의 상이한 관계와 이와 결부된 시민적 가치에 대한 상이한 정치적 평가에서 비롯한다. 그들은 모두 대부르주아지 출신이고, 또한 다같이 그들의 계급적 입장을 포기하였다. 하지만 루카치의 정치발전은 브레히트와는 다른 차원에서 이루어졌다. 루카치가 정치적 이행과정에서 긍정적인 시민적 가치('문화적 시민계급'과 시토아앵의 이상)와 부정적인 시민적 실제('경제적 시민계급'과 부르주아지의 현실)를 완전히 분리시키면서 긍정적인 시민적 가치의 실현을 위하여 그의 정치적 입장을 바꾸었다면, 브레히트는 출발부터 문화적 가치를 포함한 일체의 부르주아지적 가치에 의문을 제기하면서 초기의 '허무주의적 단계'를 거쳐 시민계급과는 완전히 결별한다. 사회주의 정치의 현장에 빠져들어간 교양시민 루카치의 관심사가 시민적 문화가치와 예술이상을 사회주의 정치 속에서 실현하는 것이었다면, 마르크스주의자가 된 예술가 브레히트의 근본의도는 부르주아지의 사회질서를 변혁함으로써 새로운 인간관계와 인간상을 정립하고 새로운 문화가치를 창조하는 것이었다.

왕년의 정치가 루카치가 현실과 정치에 대해 근본적으로 미학적 태도를 취한 반면에, 예술가 브레히트는 모든 문제에 시종일관 정치적 태도를 견지했다. 브레히트가 예술이 가질 수밖에 없는 매우 소박한 사회적·정치적 역할에 만족한다면 루카치는 예술에 거의 세계사적이고 종교적인 의미를 부여한다. 파시즘에 대한 정치적 판단에서 그들의 상이한 정신적·정치적 입장이 가장 잘 나타난다. 루카치가 파시즘에 대한 독일 시민계급의 정치적 책임을 부인하면서 '선량한'(건강한) 시민계급을 파시즘에 대한 책임에서 제외시키고 파시즘의 원인을 주로 독일 고전주의 이후의 독일 시민문화의 '비합리적'인 이데올로기적 발전에서 찾으려 한다면, 브레히트는 파시즘에 대한 책임을 모든 독일 시민계급이 함께 져야 한다면서 그들의 정치적 무능력과 좌절에 가차없는 비판을 가한다. 그는 자본주의와 파시즘의 경제적·정치적 상관관계를 논하면서 부르주아지적 이데올로기와 자본주의적 소유관계의 연관성을 명백히 한다. 또 정치적 어려움을 타결하기 위해 부르주아지에 의해 의도적·정책적으로 조작된 나치즘의 국수주의적 감정과 반유대주의적 감정 사이의 상호관련성과 부르주아지의 정치적 이용수단이 되고 있는 나치즘 아래서의 독일 소시민계층의 사회적·정치적 성격을 깊이 인식한다.

동시대 시민층 지식인들에 대한 브레히트의 반감은 독일 시민계급에 대한 이러한 비판적 평가에 근거한다. (예컨대 만의 대하소설 『요셉과 그의 형제들』을 '속물 교양시민의 백과사전'이라고 혹평하고 프랑크푸르트 사회연구소의 멤버들을 '유물론이라는 이념의 사심 없는 경탄자'라고 비꼰다.) 브레히트의 지적 위대성은 루카치와는 정반대로 지식인으로서의 사회적 역할을 정확하게 평가할 지적 능력을 가지고 있었고, 전통적 시민층 지식인의 '고지식한 독자성'을 교정·극복하려는 노력을 계속하였다는 데 있다. 브레히트가 유럽중심적인 서구의 (대부분의) 부르주아지 지식인들과는 달리 아시아의 문화전통, 특히 아시아의 서사극적 연극전통에 보여준 지대한 관심과 현대 아시아의 역사발전에 보여준 통찰력은 이러한 그의 지적 능력의 한 표현이다.

6장

루카치 미학에 대한 아도르노의 비판
_ 두 이론가의 공통점과 차이점

"헤겔의 미학이 특히 취약성을 보이는 이유는, 그의 미학이 […] 불변의 사고와 무제한의 변증법적 사고 사이를 넘나들며 […] 예술의 역사적 모멘트를 "진리의 발전"으로 파악하기는 했으나 고대의 규범을 보존했기 때문이다. 헤겔은 미학적 진보에 변증법을 끌어들이는 대신 진보를 중단시켰다."

아도르노가 그의 『미학 이론』에서 한 말이다. 아도르노는 각각 상이한 역사적 단계를 진리전개의 한 특정한 모멘트로 파악하는 헤겔 미학의 예술진리(Kunstwahrheit)라는 개념을 그대로 인정하면서도 이러한 예술진리를 그리스 예술과 같은 특정한 규범적 예술형식에 고정시키는 데 대해서는 분명히 반대한다. 이로써 아도르노는 헤겔 미학뿐만 아니라, 헤겔의 규범적 미학 다시 말해 그리스 미학을 그대로 고수하는 루카치의 고전주의적 미학에 대해서도 원칙론적인 이의를 제기하는 셈이다.

루카치가 독일 고전주의 이후의 예술적 발전을 역사화하고는 있지만 근본적으로는 그리스 미학에 바탕한 고전주의 예술이상에 의해 규범화하고 체계화한다면, 아도르노는 예술적 발전과 진보 그 자체 속에서 예술진리의 전개를 보고 있다. 바꾸어 말하면 아도르노는 예술과 예술진리를 어느 특정한 예술적 규범에 얽매임 없이 철저하게 역사화하고 있다는 뜻이다. 아도르노가 역사적으로 이미 전개되었고 지금도 진행 중인 현대의 모더니즘·아방가르드 예술과 이러한 예술이 지니는 예술진리를 적극 옹호하는 입장을 취하는 것도 바로 헤겔 미학과 고전주의 미학에 대한 이러한 비판과 직접적인 관런이 있다. 루카치가 고전주의 예술이념에서 출발해서 독일 고전주의 이후의 현대 부르주아지 사회와 예술을 한마디로 퇴폐적이라고 못박고 있다면, 아도르노는 일체의 전통적인 예술형식이나 이데올로기에 비판적 입장을 취하면서 고전주의적 예술이념이 내용으로 하고 있는 휴머니즘의 이상이나 자유의 이상도 '역사의 발전에 의해 여지없이 부정되었고 하나의 환상임이 실증되었다'고 주장한다. 따라서 아도르노에 의하면, 고전주의 예술이념은 역사와 현대 예술의 실천에 의해 추월당하게 되었고 이로써 완전히 시대낙후적인 이념이 되어 버린 셈이다.

이렇게 보면 헤겔 미학에서 마지막으로 남는 요소는 아도르노에 따르면 진리의 한 모멘트로서의 예술의 이념과 아도르노가 특히 강조하는 예술의 유토피아적 요소일 뿐이다. 그러나 현대예술이 형상화하고 있는 예술의 진리와 유토피아는 고전주의 예술이념에서처럼 적극적·긍정적으로 표현할 수 있는 것이 아니라 소극적·부정적인 성격을 띤다. 아도르노는 현대예술이 지니는 유토피아적 성격을 '새로운 것을 향한, 전혀 다른 어떤 것을 향한 동경'이라고 규정한다. 여기에서 아도르노가 뜻하는 예술의 유토피아가 얼마나 부정적이고 추상적인 성격을 띠는가는 아도르노의 『미학 이론』에서 분명히 나타난다.

> "이론과 마찬가지로 예술도 유토피아를 구체화할 수 없다. 부정을 통해서도 구체화할 수 없다. 새로운 것이라는 암호문자는 붕괴를 은유하는 이미지다. 오직 붕괴의 절대적 부정성(absolute Negativität)을 통해서만 예술은 말로 표현할 수 없는 것, 즉 유토피아를 표현한다."

이상에서 주로 헤겔 미학과의 관련 속에서 아도르노 미학의 기본적 특징을 살펴보았는데, 이것만 보아도 아도르노의 미학이 루카치의 미학과 상당한 차이점이 있음을 알 수 있다. 루카치가 고전주의 미학의 예술이념을 예술형식의 규범으로 삼고 이러한 예술이념을 규범적 예술형식이 담고 있는 일정한 예술의 진리 및 유토피아와 연결시키고 있다면, 아도르노는 예술형식의 역사성을 철저히 고수하면서 예술의 진리를 부정적·유토피아적 모멘트와 연결시킨다. 루카치의 경우 고전주의 예술이념이 하나의 개념체계 및 정치체제와 화해를 이루면서 일종의 낙관주의를 보여준다면, 아도르노의 경우 헤겔적인 예술이념이 현대의 부정적 역사인식에 종속되면서 깊은 비관주의를 드러낸다. 루카치 미학에 대한 아도르노의 비판은 이러한 부정적 역사관과 이에 상응하는 미학적 관점에서 이해해야 한다. 이러한 일반적인 관점의 차이를 염두에 두고, 리얼리즘과 모더니즘을 둘러싼 두 사람의 논쟁을 좀 더 상세하게 고찰해 보자.

위에서 이미 시사한 것처럼 루카치가 모더니즘 예술을 비판하는 가장 중요한 논거는 이데올로기 비판이다. 루카치는 특유의 이데올로기관에 의거해서 서구의 모더니즘 예술은 20세기 자본주의 사회의 퇴폐적 의식과 주관적 의식을 그 형식과 이미지 속에 그대로 반영하고 있고, 또 이러한 주관적 의식(루카치는 주관적 의식의 대표적인 예로 현대인의 실존적 불안과 고독을 든다)을 존재론적 모멘트로까지 상승시켜 하나의 형식원칙으로 삼고 있다고 주장하면서, 후기 자본주의 사회의 퇴폐성을 반영하는 이러한 현대의식이 갖는 주관적이고 비역사적인 성격을 신랄하게 비판한다. 그러나 아도르노는 불안과 고독과 같은 현대인의 의식은 주관적인 성격을 띤 것이 아니라 역사적으로 매개된 것 다시 말해 객관적인 성격을 띤 것이며, 이는 역사적으로 형성된 것일 뿐만 아니라 '인간의 원초적 현상'이라고 반박한다. 아도르노는 이를테면 불안은 자연을 정복하는 과정으로서의 역사 속에서 생겨난 '원초적 불안'이며, 고독은 인류의 시초부터 군집생활 속에서 개인적 자아가 겪었던 인간의 실존적 감정이라고 주장한다. 그렇기 때문에 현대적 의식은 단순히 주관적인 성격이 아니라 '근본적으로 역사적 내용'을 지닌 것이며, 현대의 역사발전 속에서 극도의 상승을 체험한 결과로서 '현대의 본질'을 이루고 있다고 여긴다. 현대 서구인이 겪는 이러한 의식에 대한 루카치와 아도르노의 상이한 해석은, 앞에서 지적한 바 있는 이 두 이론가의 근본적인 역사인식과 정치적 입장의 차이점에 근거한다.

그 밖에 아도르노는 예술형식은 곧 사회의식의 반영이라는 루카치의 미적 반영이론에도 강력히 반대하는데, 아도르노가 보기에 예술적 현실과 이미지는 그것이 지닌 이중적 성격으로 인하여, 사회의식을 공고히 하는 긍정적 (affirmativ) 성격을 띨 뿐만 아니라, 예술의 부정하는(negierend) 능력으로 의식의 물화 과정(Verdinglichung)에 대항하여 사회의식에 반대하고 저항하는 형식내재적인 힘도 가지고 있기 때문이다. 여기에서도 아도르노는 그의 미학의 기본전제인 미메시스적 성격과 예술형식의 부정하는 인식능력을 다시 확인하고 있다.

그러니까 이 두 사람에게 근본적으로 문제가 되는 것은 현대 의식의 소외현상과 물화현상의 극복이고 또 예술형식이 갖는 변증법적 인식의 질적 능력이다. 하나의 차이점이 있다면, 루카치는 예술의 이러한 면이 특정한 형식원칙, 즉 그의 리얼리즘 형식원칙에 의해서만 가능하다고 믿는 데 반해 아도르노는 예술의 이러한 면이 예술의 본질과 형식원칙 자체에 내재하고 있다고 보는 것이다. 루카치는 현대의 소외되고 분열된 부르주아지 의식 및 이와 결부된 비변증법적 사고의 극복이 그의 리얼리즘론의 근간이 되는 고전주의의 형식원칙과 형상화원칙(Gestaltungsprinzip)에 의해 가능하다고 생각한다면, 아도르노는 이러한 극복이 예술의 미메시스(모방)적이고 주물적呪物的인 성격이 지닌 예술형식의 수미일관한 '톤의 일치성'과 철저한 부정성에 의해 가능하다고 여긴다.

이와 결부하여 아도르노는 예술작품이 하나의 변증법적 인식이 되는 것은 총체성을 통해서, 다시 말해 개별 의도가 아니라 전체 매개(Vermittlung) 과정을 통해서 비로소 가능하다고 말하는데, 이는 루카치의 리얼리즘론이 개별 의도(예컨대 정치적·이데올로기적 의도)를 통해서 전체 예술작품에 '선험적이고 서술적인 판단'을 부여하고, 전망(Perspektiv)과 같은 비예술적 카테고리를 도입해 마치 예술작품이 '학문적 인식을 앞지르는 인식론적 기능'을 가지고 있는 것처럼 말하고 있다는 비판이다. 그러나 루카치의 리얼리즘론에 대한 이러한 비판은 정곡을 벗어나는 것처럼 보이는데, 루카치가 말하는 '전망'이란 단지 정치적 전망으로부터 단도직입적으로 도출된 것이 아니라 고전주의 예술이념과 이에 바탕한 그의 전체 개념체계로부터 매개된 것이기 때문이고, '학문적 인식을 앞지르는' 미학적 인식능력도 고전주의 예술원칙에 입각한 예술작품의 총체적 성격에 의해 비로소 가능하기 때문이다.

그러나 루카치 미학에 대한 아도르노의 보다 핵심적인 비판은, 루카치의 '이데올로기적' 예술관보다는 예술적 문학적 기술(Technik)에 관한 루카치의 견해를 조준하고 있다. 아도르노는 루카치가 기술 일반 및 예술적 기술이 예술형식에서 갖는 중요성을 인정하지 않고, 일반적인 사회적 생산성과 병행해서 발전하는 예술의 내재적 논리를 완강히 거부하며, 19세기 리얼리즘의 소설형식 등과 같은 '유기체적'인 전통적 형식원칙을 고집하고 있다고 비판한다. 루카치가 현대의 예술형식이 현대의 기술적 수단, 예컨대 사진술과 영상기술에서 비롯하는 몽타주 수법이나 르포르타주 수법을 사용하는 것을 유기체적 예술형식의 해체 및 붕괴로, 그리고 총체적 예술형식에 대한 정면공격으로 간주한다면, 아도르노는 현대의 기술적 수단을 이용하고 또 개별적 요소를 모아 이를 다시 조직하는 건조(Konstruktion)의 수법을 사용하는 것은 필요한 일일 뿐만 아니라 당연한 일이라고 주장한다.

루카치가 현대의 예술형식에 나타나는 몽타주, 르포르타주 수법 그리고 건조의 원칙에서 개인의 원자화原子化와 인격적 총체성의 붕괴를 보고 있다면, 아도르노는 그러한 현대적 기법에서 '개인적인 것의 우연성을 내재적으로 정복하기 위한', 다시 말해 개인과 인격의 총체성을 다시 복원하기 위한 형식내재적 의도를 본다. 「기술복제 시대의 예술작품」 등과 같은 벤야민의 예술이론에서 깊은 영향을 받은 아도르노의 미학은, 예술적 기술에 중요성을 부여하고 있을 뿐만 아니라 아도르노 자신의 사상 전반에도 심대한 영향을 끼쳤다. (아도르노가 이성 및 합리성과 같은 현대 계몽주의에 부정적 시각을 보이는 『계몽의 변증법』을 저술하게 된 계기가 발터 벤야민의 자살이 준 충격이었다는 이야기는 벤야민이 아도르노에게 끼친 영향을 단적으로 보여준다.)

특히 아도르노는 그의 음악이론에서 현대음악의 기술과 형식실험적 시도에 긍정적인 의미와 가치를 부여하는데, 쇤베르크의 전위음악에 나타나는 무조음악 기법과 같은 현대음악의 자유로운 기술적 실험은 전통적 음악 구조의 경직된 형식은 물론이고 현대의 문화산업 일반과 상업적 음악의 관습적 향유나 안이한 수용을 거부함으로써 경직된 전통적 이데올로기나 사회의 순응적 의식에 저항한다고 생각하기 때문이다. 이에 반해 루카치가 현대의 기술적이고 형식실험적인 예술형식에 반대하는 이유는, 이러한 현대예술 형식은 총체성과 형상화의 원칙에 입각한 그의 고전주의적 예술이념과 이에 바탕한 그의 리얼리즘론과는 근본적으로 양립할 수 없다고 믿기 때문이다.

루카치의 20세기 모더니즘 예술을 반대하는 것에 대해 아도르노가 가하는 비판 중에서도 가장 주목할 것은, 모더니즘 예술비판과 결부된 루카치의 리얼리즘론이 근본적으로 '초기 시민적 예술형식의 잔재'이고 (루카치의 출생지역인 헝가리를 포함한) 동구라는 변방의 '사회적 생산성과 의식의 낙후성'에 기인하며, 나아가서는 루카치가 이러한 낙후성을 동구의 정치 체제를 정당화하기 위해 진보적인 것으로 왜곡시켰다는 비판이다. 여기에서 지적할 것은, 루카치는 결코 아도르노가 말하는 것처럼 자신의 리얼리즘론이 다른 문학관보다 더 발전되고 진보된 것이라고 주장하지는 않았으며, 고전주의 예술과 이에 바탕한 리얼리즘론에만 관심을 기울이고 있을 뿐이라는 점이다.

물론 우리는 여기에서, 18세기 독일 사회의 생산성과 사회적 관계 속에서 생겨난 독일 고전주의의 예술이념과 예술원칙이 생산적·기술적으로 발전한 서구보다 기술적·산업적으로 낙후한 동구나 소련 등에서 더 오랫동안 영향력을 발휘하고 지속될 수 있는 까닭은 무엇인가 하는 의문을 제기해 볼 수 있다. 일반적으로 하나의 이념이나 문화 체계는 변방의 문화권에서 더 오랫동안 더 원형에 가까운 형태로 지속되는 경향을 보이니 말이다.

모더니즘 예술과 리얼리즘을 둘러싼 두 사람의 이러한 차이에도 불구하고 한 가지 점에서 의견의 일치를 보는데, 이번 장의 서두에서 서술한 것처럼 초기 루카치의 예술이념이, 즉 '생의 내재적 의미를 추구하는 동경'으로서의 예술(소설)형식이 유토피아적 성격을 지닌다는 점이다. 이 두 미학자에게 예술은 유토피아적인 것을 표현하는 형식이다. 물론 루카치는 이러한 예술적 유토피아를 사회주의적 정치체제 속에서 실현될 수 있는 것으로 간주한다면, 아도르노에게 이러한 유토피아는 아직도 실현되기를 기다려야 하는 어떤 것이다. 이러한 의미에서 아도르노는 루카치의 초기 예술적 이념과 정치적 이념과의 화해를 정치적 폭력에 의해 '억지로 강요된 화해'(erpresste

Versöhnung)라고 비난하면서, 이러한 화해는 초기 루카치의 유토피아를 향한 동경에 대한 배반이라고 규정한다. 아도르노는 한때 자신이 사사했던 정신적 스승의 기본 이념에 계속 충실하면서 이를 보다 철저하게 추구하려는 비판적 제자의 태도를 취하면서, 루카치 리얼리즘의 원초적 이미지가 괴테의 교양소설 『빌헬름 마이스터의 수업시대』에 있음을 정확하게 간파하고 있으며, 루카치 만년의 이른바 '화해'가 이 고전주의 소설 주인공이 도달하는 '체념'(Entsagung)에 뿌리를 두고 있음을 확인한다. 그러면서 아도르노는 괴테의 교양소설의 이념과 젊은 시절 루카치의 철학에 대한 믿음을 그대로 고수하면서도, 정신과 현실의 간극과 모순은 아직도 지속되고 초기 루카치의 동경과 유토피아는 여전히 실현되지 않았다고 말한다. 이러한 면에서 루카치의 유토피아 개념을 한마디로 긍정적이라고 규정한다면, 아도르노의 유토피아 개념은 부정적이라고 규정할 수 있다.

루카치가 앞으로 실현되어야 할 생의 내재적 의미를 향한 동경으로서의 예술의 유토피아와 이것의 실현현장으로서의 역사의 유토피아를 마르크스의 역사철학관과 실천 속에서 실현 가능한 것으로 믿는다면, 아도르노는 이러한 가능성을 처음부터 부인한다. 그리고 루카치가 예술의 특성, 특히 그 중에서도 미학의 반영론에 긍정적 능력을 부여하면서 낙관적 역사관을 설계한다면, 아도르노는 예술형식이 지니는 특유의 부정의 능력을 강조하면서 비판적 역사관을 그린다. 하지만 부정적 세계상을 그리는 아도르노의 사고는, 긍정적인 세계상과 삶과 역사의 긍정적 의미를 향한 변증법적 전환점을 찾으려고 노력한다. 예술형식과 미학적 이미지가 갖고 있는 부정의 힘은 그 자체 속에 생의 긍정적 의미, 즉 유토피아를 찾으려는 동경에 가득 찬 노력을 내포하고 있다. 그러나 아도르노가 말하는 유토피아는 루카치와 같이 일정한 목표를 향해 나아가는 목적론적(teleologisch)인 역사의 객관성이 아니라 '전혀 다른 어떤 것'을 향한 동경이다. 이로써 아도르노의 유토피아는 역사내재적이고 현세적인 의미를 넘어서서 초월적이고 종교적인, 특히 유대교적인 영역으로 빠져들어가는 것처럼 보인다.

우리는 여기에서도 서구 현대 미학이 지니고 있는 형이상학적·종교적 성격을 보게 된다. 이러한 면은 성격은 다르지만 루카치의 미학에서도 나타나는 특징이다. 차이점이 있다면, 루카치는 본질적으로 종교적 파토스(이러한 파토스는 초기 루카치가 경도했던 독일 낭만주의 이념과 불가분의 관계를 맺고 있다)에서 유래하는 낭만주의 예술이념과 유토피아적 사고를 고전주의 예술이념과 마르크스 역사관으로 대치함으로써 종교적 파토스와 '형이상학적 욕구'를 어느 정도 극복했다고 확신한다면, 아도르노는 끊임없이 예술과 미학에서 삶의 형이상학적 의미를 추구한다는 점이다. 루카치의 경우 예술의 유토피아가 그의 리얼리즘론에 의해 구체적으로 또 개념적으로 파악될 수 있는 성질의 것이라면, 아도르노의 유토피아는 '말로 표현할 수 없는 것'(das Unaussprechliche)인데, 아도르노에 의하면 삶의 의미는 이 세상에서는 찾을 수 없고 내세의 관점, 다시 말해 죽음의 시점에서만 그 윤곽을 드러내기 때문이다. 따라서 아도르노의 예술의 유토피아는 오로지 죽음의 세계에만 유보되어 있다고 할 수 있다. "죽음을 긍정함으로써만 슬픔과 세계고世界苦와 고통의 의미가 섬광처럼 떠오를 수 있으며, 유한한 것의 몰락 속에서만 무한한 것이 갑자기 나타날 수 있기 때문이다."

이러한 의미에서 아도르노의 경우 예술의 진리란 개념적으로 파악할 수 없는 고통의 표현이자, '곤궁하고 불행한 의식'의 표현이다. 또한 예술의 진리를 나타내는 예술의 유토피아적 모멘트는, 고정적이고 지속적인 것이 아니라 섬광처럼 나타났다가 갑자기 사라지는 찰나적인 성격을 띤다. 아도르노의 경우 이러한 일시적 성격을 잘 나타내는 예술형식은 바로 음악이다. 루카치 예술체험의 중심부를 이루는 것이 서사시와 소설이라면, 아도르노의 예술체험의 핵심은 음악이다.

이러한 상이한 미학적 체험과 결부된 그들의 미학 사상은 대체로 그들이 겪었던 상이한 역사적 체험과 정치적 입장에 상응한다. 루카치가 파시즘에 대해 확고한 정치적 입장을 견지하면서 사회주의 정치체제의 보호 속에서 어느 정도의 '서사시적 안정'을 누리고 있다면, 아도르노는 일정한 정치적 근거 없이 파시즘의 폭력에 의해 끊임없이 망명과 도피(Flucht)를 강요당한다. 그렇기 때문에 아도르노는 역사와 예술을 소실점(Fluchtpunkt)에서 바라본다면,

루카치는 역사철학적 전망 속에서 바라본다. 그럼에도 두 이론가는 한 가지 공통점이 있는데, 20세기의 파시즘과 스탈린적 정치적 현실에서 겪는 고통이다.

1차세계대전을 전후한 유럽의 위기 의식 속에서 사회주의 정치현장에 뛰어들었던 부르주아지 비평가 루카치는 일생 동안 서구의 부르주아지 미학에서 연원하는 그의 예술이념과 동구의 사회주의 정치 실천 사이에서 갈등하면서 내면적으로는 정치적 고통을 당하였다. 그는 이러한 갈등이 표면화될 때마다 문학비평과 미학이론에서 도피처를 구하였다. 이러한 맥락에서 보면 예술은 두 사람 모두에게 최후의 정신적 거점이자 고통의 마지막 도피처였다. 하나 차이점이 있다면, 루카치는 자신의 내면적 고통을 역사에 대한 희망과 결부시키고 정치적 몸짓으로 표현하는 반면에 아도르노는 처음부터 일체의 정치적 폭력을 거부하고 정치적 폭력에 대한 고통을 끊임없이 '축적'하면서 그것을 그의 미학의 실체로 삼는다는 것이다. 어쨌든 루카치가 내면적 고통을 정치적으로 극복하려는 절망적인 노력을 하고 있다면(예컨대 1956년 이른바 '헝가리 혁명'에 또다시 문화장관으로 참여하지만 곧 좌절하였다), 아도르노는 이러한 고통을 '미학화'함으로써(그의 정교하고 현란한 수사학도 이와 무관하지 않다) 완화 내지 중화시키고 있다.

이른바 '아우슈비츠의 고통'이 아무런 저항 없이 '유대인의 죽음'을 당한 유대인의 정치적 무력감과 관계 있는 것처럼, 유대인 지식인으로서의 아도르노의 거의 의식화儀式化된 고통의 몸짓 역시 절대적인 정치적 무력감과 무관하지 않다. 이러한 정치적 태도는 전통적인 독일 교양시민계급, 특히 유대인 출신의 시민지식인 계층의 일반적인 기질로 이해할 수 있다. 전통적인 독일 시민지식인의 정치에 대한 관계는 정치와 문화의 분리로 특징지어진다. 18세기 이후의 독일 시민문화와 시민계급의 일반적 성장과 상승 속에서 생겨난 교양시민계급은 19세기에 들어서면서, 특히 1848년의 혁명 실패 이후 정치적으로 완전히 좌절함으로써 그들의 이상을 한 번도 실현시키지 못하였다. 그럼에도 불구하고 프로이센의 융커(토지 귀족)를 중심으로 하는 봉건적 지배귀족과 그들의 군국주의에 정치적으로 타협하고 순응함으로써 이른바 '권력에 의해 보호된 내면성'(토마스 만)을 통해 그들의 개인적 영역과 내면적 도피처를 구할 수 있었지만, 20세기의 엄청난 정치적 변혁 속에서는 좀처럼 감당하기 힘든 어려움에 부딪히면서 이로부터 생겨난 고통을 감내하기 버거워졌다. 특히 유대인 출신 독일 시민지식인이 그러했는데, 이는 유대인에게 말할 수 없는 엄청난 불의不義가 행해졌을 뿐만 아니라, 그들이 오랫동안 키우고 품어온 시민적 이상과 '정신적 고향'이 역사에 의해 완전히 파괴되었기 때문이다. 이로써 그들은 '고통의 역사'를 짊어지지 않으면 안 되었다.

정신과 주체가 이 세계에서 어떤 방식으로든 설 자리를 찾고 그들이 키워온 시민적 이상이 역사 속에서 실현되리라는 막연한 기대와 희망은 완전히 무산되었다. 헤겔의 철학과 변증법적 사고가 상승하는 독일 초기 시민계급의 낙관론에 힘입어 자유이상의 종국적 실현으로서의 절대이념(세계정신)과 자유가 역사 속에서 구현되리라는 확신과 희망 속에서 전개되고 있다면, 20세기 독일 지식인(특히 유대인 지식인)의 사고는 현대의 역사적 상황 속에서 겪는 정치적·정신적 환멸 속에서 부정적 비관론으로 기울어지는데, 이는 어느 의미에서는 20세기 지식인의 변증법적 사고가 겪는 필연적이고도 숙명적인 귀결이다. 헤겔의 변증법과 독일 관념론 일반이 20세기에 와서 신학적·종교적 경향으로 기울어지는 것도 이러한 맥락에서 설명될 수 있다. 루카치가 예술에 대한 신앙에 가까운 믿음을 끝까지 잃지 않고 고전주의 예술이념을 괴테의 작품을 빌려 표현하며, 아도르노가 모더니즘의 예술이념을 카프카와 베케트의 작품을 빌려 표현한다는 점이 다를 뿐, 예술에 대한 두 사람의 믿음 자체에는 아무런 차이가 없다. 루카치는 방대한 『미학』의 대단원을 괴테의 고전주의 작품 『타소』에 나오는 동명의 주인공의 입을 빌려 '인간은 고통에 빠지면 말을 잃게 되지만, 신은 나에게 얼마나 고통스러운지 말할 수 있는 능력을 주었다'는 말로 끝맺고 있다면, 아도르노는 그의 『미학 이론』을 베케트에게 헌정한다. 이러한 차이점에도 불구하고 그들이 근본적으로는 고통을 정치적으로 파악하지 않고 '미학화'를 통하여 정치적으로 중립화시킴으로써 일종의 '고통의 미학'을 표현한다는 것은 고전주의 예술이념과 독일 관념철학의 숙명적 운명을 여실히 보여주는 것이다.

루카치의 예술이념이 그것에 대한 굳은 확신과 열정적인 사랑에도 불구하고 실제로는 얼마나 환멸과 고통의 역사를 감추고 있는가는 다음에서 살펴볼 토마스 만과의 관계에서 보다 분명히 모습을 드러낼 것이다.

7장

독일 고전주의 예술이념의 현대적 의미
_ 토마스 만과 루카치의 관계

Man kann die Stadt wechseln, aber nicht den Brunnen
改邑不改井 (고을은 바꾸어도, 우물은 바꿀 수 없다)

1. 독일 고전주의 미학이념에 의한 방향 정립
2. 『마의 산』에 나타난 토마스 만의 루카치상
3. 독일 고전주의에 대한 토마스 만과 루카치의 상이한 관점
   _ 독일 시민문화와 유대주의의 상관관계
4. 이론과 실제 _ 루카치의 정치관

루카치의 초기 미학이론 및 사회주의 리얼리즘론을 논하면서 그의 미학이론이 근본적으로는 독일 시민문화, 그 가운데서도 독일 고전주의 미학에 힘입고 있다는 사실을 지적한 바 있다. 이번 장의 주된 목적은 루카치 미학과 독일 고전주의 미학의 상관관계를 루카치와 토마스 만과의 관계라는 구체적 예를 통해 다시 한번 명백히 하는 데 있다. 20세기 독일 문학사와 지성사의 중요한 의문점 중의 하나는 왜 20세기 최대의 사회주의적 비평가로 알려진 루카치가 명실공히 20세기 독일의 대표적 부르주아지 작가로 인정받는 만을 그의 사회주의적 리얼리즘의 대표적 작가로 간주하였으며, 왜 그의 사회주의적 정치 전향과 숱한 지적 편력에도 불구하고 부르주아지 작가를 그의 정신적 지주로 삼았는가 하는 문제다. 이러한 의미에서 이 문제로의 접근은 이 글의 근본 주제 – 루카치 미학의 독일 고전주의의 관계 – 를 넘어 루카치 미학이론과 토마스 만 문학세계의 본질적 이해와 20세기 독일 지성사의 중요한 단면을 조명하는 데도 기여할 수 있다.

루카치 스스로도 여러 차례에 걸쳐 만의 문학이 리얼리즘론과 미학 체계의 형성은 물론이고 그의 일반적인 지적 발전에도 중요한 역할을 했다는 사실을 인정하고 있다. 특히 만년의 루카치는 자신과 만의 관계를 회고하면서 만의 초기 작품은 그의 젊은 시절의 지적 생산의 모티브를 형성하는 데 중심적 역할을 하였고, 만과의 논쟁은 20세기 문화의 핵심적 의미를 지니는 것'이라고 말한다. 계속해서 그는 1차세계대전 이전에는 그와 만 사이에 '은밀한 정신적 친숙성'이 지배하였고, 정치적으로 좌경한 이후에도 '어느 정도의 정신적·정치적 수렴'이 이루어지고 있다고 말하면서, 만과의 교류가 초기뿐만 아니라 그 후에도 지속되었음을 시사하고 있다. 우리는 루카치가 뜻하는 1차세계대전 이전 두 사람의 '은밀한' 정신적 관계의 구체적 내용이 무엇이며, 또 루카치가 주장한 1차세계대전 후의 정신적·정치적 의견의 수렴이 과연 어떻게 이루어졌는가 하는 문제에 접근할 것이다.

루카치와 만의 관계는 물론 일방적인 것만은 아니다. 만 역시 초기부터 젊은 문예비평가 루카치에 지대한 관심을 보였고, 그의 비평으로부터 많은 것을 얻고 있다. 작가와 비평가의 이러한 생산적 관계는 루카치가 정치적으로 좌경하기 이전, 그러니까 1차세계대전 이전에 두드러지게 나타난다. 그는 루카치의 초기 비평, 그 중에서도 특히 『영혼과 형식』을 '뛰어난 감수성을 지닌 비평'이라고 극찬하고, 이 비평으로부터 직접 모티브를 얻어 대표적인 초기 단편소설 『베네치아에서의 죽음』에서 형상화하기도 하였다. 1차세계대전을 전후하여 나온 정치비평서 『한 비정치인의 고찰』에서도 만은 『영혼과 형식』에 표현된 루카치의 시민문화 옹호론을 자신의 시민성과 이에 바탕한 국가주의적·보수주의적 정치관을 옹호하는 데 원용한다. 루카치에 대한 만의 이러한 관심은 1차세계대전 이후에도 계속된다. 만이 공산주의자가 된 루카치의 정치적 어려움을 해결하는 데 앞장서고(1차세계대전 후에 세워진 헝가리 공산정권에서 문화장관으로서 정치 일선에 뛰어들었던 루카치는 공산정권이 단명하자 빈으로 망명하였다. 그는 1920년대의 대부분을 빈에서 보냈다. 그러나 새로 수립된 헝가리 정권의 신병 인도 요구에 의해 강제송환될 운명에 놓이게 되자 만은 루카치 구명 운동에 서명뿐만 아니라 당시의 오스트리아 수상에 친서를 보내어 루카치의 신병을 보장해 줄 것을 간곡히 부탁하였다. 이러한 정치적 행동은 만에게 두 번 다시 반복되지 않았다. 미국 망명 독일 지식인을 돕자는 구명운동에도 그는 '나도 처자식이 있는 몸'이라는 이유로 일언지하에 거절하였다), 1924년에 나온 장편소설 『마의 산』에서 나프타라는 작중인물을 통해 루카치를 묘사하는 데서도 이러한 관심은 단적으로 입증된다. 나치즘의 등장 후, 만은 망명 중에도 망명지 로스앤젤레스에서 모스크바로부터 오는 루카치의 비평을 계속 '관심과 존경심'을 가지고 추적하였고, 루카치의 「시민을 찾아서」라는 토마스 만론을 자신에 관해 쓰여진 가장 훌륭한 논문이라고 예찬하고, 루카치를 20세기 최대의 문예비평가라고까지 극찬하였다.

자신의 문학에 대한 루카치의 존경과 찬사에 대한 답례로 만도 루카치의 고희古稀를 축하하면서 루카치의 지적 세계와 지식인으로서의 현실참여가 근본적으로는 독일 시민문화의 교양의 이념에 바탕하고 있다고 규정하면서 자신과 루카치 사이에 어떠한 정신적·지적 유대관계가 존재한다면 그것은 바로 독일 시민문학이 전통적으로 지켜온 '예술의 이념'에 근거하고 있다고 말한다. 루카치는 만의 이러한 발언을 그대로 받아들이면서 그의 전 생애에 걸친 지적 참여의 가장 중요한 기능과 의미가 있다면, 그것은 – 만의 표현을 빌려 – 독일 고전주의의 예술이념과 교양이념에 의해서 과거와 미래의 가교架橋를 놓는 데 있었다고 주장한다. 그러나 필자의 견해로는 두 사람의 이러한 발언으로부터 곧 그들이 – 루카치가 기꺼이 그렇게 주장하고 싶어하는 것처럼 – 정신적으로나 정치적으로 매우 가까운 사이에 있었고, 그들이 독일 시민문화의 교양이념, 예술이념이라는 공동의 목적에 의해 서로 가까워졌다는 결론을 내리기는 너무 성급하고, 너무 단선적이라고 하지 않을 수 없다. 이 글에서는 두 사람이 독일 시민문화의 교양이념과 예술이념에 관해 공통점을 지니면서도 근본적으로는 상당한 차이점이 있다는 사실이 드러날 것이다.

　이러한 관계가 잘 나타나는 것은 그들의 인간적·개인적 관계에서이다. 루카치가 한때 만과의 관계를 괴테의 『빌헬름 마이스터의 수업시대』의 구절을 인용해서 "내가 너를 좋아하면 됐지 네가 무슨 상관이냐"라고 표현했듯이 그는 사회주의자가 된 후에도 계속 만에게 존경과 사랑을 보냈지만, 만은 루카치를 엄격한 '거리감의 파토스'를 가지고 대했을 뿐만 아니라 루카치가 보여준 존경과 사랑에 – 적어도 개인적으로는 – 한번도 응분의 답례를 보내지 않았다. 이러한 개인적 관계에 대한 관심은 이를 통해 20세기 독일의 대표적 지식인의 정신적 차이점을 밝힌다는 점에서 매우 중요하다. 이러한 점에서 『마의 산』에서 나프타라는 작중인물을 통해 만이 묘사한 루카치상像은 이 문제 해결에 중요한 열쇠가 될 것이다. 루카치와 만의 지적·개인적 차이점의 묘사는 궁극적으로는 독일 시민문학, 특히 독일 고전주의 예술이념에 대한 해석과 이해에 공통점과 차이점이 어디에 있는가 하는 문제와, 나아가서는 독일 고전주의 예술이념이 20세기에서 갖는 현대적 의미라는 문제와도 관계된다.

1. 독일 고전주의 미학이념에 의한 방향 정립

    루카치의 초기 미학이론을 1차세계대전 전후 독일 시민사회의 변화와 이와 결부된 시민 지식인의 위기의식과 연결시키면서 필자는 19세기의 전통적 시민계급에서 나온 지식인이 급변하는 20세기 초 유럽의 상황에서 어떻게 자신의 정신적·사회적 위기를 다시 조정·정립하고 있는가를 살펴본 바 있다. 여기에서 필자는 부르주아지 출신의 문예비평가 루카치가『영혼과 형식』에서는 시민사회의 위기의식 속에서도 전통적 독일 시민계급과 시민문화의 가치, 그 중에서도 특히 독일 낭만주의 예술이념에 의해 자신의 시민성을 옹호·유지하려 하고,『소설의 이론』에서는 '세계상황에 대한 절망' 속에서도 헤겔의 역사철학과 미학, 괴테의 교양소설의 이념에 의해 부르주아지 지식인으로서 위기를 극복하려 했음을 지적하였다. 그리고 1차세계대전 이후 루카치의 정치적 전향도 근본적으로는 그의 휴머니즘적 이상, 다시 말해 독일 고전주의의 미학이념이 추구하던 가치를 정치적으로 실현하기 위함이었다는 사실도 지적하였다.

  만의 초기 작품세계를 지배하는 것도 1차세계대전을 전후한 전통적 독일 시민작가의 위기의식과 이를 극복하기 위한 노력이다. 만의 초기작품세계의 중심테마는 20세기의 새로운 시민적 상황 속에서 이미 '문제아'가 되어버린 한 전통적 시민예술가의 끊임없는 자기성찰과 회의이자 동시에 이러한 상황 속에서도 시민예술가로서의 존재이유와 사회적 위치를 다시 획득·정립하려는 노력이다. 만의 초기 단편소설에는 사회로부터 배척당하고 시민적 삶에서 '환멸'과 '세계고世界苦'를 체험하며 '생의 변두리'에 서서 다만 관조적·수동적으로 사회를 바라보는, 그러면서도 선망의 시선으로 시민적 삶에 끼어들고 싶어하는 국외자적 인물이 계속 등장한다. 만이 처음부터 가졌던 최대 관심은 이러한 국외자적 존재로서의 시민적 예술가의 소외감을 극복하고 다시 사회적·도덕적 위치를 정립하는 일이었다. 흔히 초기 만에 있어서의 '시민성과 예술성의 대립'이라고 부르는 것은 이러한 구체적 상황을 일컫는다. 만의 문학세계에서 '시민정신과 예술정신의 대립'이라는 문제가 처음으로 그 뚜렷이 나타나는 것은 그의 성공적 첫 장편소설『부덴브로크 일가』(1901)에서다. 이 소설은 '한 전통적 시민가정의 몰락사'를 19세기 독일 시민계급의 객관적 역사적 발전과정보다는 오히려 심리적 변화과정을 통해서 보여준다. 즉 19세기 초의 '건강한' 한 시민가정이 19세기가 진전됨에 따라 '불건강한' 가정으로, 다시 말해 시민적 삶에 건강한 태도를 가졌던 한 상인가정이 주관적·예술적이며 병적일 정도로 세련된 예술가정으로 변모·변형되어 가는 과정을 자연주의적 수법으로 묘사한다. 다분히 이 젊은 작가의 자전적 요소를 배경으로 하는 이 소설을 지배하는 것은, 세기말적인 독일 시민계급의 생활감정과 이에 상응하는 애수와 멜랑콜리 같은 낭만적인 몰락의 감정과 쇼펜하우어적인 도덕적 염세주의, 병과 죽음에 대한 동경과 니체적인 의미의 '운명애'(amor fati)와 같은 체념 등이다.

그러나 '몰락의 기록자'이자 또한 '분석가'이기도 한 만은 초기 작품에서도 이미 한편으로는 병적일 정도로 세련된 시민적 예술가에게 동정과 애정을 보이면서, 다른 한편으로는 거리감과 회의를 보이고 나아가 예술가로서의 위기를 극복하려는 노력을 통하여 특유의 아이러니 정신을 보여준다. 그러나 아이러니에 의해 시민적 예술성과 시민적 삶 사이의 갈등을 해소하려는 만의 노력은 좀처럼 성공을 거두지 못한다. 계속해서 그의 작가정신은 한편으로는 퇴폐적인 '감정의 무정부상태'와 이에 저항하려는 '냉철하고 얼음처럼 차가운' 현대 부르주아지 정신 사이에서 방황하고, 다른 한편으로는 감각적·감성적인 것을 동경하는 에로틱한 감정과 '흔들리지 않는 의연한 태도의 윤리'(Haltungsethik)와 결부된 시민계급의 금욕적 도덕 의식 사이에서 갈등하고 있다. (의연하면서도 결연한 태도의 윤리란 새로운 사회적·정치적 상황 속에서도 자신의 현위치를 도덕적·계급적 의식으로 끝까지 고수하려는 태도를 일컫는다. 대표적 예로 막스 베버를 들 수 있는데, 그는 1차세계대전 전후의 위기에 처한 독일 부르주아지의 입장을 루터의 말을 빌려 "내 입장은 여기까지다. 달리 어쩔 수 없다"고 표현한다. 한때 우리나라의 몰락한 양반이 끝까지 도덕적·신분적 의식을 가지고 자세를 흐트리지 않으려 했던 것도 이러한 태도의 또 다른 예다.) 초기 단편소설과『부덴브로크 일가』에서는 삶과 예술(시민성과 예술성)의 긴장관계가 단지 니체적인 의미의 '데카당스' 비판의 형식을 띤다면, 「토니오 크뢰거」에 와서는 이를 극복하려는 노력이 보다 구체적이고 분화된 형태를 띤다. "본래 나는 푸른 녹색 마차 속의 집시가 아니다"라는 주인공의 말을 빌려 만은 자신이 감정적이고 보헤미안적인 예술가가 아님을 강조하는 동시에 그의 예술가 정신이 '건강하고' '선량한' 시민정신에서 비롯하고 있음을 암시한다. 그러면서도 만은 '지적'이고 '문학적'인 현대적 부르주아지의 예술가 정신을 극구 부인하는데, 현대적 의미의 예술가정신은 그에 의하면 냉철하고 분석적인 '로고스'를 통해 오로지 삶을 분해하고 부정함으로써 종국적으로는 허무주의적 성격을 띠기 때문이다. 그러니까 토니오 크뢰거는 퇴폐적이고 집시적인 '연예인'(Artist)도, 지적이고도 허무주의적인 현대적 '문인'(Literat)도 되기를 원치 않고, 다만 한 사람의 건강한 예술가(Künstler)와 진정한 '시인'(Dichter)이 되고자 한다. 그렇다면 과연 건강한 예술가란 무엇이며, 어떻게 해야 진정한 시인이 될 수 있을 것인가? 만은 다시 토니거 크뢰거의 입을 빌려, 예술은 '단순하고' '평범한' 시민적 삶에 봉사해야 하고, 따뜻함과 착함과 유머, 그리고 '인간애'와 '시민애'를 낳아야 한다고 말한다.

초기 작품에서 만이 예술가정신과 시민정신, 예술과 삶을 완전한 대립관계로 보았다면, 「토니오 크뢰거」(1903)에서는 이미 이러한 단순한 대립관계를 극복하고 그의 예술가정신이 근본적으로 시민계급 내지 시민정신에서 연원하며 단지 20세기의 새로운 부르주아지의 삶의 실제와 갈등을 일으킬 뿐임을 의식하고 있다. 여기에서 만은 토니오 크뢰거를 통해 그의 예술가정신이 (현대적 부르주아지가 아닌) 전통적 독일 시민계급에 바탕하고 있음을 명백히 한다. 따라서 토니오 크뢰거의 동경은 '행복했던 어린 시절'과 아늑했던 '유모방'을 향하고 있는 것이다.

「토니오 크뢰거」의 전통적 시민계급에 대한 동경은 테오도르 슈토름 식의 북독일적 후기 낭만주의적 분위기의 세계(만은 「토니오 크뢰거」를 20세기에 들어서 '문제적'이 된 현대판 「임멘 호수」(1849)라고 부른다)에 의하여 지배되고 있다. 따라서 초기 만의 시민성(Bürgerlichkeit)의 특징은 전통적 시민계급의 퇴락과 몰락에 대한 우수와 이에 무관·초탈하려는 아이러니적 냉담성이다. 이러한 낭만적 분위기의 세계와 함께 만과 전통적 시민계급의 관계를 규정짓는 중요한 요소는 시민작가로서의 도덕의식이다. 만이 생각하는 예술가정신이 현대적인 보헤미안적 지적 예술정신에 대항할 수 있고, 현대적 부르주아지의 삶에 대해 '윤리적 우월성'을 느낄 수 있는 것도 바로 이러한 도덕의식 때문이다. 토니오 크뢰거의 이러한 낭만적 기분과 도덕의식(이는 초기 만의 시민성의 중요 내용이다)은 당시 독일 시민계급 지식인들이 지닌 일반적 성격이기도 한데, 당시의 시민적 예술가들은 근본적으로는 그들의 계급으로부터 고립되어 있다고 느끼면서도, 다른 한편으로는 과거의 시민적 문화에 대한 성찰과 회고, 강한 도덕적 우월감을 가지고 그들의 계급적 이익과 위치를 계속 옹호하고자 했기 때문이다. 초기 만의 이른바 '도덕적 페시미즘'은 당시 독일 시민 지식인이 처한 이러한 정신적·사회적 상황의 집약적 표현이라고 할 수 있다.

이 글의 서두에서 언급했듯이 루카치는 토니오 크뢰거의 문제가 자신의 초기 작품의 가장 중요한 모티브를 형성하는 데 핵심적 역할을 했다고 증언했는데, 이는 방금 언급한 초기 만의 문제의식에 영향을 받았다는 말이다. 이 발언을 염두에 두고 「토니오 크뢰거」(1903)를 루카치의 『영혼과 형식』(1911)의 테오도르 슈토름론(「시민성과 예술을 위한 예술」)과 비교해 보면, 이 시기의 만과 루카치 사이에는 루카치의 말 대로 은밀한 정신적 유대감이 존재했음을 확인할 수 있다.

우선 루카치의 슈토름론에는 「토니오 크뢰거」에서와 똑같은 낭만적 몰락의 분위기, 즉 당시 시민계급의 삶의 피로감과 체념 및 우수가 그대로 표현되고 있다. 그러나 젊은 비평가 루카치는 이러한 세기말적인 낭만적 분위기 속에서도 현대 부르주아지의 병적인 퇴폐성이 아니라, 삶과 운명을 '남자답게' 참고 견뎌나가는 '고상하고', '용감한' 전통적 시민계급의 건강한 내면성을 보고자 한다. 이러한 내면성은 루카치에 의하면 전통적 독일 시민계급이 지닌 어떠한 상황에도 흔들리지 않는 조용하면서도 확고한 내면의 힘이며, 이러한 내면성에 의해 '불안하고 아무런 의미 없는 현대 부르주아지의 삶'에 대항할 수 있다. 이러한 내면성은 그러니까 몰락의 운명에 직면해 있는 전통적 시민계급의 삶을 지탱해주는 정신적 지주의 역할을 하고 있는 셈이다. 루카치에 의하면 전통적 독일 시민예술가정신은 이러한 내면성의 형식화를 뜻한다. 그렇다면 독일 시민계급의 이러한 내면성은 어디에서 오는가? 이에 대한 대답으로 루카치는 전통적인 시민적 예술정신의 근저에 있는 두 가지 중요한 요소, 즉 시민적 직업(노동)의식과 시민적 윤리의식을 든다. 루카치에 의하면 직업은 무엇인가를 하는 단순한 일의 의미만 갖는 것이 아니라 의무 내지 삶의 형식 그 자체다. 베버로부터 비롯하는 초기 자본주의의 직업의식에 대한 옹호(이러한 옹호의 근본 의도는 위기에 처한 시민계급에 도덕적 이데올로기적 지원을 해주는 데 있었다)에 힘입어 루카치는 초기 시민계급의 직업개념이 지니는 '미덕'을 강조한다. 즉 초기 시민계급의 '수공업적 단순성'과 조용하고 '산문적'인 노동의 리듬은 내면의 안정성과 하모니를 가능하게 한다는 점을 들어 이러한 수공업적 직업·노동개념으로부터 초기 시민계급의 예술개념(Kunstbegriff)을 추출한다. 그 밖에도 루카치는 시민적 예술개념이 내포하는 노동의식의 저변에는 윤리적 의식이, 즉 예술(노동)은 삶에 '건강함'과 '유익함'을 주어야 하며, '완벽한 삶을 창조하기 위해서는 자신이 지니고 있는 모든 힘과 능력을 발휘해야 한다'는 윤리적 의식이 내재한다고 말한다. 루카치의 경우 예술은 시민계급의 건전한 노동의식의 반영이며, 시민적 삶을 윤리적으로 형상화하기 위한 수단이자 목적 그 자체다. 루카치는 이러한 시민적 예술정신을 현대 부르주아지의 유미주의와 대비해서 '독일적 유미주의'라고 부르면서 대표적인 인물로 테오도르 슈토름, 고트프리트 켈러를 들고 만의 『부덴브로크 일가』를 전통적 독일 시민정신과 예술정신의 최후의 '기념비적 서사시'라고 말한다.

우리는 이제 '현대판 슈토름' 토마스 만이 왜 슈토름의 작가론을 통해 나타난 젊은 비평가 루카치의 감정·개념 세계를 자기의 것으로 받아들였으며, 왜 전통적 독일 시민정신과 예술정신에 대한 루카치의 변호를 자신의 예술가정신에 대한 적극적 변호로 간주했던가를 능히 짐작할 수 있다.

하지만 '단순하고 도덕적인 삶'에 봉사하는 예술가가 되겠다는 토니오 크뢰거(토마스 만)의 각오는 단지 하나의 고백 내지 프로그램일 뿐, 실제로 그러한 예술가정신은 좀처럼 실현되지 않고 있다. 물론 그 이유는 20세기의 복잡한 부르주아지 사회의 현실이 그가 생각하는 단순한 예술가정신의 실현을 용

납하지 않기 때문이다. 따라서 만의 시민적 예술가로서의 갈등과 위기는 계속될 수 밖에 없다. 이러한 갈등과 위기가 상승작용을 하고 나타나는 것은 그의 단편소설『베네치아에서의 죽음』(1912)에서이다.

　이 소설의 주인공 아셴바흐는 토니오 크뢰거가 지녔던 문제의식이 심화·상승된 모습을 보여준다. 아셴바흐는 윤리적 삶과 예술형식의 완벽성을 위하여 그의 동경과 감성을 억누르고 철저한 자기규제에 의하여 위대한 예술가가 된 사람이다. 그럼에도 이 예술가는 위험에 처하게 되는데, 그의 억압된 감성과 동경이 언제나 감성적·관능적 출구를 찾으려 하고 이로 인해 비도덕적인 길로 빠져들어가려 함으로써 예술가로서 지켜야 할 '존엄'과 '도덕적 엄격성'을 상실할 위험에 봉착해 있기 때문이다. 그러니까 만의 작가정신은 계속해서 후기 부르주아지의 감정의 무정부주의와 초기 시민계급의 엄격한 도덕의식 사이에서 갈등을 겪는다. 이러한 딜레마를 해결하기 위해 만은 다시『영혼과 형식』에 나오는 루카치의「동경과 형식」이라는 비평의 모티브를 원용한다. 이 비평에서 루카치는 이미 앞으로 그의 전 미학이론과 지적 세계를 관통하게 될 '총체성의 세계를 향한 동경'이라는 모티브를 개념화하고 있다. 여기에서 플라톤의 에로스론을 빌려 총체성을 향한 동경으로서의 예술의 본질이 근본적으로 감성적·에로틱한 요소에 있다고 본다. 그러나 예술의 이러한 에로틱한 본질은 이율배반의 성격을 띠는데, 예술은 오로지 에로스의 길을 통하여 정신적 총체성에 도달할 수 있기는 하지만, 다른 한편으로는 이러한 에로스적 본질은 세속적이고도 육체적인 사랑을 낳음으로써 예술이 지향하는 순수한 동경과 정신적 총체성의 실현을 불가능하게 만들기 때문이다. 따라서 순수한 동경은 플라톤의 에로스론에서와 같이 오로지 금욕적이고 순수한 정신적 '지적 직관'에 의해서만 가능하다. 그러나 이러한 동경은 실제의 현실생활에서는 실현이 불가능한데, 그 까닭은 정신적이고 '차원이 높은' 사랑은 육체적이고 '차원이 낮은' 사랑에 의해 패배를 당하기 때문이다. 그러므로 순수한 동경은 그의 실현을 위해서는 어쩔 수 없이 자체의 '고공비행'을 할 수밖에 없고, 이 고공비행의 종착역은 죽음 이외에는 다른 길이 있을 수가 없다. "에로스는 예술가에 있어서는 정신적 아름다움으로 나아가는 안내자이다. 따라서 최고의 정신적 경지에 이르는 길은 오로지 감각적 기관을 통하는 수 밖에 없다. 그러나 이 길은 위험천만한 길이고, 도덕적으로 잘못된 길이기 십상이며, 죄악의 길로 나아가는 길이다. 그러므로 정신의 순수성과 존엄성을 구제하는 유일한 길은 죽음뿐이다." 감각적·관능적 욕망을 규제함으로써 위대한 예술가가 된 이 소설의 주인공 아셴바흐는 실제로 동경과 탈출의 충동을 이기지 못하고 드디어 남부 이탈리아의 한 휴양도시에서 한 소년의 육체적 아름다움에 매료됨으로써 윤리적 시민예술가는 사도邪道 내지 '죄악의 길'에 빠지게 된다. 만의 해결은 실제로 플라톤주의자인 젊은 비평가 루카치가 뜻하는 바대로 이루어진다. 예술가 아셴바흐는 죽음을 통하여 그의 존엄성을 구제·고수하는 것이다.

시민과 예술가로서의 만의 위기는 1차세계대전 전후에 보다 구체적이고 심각한 양상을 띠고 전개된다. 1차세계대전 후의 급격한 사회적·정치적 변화와 이에 따른 정치적·문학적 논쟁에 휘말려 들었던 만은 시민예술가로서의 입장과 정치적 견해를 밝히지 않을 수가 없었다. 1918년에 나온 만 유일의 정치비평서『한 비정치인의 고찰』에서 그는 자신의 문학관과 정치관을 다음과 같이 피력한다. 우선 그는 독일 문화의 본질이 '시민적인 것', 그 중에서도 특히 '낭만적 시민성'에 있다고 본다. 또한 독일적인 낭만적 시민성의 핵심은 사회적·정치적인 것이 아니라 문화적인 것, 특히 '음악적인 것'과 '영혼적·도덕적인 것'에 있다고 주장한다. 그러니까 독일적 예술가정신이란 만에게는 바로 이러한 비정치적인 낭만적 시민성의 구현을 뜻한다. 이 정치비평서의 서두에서 만은『영혼과 형식』에 나오는 루카치의 개념을 사용하면서 독일적 예술가정신의 긍정적 면을 부각시킨다. 이에 따르면 독일적 '예술가정신'이 프랑스적 '문학가정신'과 다른 점은, 후자가 다만 형식의 완벽한 미美를 창조하기 위하여 예술을 목적 그 자체로 삼는 데 비해 전자는 삶을 가능한 한 도덕적으로 형상화하기 위해 예술을 수단으로 간주한다는 데 있다. 다시 말하면 독일적 예술가정신의 근저에는 삶과 노동에 대한 초기 시민계급의 건강하고 긍정적 삶의 태도가, 프랑스적 문학가정신의 저변에는 근본적으로 삶을 부정하는 현대 부르주아지의 허무주의적이고 금욕주의적 태도가 도사리고 있다는 것이다. 여기에서 만은 『영혼과 형식』을 인용하면서 이 비평집에서 자기자신을 다시 인식했다고 고백하며 공감과 경탄을 숨기지 않고 있다. 『한 비정치인의 고찰』에 나타나는 만의 정치적 견해도 『영혼과 형식』에서 표명되고 있는 루카치의 견해에 매우 가까이 접근해 있다. 여기에서 만이 생각하고 있는 궁극적인 정치적 목표는 '영혼의 변화'와 '도덕적 교육'을 통한 인류의 해방이다. 만은 이러한 정치적 목표의 이상적 해결은 루카치가 뜻하는 독일 낭만주의의 '범시적汎詩的 보편주의'라는 원칙의 철저한 수행(예술을 통한 개인 인격의 철저한 완성은 궁극적으로는 공동체의 조화와 평화에 이른다는 생각)을 통하여 이루어진다고 여기고 있다. 지금까지의 서술 – 초기 만과 초기 루카치의 발전과정 – 에서 본다면 1차세계대전 이전 두 사람 사이에 존재했다고 루카치가 생각하는 '은밀한 정신적 유대감'이 결코 일방적이 아니라 쌍방적이었고, 이 유대감이 근본적으로는 독일 낭만주의 예술개념에 근거한다는 사실을 확인할 수 있다.

이와 같은 두 사람 사이의 정신적 유대감은 1차세계대전 후 루카치가 사회주의자가 됨으로써 전환점을 맞이한 것처럼 보인다. 정치적 견해의 차이로 두 사람 사이에는 루카치의 표현대로 일종의 정신적 소외감이 생겨난 것처럼 보이기도 한다. 하지만 1차세계대전 이후의 만과 루카치의 지적 발전과정을 자세히 관찰해 보면, 특히 루카치의 입장에서 우리는 이 두 사람 사이의 정신적 유대가 완전히 단절된 적은 없었고, 오히려 정신적·정치적인 면에서의 접근이 이루어지고 있음을 알 수 있다. 루카치가 비교적 빠른 시일 내에 헤겔의 역사철학과 미학, 그리고 『빌헬름 마이스터』의 휴머니즘적 인간상을 통해 초기의 낭만적 염세주의를 어느 정도 극복하고 독일 고전주의의 예술이상을 실현하기 위하여 마르크시즘으로 전향하였다면, 만은 서서히 그의 낭만적 과거를 극복하면서 독일 고전주의의 예술이념과 교양이념에 접근하고 있다.

『마의 산』(1924)은 만의 이러한 변화 과정에 중요한 이정표를 마련하는데, 이 교양소설에서 독일 낭만주의와 낭만적 시민성과 철저한 논쟁을 벌임으로써 병과 죽음 등과 같은 낭만적 이념들에 대한 깊은 공감에도 불구하고, 소설의 마지막에 가서는 어느 정도 그의 낭만적 시민성을 극복하고 건강과 사랑, 휴머니즘의 이념에 충실하고자 하는 각오를 다짐하고 있기 때문이다. 이와 때를 같이하여 바이마르 공화국에서의 만의 정치적 발전에도 새로운 양상이 전개된다. 비정치인의 정치화 과정이 본격화되는 것이다. 이제 그는 바이마르 공화국의 현실적인 정치 문제에 정면으로 부딪히면서 정치적 입장을 다시 정립하려고 노력한다. 여기에서 그는 1차세계대전 이전의 그의 국가적·보수적 정치관을 수정할 뿐만 아니라 나아가서는 공화국과 민주주의, 심지어는 사회주의 정치이념까지도 옹호한다. 만의 이러한 정치적 변화에서 주목할 만한 점은 우선 독일 시민문화·예술개념을 재해석하고 난 후, 이에 바탕해서 다시 그의 정치관을 전개한다는 데 있다. 이러한 변화의 또 다른 특징은 그가 루카치와는 달리 낭만주의와 고전주의를 개념적으로 완전히 분리시키지 않고 낭만주의적 예술개념을 고전주의적 예술개념에 가깝도록 새로이 해석한다는 사실이다. 『독일 공화국론』(1923)에서 노발리스의 낭만주의 예술개념에서 민주주의의 전통과 사회적·정치적 요소를 발견해서 이를 재해석하고 있는 것은 좋은 예가 된다.

그러나 만의 정치관과 문학관에 변화를 가져오게 한 결정적 요인은 괴테와 독일 고전주의 예술이념의 재발견이다. 「괴테와 톨스토이」(1922)라는 논문에서 이미 그는 『빌헬름 마이스터』의 교양이념을 정치적 이상으로 간주하고 있다. 그는 교양의 이념은 내부적 세계와 외부적 세계, 자아와 세계 사이를 연결하는 교량의 역할을 할 뿐만 아니라, 교양의 궁극 목적은 주관적·내면적 교양을 넘어 객관적·사회적·국가적인 차원으로 나아가는 데 있다고 주장한다. 이로써 만은 『한 비정치인의 고찰』에 제시된 비정치적 괴테상像을 수정해서 괴테로부터 한 사람의 정치적 인간상을 만들어낸다. 즉 괴테는 혁명적은 아니지만 그렇다고 반동적도 아니며, 국가적이 아니라 세계시민적인 진보적 정치관을 가졌다는 것이다. 여기에서 만은 괴테에게서 이상적인 독일 시민계급의 대표자와 독일적 시민성의 전범典範을 보고자 한다. 만이 겪는 일련의 정신적·정치적 변화를 요약하면, 만의 1차세계대전 이전의 시민성이 독일 낭만주의의 예술개념에 바탕을 두고 있다면, 대전 후의 시민성은 독일 고전주의의 예술이념에 근거하고 있다고 말할 수 있다.

독일 고전주의와 괴테에 의한 만의 새로운 방향정립은 시민성이 무엇인가에 대한 자기성찰을 동반하였고, 독일 시민문화를 획일적이 아니라 세분해서 볼 수 있는 안목을 갖게 하였다. 예컨대 그는 낭만주의를 '순수한' 낭만주의와 '조야한' 낭만주의로 구분하고, 낭만주의가 내포하는 부정적인 정치적 의미를 의식하고 있었다. 그리고 초기 작품세계에서 자신의 낭만적 시민성의 3대 근간을 이루었던 쇼펜하우어, 바그너 및 니체를 이제는 독일 고전주의 예술이념이라는 관점에서 재조명한다. 『바그너론』(1933)에서 만은 이제 바그너를 19세기의 전형적인 시민적 예술가로 보면서 그의 예술은 '건강한' 초기 시민적 요소와 '병적인' 후기 시민적 요소를 함께 지니고 있다고 말한다. 바그너의 노동에 대한 에토스와 윤리의식이 19세기 전반기 시민계급의 유산이라면, 그의 병적인 심리적 감수성과 '신화적인 것'과 '감정도취적인 것'에 대한 편향은 19세기 후반기 부르주아지의 산물이라는 것이다. 간단히 말해 바그너의 예술은 초기 시민계급의 윤리와 이성, 후기 부르주아지의 '악마적'인 현대적 주지주의와 감수성의 혼합이라는 것이다. 그리고 만은 바그너가 정치적으로도 일생 동안 '사치와 돈의 재앙에서 해방되고 사랑에 기초하며 계급이 없는 사회'를 갈망했다는 점에서 오히려 사회주의자 내지 문화낙관론자였다고 주장하기까지 한다. 물론 만은 바그너의 반동적인 면을 간과하지 않았는데, 특히 그의 복고지향적인 성향이나 어두운 과거에 대한 숭배 및 신화적인 것, 전설적인 것에 대한 편향에서 그러한 면을 본다. 쇼펜하우어도 이제는 철학적 염세주의자라기보다는 오히려 그리스 문화와 독일 고전주의에 깊이 뿌리를 내리고 있는 한 사람의 휴머니스트로 해석한다. 그리고 쇼펜하우어의 페시미즘을 괴테에서부터 니체에 이르는 사이 독일 시민계급이 겪었던 고통의 집약적 표현이라고 말한다. 니체 또한 시민적 문화와 도덕이 해체·붕괴되어 가는 것에 저항해서 새로운 문화와 휴머니즘을 창조하려던 19세기 최후의 휴머니스트로 해석한다.

휴머니즘, 교양 등과 같은 독일 고전주의의 미학적 개념들을 바탕으로 하고, 시민적 예술개념을 초기 시민적 예술과 후기 시민적 예술, 고전주의적 예술과 낭만주의적 예술로 분화해 가면서, 만은 이제 바이마르 공화국에서 여러 정치적 그룹과 정치적 이념 등을 다시 해석·평가한다. 사회주의에 대한 그의 이해도 이러한 새로운 문화 이해로부터 나온다. 1933년에 쓴 「사회주의에 대한 고백」에서 사회주의적 정치이념들은 경제적 이론적 측면에서 본다면 정신에 소원한 것이지만 실천에 있어서는 정신과 문화에 우호적이며, 이들 이념의 근저에는 이 지상에 종교적·개인적 영역을 넘어서는 현세적이고도 보편적인 인간의 의미를 부여하려는 휴머니즘적 노력이 자리잡고 있다고 말한다. 나치즘이 19세기 시민 문화이념의 변조 내지 날조를 의미하고 '조야한' 낭만주의와 '엉터리 신화'의 선전이 정치적 반동을 뜻한다면, 사회주의는 그것의 휴머니즘적 노력과 낙관주의적인 미래상 때문에 오히려 19세기의 문화이념에 가까우며 그러므로 정치적으로도 진보적이라는 견해를 표명한다. 만의 이러한 새로운 정치관에서 주목할 점은, 한때 루카치가 그러했던 것처럼 사회주의를 하나의 정치적 목표 그 자체보다는 오히려 자신의 문화적 이념, 특히 독일 고전주의의 예술이념을 실현하기 위한 하나의 수단으로 간주한다는 데 있다. 다시 말해, 사회주의의 이념은 그에게는 독일적 문화개념과 예술개념에 들어 있지 않은 요소, 즉 사회적·정치적 요소를 보완하는 성격을 띠는 것이다. 이러한 뜻에서 만은 이른바 '종합적' 정치관을 다음과 같이 표현한다. "지금 우리에게 가장 필요한 것은, 그리고 완전히 독일적이 될 수 있는 것은, 혁명적 사회사상과 보수적 문화이념의 결합, 모스크바와 그리스의 연합, 다시 말해 마르크스와 횔덜린의 동맹일 것이다."

여기에서 우리는 이미 사회주의자가 된 루카치가 – 그는 방금 언급한 만의 발언을 즐겨 인용한다 – 왜 만의 이러한 정치적 발전을 매우 긍정적으로 바라보고 심지어는 이를 자신의 정치적 발전과 동일시하는가를 짐작할 수 있다. 그러니까 루카치는 자신이 이미 겪었던 일련의 정신적·정치적 발전과정, 즉 낭만적 과거의 극복, 독일 고전주의로의 방향정립, 민주주의를 통한 사회주의로의 이행 등을 만이 그대로 뒤따르고 있다고 생각하는 것이다. 루카치가 자신을 어느 정도 만과 동일시하는 것은 1920년대의 루카치가 처해 있던 정치적 상황, 즉 헝가리 공산정권의 실패, 빈 망명시절의 정치적 어려움, 공산당 내부에서의 정치적 패배와 정치적 고립 등을 고려한다면 더욱더 명백해진다. (빈 망명 시절 루카치는 매우 고립된 위치에 놓였다. 당 외부는 물론이고 내부에서도 그가 대표적 이론가로 활약하던 그룹이 정치·이데올로기 투쟁에서 패배하자 사면초가의 입장에 놓이게 되었다.) 그는 토마스 만론에서 거듭 바이마르 공화국 내에서의 만의 고립된 위치를 강조하는데, 실제로는 이러한 표현을 통해 간접적으로 20년대에 그가 처했던 정신적·정치적 상황을 말하는 것이며, 동시에 이를 통해 자신과 만 사이의 정신적·정치적 유대감을 은밀히 그리고 간접적으로 표현하는 것이다. 서두에서 언급했듯이 루카치가 1차세계대전 이후에도 그와 만 사이에 '어느 정도의 정신적·정치적 수렴'이 이루어졌다고 주장한 것은 바로 이러한 맥락에서 이해할 수 있다.

나치즘의 지배 기간 동안의 루카치와 만의 관계는 30년대 유럽 국가의 인민전선정책과 두 사람이 공통적으로 취한 반나치적인 입장에 의해 보다 강화되었다. 30년대 후반 이후의 만은 나치즘에 단호히 저항하는 인사로 등장한다. 루카치는 이러한 반나치주의자 만에게서 인민전선정책의 동맹자를 발견하고, 인민전선정책과 결부된 그의 리얼리즘론에서도 만을 가장 모범적 작가로 간주한다. 모스크바 망명 시절의 루카치가 현실정치의 일선에서 완전히 물러서서 주로 독일 고전주의 연구에 전념하였다면, 미국 망명시절의 만은 근본적으로는 고전주의 예술이념에 바탕하여 창작에 몰두한다. 휴머니즘의 이념에 대한 사랑은 이제 인간적인 것에 대한 열정적 침잠으로 변하였고, 초기의 '시민적·개인적인 것'에 대한 관심은 '전형적·일반적·인간적인 것'에 대한 관심에 자리를 양보한다. 나아가 '주지적' 파시즘으로부터 신화를 탈취해서 이를 인간적인 것에 봉사하는 데 사용하고자 한다. 그의 대하소설 『요셉과 그의 형제들』(1933~43)은 독일 고전주의의 휴머니즘 이상을 신화적 차원으로 심화한 것이다. 이 소설에서 만은 자기도취적이고 낭만적인 환상가로부터 한 사람의 지자知者를 거쳐 사회적·정치적으로 행동하는 정치가로 발전해 가는 주인공의 성장과정을 묘사하는데, 이는 괴테의 교양소설 『빌헬름 마이스터』의 근본이념을 현대적으로 다시 형상화한 것이라고 할 수 있다. 또한 『바이마르의 로테』(1939)에서는 그가 오랫동안 생각하던 괴테상像을 예술적으로 형상화하고 있다. 여기에서 그는 매우 유머러스한 표현수법을 사용해서 만년의 괴테를 국가주의에 반대하는, 세계시민적이고도 미래의 발전을 믿는 진보적 작가로 묘사하고, 노년의 괴테가 가졌던 내면의 차가움과 고독에 대해 깊은 이해와 동정을 보인다. 만년의 작품『파우스트 박사』(1947)에서는 의식적으로 자신을 괴테와 동일시하면서 그의 평생에 걸친 근본주제인 시민계급과 예술가정신, 독일적 '내면성'과 독일의 '비극적' 정치발전의 상관관계를 한 현대적 독일 음악가의 비극적 삶을 통해 마지막으로 형상화한다. 이처럼 괴테의 교양이념에 바탕하고 있는 만의 문학세계와 독일 고전주의 예술이념을 출발점으로 해서 전개된 루카치의 미학이론을 염두에 두고 보면, 우리는 루카치의 전 생애에 걸친 만과의 관계가 독일 고전주의에 대한 그들의 공통된 이해에 바탕하고 있다는 사실을 인정하지 않을 수 없다.

2.『마의 산』에 나타난 토마스 만의 루카치상像

그러나 독일 고전주의를 통한 두 사람의 정신적·정치적 유대는 아직도 일반적 성격을 벗어나지 못하고 있는데, 두 사람의 관계는 실질적으로는 - 특히 만의 입장에서 보면 - 훨씬 더 복잡한 양상을 띠기 때문이다. 이러한 관계를 제대로 파악하기 위해서는 보다 분화된 설명이 필요하다. 우리는 만이 1차세계대전 이전에는 젊은 루카치와 꽤 집중적인 정신적 교류를 하고 있었음을 확인하였다. 특히 시민적 예술가로서의 자기의식과 예술가로서의 위기의식의 극복이라는 점에서 보면 만은 루카치로부터 실로 많은 것을 얻었다. 이러한 관계는 부르주아지 비평가에 대한 인간적 호감과 사회주의자가 된 루카치를 도우려는 그의 정치적 행동에서도 여실히 나타난다. 그러나 루카치에 대한 이러한 감정에는 처음부터, 한 아이러니 작가의 일정한 거리를 유지하려는 파토스와 대표적 시민작가로서의 우월감이 병행하였다. 이러한 감정은 곧 '극단적인 내면의 냉담성'과 부정적인 의미에서 거리를 지키려는 일종의 인간적 무관심 내지 반감으로 바뀌었다. 루카치에 대한 관계가 결정적 전환점을 맞이하는 것은 그의 소설『마의 산』에서 나프타라는 인물과 철저한 논쟁을 벌임으로써 자신과 루카치와의 관계를 어느 정도 정리하고 난 다음이다. 루카치가 타계하기 직전 부다페스트를 방문했던 어느 여류 독문학자의 보고는 루카치와 만의 이러한 관계를 뚜렷이 말해주는 좋은 예가 된다. 이 보고에 의하면 루카치는 '대개의 경우 자기에게 편지를 하는 사람에게는 보기 드물 정도의 의무감을 가지고 답장을 하고 기꺼이 서신교환을 했던' 만이, 유독 자신에게는 이러한 친절과 호의를 베풀지 않았을 뿐 아니라 한번도 자기에게 연락을 취하지 않았다는 사실에 매우 괴로워했다고 한다. 심지어 그는 이 '알 수 없는 문제'를 해명하는 것이 '마지막 소원'이라고 말하기까지 했다고 한다. 하지만 이 소원은 끝내 이루어지지 않았던 것처럼 보이고, 그의 전 생애에 걸친 만과의 관계는 결과적으로 하나의 '쓰디쓴 환멸'로 남게 되었다. '자신의 영혼 이외에는 모든 문제를 다루었고, 자기 시대의 모든 문제를 설명할 수 있다'고 믿었던 이론가 루카치에게 있어서 이 문제는 영원히 풀 수 없는 '수수께끼'였고 그의 생애 '유일의 오점'이었다.

일생 동안 한 작가의 '변호사' 역할을 했던 20세기의 대표적 비평가 루카치가 그의 문학적 '위임자'로부터 배척당하고 있다고 느끼고 혼자 괴로워하면서 이에 대한 해답을 찾으려 했다는 사실은 현대 독문학사는 물론 독일 지성사에서도 괄목할 만한 사건이다. 트로츠키주의자이자 트로츠키 전기작가인 아이작 도이처는 만에 대한 루카치의 이러한 관계를 – 스탈린주의자 루카치를 시니컬하게 비꼬면서 – 스탈린주의자와 부르주아지 작가 사이의 '지적 연애사건'이라고 규정하고 있다. 이러한 조롱은 만이 루카치에게 명백한 거리를 두었음에도 불구하고 만에 대한 '지적 사랑'이 일방적으로 강도를 더해 갔다는 점에서 정확한 표현이라 할 수 있다. 루카치 스스로도 이러한 관계를 한 편지에서 인정하고 있다. 만은 일생 동안 단 한번 루카치에게(그것도 루카치 부인에게) 편지를 했는데, 루카치는 이 편지에 다음과 같이 답하고 있다.

당신의 편지는 저에게 형언할 수 없을 정도의 기쁨과 만족감을 안겨다 주었습니다. 저의 전 비평활동 기간 중에 작가들을 대하는 저의 좌우명이 있었다면 그것은 '내가 널 사랑했으면 그만이지 그게 너와 무슨 상관이냐'였습니다. 저는 현존하고 있는 저에게 소중한 작가들을 역사적 현상으로 고찰하였고, 그들이 그들의 내용과 형식을 통하여 현재와 미래에 무엇을 제시할 수 있는가를 밝히려고 노력해 왔습니다. 이를 위해 저는 저의 비평이 이 '작가들'에게 어떤 영향을 미치는지에 대해서는 원칙적으로 전혀 고려할 필요가 없었습니다.

비평가의 위엄과 엄격성을 지키려는 루카치의 안간힘에도 불구하고 이 편지의 톤과 행간에서 그의 인간적 감정, 즉 만에 대한 사랑과 동시에 이러한 사랑이 보답을 받지 못했다는 데 대한 거의 귀족적인 오만과 반항심을 읽을 수 있다. 여기에서 루카치가 빌헬름 마이스터를 짝사랑하던 괴테 교양소설의 여주인공 필리네의 표현을 빌리고 있다는 것은 매우 시사적인데, 루카치는 이를 통해 그의 일방적 사랑을 확인할 뿐 아니라 나아가서는 만에 대한 그의 감정이 어디에 근거하는가를(즉 그들의 관계가 괴테와 독일 고전주의에 대한 공통된 존경과 평가에 바탕하고 있다는 것을) 상징적으로 보여주기 때문이다. 만에 대한 이러한 일방적 관계는 1차세계대전 이전에도 이미 윤곽을 드러낸다. 에세이스트(비평가)로서의 루카치는 『영혼과 형식』에서 작가에 대한 그의 관계를 다음과 같이 표현하고 있다.

> 시인은 언제나 자기자신에 대해 얘기를 한다. 그러나 플라톤주의자는 한번도 독자적으로 자기자신에 대해 생각해 볼 엄두를 내지 못하고 남의 작품을 통해서만 자기자신에 가까워진다. 시인의 세계는 그 자체로서 완결된 절대적 세계를 뜻하며 그렇기 때문에 한번도 문제적이 되는 일이 없다. 이에 반하여 플라톤주의자의 세계는 본질적 실체성이 전혀 없기 때문에 언제나 문제적이다.

여기에서 이 에세이스트(비평가)의 문제적 세계를 이 비평집에 나타나는 동경의 모티브와 연결짓고, 또 루카치가 시인을 쉴러적 의미에서 소박한 시인과 성찰적 시인으로 구분하는 사실과 관련지어 생각해 보면, 루카치가 시인(작가)을 총체성의 세계를 체현하는 소박한 사람으로, 에세이스트(비평가)를 총체성의 세계를 끝없이 동경하는 성찰적 지식인으로 간주하고 있음을 알 수 있다. 그러니까 총체성을 향한 비평가의 동경은 오로지 시와 시인이라는 매개체를 통해서만 성취될 수 있다는 것이다. 바꾸어 말하면, 시인이 창조한 이미지의 세계만이 총체성과 자기완성에 이르는 유일한 수단이다. 따라서 시인에 대한 비평가의 동경과 사랑은 성찰적이기는 하나 성스럽고 복된 것이다. 젊은 비평가 루카치가 가장 사랑했던 단편소설의 주인공 토니오 크뢰거의 말을 빌리면, 행복은 사랑하는 것이지 사랑받는 것이 아니며, 사랑하는 사람은 - 루카치 자신의 표현을 빌리면 - 사랑을 받는 사람보다 더 신성한데, 그 이유는 비평가의 사랑은 비록 보답을 받지 못하긴 하지만 자기완성에 이르는 유일한 길이기 때문이다. 루카치와 만의 초기의 정신적 관계에 교량 역할을 하는 동경의 모티브는 이미 여기에서도 각각 상이한 양상을 띨 뿐만 아니라 상당한 차이점을 드러낸다. 만이 「토니오 크뢰거」에서 그의 동경을 자기 자신의 언어로 표현하고 있다면, 루카치는 예술가(시인)의 이미지를 빌려야만 비로소 그의 동경을 표현할 수가 있는 것이다. 토니오 크뢰거의 동경이 그의 예술가로서의 삶과 시민적 삶이 조화를 이루는 하나의 세계에 대한, 손으로 잡을 수 있는, 말하자면 비교적 구체적인 동경이라면, 루카치는 그의 동경에 감정적으로는 물론 개념적으로도 비상할 정도의 강렬성, 다시 말해 추상적·이상적이면서 절대적·종교적인 의미를 부여하고 있다. 초기 루카치의 지적 형성과정을 논하면서 『영혼과 형식』에서는 그의 지적 동경을 독일 낭만주의와 비극의 힘을 빌려, 『소설의 이론』에서는 독일 고전주의와 소설에 의존해서 표현하고 있음을 보았다. 루카치의 개념형성의 열쇠 구실을 하는 '총체성'의 개념에서도 그의 본래적인 지적 동경과 종교적 파토스가 내재되고 있음을 확인하였다. 초기 루카치에 있어서는 - 후기 루카치의 경우에도 사정은 마찬가지지만 - 한마디로 예술은 절대적 진리로 나아가는 유일한 길이자 메시아적인(유토피아적인) 세계의 계시인 것이다. 이처럼 본래 종교적으로 동기가 주어진 루카치의 강력한 지적 동경은 1차세계대전 후의 마르크시즘 해석에도 결정적인 영향을 끼친다. 다시 말해 루카치의 종교적 동경은 독일 낭만주의와 독일 고전주의를 거쳐 마르크시즘에서 그 마지막 표현 – 이 표현의 열쇠는 총체성이라는 개념이다 – 을 얻게 된다. 이러한 지적 과정을 겪고 난 루카치는 총체성의 개념을 통해 초기의 종교적·낭만적 파토스를 극복하였고, 독일 고전주의의 예술이 그의 지적 동경을 만족시켜 줄 수 있는 가장 적합한 형식이며, 마르크시즘이 독일 고전주의의 휴머니즘을 실제로 실현할 수 있으리라고 굳게 믿는다. 그러나 낭만주의로부터 고전주의로의 이행을 서서히 경험하고 항상 자신의 정신적·정치적 위치를 아이러니 정신으로 저울질하고, 자신의 최종적 판단을 가능한 한 미결 상태에서 유보하는 만과 같은 작가로서는 루카치의 이러한 급격한 개념적 변화와 과격한 정치적 전환을 이해하기란 거의 불가능했을 것이다. 하물며 이러한 변화를 인정하기는 더욱더 힘든 일이었다.

따라서 만은 이제 사회주의자가 된 루카치를 한편으로는 여전히 '고상한 관념주의자'로 보면서도 다른 한편으로는 이미 '자신의 관념주의적 확신을 위해 시민적 출신성분을 포기하고 이제는 정치적 사도邪道에 들어선 공산주의자'로 간주하고 있다. 공산주의자 루카치에 대한 만의 이러한 분열된 태도(시민적 비평가에 대한 아직도 계속되는 호감과 공산주의자에 대한 명백한 거리감)가 마지막 표현을 얻는 것은 1922년 빈에서 만과 루카치의 개인적 만남과, 이 만남 직후 『마의 산』에 묘사된 만의 루카치상像을 통해서이다. (1922년 1월 만은 일련의 강연 여행 길에서 빈에 들러 그곳에 체제하고 있던 루카치를 만났다. 이 여행에서 돌아온 직후 『마의 산』의 '또 다른 한 사람'이라는 장을 집필하는데 이 장에 나프타라는 인물이 처음 등장한다.) 여기서 잠깐 두 사람의 만남이 어떻게 진행되었으며, 만이 이 대담을 통해 얻은 인상을 문학적으로 어떻게 형상화하는가를 재구성해 보자.

이 대화는 만이 그의 소설에서 가끔 시사하는 바와 같이 '매우 정신적'이었던 것 같고, 루카치의 일방적인 독백 형식을 띠었던 듯하다. 이 대담의 유일한 증인인 만의 부인은 그녀의 회고록에서 이 만남을 회상하고 있다.

> 한번은 루카치가 빈에 머물고 있는 우리를 방문하였다 […] 그는 앉

자마자 그의 이론을 펼쳐놓기 시작해서는 거의 한 시간에 걸쳐 잠깐도 쉬지 않고 강론을 계속하였다. 남편은 입도 한번 제대로 열지 못하고 '예, 그래요. 그것 참 흥미롭군요'라는 말밖에 하지 못하였다.

만 자신도 이 대화에 관해 쓰고 있다. "그(루카치)는 한번 빈에서 한 시간 가까이 그의 이론을 전개하였다. 그가 얘기하는 동안은 그의 말은 옳았다. 얘기가 끝난 후에도 그에 대한 전체적 인상이 이상스러울 정도로 추상적이라는 생각이 들긴 했지만 그의 순수성과 지적 고매성에 대한 인상은 그대로 남았다." 계속해서 만은 루카치가 '철두철미 이론적인 사람'이고 그의 본질은 '귀족적·금욕적 기질'에 있다고 말한다. 루카치 개인에 관한 만의 이러한 공적 발언은 『마의 산』에서 나프타라는 작중인물을 통해 묘사한 루카치의 외모와 지적 특성에 대체로 상응한다. 그러면 나프타라는 인물의 주요 특성을 열거하고, 이를 실제 인물 루카치와 비교해보자.

가) 나프타는 우선 루카치처럼 유대인이다. 이 사실은 매우 중요한데 만은 이 사실에서 출발해서 나프타라는 인물의 인간적·정신적 특성을 묘사하기 때문이다. 거기에다 나프타는 동구 유대인, 즉 합스부르크제국의 변경지방(갈리치아) 출신의 동구 유대인이다. 루카치 역시 부다페스트가 고향인 동구 유대인이다. 만은 나프타라는 인물에게 '조그마하고 단아한' 모습, 얼굴 전체를 지배하는 '매부리코', '꼭 다문 입술과 안경 뒤의 엷은 회색빛 눈' 등과 같은 한 유대인 지식인이 지닐 수 있는 외적 특징을 부여하고 있다. 만은 아이러니컬하게 "그에게는 모든 것이 날카로웠다. 심지어 그가 지키고 있는 침묵에서조차도 곧 하게 될 그의 발언이 예리하고 논리정연하리라는 것을 알 수 있었다"라고 말한다. 나프타는 날카롭고 논리정연하게 말할 뿐만 아니라 특별한 방식으로, 즉 마치 중세의 스콜라 철학자가 강단에 서서 종교적 도그마를 강론하듯 확신에 찬 태도로 또 단호하게 얘기한다. 만의 부인, 카티야 만도 '나프타의 외모'와 '쉬임 없이 강론하는 재능'은 루카치를 연상시킨다고 회고하고 있다.

나) 나프타는 유대인으로서 본래부터 종교적 인간이자 귀족적 인간이며 '대단히 재능이 많은' 사람이다. 만은 이러한 종교적·귀족적 근원이 나프타의 예수회 수도생으로서의 생애와 그의 지적 발전을 규정하고 있음을 명백히 한다. 『영혼과 형식』의 저자이자 귀족 칭호 '폰'(von)의 소유자 '게오르크 폰 루카치'(Geog von Lukács)와 부다페스트의 귀족가문인 루카치가家를 잘 알고 있던 만이 루카치에게서 무엇보다도 한 사람의 종교적·귀족적 인간을 보고 있다는 것은 충분히 납득이 가는 일이다. 루카치의 귀족적·관념주의적 면모를 다시 한번 확인시켜 주는 것은, 위에서 언급한 루카치 개인에 관한 만의 공적 발언(귀족적·금욕적 루카치)이다.

다) 그러므로 나프타는 금욕주의자이자 반자연주의자이다. '정신의 순수성을 향한 극복하기 힘든 욕구'가 나프타의 지적 세계를 결정하고 있다. 나프타에게 종국적으로 문제가 되는 것은 인간의 감성과 본능을 훈련·순화시켜서 마침내는 정신이 자신의 절대적 순수성에 도달함으로써 '신의 왕국'에 도달하려는 것이다. 나프타의 이러한 금욕적 경향성은 만에 의하면 근본적으로는 에로틱한 성격을 띠는데, 이러한 금욕적 경향성은 종교적 동경과 종교적 쾌락에서 비롯하기 때문이다. 나프타의 이러한 정신적 에로티시즘은 루카치가 한결같이 반자연주의적 태도를 고수했다는 사실과도 상관관계가 있다.

라) 나프타는 예리한 지식인이자, '칼날처럼 날카로운' 변증론자이며, 믿음의 사람이자, 종국적으로는 총체성의 사상가이다. "이원론, 반명제, 바로 이것이 세상을 움직이는 열정적 원칙, 즉 변증법적 원칙이다. 세상을 적대적으로 나누어서 보는 이러한 원칙이 바로 정신이다." 이러한 변증법적 정신은 '신의 이념'과 '신의 왕국'에 도달하기 위한 수단이자 길이기도 하다. 즉, "선과 악, 내세와 현세, 정신과 권력의 이원론은 신의 왕국이 도래하기 위해서는 잠정적으로 **하나의 원칙**에 의해 지양"되지 않으면 안 되는 것이다. 나프타는 이성의 원칙에 이의를 제기하고 이성보다는 신앙에 인식론적 우위성을 부여하는 신앙주의자이자 영원한 이념과 절대적 정신의 실체를 믿는 플라톤주의자다. "순수한 인식은 결코 존재하지 않는다. 믿음이 인식의 주된 기관器官이고, 오성은 부수적 역할밖에 하지 못한다. 아무런 전제 없는 학문이란 하나의 신화

다. 하나의 믿음, 하나의 세계관, 하나의 이념, 간단히 말해 하나의 의지는 언제 어디서나 존재하기 마련이다. 이성이 할 일은 이러한 하나의 의지를 토론하고 증명하는 것이다." 나프타는 절대적 이념이 실현되리라는 것을 굳게 믿고 언젠가 이 지구상에 절대적인 존재가 나타날 것을 희구하고 있다. 만의 이러한 루카치 묘사를 그대로 따르자면, 루카치는 한 사람의 유토피아니스트이자 종말론자로서의 면모를 띠고 있다.

마) 믿음과 총체성의 사상가로서의 나프타는 헤겔을 자기 나름대로 종교적·가톨릭적으로, 다시 말해 총체적·절대적으로 해석하고 있다. 즉 국가의 절대적 권위와 국가의 교육적 역할에 대한 헤겔의 요구는 가톨리시즘의 절대적 권위에 대한 요구와 가톨리시즘이 지니고 있는 정치적·교육적 본질과도 상통한다는 것이다. 나프타는 프로테스탄트적인 괴테에서도 오히려 가톨릭적 요소, 예컨대 객관주의, 행동주의, 교육원리 등을 보고 있다. 나프타의 이러한 헤겔·괴테 해석은 루카치가 근본적으로 그의 종교적 관념을 통해 독일 고전주의를 수용하고 있다는 사실을 만이 막연하게나마 예지하고 있음을 의미한다. 그러니까 만의 입장에서 보면 루카치는 독일 고전주의 문학과 독일 관념 철학을 너무 종교적으로, 너무 가톨릭적으로, 너무 절대적으로 해석하는 셈이다.

바) 결국은 나프타는 마르크시즘과 공산주의도 '가톨릭적'·헤겔적으로 해석하는 마르크스주의자이고 공산주의자이다. 마르크시즘의 경제원칙은 나프타에게는 중세의 가톨리시즘이 지녔던 사회·정치적 관념의 단순한 부활 내지 현대적 변형에 불과하다. 그리고 마르크시즘은 '이상적이고 공산주의적인 신의 세계'라는 모델에 의해 현대 사회를 형상화해 보려는 사회이론이다. '국제 프롤레타리아트가 신국神國의 휴머니즘과 기준을 가지고 자본주의적 시민사회의 부패와 타락에 대응'하려 하고, 프롤레타리아트의 독재가 단순한 지배의 의미를 갖는 것이 아니라 '십자가의 표식' 아래에서 정신과 권력의 대립을 지양함으로써 '세계극복'과 '신의 왕국의 도래'를 지향한다는 점에서도, 공산주의는 가톨리시즘과 일치한다. 나프타의 이러한 마르크시즘관 – 이것은 부분적으로는 만 자신의 마르크시즘 이해와도 상응한다 – 은 매우 제한된 의

미에서 『역사와 계급의식』에 대한 만의 의역意譯이라고 할 수 있다. 루카치의 정치이론서를 한번도 읽은 적이 없었던 만이 이 책이 말하고자 하는 루카치의 근본생각, 즉 마르크시즘에서 중요한 것은 마르크시즘이 지향·추구하는 역사의 내재적 의미인 총체적 세계의 실현이라는 기본생각에 이처럼 가깝게 접근하고 있다는 것은 매우 놀라운 일이다.

사) 마지막으로 나프타는 자연법과 폭력 및 테러의 옹호자다. 그에게 폭력은 일종의 자연법이며, 그렇기 때문에 자본주의 사회의 '윤리적 타락'을 제거하기 위해서는 정당한 것이다. 그리고 폭력은 공산주의 지상포上의 계명, 즉 지구상의 윤리적 질서를 재건하기 위한 '성스러운 수단'이다. 그러므로 나프타는 '십자가의 보호를 받고 죽음과 피를 마다하지 않는' 호전적 수도승에 비견되는 전투적 마르크스주의자다. 헝가리 공산정권에서의 루카치의 과격한 정치행동과 그 후의 신디칼리즘(Syndicalism)적 폭력에 대한 집요한 관심을 두고 보면(루카치는 헝가리 소비에트정권에서 교육문화장관으로 급진적 문화정책을 펼쳤으며 『역사와 계급의식』의 조직론에서는 관념주의적 폭력론을 주장했다), 20년대 초반의 루카치에 대한 만의 이러한 인상은 충분히 그 근거가 있다. 폭력 옹호론자로서의 루카치는 스탈린주의의 폭력과 테러를 부분적으로는 거부하였지만 전체적으로는 시인 내지 묵인하였고, 심지어는 폭력의 필연성을 강조하고 있다.

이상이 『마의 산』에 나타난 '정신적으로 매우 닫혀 있는 나프타의 세계상'(토마스 만)이다. 실제로 루카치가 나프타라는 인물의 모델이었는지에 대해서는 지금까지 논의된 나프타의 특징을 두고 보면 더 이상 토론의 여지가 없다. 만 자신도 루카치가 '나프타'의 모델이었다는 사실을 숨기지 않는다. 그는 한 편지에서 루카치가 "나프타에서 자기자신을 인식하지 못했음이 명백하다"라고 쓰고 있으며, 심지어는 루카치와 나프타의 상관관계를 연구하려던 어느 프랑스 독문학자에게 "루카치와 나프타의 관계를 이름을 바로 대면서까지 거론하지 마십시오. 그리고 부디 루카치로 하여금 이러한 생각에 미치지 않도록 해주십시오"라고 간곡히 부탁하면서 계속해서 "소설의 인물과 실제 현실은 다르기 마련입니다. 그리고 제가 소설 속에서 창조한 공산주의와 예수회의 결합은 – 비록 지적으로 보아 조금도 틀린 것은 아니라고 할지라도 – 실제의 루카치와는 관계가 없습니다"라고 말한다. 그러나 필자의 견해로는 만이 나프타라는 인물 속에서 어느 특정한 시기의 루카치, 더 정확히 말하면 이 소설이 쓰여진 1910년대 초반부터 1920년대 초반까지, 즉 시민적 문예비평가로부터 마르크스주의자로 이행하는 과정의 루카치를 포착하고 있음이 틀림없다. 『마의 산』에서 문제가 되는 것은 한 마르크스주의자의 개념세계의 분석이 아니라, 만이 개인적으로 잘 알고 있는 한 유대인 지식인의 인간적 형상화다. 만의 주된 관심은 귀족적 유대인 지식인과 이제 공산주의자가 된 지적 동경에 가득 찬 문예비평가로서의 루카치다. 만의 눈에 비친 루카치는 뭐니뭐니해도 우선 종교적 인간이다. 예수회 수도승으로 묘사되고 있는 루카치는 예술적 변형(Transformation)이며 나프타라는 인물의 모델적 성격을 은폐하기 위한 위장이다. 그것은 유대주의와 가톨리시즘, 종교적 관념과 정치적 관념, 가톨리시즘과 공산주의의 연관성을 강조하는 역할을 하고 있다.

 루카치에 나타나는 동경의 모티브를 잘 알고 있는 만은 이제 지적 공산주의자가 된 루카치에게서 한 사람의 로고스적 인간이 아닌 파토스적 인간을 보고자 하며, 루카치의 지적 세계가 그의 종교적 파토스로부터 나오고 있음을 분명히 하고 있다. 만의 생각으로는 에세이스트와 플라톤주의자로서의 루카치의 동경은 종교적인 데 근원이 있고, 이러한 종교적 동경은 신의 이념, 즉 절대적 정신과 총체성을 향한 동경이기도 하다. 만은 이러한 종교적 동경이 루카치를 헤겔주의자로, 총체성의 철학자로, 공산주의자로, 유토피아니스트와 종말론자로 이끌어 간다고 말하고자 한다. 『마의 산』이 형성되던 시기, 즉 아직도 낭만적 시민성에 깊이 탐닉해 있으면서 이를 극복하려고 노력하던 만은 루카치가 지닌 종교적·지적 동경을 낭만주의 모티브와 연결시킨다. 나프타상像에 따르면, 루카치는 독일 낭만주의의 동경의 모티브를 무제한 상승시킨다는 면에서 극단적 낭만주의자다. 만은 '정신적 회의'와 '부정 및 혼란에 대한 나프타의 편향'과 병에 대한 동경을 상승시켜서 종내는 그를 죽음에 이르게 하고, 이러한 죽음을 통해 그의 '괴로워하는 정신'과 죽음을 향한 동경에 구원과 안식을 안겨다 준다. (낭만주의를 극복하고자 했던) 만은 바로 이러한 동경에 루카치의 '지적 위험'이 도사리고 있다고 생각한다. 만은 나프타와 반대되는 인물인 세템브리니의 입을 빌려 종교적·낭만적 동경과 이러한 동경과 결부된 지적 위험성에 대해 말하고 있다. "그의 왕국은 관능적 쾌락의 왕국입니다. 왜 쾌락의 왕국이냐고요? 대답드리지요. 왜냐하면 죽음은 해체하고 구제하기 때문입니다. 그리고 죽음은 해방이기 때문입니다. 그러나 그것은 악으로부터의 해방이 아니라 나쁜 해방 그 자체이기 때문입니다." 만은 이렇게 해서 종교적·낭만적 루카치를 교조적·전투적 공산주의자 루카치와 연결시킨다. 그는 가톨릭적, 낭만적 루카치로부터 한 사람의 반자유주의자, 반계몽주의자, 낭만적 반자본주의자, 즉 한 사람의 중세적 인간을 만들어 내고 있다. 만의 입장에서 보면 이러한 중세적 인간은 동구적 공산주의를 대변하고, 어느 의미에서는 정치적 반동을 뜻한다. 이 소설의 또 다른 인물 세템브리니는 이러한 면에서 나프타와는 정반대되는 인물이다. 그는 서유럽적 시민사회와 계몽주의의 이념을 대변하고 사회와 역사의 진보를 신봉하는 사람이다. 여기에서 만은 전 바이마르공화국 시대에 걸쳐 관심을 기울였던 정치적 문제, 즉 동구적 공산주의와 서구적 민주주의 사이에서 독일적인 '정치적 중용의 길'을 찾으려는 정치적 노력을 예술적으로 이미 앞질러 형상화하고 있다. 한때 현대적 타입의 지식인이 되는 것을 완강히 거부했던 만은 그의 '단순한' 소설 주인공 한스 카스토르프가 그러한 것처럼 이 소설에서 나름대로 지적이 되어가는 과정을 변증법적으로 전개하고 있다. 즉 만은 두 인물(나프타와 세템브리니)을 교육적 수단으로 삼아서 자신의 정신적·정치적 입장을 정립하려는 것이다. 작가는 두 인물이 변증법적으로 대립되는 견해를 펼치며 마지막까지 서로 싸우도록 하지만, 근본적으로는 그의 아이러니 정신에 의한 우월감과 고답적 자세에 의해 이 두 사람의 정신적·정치적 입장을 거리감을 가지고 내려다보면서 이들을 아이러니화 내지 패러디화하고 있다. 만에게는 나프타(루카치)의 정신 세계는 너무 낭만적이고, 신비적이고, 추상적·극단적이며, 그래서 위험스럽게 생각된다. 그리고 나프타의 정치적 세계는 너무 종교적·교조적이고, 너무 호전적·급진적이다. 이에 반해 세템브리니의 세계는 너무 자유주의적이고, 그래서 근본적으로는 허무주의적이다. 만에게 이 두 인물은 예외 없이 그들 나름대로 시대의 '걱정거리 아이들'이자 문제아들이다. 그들 모두가 휴머니즘을 대변하고 있고, 진정한 휴머니스트임을 자처하고 있다. 그러나 만이 생각하는 휴머니즘의 기준에 의하면 나프타의 휴머니즘은 역시 너무 종교적·교조적이며 세템브리니의 휴머니즘은 반대로 너무 수사적 내지 문학적이고, 너무 허무주의적이다. 만이 생각하는 휴머니즘관은 근본적으로 독일 시민적 예술개념, 특히 독일 고전주의의 교양이상에 바탕한다. 이 소설의 세번째 인물인 페퍼코른이 비록 말을 더듬기는 해도 위풍당당한 인격과 인간적 크기에 의해 사람들에게 외경감을 준다면, 세템브리니는 비록 '말 잘하는 한 사람의 문사'이기는 해도 따지고 보면 '허풍선이'에 불과하고, 나프타 역시도 예리한 논리가이기는 하지만 이상적 인격기준에서 보면 '말 많은 한 사람의 소인小人'에 지나지 않는다. 논리가로서의 나프타는 언제나 옳지만, 인간으로서의 나프타는 절망적·혼돈적이다. '그의 형식은 논리지만 그의 본질은 혼돈'이다. 이러한 나프타의 특징 묘사는 루카치를 만난 후 만의 루카치에 대한 인상에도 상응하는 것이다. 만은 논리가로서의 루카치를 인정하고 부분적으로는 그의 논리에 매료되기는 하지만, 다른 한편 루카치에게서 오히려 인간적으로 절망하고 있는 한 공산주의자를 본다. 루카치의 논리와 정신적·정치적 본질은 – 만은 이렇게 얘기하고 싶어한다 – 그의 인간적 본질에서 연원한다. 따라서 루카치의 로고스를 결정하는 것은 그의 파토스이지 그 역은 결코 아니다. 이러한 의미에서 나프타라는 작중인물과의 대결은 **인간 루카치**와 만의 마지막 논쟁인 동시에 결산이라고 해도 무방하다. 젊은 문예비평가에 대한 어느 정도의 호감 – 이를 아이러니적 호감이라고 부를 수 있다 – 은 이제 일종의 인간적 소원감 내지 혐오감으로 변하고 있다. 이 소설의 주인공 한스 카스토르프가 그의 교육적 스승이자 논쟁 상대자인 나프타와 치열한 논쟁을 벌인 후 꿈속에서 섬뜩한 체험을 하듯이, 만은 지적으로는 과격하지만 인간적으로는 절망에 빠져 죽음으로 기울어지는 루카치에게서 심리적으로 깊은 흔적을 남기는 '무시무시한 이미지'를 얻게 된다. (이와 비슷한 경험을 하고 있는 사람은 만과 매우 가까운 사이던 루트비히 마르쿠제이다. 그는 자서전에서 루카치에 대한 이미지를 쓰고 있다. "나에게는 언제나 존경의 대상이었고, 절대로 반대자를 강압하지 않고, 부드럽게 타이르듯 바로잡아주던 상냥한 변증론자였던 나의 스승, 루카치는 한번 나에게 몸서리칠 정도의 무서움을 안겨다 주었다. 그것은 스페인 공화주의자들을 축하하는 모스크바의 어느 연회석에서였다. 거기에서 나는 조용하고 인간적인 교조주의자 루카치의 모습을 다시 발견하지 못하였다. 그의 얼굴은 뒤틀려 있었다. 그것은 한 교수형리의 모습이었다. 이를 통해 그가 나의 사형선고에도 서명할 수 있다는 느낌을 받았다. 이 이미지는 나의 기억 속에 지울 수 없는 깊은 흔적으로 남게 되었다.")

루카치와 만의 관계에 결정적 계기를 마련하는 외부적 사건은 이미 언급했듯이 『마의 산』을 끝내고 난 후 만이 공산주의자 루카치를 위해 베풀었던 정치적 앙가주망이다. 루카치보다는 루카치의 부친을 더 잘 알고, 마치 '학식이 높은 아들에게 이것저것 얘기를 시키고는 회심의 미소를 짓는 아버지'처럼 젊은 루카치로부터 많은 것을 배웠던 만은, 이러한 앙가주망을 통해 사도邪道에 들어선 공산주의자에게 마지막으로 인간적·가부장적 호의와 친절을 베풀고 이를 통해 한 도시 시민귀족의 후예로서의 양심을 진정시키고 있다. 이러한 사건이 있고 난 후 만은 루카치에 대해 거의 절대적일 정도의 '거리감의 파토스'를 유지하였다. 물론 계속해서 루카치의 '기지에 넘치는' 비평을 칭찬하고 모스크바로부터 오는 자신에 관한 비평에 매우 흡족하기는 했으나, 비평가 루카치와 인간 루카치, '공적 인간'과 '사적 인간' 사이의 구분은 엄격히 고수하였다. 그가 루카치의 고희古稀를 기념하는 축하문을 썼던 것도 이러한 태도의 일부로 이해해야 한다. 물론 만이 『마의 산』에서의 루카치상像을 교정하고, 노년의 루카치에 대해 개인적 친절과 호의를 보이려는 노력이 엿보이기는 한다. '교양의 이념'에서 출발한 루카치의 지적 앙가주망에 대한 높은 평가라든가 루카치 부인에게 보낸 친서 등은 만년의 만이 루카치에 기울였던 인간적 노력의 일단을 말해준다. 그러나 이러한 모든 노력에도 불구하고 루카치가 그에게 보여준 애정에 보답하기란 만으로서는 불가능한 일이었다.

3. 독일 고전주의에 대한 토마스 만과 루카치의
상이한 관점 _ 독일 시민문화와 유대주의의 상관관계

그와 만 사이에 '객관적'으로 정신적 유대관계가 존재한다고 굳게 믿고 있던 루카치로서는 만의 태도는 전혀 이해가 가지 않았다. 이러한 사실은 루카치가 나프타라는 인물에서 자신의 모습을 전혀 인식하지 못하고, 만이 자기 자신을 작중인물의 모델로 삼음으로써 관계를 정리·청산하고 있다는 생각을 하지 못한다는 사실과도 관계가 있다. 실제 루카치는 완전히 주관적으로 나프타를 해석하고 있으며, 심지어는 이 인물에 대해 단호히 부정적 태도를 취하고 있다. 루카치의 토마스 만론을 보면 나프타를 병과 죽음, 천재숭배에 대한 편향성을 지닌 낭만주의자로 해석하고, 정치적 반동과 파시즘을 대변하는 사람으로 이해한다. 이러한 해석의 특징은, 만에 의해 충분히 강조된 나프타라는 인물의 특성, 즉 '예수회와 공산주의의 상호결합'을 간과해 버리고 루카치는 오로지 이 인물을 낭만주의자 및 반동적 파시스트로만 이해하고 있다는 점이다. 그러니까 나프타라는 인물을 서로 상이한 관점에서 이해하고 있는 셈이다. 만이 나프타를 종교적 동기에서 출발한 (위험스럽고 반동적인 특징을 지닌) 공산주의자로 보고 있다면, 루카치는 그의 낭만적 특징을 강조하고는 그로부터 한 사람의 파시스트를 만들어내는 것이다. 바로 이러한 점에서 루카치가 나프타에서 자신을 발견하지 못하는 근본원인을 본다. 루카치는 그가 나프타와 같이 근본적으로 종교적인 사람이고, 그의 오성이 그의 종교성에 종속되어 있다는 사실을 지나쳐 버리고 있거나 아니면 – 이것이 더 그럴법한 해석일 것이다 – 전혀 인정하지 않고 있음에 틀림없다. 스스로 무신론자이자 공산주의자라고 확신하는 루카치가 어떻게 '예수회의 수사생도'가 될 수 있으며, 자신을 이러한 인물과 동일시할 수 있겠는가? 이러한 의미에서 루카치가 나프타라는 인물에서 단지 20년대와 30년대 독일의 '가톨릭 진영에서 나오는 파시즘의 예고자'를 보고 있다는 것은 놀라운 일이 아니다. 물론 만은 무신론자 루카치를 전혀 다른 각도에서 보고 있다. 루카치의 무신론은 '엄청날 정도로 가톨릭적인 것'이고, 그가 '신을 지우는 것은 보다 더 가톨릭적

이 되기 위해서'인 것이다. 그 밖에 루카치는 낭만주의자로서의 나프타를 거부한다. 루카치 자신은 이미 오래전에 낭만적 과거를 극복하고, 그의 정신적·정치적 세계는 이제 만의 경우처럼 완전히 독일 고전주의에 바탕하고 있다고 믿는다. 따라서 루카치의 입장에서는 그가 나프타처럼 낭만주의와 중세적 반계몽주의, 그리고 이와 결부된 정치적 반동을 대변한다는 것은 상상도 할 수 없는 일이다. 왜냐하면 루카치는 스스로를 독일 고전주의 이념과 유럽적 계몽주의 전통, 그리고 이에 바탕한 진보적 역사관을 대변하는 마르크스주의자라고 생각하고 있기 때문이다. 그러나 만은 루카치에게서 독일 고전주의 이념에 바탕해서 마르크스주의자가 된 사상가라기보다는 오히려 종교적·낭만적 열정과 총체성이라는 이념에 집착하는 한 지식인을 보고 있다. 우리가 20년대의 루카치, 즉 개념적으로는 독일 고전주의와 마르크시즘에 의해 자신의 정신적·정치적 방향정립을 하고 있지만 감정적으로는 여전히 종교적·유토피아적·세계종말론적인 절망감에 사로잡혀 있었던 루카치를 염두에 두고 보면, 그를 '낭만적 세계절망자'로 형상화한 만의 견해가 틀린 것이라고 말할 수 없을 것이다. 더구나 루카치가 일생 동안 그의 종교적·낭만적 파토스를 독일 고전주의와 마르크시즘을 빌려 극복하려고 노력하고, 낭만주의와 고전주의 사이의 극단적인 개념적 분리를 출발점으로 해서 그의 문학사관과 이데올로기관을 전개시킨다는 사실을 고려하면, 루카치가 지닌 근본적인 낭만적 본질을 부정하기란 힘든 일이다.

그러나 나프타라는 인물을 둘러싼 문제점들 중에서도 가장 근본적인 문제는 도대체 왜 만이 루카치를 이처럼 종교적·낭만적 지식인으로, 종교적 관념에 의해 성격이 규정된 공산주의자로 간주해서 거리감을 보였으며, 루카치는 이와는 반대로 그의 종교적·낭만적 본질을 완강히 부인하며 나프타라는 인물에서 자신의 모습을 발견하지 못하고 계속 만에게 지적·인간적 존경과 애정을 보였을까 하는 의문이다. 이러한 의문에 대한 대답으로 이미 몇 개의 시사점을 제시한 바 있다. 과연 그 이유는 위에서 암시한 바대로 만이 작가로서 이론가 루카치를 고려의 대상에 넣지 않고 단지 인간 루카치만을 보았으며, 반대로 루카치는 에세이스트(비평가)로서 나프타라는 인물을 오로지 그의 개념세계에 의거해서만 이해했기 때문인가? 아니면 젊은 비평가 루카치가 표현했던 것처럼 만은 작가로서 그 자체로 완결된 총체성의 세계를 창조하기 때문이고, 반대로 루카치는 비평적 지식인으로서 어쩔 수 없이 소박하고 완벽한 시인(작가)의 창작세계를 필요로 하기 때문인가? 이러한 의문의 해답을 단지 '창조하는' 예술가와 '재생산'하는 비평가, 소박한 시인과 성찰적 지식인의 관계라는 일반적 관점에서 구하는 것은, 자신을 인식하지 못하는 – 아니 인식하려고 들지 않는 – 루카치의 지적 한계와 만에 대한 지적·인간적 의존관계를 완전히 해명하기에는 미흡하다고 생각한다. 이러한 의문의 보다 근원적인 해답은 – 지금까지의 서술에서 가끔 시사되기는 했지만 – 루카치의 독일 시민문화, 그 중에서도 특히 독일 고전주의 예술개념에 대한 특수한 관계와 이러한 관계와 결부된 루카치의 작가(특히 토마스 만)에 대한 특유의 관계 속에서 찾을 수 있다. 여기에서 특유하다는 것은 – 만이 『마의 산』에서 거듭 강조했듯이 – 루카치가 유대인으로서 독일 시민문화를 자기 특유의 방식으로, 다시 말해 종교적·신학적으로 수용·해석하고 있다는 점에서 그러하다. 여기에서 이 문제의 해명을 위한 전제로서 유대인들의 독일 시민계급과 독일 시민문화에 대한 일반적·역사적 관계를 개관할 필요가 있다. 그러므로 다음에서 – 문제를 너무 일반화하거나 너무 단순화할 위험을 무릅쓰고라도 – 이 간단하지 않은 문제에 개입하여 유대인들의 독일 시민문화에 대한 일반적 관계를 몇 개의 중요한 역사적 단계를 통해 서술해 보고자 한다.

  근세 이후의 유럽 유대인들은 주로 독일과 독일의 변방지역에 정착·거주하면서 사회적인 동화의 과정을 체험하였다. 유대인의 이러한 동화과정은 독일 시민계급의 해방운동이 시작되는 것과 때를 같이한다. 중세적 봉건주의하에서는 실제적으로 인종적·종교적 소수집단으로서 사회의 주변에서 겨우 명맥을 유지했고, 신분적으로 보면 봉건적 위계질서의 맨 밑바닥에 있던 유대인들은 시민사회가 윤곽을 잡아감에 따라 그들이 지닌 상업자본의 힘에 의해 점차 사회적 중요성을 획득하게 되었다. 이에 따라 유대적 시민계급은 지금까지 폄척貶斥당하던 소외된 종교적 삶의 영역에서 서서히 벗어나서 시민사회의 일원으로 편입·동화하려고 노력하였다. 유대적 시민계급이 하필이면 왜 독일에서 새로운 삶의 터전을 마련하게 되었으며, 왜 독일의 시민사회에서 비교적 자유롭게 세력을 신장시킬 수 있었는가 하는 의문에 대해서는 다음의 몇 가지 이유를 생각해 볼 수 있다.

첫째, 유대인들은 역사적·전통적으로 이미 독일과 강한 유대관계를 유지하고 있었다. 18세기 초의 전 유럽 유대인의 4/5가 독일제국(독일에 접한 동유럽의 변경지역까지 포함해서)에 살고 있었다. 독일이 유대 시민계급의 해방운동의 중심지가 될 수 있었던 것은 이러한 밀집된 거주 때문이다. 둘째, 독일 시민계급의 경제적·정치적 낙후성이 유대인들의 사회적 신장에 유리한 조건을 마련하였다. 그들은 독일과 같은 낙후된 상황 속에서 한층 유리하게 사회정치적 입장을 강화할 수 있었고, 이를 통해 그러지 않아도 약세를 면치 못했던 독일 시민계급의 해방운동에 없어서는 안 될 경제적·정치적 지주 역할을 할 수 있었기 때문이다. 이 시기에 이미 독일 시민계급과 유대 시민계급이 유대·동맹 관계를 맺지 않으면 안 될 역사적 필연성이 생겨난 것이다. 다시 말해 독일 시민계급은 정치적 해방을 위해 유대 시민계급의 상업자본에 의존하지 않을 수 없었고, 이로 인해 정치적으로도 상호 의존관계에 놓이게 되었다. 셋째, 유대인과 독일인이 처한 정치적 상황이다. 수천 년에 걸친 그들의 정치적 운명, 즉 국가적·사회적 공동체의 삶의 형식 없이 철저한 정치적 '금욕'의 상태에서 그들의 생존권을 주장하지 않으면 안 되었던 유대인들은 정치적으로 통일된 국가의 권력이 없는 사회적 상황에서 보다 더 많은 사회적·정치적 활동의 자유를 누릴 수가 있었다. 오랫동안 하나의 국가라는 테두리 안에서 정치적 생활을 영위하지 못하고 수백 개의 군소국가로 분열되어 있던 독일의 정치적 상황은 이러한 관점에서 국가 없는 유대인들에게는 더할 나위 없이 이상적인 생활공간을 마련해 주었으며, 이러한 이상적 생활공간은 1871년 독일의 통일국가가 성립될 때까지 지속되었다. 넷째, – 이것이 이 문제의 가장 중요한 원인이다 – 우리는 독일 시민계급과 독일 시민문화에 대한 유대 시민계급의 문화적 유대관계를 들어야 할 것이다. 위에서 독일 시민계급은 그들의 정치적 분열과 경제적 낙후성으로 인해 정치적 해방을 완수하지 못하였고, 대신 그들의 삶의 에너지를 주로 이데올로기적·문화적·예술적 영역에 경주했다는 사실을 지적했다. 독일 시민계급의 이러한 '비정치적' 해방은 독일 시민문화의 기본내용과 성격을 규정하는 요인이 되었다. 시민사회가 형성되기 전까지만 해도 좀처럼 그들의 종교적 관념세계를 벗어나지 못하던 유대인들은 독일 시민문화가 전개됨에 따라 그들의 폐쇄된 종교적 문화영역에서 벗어나서 시민으로서의 새로운 자유의 감정과 의식을 표현하기 시작하였고, 서서히 자신들을 초기 시민문화의 이념들과 동일시하였다. 시기적으로 보면 이러한 문화적 동화과정은 독일 초기 시민문화가 발흥했던 18세기 중엽 이후의 시기와 때를 같이한다. 독일 초기 시민문화의 관념주의적 기초들, 예컨대 칸트에서 헤겔에 이르는 관념주의 철학과 레싱에서 괴테에 이르는 독일 고전주의 예술은 유대 시민계급에게 새로운 정신적 세계를 제공하였고, 이들은 역사적으로 지니고 있던 종교적·관념주의적 욕구를 이러한 정신적 세계 속에서 최대한 만족시킬 수가 있었다. 어떤 의미에서는 유대 시민계급은 이러한 관념주의적 정신세계에서 그들의 전통적인 종교적 관념의 대용품 내지 등가물을 발견했던 것이다. 그들은 독일 철학의 관념주의와 독일 고전주의 예술의 휴머니즘 이상, 그리고 엄격한 윤리관과 영웅적·유토피아적 미래 낙관론에서 새로운 정신적 고향을 찾았다. 이로써 유대 시민계급은 독일 시민계급과 정치적으로 동맹관계를 맺었을 뿐만 아니라, 독일 시민문화와도 일종의 '형이상학적' 동맹관계를 맺었다.

19세기의 전반기는 유대 시민계급과 독일 시민계급을 결정적으로 가까워지게 한 시기다. 시민계급의 해방운동이 절정에 이르렀을 때 유대 시민계급의 대부분은 협소한 그들의 '신앙서클'을 떠나 기독교로 개종함으로써(이 시기의 독일 시인 하이네는 이러한 개종을 유럽 상류사회에 들어가기 위한 입장권이라고 말하였다) 확고히 독일 시민사회에 합류하였다. 1848년 시민혁명 이전의 독일 시민계급의 혁명적 해방운동은 이념적으로는 물론 실제적으로도 유대 시민계급 지식인들에 의해 주도되었다. '집으로 가고자 하는 끝없는 동경'은 곧 '집에 도착·안주했다는 황홀한 환상'으로 변하였다. 이 시기의 독일 낭만주의는 유대 시민계급의 고조된 자유의 감정에 주요한 자극제가 되었다. 1848년 마지막 독일 시민혁명의 실패는 특히 유대 시민계급에 더 쓰라린 고통을 안겨 주었는데, 왜냐하면 이로 인해 그렇게도 열정적으로 품어왔던 정치적 자유의 이상과 드디어 새로운 고향을 찾았다는 희망이 완전히 무산되었기 때문이다. 하이네는 1830년 혁명과 1848년 혁명 후의 유대 시민계급의 환멸과 슬픔을 매우 아름답게 노래하였다.

> 한때 나는 아름다운 조국을 가졌었지.
> 거기엔 떡갈나무가
> 드높이 자라고 있었고, 오랑캐꽃이 상냥하게 인사를 했었지.
> 하지만 그것은 한갓 꿈이었던 것을.
>
> 조국은 나에게 독일어로 입맞추고, 독일어로 '사랑해'라고 말했었지.
> (아! '사랑해'라는 말은
> 얼마나 아름답게 들렸던가)
> 하지만 그것은 한갓 꿈이었던 것을.

루카치가 거듭해서 1848년의 시민혁명의 실패를 시민사회의 종말로, 그리고 그 후의 시민사회의 발전을 일괄적으로 시민적 이상의 붕괴·몰락 과정으로 간주하고 이 사건을 그의 문학사관과 역사관 속에서 절대화했다는 사실(루카치의 역사관·문학사관에서 보면 1848년 시민혁명의 실패는 초기 부르주아지의 순수한 이념을 정치적으로 실현하기 위한 마지막 기회의 상실을 뜻했다. 그 후의 부르주아지의 역사는 그에 의하면 몰락과정의 시작이자 심화이다)은 바로 이러한 유대 시민계급의 1848년 혁명에 대한 역사적·일반적 관계의 맥락에서도 이해할 수 있다.

19세기 후반기의 유대 시민계급은 – 만의 바그너 해석을 그대로 인용하자면 – 독일 시민계급의 길, 즉 혁명으로부터 환멸과 염세주의와 체념적 내면성(권력에 의해 보호된)으로 가는 길을 걷는다. 정치적 해방과 주권의 점진적 포기와 함께 시작되는 독일 시민계급의 내면화 과정은 쇼펜하우어의 염세주의와 신화적 성격이 강한 바그너의 음악, 마침내는 독일 시민계급의 내면적 고통을 영웅화시킨 니체의 철학(그는 "한 인간이 얼마나 고통을 감내할 수 있는가 하는 정도에 따라 그의 인간적 위치가 정해진다"라고까지 말한다)에서 심화·상승되었다. 그러나 니체의 철학은 근본적으로는 새로운 문화이념을 정립함으로써 내면화된 시민적 문화의 굴레로부터, 독일 시민계급의 내면적 고통으로부터 해방되려는 노력의 반영이었다.

수천 년에 걸쳐 이 '지상'의 고통을 종교적·유토피아적 관념세계에 의해 내면화하고 의식儀式화함으로써 내면적 고통을 감내하는 데 엄청날 정도의 능력을 발전시켰던 유대인들로서는 독일 시민계급의 고통과 수난, 그리고 그들의 내면화된 문화는 조금도 생소한 것이 아니었다. 심지어 유대 시민계급은 독일 시민계급의 고통과 페시미즘에 종교적·유토피아적·추상적 성격을 부여함으로써 독일 시민문화의 관념주의를 한층 더 이상화·세련화하였다. 실제 그들의 고통(Leiden)은 문자 그대로 열정(Leidenschaft), 특히 독일 시민문화에 대한 '열정적 사랑'으로 변하였다.

독일 시민계급과 유대 시민계급의 간극과 분열을 뚜렷이 표출시키고 유대인의 사회적 몰락을 촉진시킨 역사적 전환점은 1871년의 독일 통일국가의 성립과 그 뒤를 이은 독일 시민계급 자체의 분열이다. 독일제국의 성립은 무엇보다도 급속한 경제 발전과 이와 결부된 사회구조의 급격한 변화, 즉 산업부르주아지의 대두와 상업자본의 몰락, 독점자본의 형성 등을 동반하였다. 귀족계급과 공동의 보조를 취하는 대부르주아지의 경제적 지배, 독점자본의 이해에 바탕한 정치적 실제는 19세기 독일의 전통적 시민계급을 사회의 변두리로 밀려나게 하고 이들의 분열을 촉진시켰으며, 지금까지 고수해 온 그들 공통의 정치적 구호인 시민적 자유의 이상을 완전히 파괴하였다. 통일국가의 성립 이전에는 그래도 탈脫정치화된 삶의 영역에서 경제적 이익의 테두리 속에서 독일 시민계급과 함께 그들의 생존권과 '내면적 영역'을 주장할 수 있었던 유대 시민계급은, 이제 시민계급 자체 내의 새로운 경제적·정치적 변화의 와중에서 그들의 계급적 토대와 사회적 토대를 상실하게 되고, 이로써 사회·정치적으로는 물론 정신적으로도 고립·소외되기 시작하였다. 게다가 '뒤늦게 출범한 국가'의 공격적 민족주의에 고통과 박해를 받게 되어, 마침내는 20

세기의 사회적 갈등과 나치즘의 민족주의(나치즘은 의도적으로 민족주의를 사회적·정치적 갈등 해소를 위한 이데올로기적·정치적 수단으로 변조·남용하였다)의 제물이 되었다. 이로써 거의 이백여 년 넘게 독일 시민계급과 동맹관계를 맺어왔고, 독일 시민문화 속에서 마침내 그들의 정신적 고향을 찾았다고 믿었던 유대 시민계급은 20세기에 와서 이루 형언할 수 없는 환멸과 실망, 그리고 고통을 체험해야 했고 힘들여 획득했던 고향으로부터 또다시 배반·유배당하는 운명에 처하게 되었다. 그러나 그들은 외부로부터 위협을 당하면 당할수록, 그들의 사회적 존재근거를 잃으면 잃을수록 더욱더 독일 시민문화의 이상과 가치에 매달리게 되었다. 유대 시민계급과 독일 시민문화의 이러한 역사적 관계를 뒤돌아보면, 유대 시민계급 출신의 루카치가 출발점부터 독일 시민문화, 그 중에서도 특히 독일 초기 시민문화의 이념과 독일 고전주의 예술이념에서 정신적 지표를 찾으려 한 이유와, 만에서 '그리운 옛날'의 독일의 전통적 시민계급의 마지막 동반자를 보고 있는 이유를 알 수 있다.

독일 시민문화에 대한 루카치의 비상한 집착과 애정은 또 다른 측면, 즉 그의 동구 유대주의와 동구 유대 시민지식인의 독일 시민문화에 대한 일반적 관계라는 측면에서도 설명할 수 있다. 동구 유대인들은 역사적으로 독일 문화에 특별한 편애를 보였고, 독일어에 대한 남달리 뛰어난 감수성과 언어의식을 발전시켰으며, 이로써 독일 시민문화에 지대한 공헌을 하였다. 루카치의 동향인이자 신화연구가인 카를 케레니(오랫동안 만과도 교분이 있었다)는 루카치에 관한 논문에서 1차세계대전 이전의 부다페스트에서 헝가리 부르주아지가 대체로 프랑스 문화 지향적이었던 데 비해, 유대인 출신의 부르주아지는 독일 문화에 '숙명적 편애'를 보이고 있었다는 사실을 지적한다. 만 자신도 『부덴브로크 일가』의 작자로서 부다페스트의 부르주아지 가정에서 – 특히 루카치의 부모로부터 – 융숭한 대접과 환대를 받았고, '교양 있는' 유대 시민계급의 서클에서 매우 쾌적하게 느꼈다고 회고하고 있다. 이러한 점에서 본다면, 루카치의 만에 대한 '숙명적 편애'는 문자 그대로 자신의 집에서부터 지니고 나온 것이라고 말할 수 있다. 독일 시민문화에 대한 루카치의 개인적 편애의 근저에는 동구 유대 시민계급의 독일 시민문화에 대한 일반적 편애가 자리잡고 있는 것이다. 또한 동구 유대 시민계급과 루카치는 독일 시민문화에 독일 사회에 동화된 '독일의' 유대 시민계급보다 훨씬 더 큰 애착과 의존성을 보여주고 있다. 브레히트가 언젠가 '리얼리즘론'을 말하는 자리에서 부르주아지의 예술원칙(특히 독일 고전주의의)을 완강히 고수하려는 루카치를 가리켜 '선택해서 된 독일인'이라는 꼬리표를 붙였을 때, 그가 뜻하고자 했던 바는, '선택해서 독일인이 된' 루카치는 하나의 관념주의적 원칙을 고수하는 데도 '독일의' 유대 시민지식인보다 '한술 더 뜸'으로써 그의 고집이 '우둔'의 경지에 이르고 있다는 것이다. 만도 유대 시민계급의 독일 시민문화에 대한 관계와 유대주의와 '독일주의' 사이의 긴장된 관계를 의식한 것처럼 보인다. 언젠가 괴테의 말을 빌려 유대 시민계급은 독일 시인들에 대해 내국인보다 '더 유난스러운 관심'과 '아첨하는 참여태도'를 보이고 있다는 점을 지적하면서, 계속해서 "독일인의 역사적 과업과 사명은 아직도 이루어지지 않았고 이러한 사실은 유대인들에게도 그대로 적용되는데, 왜냐하면 유대인들의 세계 속에서의 운명과 위치는 독일의 그것과 너무나 유사하기 때문이다. 이러한 사실을 통해 보더라도 독일인의 반유대주의 감정의 많은 부분이 해명될 정도이다"라고 말한다. 이러한 발언에서 만은 두 민족이 지닌 공통점과 동시에 이와 결부해서 생겨나는 유대주의와 독일 문화 사이의 '애정과 적대감의 공동의 토대'와 이른바 '사랑과 미움의 변증법'을 암시하고 있다. 그 밖에도 만은 유대주의와 독일 시민문화의 공통점이 두 문화의 기인奇人주의, 천재주의, 즉 귀족적·낭만적 본질에 있음을 지적한다. 그는 유대인이 가지는 '하나의 위험'을 지적하면서 유대주의에 대한 거리감을 명백히 하고 있다. "유대인들이 그들의 특성인 매부리코 이외에 독일인에 비해 좀 생소하게 느껴지는 또 한가지 점이 있는데, 그것은 정신에 대한 그들의 타고난 사랑이다. 그들에게서 가끔 인류를 잘못된 길로 인도하는 지도자가 나오는 것은 바로 이러한 정신에 대한 사랑 때문이다." 유대주의에 대한 토마스 만의 이러한 견해 표명은 『마의 산』에 묘사된 루카치상像, 즉 귀족적 낭만주의자이자 예리한 지성의 유대 지식인으로서 정신에 대한 사랑 때문에 '죄악'에 들어선 공산주의자 루카치상과도 일치한다. 이에 반해 루카치는 그의 유대인 신분에 대해서는 물론이고, 유대인의 독일 문화에 대한 일반적 관계에 대해서도 한번도 언급하지 않았다. 자신에 대한 성찰이라는 면에서 루카치의 이러한 무능력은 – 의식적·무의식적 기피라고 하는 것이 더 정확한 표현일 것이다 – 독일 시민문화에 대한 그의 특유한 태도를 단적으로 반영해주고 있다.

처음부터 루카치는 독일 시민문화의 테두리에서 자신의 아이덴티티, 즉 총체성이라는 허구의 세계를 찾으려는 열띤 노력을 경주하였다. 유대계 독일 시민계급이 정신적 고향을 발견하려는 깊은 내면적 욕구를 독일 낭만주의에서 찾았던 것처럼, 그는 자신의 정체성을 처음에는 독일 낭만주의와 낭만적 예술개념, 즉 독일 낭만주의의 범시적 예술원칙과 동경의 모티브에서 구했다. 그 후 루카치가 곧 그의 아이덴티티를 독일 고전주의의 예술과 미학에 의해서 개념적으로 다시 표현하고는 있지만 그렇다고 해서 그의 개념적 세계가 – 만이 『마의 산』에서 직관적으로 간파했듯이 – 근본적으로는 그의 초기의 종교적·낭만적 열정에 의해 규정되고 있다는 사실에 어떤 변동이 생기는 것은 아니다. 이러한 점에서는 루카치의 고전주의 이해도 본질적으로는 그의 종교 내재적·낭만적 파토스에 근거하는 것이다. 이러한 사실은 그가 되풀이해서 독일 고전주의, 특히 그 예술이념을 바탕으로 해서 **자기자신**의 총체성의 세계를 표현하고, 이를 절대적 진리의 차원으로 고양시키며, 마르크시즘 해석과 마르크스적 미학이론까지도 독일 고전주의 예술이념에 종속시킨다는 점에서도 여실히 증명된다. 간단히 말하면 루카치는 독일 고전주의 예술이념으로부터 하나의 절대적 이념 내지 최대한의 정신적 고향, 다시 말해 일종의 새로운 신앙을 만들어내는 셈이다. 따라서 독일 고전주의 이후의 부르주아지 세계와 예술은 이러한 절대적 독일 고전주의 이념에 비추어보면 언제나 붕괴와 퇴폐의 과정으로, 그리고 독일 고전주의 이후의 전 자본주의 시기는 몰락의 역사로밖에 보이지 않는다. (이것은 그리스도교가 뜻하는 절대적 신의 이념에 비추어 보면 서구의 역사가 언제나 몰락과 타락의 역사로 보이는 것과 궤를 같이한다.) 루카치의 역사관, 특히 마르크스적 역사관에는 – 적어도 내재적으로는 – 기독교적 신관(특히 권위적이고 신의 무오류성을 고집하는 유대적 신관)이 자리잡고 있다는 사실을 부인하기 힘든데, 왜냐하면 루카치는 – 자기가 의식하든 하지 못하든 간에 – 마르크시즘의 이론과 실제를 통하여 인류 타락의 역사를 지양하고 총체적·유토피아적 세계를 회복하려는 기대를 하고 있는 것처럼 보이기 때문이다. 이로써 루카치는 독일 고전주의 예술이념에 자신을 완전히 종속시키고, 그의 새로운 믿음에 자신을 완전히 의존시키고 있다. 이러한 신학적(탈무드적) 태도 때문에 루카치는 한때 독일 고전주의 예술이념을 브레히트가 표현했듯이 하나의 믿음의 문제로 만들었고, 그런 까닭에 20세기 상황에 적합한 새로운 예술개념을 전개시킬 수가 없었으며, 독일 고전주의 예술이상을 전범典範적으로 체현한다고 생각되는 괴테와 독일 고전주의 예술이념을 마지막으로 대표하는 만에게 **절대적 사랑**을 표하지 않을 수 없었다. 만에 대한 절대적 의존관계는 그러니까 독일 고전주의에 대한 그의 신앙적·신학적 관계에 연유하는 것이다. 이에 비하면 만의 독일 고전주의에 대한 관계는 매우 유기적이고 냉철하며 전혀 종교적 액센트를 내포하지 않는다. 물론 그는 독일 고전주의의 교양이상의 근저에는 인간을 정신적·도덕적으로 완벽하게 함으로써 신적인 세계에까지 들어가려는 오만이 도사리고 있다고 지적하며, 바로 이러한 면에서는 독일 고전주의 예술이상도 일종의 종교적 측면을 가지고 있다는 점을 인정하기는 한다. 그러나 독일 고전주의의 종교적 측면은 만에게는 그가 『마의 산』에서 암시하듯이 무오류성과 절대적 권위를 주장하는 절대적 성격을 띤 가톨릭적(유대교적) 신의 개념이 아니라 기껏해야 '인간화'되고 보다 덜 권위적인 프로테스탄트적인 신의 개념에 바탕하고 있다. 그 밖에도 만은 아무런 확고한 의지도 없이 '무제한적인 것'을 향한 '영원한 자기전개의 충동'은 무한으로 나아가려는 의지로 이어지기 마련이며, 이러한 의지는 바로 정신의 해체, 즉 죽음을 향한 동경이라는 낭만적 위험을 내포한다는 사실을 깊이 의식하고 있다.

독일 고전주의의 예술이상과 휴머니즘의 이상은 만에 있어서도 최후의 정신적 지주를 의미한다. 하지만 그것은 루카치의 경우처럼 신격화된 절대적 세계, 다시 말해 거기에 의하지 않고는 우리 삶의 방향과 목표를 설정할 수 없는 '아르키메데스의 점'이 아니라, 오히려 하나의 평형봉(줄타는 사람이 균형을 잡는 데 쓰는) 내지 평형추라고 할 수 있다. 만은 이 평형봉의 도움으로 시민성과 예술성, 시민적 삶과 시민적 예술정신, 현실과 정신 사이의 간극과 갈등을 조절함으로써 자신의 균형을 유지하고 있는 것이다. 간단히 표현한다면, 종교적·신학적 의식이 루카치의 독일 고전주의와의 관계를 결정짓고 있다면, 만의 독일 고전주의와의 관계를 규정짓는 것은 그의 아이러니 정신이다. 또한 만에 있어서 고전주의 예술이념은 단지 하나의 세속적·현세적·인간적 문제이다. 그는 예술이념을 한번도 신학적으로 절대화하지 않고, 한 시민적 회의론자로서 비판적 거리를 유지하면서 상대화하고 있다. 나아가 루카치의 독일 시민 예술이념에 대한 관계가 '액면 그대로를 받아들이는 관계'라면 만의 경우는 일종의 '놀이를 하는'(spielerisch) 태도이자 근본적으로는 유머러스한 태도이다. 그리고 나치즘의 역사를 겪고 난 후에도 조그마한 동요도 없이 계속해서 예술의 역할과 이와 결부된 인류의 미래에 낙관론을 표하는 루카치와는 정반대로, 만은 만년에 가서 독일 시민문화의 예술이념이 지니고 있는 '엘리트적'이고 '의식儀式적'이며, '비휴머니즘적' 성격을 의식하고, '유미주의와 나치즘의 야만성 사이에 엄청난 유사성'이 있음을 지적하면서 예술과 인류의 장래에 깊은 회의와 비관론을 표명했다는 사실은 대단히 주목할 만하다. 독일의 시민문화가 루카치에게는 본질적으로는 생소한 것이었고, 주로 그의 본래적인 종교적 파토스를 표현하는 데 이용되었다면, 만의 독일 시민문화와의 관계는 젊은 브레히트가 즐겨 표현했던 것처럼 '내가 하는 일에는 내가 완전히 주인이다'라는 식의 당당한 태도가 지배한다. '내가 있는 곳에 독일문화가 있다'는 식으로 그가 독일 시민문화를 대변하였고, 도덕적·정치적으로도 독일 시민사회의 대표자로 자처할 수 있었던 것도 이러한 자신감 내지 '주인의식' 때문이다. 국외자 루카치가 개념적으로는 독일 시민문화에 날카로운 분석을 하고 있지만, 근본적으로는 독일 문화에 의존적·종속적 관계를 유지하고 있다면, 만은 시민적 예술가로서의 사회적 위치와 역할에 대한 매우 완만한 의식화 과정에도 불구하고, 그가 하는 일에 대해서는 거의 절대적일 정도의 확신감을 갖고 있다. 만이 루카치에 대해 확고한 우월성을 과시하는 것도 이러한 자신감 때문이다. 루카치는 외부세계와 내부세계, 인간상호 간의 관계를 가늠하는 감각이 결여되어 있는데, 이것은 아마 철저한 이론가로서 자신을 그의 개념세계와 완전히 동일시하기 때문일 것이다. 이에 반해 만은 인간을 관찰·평가하는 데 비상한 능력이 있고, 현실과 정신의 관계를 가늠하는 데도 뛰어난 감각을 소유하고 있다. 따라서 만의 예술적 상상력은 대단히 냉철한 성격을 띠지만, 루카치의 외견상 엄격해 보이는 개념의 세계는 현실과 유리된, 때로는 매우 감정적인 요소를 내포하고 있다. 정치적 사고능력을 두고 보면 만은 개념적으로 제한된 도구를 가지고 있다. 그러나 그의 정치적 사고는 대단히 집중적이고 유기적이기 때문에 우리는 그의 정치적 발전에서 독일 교양시민계급의 전형적 정치태도를 읽을 수가 있다. 즉, 그는 전통적 독일 교양시민계급이 그러했던 것처럼 독일 시민문화의 미학적·문화적 관념에 의거해서 정치적 개념과 위치를 재형성·재정립하고, 윤리적 규범을 최고의 정치적 기준으로 삼고 있다. 그가 나치주의자들을 '상민적인 범죄집단'으로 간주하고 나치즘의 정치현상에 대해 다분히 감정적 반응을 보이는 것도 그의 문화중심적·도덕주의적 정치태도와 관계된다. 만의 정치사상이 2차세계대전 후에는 물론 오늘날에도 광범위한 독일 시민계층의 정치적 이데올로기적 근거를 마련해주고 있는 것도 이러한 관련 속에서 이해되어야 할 것이다.

4. 이론과 실제 - 루카치의 정치관

루카치의 정치관을 간단히 규정한다면 독일 초기 시민문화가 표현·추구한 휴머니즘 이상과 자유 이상에 근거를 둔 '급진적 민주주의'라고 할 수 있다. 루카치가 궁극적으로 추구하였던 정치적 이상은, 토마스 만론에서 말한 것처럼, 독일 시민사회에서는 한번도 실현을 보지 못하였고 이제 사회주의의 정치적 실제를 통해 그 실현을 기대해 마지않는 초기 부르주아지의 자유 이상, 이른바 시토아앵 이상이었다. 이러한 과격한 민주주의관은 그의 모든 정치적 발언에 관념주의적·유토피아적 요소를 전면에 부각시키는 결과를 낳았고, 구체적이고도 현실적인 정책을 전개시키지 못하게 하였으며, 이로 인해 정통 마르크시즘의 공격을 받는 빌미가 되었다. (60년대 말과 70년대 초의 독일 학생운동의 지도자 루디 두치케는 그의 레닌 연구에서 루카치 정치이론의 관념주의적 요소는 대부분이 그의 '소설의식', 즉 『소설의 이론』에 나타난 역사철학적·미학적 의식과, 다양하게 변주되어 나타나는 독일 관념주의의 유산 전반에 대한 그의 관계에 기인한다고 말하면서, 루카치의 정치적 좌절의 근본원인은 그가 '유럽적 문화의식'을 가지고 '러시아적 정치상황'에 뛰어들어간 데 있다고 주장한다. 그러나 루카치가 과연 어느 정도 – 두치케가 상정하는 것처럼 – 서유럽적 혁명가의 전형이 될 수 있는가에 대해서는 토론의 여지가 있을 것이다. 필자의 견해로는 루카치의 경우는 '전형적'이라기보다는 오히려 '극단적'인 예에 속한다고 본다.)

정치가로서의 루카치는 언제나 그로서는 좀처럼 극복하기 힘든 이론과 실제의 간극에서 고통당하고 있다. 상승하던 독일 초기 시민계급이 프랑스혁명을 이데올로기적·미학적으로 수용했던 것처럼, 발전된 후기 부르주아지 지식인 루카치는 러시아혁명을 역사철학적 계기 내지 심지어는 '묵시록적인 변혁'으로 간주하고 이를 통해 시민적 이상을 실현할 수 있다고 믿는다. 또한 루카치의 최대의 정신적 스승 헤겔이 한때 '마상馬上의 나폴레옹'에서 세계정신의 체현을 보았듯이, 그는 레닌을 새로운 세계정신, 즉 프롤레타리아트의 계급의식의 체현자·실현자로 보고 있다. 이러한 의미에서는 그의 전 생애에 걸친 정치적 어려움과 정치적 좌절은 관념주의적인 정치태도에서 처음부터 예정되어 있는 것처럼 보인다. 이상과 정치적 실제의 간극이 더 이상 참을 수 없다고 느껴지면 그는 언제나 다시 정치적 일선에서 물러나서 '권력에 의해 보호된 내면성'과 정치적 '금욕'을 행사하는 것이다.

스탈린주의에 대한 루카치의 관계도 이러한 맥락에서 해석되어야 한다. 루카치는 거듭해서 결코 아무런 저항 없이 '유대인의 죽음'을 당하지 않겠다는 의지를 표명하고, 스탈린 시대에는 자신의 문화적 이상을 지키기 위한 게릴라전을 벌였다고 주장한다. 하지만 이러한 발언은 하나의 몸짓에 불과하다. 진실을 말하자면 그는 한번도 스탈린 권력의 역사적 정당성과 필연성을 의심하지 않았고, 그의 내면성과 그의 이상은 원칙적으로 한번도 스탈린의 권력과 모순관계에 놓이지 않았다. 물론 주관적으로는 그가 스탈린주의에 동의하지 않았을지 모른다. 하지만 객관적으로 보면 역사적·체질적으로 수동적·관조적인 정치적 태도에 익숙해 온 교양시민 루카치는 그의 이상 실현을 위해 스탈린주의와 동맹관계 – 독일적으로 표현하면 이를 '악마와의 협정'이라고 할 수 있을 것이다 – 를 맺었던 것이다. 이러한 의미에서 루카치는 결코 현대판 갈릴레이가 아니라 수동적 스탈린주의자라고 보아야 할 것이다. 그의 문화적 이상과 정치적 실제의 객관적 딜레마를 그는 독일 시민문화의 관념주의를 더 이상화 내지 세련화하고 궁극적으로는 하나의 신앙처럼 절대화시킴으로써, 이러한 절대화를 통해 현실과 역사를 정당화시킴으로써 극복하고자 하였다.

루카치는 스탈린 시대의 정치적 어려움과 이와 결부된 그의 내면적 고통을 참고 견디고, 어떻게든 자신의 내면적·심리적 세계를 지키기 위해서라도 독일 고전주의와 만과 같은 마음의 기둥을 필요로 했을 것이다. 루카치의 고통은 근본적으로는 정치적 고통이다. 그러나 그는 그의 고통이 역사적·정치적으로 규정되고 있다는 사실을 파악하지 못하거나 아니면 이를 인정하려 들지 않고 있다. 물론 루카치도 이론과 실제의 간극과 이로 인한 그의 정치적 무능력을 의식하고 있지만, 이러한 그의 정치적 좌절을 역사적·정치적 상관관계 속에서 현실적으로 파악하거나 교정하지 못하고 있다. 자신의 정치적 좌절과 무능력을 의식하면 할수록 더 집요하게 그의 관념세계에 매달린다. 그 결과 그의 정치적 패배와 고통을 도덕화·미학화함으로써 궁극적으로는 자신을 정당화하고 있다.

만년의 루카치는 아직도 특유의 파토스를 잃지 않고 다음과 같이 말한다. "내 나이 아홉 살 때 헝가리어로 번역된 『일리아스』를 읽고 그 속에 나타나는 헥토르의 운명, 즉 패배를 당하는 인간이 정당하고 더 좋은 주인공이라는 사실은 그 후의 나의 전 생애를 결정하는 바가 되었다." 다른 곳에서는 "나를 쳐라. 하지만 일단은 내 말은 들어봐라"라는 식의 더욱 격앙된 어조로 자신의 정치적 패배와 도덕적 정당성을 미학화하고 있다. 루카치는 지식인에게 커다란 정치적 역할을 기대하면서 이론과 실제의 간극을 이를테면 이론가와 실천가의 노동분업에 의해 해결하려고 한다. 그리고 그의 정치적 이상을 실현시키기 위해 여전히 예술에 거의 세계사적 사명을 부여하고 있다. 그는 변함없이 예술은 '허위의식'의 교정과 '인류의 개혁'을 위한 가장 중요한 교육수단이라고 생각한다. (독일 초기 시민계급도 예술적 교육과 교양이념을 통해 그들의 정치적 이상을 실현하고자 하였다.) 루카치는 이러한 과업을 수행할 담당세력은 – 상승하는 독일 초기 시민계급이 한때 시민계급과 계몽주의적 귀족계급의 연합을 시민해방운동의 담당세력이라고 보았던 것처럼 – 진보적 시민계급과 마르크스 지식인의 연합전선이라고 여긴다. 이러한 점들을 두고 보면, 루카치의 정신 세계는 너무나 깊이 독일 시민문화의 이념에 뿌리박고 있어서 관념주의를 극복하려는 끊임없는 노력과 부르주아지의 문화 현상을 바라보는 뛰어난 안목에도 불구하고, 그의 미학이론과 정치사상은 근본적으로는 독일 시민문화의 테두리를 벗어나지 못하고 있다.

이상에서 독일 초기 시민문화의 이념, 특히 독일 고전주의의 예술이념이 20세기에 들어와서 어떠한 변모과정을 겪었고, 어떠한 역사적 의미를 갖고 있는가를 토마스 만과 루카치의 관계라는 구체적인 하나의 예를 통해 고찰해 보았다. 18세기에 형성된 하나의 이념이 20세기에 이르기까지 끈질긴 생명력을 가지고 명맥을 유지할 뿐만 아니라 심지어 독일 시민계급의 중요한 정신적 지주가 될 수 있었던 것은 무엇보다도 이러한 이념이 자라온 사회적 토양, 즉 독일 시민사회가 본질적으로는 한번도 근본적 변화를 겪지 않고 그대로 존속되었기 때문이다. 게다가 하나의 이념과 한 계급의 정신세계는 일반적으로 그것이 자라나는 토양이 척박할수록 더욱더 번성하기 마련이다. 독일 시민문화의 정수이자 핵심이라고 할 수 있는 독일 고전주의의 예술이상이 겪는 운명도 독일 시민사회의 '불행한' 역사발전과 밀접한 관련을 맺고 있다. 18세기 독일 시민문화의 관념주의적 철학전통과 독일 시민예술의 이념, 그리고 이에 정신적 근거를 두고 있던 독일 시민계급이 20세기에 와서 현실적·정치적 문제를 해결·극복하는 데 무참하게 좌절하였고, 또 이로 인해 20세기에 와서 인류에 이루 헤아릴 수 없는 고통을 안겨주었다는 역사적 경험을 되새기며, 우리는 독일철학의 관념적 전통과 독일 시민계급의 예술이념이 어떠한 역사적 상황에서 생겨났으며 또 얼마나 깊은 정치적 의미를 지니고 있는가에 대해 깊고 확실한 이해를 갖도록 노력해야 할 것이다. 이러한 노력은 우리가 일반적으로 생각하는 서구 부르주아지의 예술이념과 실제에 대한 비판적 성찰이라는 문제뿐만 아니라, 지식인들 – 특히 문학적 지식인들 – 이 대체로 지니고 있는 서양 문학에 대한 관념적, 이상주의적 수용의 극복이라는 문제와도 관계가 되는 일이다.

편집자의 글

학위논문 심사평

루카치 연보

문헌목록

찾아보기

편집자의 글
루카치를 연구해오신 선생님께

선생님의 박사 학위 논문을 독일어에서 우리말로 옮겨 『루카치의 문예이론 독일 고전주의와 토마스 만 문학과 관련하여』를 출간하게 되신 것을 축하합니다. 『발터 벤야민의 문예이론』 개정판도 펴낼 수 있으면 좋겠습니다.

제가 처음 읽은 루카치의 저서는 『소설의 이론』이었습니다. 이 책을 펼치며 저는 새로운 문학개념을 배우고 작품 분석에 유용한 디딤돌을 얻을 수 있으리라 생각했습니다. 하지만 첫 대목부터 제 기대는 산산이 깨졌습니다.

"별이 빛나는 창공을 보고, 갈 수가 있고 또 가야만 하는 길의 지도를 읽을 수 있던 시대는 얼마나 행복했던가? 그리고 별빛이 그 길을 훤히 밝혀 주던 시대는 얼마나 행복했던가?"

이 책은 소설 해부 방법을 알려주는 지침서가 아니라 역사철학적 비전이 담긴 에세이였습니다. 소설 사용 설명서가 아니라 소설 성장 기록부였습니다. "이렇게 어려운 루카치를 어떻게 학위 논문 주제로 택하시게 되었나요?" 선생님을 처음 뵈었을 무렵 이 질문을 던지고 싶은 생각이 굴뚝같았습니다. 제 마음속을 헤아리기라도 한 듯 『루카치의 문예이론』 머리말에서 선생님께서는 이런 취지로 대답하십니다.

유학 당시 참여했던 한 세미나의 토론 주제는 1930년대 루카치와 브레히트의 리얼리즘 논쟁이었다. 이 논쟁에서 대표적인 마르크스주의 비평가 루카치는 대표적인 독일 시민작가 토마스 만을 자신의 리얼리즘 이론의 모범으로 삼았다. 그 이유가 궁금했다. 오랜 탐색 끝에 루카치와 토마스 만 모두 독일 고전주의에 뿌리를 내리고 있기 때문이라는 결론에 도달했다. 논문에서 이러한 테제를 입증하고 싶었다.

이를 위해 선생님은 루카치의 저서를 시대순으로 분석하면서, 루카치가 관념주의자에서 마르크스주의자로 변모하는 과정에서도 독일 고전주의 미학에 지속적 애정을 잃지 않았음을 증명합니다. 선생님의 논문은 루카치의 저서를 개관한 후 브레히트, 아도르노, 토마스 만과 루카치의 관계를 조명하여 루카치의 문학관을 더욱 선명히 드러냅니다.

1930년대에 '사회주의 리얼리즘'을 둘러싸고 **루카치와 브레히트** 사이에 논쟁이 벌어진다. 루카치는 **총체성 원칙**을 리얼리즘론의 중요한 기준으로 삼아 토마스 만의 소설을 리얼리즘 문학의 모범으로 여긴다. 루카치의 리얼리즘론이 미학적 역사철학적 현실개념에서 연원한다면, 브레히트의 리얼리즘 테제는 현실 자체에 근거한다. 나아가 루카치가 예술의 총체성과 독자성을 강조한다면, 브레히트는 예술의 자율성을 부인하고 예술을 사회적 실천의 일부로 이해한다.
루카치와 아도르노 두 미학자의 공통점을 꼽으라면 첫째 예술진리를 논의하며, 둘째 헤겔주의자로서 변증법적 방법을 사용하고, 셋째 유토피아를 갈망하는 것을 들 수 있다.
차이점이 있다면 첫째, 루카치는 고전주의 예술이념을 초역사적 예술진리로 여기는 반면 아도르노는 **예술진리**가 역사성을 띤다고 간주하는 것이다. 루카치는 규범적 미학에 근거한 예술형식을 옹호하지만, 아도르노는 예술적 진보와 발전 그 자체에서 예술이상이 구현된다고 생각한다. 따라서 루카치는 괴테, 켈러, 슈토름, 폰타네, 만의 '리얼리즘' 소설을 칭송하는 데 반해, 아도르노는 조이스, 카프카, 베케트, 쇤베르크의 '모더니즘' 예술을 높이 평가한다. 루카치는 당시의 전위예술이 자본주의 사회의 퇴폐의식을 반영하고 주관적 의식

〈고독과 공포〉을 형식원칙으로 삼는다고 질타하지만, 아도르노는 이러한 불안이 주관적인 것이 아니라 사회적으로 매개된 객관적인 것이며 인류의 자연정복사에서 생겨난 '원초적 현상'이라고 반박한다. 나아가 예술형식은 사회의식의 반영이라는 루카치의 미적 반영론에 맞서, 아도르노는 예술에는 사회의식을 공고히 하는 '긍정성'도 있지만 의식의 물화현상에 저항할 수 있는 '부정성'도 있음을 지적한다.

둘째, 미적 인식의 **변증법적 능력**을 탐구하면서, 루카치는 고전주의 형식원칙을 통해 의식의 소외현상 및 물화현상을 극복할 수 있다고 믿는다면, 아도르노는 예술의 미메시스적 본성에 내재한 절대적 조화성과 부정성을 통해 이러한 현상을 와해할 수 있다고 생각한다. 특히 루카치가 일반적 생산력과 병행하여 발전하는 예술적 기술을 완강히 거부하고 소설문학의 유기적 '형상화 원칙'에 집착하는 데 반해, 아도르노는 현대의 기술적 수단을 활용하고 개별요소를 모아 이를 다시 조직하는 '건조 원칙'을 사용하는 것을 당연하게 여긴다.

셋째, 두 미학자 모두 예술은 **유토피아**를 표현하는 형식이라 규정하지만, 유토피아는 루카치에게는 사회주의 정치체제에서 '실현할 수 있는 것'이라면 아도르노에게는 실현되기를 '기다려야만 하는 것'이다. 따라서 루카치가 초기의 예술적 이념을 후기의 정치적 신념으로 변화시키자, 아도르노는 이를 정치적 폭력에 의해 '억지로 강요된 화해'라고 비판하면서 이러한 화해는 빌헬름 마이스터의 '체념'에서 유래하는 것으로서 청년 루카치의 유토피아 동경에 대한 배신이라 단정한다. 아도르노가 열망하는 유토피아는 '말로 표현할 수 없는 것'이며, 예술의 유토피아적 모멘트는 섬광처럼 나타났다가 갑자기 사라지는 찰나성을 띤다. 그러기에 아도르노의 미학의 중심주제는 음악이다.

루카치는 1차대전 전에 그와 토마스 만 사이에 '은밀한 정신적 친숙성'이 있었다고 회고한다. 만도 두 사람 사이의 지적 친근성은 독일 시민문학이 지켜온 '예술적 이념'에 근거하고 있다고 언급한다.

만의 「토니오 크뢰거」(1903)에서 예술성은 분화된 양상을 보인다. 주인공은 감정적이고 보헤미안적인 예술가 정신이나 현대적이고 문학적인 예술가 정신이 아니라, 초기 시민사회의 선량한 시민정신을 계승한 건강한 예술가 정신을 추구한다. 퇴폐적이고 집시적인 '연예인'이나 지적이고 허무주의적인 '문인'이 되기를 원하지 않고, 진정한 '시인'이 되고자 하는 것이다. 이러한 예술가는 전통적 시민계급의 퇴락에 대한 우수를 보여주지만, 후기 시민사회의 현실에 대해 '윤리적 우월성'을 느낀다. 초기 만의 이러한 '도덕적 페시미즘'은 루카치의 『영혼과 형식』(1911)의 중요 모티브가 된다.

역으로, 만의 소설에서 루카치의 『영혼과 형식』의 모티브가 원용되기도 한다. 이 책에 실린 다른 에세이 「동경과 형식」에서 루카치는 총체성을 향한 동경으로서의 예술의 본질은 근본적으로 에로틱한 성격에 있지만, 에로스는 세속적이고 육체적인 사랑을 낳음으로써 순수한 동경과 정신적 총체성의 실현을 불가능하게 만든다고 말한다. 『영혼과 형식』보다 한 해 뒤에 나온 만의 단편소설 『베네치아에서의 죽음』(1912)에서 주인공 아셴바흐는 동경과 탈출의 충동을 이기지 못하고 소년의 육체적 아름다움에 매료된다. 이로 인해 시민적 예술가로서 지켜야 할 엄격한 '도덕성'을 상실할 위기에 빠진다. 결국 정신의 존엄성과 순수성을 구제하기 위해 아셴바흐에게 남은 유일한 길은 죽음뿐이다.

1차세계대전 후에도 두 사람의 유대는 단절되지 않으며 오히려 정치관에서 유사한 발전을 보인다. 만은 「괴테와 톨스토이」(1922)에서 고전주의자 괴테는 혁명적은 아니지만 절대 반동적이 아니며 민족주의 사상이 아니라 세계시민 이상을 가졌다고 역설한다. 나아가 「사회주의에 대한 고백」(1933)에서는 나치즘이 시민 문화이념의 변조이자 위조이며 조야한 낭만주의와 날조된 신화를 동원한 정치적 반동이라면, 사회주의는 휴머니즘과 낙관적 미래상 덕분에 초기 시민계급의 문화이념에 가깝고 정치적으로 진보적이라 규정한다. 만의 이러한 정치관 변화를 루카치는 흐뭇하게 지켜본다. 자신이 겪었던 일련의 정신적 발전, 즉 낭만주의적 과거의 극복, 고전주의로의 방향정립, 민주주의에서 사회주의로의 전환 등을 만이 그대로 따르고 있다고 생각한다.

그러나 만은 루카치를 한편으로는 '고상한 관념주의자'로 보지만 다른 한편으로는 '미로에 빠진 공산주의자'로 여긴다. 루카치에 대한 만의 견해는 『마의 산』(1924)에 나오는 나프타란 인물의 특성 묘사에서 좀 더 분명히 드러난다. 이 소설에서 루카치의 분신인 나프타는 유대인, 종교적 인간이자 귀족적 인간, 금욕주의자이자 반자연주의자, 냉철한 지식인이자 변증론자로서 총체성의 사상가, 헤겔주의자, 마르크스주의자이자 공산주의자, 자연법과 폭력 및 테러의 옹호자로 그려진다.

루카치의 만에 대한 흠모는 짝사랑에 그친다. '스탈린주의자 비평가와 부르주아지 작가의 지적 연애사건'은 세간의 애깃거리가 된다. 만은 루카치를 엄격히 거리를 두고 대하는 데 반해, 루카치는 만에게 지적 인간적 존경을 계속 바치는 이유는 무엇일까? 만은 작가로서 그 자체로 완결된 총체성의 세계를 창조하지만, 루카치는 비평가로서 작가의 창작세계가 필요하기 때문이라고 답할 수도 있을 것이다.

다른 해명의 실마리는 독일 시민문화에 대한 유대 시민계급의 독특한 태도에서 찾을 수 있다. 수천 년 동안 종교적 관념세계에서 벗어나지 못하던 유대인들은 초기 시민사회가 형성되자 시민문화의 이념에 동화하기 시작한다. 거의 이백여 년 동안 독일 시민계급과 동맹을 맺어왔고 독일 시민문화에서 마침내 정신적 고향을 찾았다고 믿었던 유대 시민계급은 20세기에 이르러 이루 말할 수 없는 환멸과 고통을 체험하며 힘들게 정착했던 고향에서 다시 유배당하는 운명에 처한다. 그러면 그럴수록 유대 시민계급은 독일 초기 시민문화의 이상과 가치에 집착한다. 특히 동유럽의 유대 시민계급은 독일어에 뛰어난 감수성을 자랑하며 독일 문화에 특별한 애착을 드러낸다. 만은 『부덴브로크 일가』의 작가로서 부다페스트에 방문했을 때 유대 시민계급에게서 융숭한 대접을 받았다고 회고한다. 그렇다면 독일 문화와 만에 대한 루카치의 운명적 사랑은 집에서부터 길러진 것이다. 독일 시민문화 수용 과정에서 유대 시민계급이 걸어온 이러한 특수한 역정을 살펴보면, 루카치가 독일 고전주의 예술이념에서 정신적 지표를 모색하고 만을 독일 시민문화의 최고의 계승자이자 최후의 완성자로 존경하는 근원적 이유를 짐작할 수 있다.

선생님 글을 요약하며 참고도서를 찾아보니, 국내에서 루카치 연구는 꾸준한 성과를 내고 있습니다. 『사회적 존재의 존재론을 위한 프롤레고메나』(김경식, 안소현 역, 나남출판 2017), 『사회적 존재의 존재론』(이종철, 정대성 역, 아카넷 2017) 등의 번역서가 발간되었고, 최근에는 방대한 규모의 연구서 『루카치 소설론 연구』(김경식, 아카넷 2024)도 나왔습니다. 이번에 출간되는 선생님의 저서가 루카치에 대한 학문적 논의에 폭과 깊이를 더해주기를 바랍니다. 아울러 루카치의 문예이론에 대한 개론서 역할과 브레히트, 아도르노, 만에 대한 입문서 역할뿐만 아니라 독일 정신사 탐색의 길잡이 역할도 겸비하고 있으므로 일반 독자의 흥미도 끌 수 있기를 기대합니다.

황종민 올림

학위논문 심사평

　　　　　　반성완님은 루카치 미학과 독일 고전주의의 관계를 주제로 뛰어난 논문을 완성했다. 이 논문은 루카치의 미학적·정치적 저작과 루카치와 토마스 만의 관계를 주로 다루고 있다.
　이 논문의 중요한 의미는 다음과 같은 성과에 있다.

　1. 이 논문은 루카치가 초기의 관념주의적 비평가에서 후기의 마르크스주의 미학자로 발전하는 복잡한 과정을 정확하게 규명하고, 그가 이러한 중대한 변모에도 불구하고 독일 고전주의 미학(특히 괴테와 헤겔)에 지속적 애착을 품고 있음을 설득력 있게 증명하고 있다.
　2. 학계 최초로 아도르노와 루카치 사이의 첨예한 논쟁을 학문적으로 설명하고 객관화함으로써 이 두 사람의 차이점뿐만 아니라 공통점도 가시화하고 있다.
　3. 너무나도 알기 어렵고 때로는 신비스러운 토마스 만과 루카치의 관계를 정확한 역사적 재현은 물론 근본적 문제의 치밀한 분석을 통해 해명하고 있다.

　반성완님은 비범할 정도로 재능 있는 학자다. 그의 업적이 한층 높이 평가되어야 하는 이유는, 한국인으로서 복잡한 학문적 독일어에 완전히 동화되어야 하는 어려움에 봉착하였을 텐데도 이를 뛰어넘는 데 훌륭하게 성공하고 있기 때문이다.

　　　　　　　　　　　　　　　빌헬름 엠리히 교수(Prof. Dr. Wilhelm Emrich)

루카치 연보 年譜

1885	부다페스트에서 은행장의 아들로 태어남
1902	부다페스트 대학 철학부에서 문학, 예술사, 철학을 수업
1907	게오르크 짐멜과의 만남. 그로부터 영향을 받았다.
1908/9	「현대 드라마 발달사」 탈고
1909	위 논문의 1, 2 장으로 구성된『드라마의 형식』으로 박사 학위 취득
1909-11	베를린 체류. 에른스트 블로흐와의 친교
1911	『영혼과 형식』독일어 증보판 출간 (1910년 헝가리어판 발간)
1912-18	'일요서클' 이라는 이른바 부다페스트 학파에서 정신과학에 관한 문제들을 토의. 여기에는 카를 만하임, 아르놀트 하우저 등도 포함 하이델베르크에 거주지를 두고 막스 베버와 친교를 맺고 '막스 베버 서클'의 토론에 적극 참여
1918	1차세계대전 이후(1918년 11월)에 창립된 헝가리 공산당에 입당
1919	짧게 지속된 헝가리 혁명정부에서 문화장관 역임 혁명정부가 무너지자 빈으로 망명. 토마스 만을 위시한 많은 독일 지식인과 언론이 루카치 구명운동에 참가.
1920	『소설의 이론』단행본으로 출간 (1914/15년 탈고, 1916년 잡지에 게재)
1923	『역사와 계급 의식』출간
1928	「블룸테제」 발표
1930년대	빈에서 모스크바로 망명. 이곳에서 마르크스-엥겔스 전집 출간에 관여하고 소련 아카데미 회원으로 활동
1937-38	『역사소설론』러시아어로 잡지에 연재
1938	표현주의 논쟁
1945	부다페스트 대학에서 '미학 및 문화 철학' 교수로 임명
1948	『청년 헤겔』출간 (1938년 탈고)
1954	『이성의 파괴』출간

1956	임레 너지 정부 밑에서 인문교육장관. 이 정부가 곧 무너지자 루마니아로 강제 압송
1957	헝가리 귀환 후 공산당 입당이 거부되고 수정주의 비판을 받음
1963	『미적인 것의 고유한 특성』 출간
1968	『사회주의와 민주화』 집필(1987년 출간)
1969 - 71	『삶과 사유』: 대화 형식으로 서술(1980년 헝가리어로, 1981년 독일어로 출간)
1971	부다페스트에서 별세(장례식에 오천 명에 달하는 지식인과 저명인사들이 참석)

문헌목록

원전

ADORNO, Theodor W.: *Ästhetische Theorie*. Frankfurt a. Main, Suhrkamp 1970 (= Ges. Schriften Bd. 7)

  아도르노, 테오도르 W, 홍승용(역), 『미학이론』, 문학과 지성사 1984

BRECHT, Bertolt: Gesammelte Werke. Bd. 18.19. 20. *Schriften zur Literatur und Kunst*. Frankfurt a. Main, Suhrkamp 1967

_____ *Über Realismus*. Frankfurt a. M., Suhrkamp (edition) 1971

_____ *Arbeitsjournal*. Hrsg. und mit Anmerkungen von Werner Hecht. Auf- und Abbau-Verlag (Fotokopieausgabe) 1974

LUKÁCS, Georg: *Die Seele und die Formen*. Neuwied-Berlin, Luchterhand 1971

  루카치, 게오르크, 반성완, 심희섭(역), 『영혼과 형식』, 심설당, 1988

  루카치, 게오르크, 홍성광(역), 『영혼과 형식』, 연암서가 2021

_____ *Die Theorie des Romans*. Neuwied-Berlin, Luchterhand 1971

  루카치, 게오르크, 반성완(역), 『소설의 이론』, 심설당 1985

  루카치, 게오르크, 김경식(역), 『소설의 이론』, 문예출판사 2007

_____ *Geschichte und Klassenbewußtsein*. Neuwied- Berlin, Luchterhand 1970

  루카치, 게오르크, 조만영, 박정호(역), 역사와 계급의식, 지식을만드는지식 2015

_____ *Faust und Faustus* (Werkauswahl). Reinbeck, Rowohlt (T. S.) 1967

_____ *Skizze einer Geschichte der neueren deutschen Literatur*. Neuwied-Berlin, Luchterhand 1963

루카치, 게오르크, 반성완, 임홍배(역), 『독일문학사: 계몽주의에서 제1차 세계대전까지』, 심설당 1987

―――― *Thomas Mann*. Berlin, Aufbau-Verlag 1957

―――― *Der junge Hegel*. Frankfurt a. M., Suhrkamp 1973

루카치, 게오르크, 김재기(역), 『청년 헤겔 1』, 동녘 1986

루카치, 게오르크, 서유석(역), 『청년 헤겔 2』, 동녘 1987

―――― *Marxismus und Existentialismus*. Berlin, Aufbau-Verlag 1951

―――― Realismus-Aufsätze. In: *Marxismus und Literatur*. Hrsg. Fritz Raddatz, Bd. II. Reinbeck, Rowohlt 1969

―――― *Ästhetik* (Bd. 1 - 4), Neuwied-Berlin, Luchterhand 1972

루카치, 게오르크, 『루카치 미학』 1~4권, 미술문화 2000~2002

1, 2권 이주영(역), 3권 임홍배(역), 4권 반성완(역)

―――― *Zur Ontologie des gesellschaftlichen Seins*. (Hegels falsche und echte Ontologie. Ontologie- Arbeit. Ontologie Marx) Neuwied-Berlin, Luchterhand 1971

루카치, 게오르크, 권순홍, 정대성, 이종철(역), 『사회적 존재의 존재론』 1~4권, 아카넷 2016~2018

Schriften zur Literatursoziologie. Ausgew. und eingel. von Peter Ludz. (Werkauswahl Bd. I), Neuwied-Berlin, Luchterhand 1961

―――― *Schriften zur Ideologie und Politik*. Ausgew. und eingel. von Peter Ludz. (Werkauswahl Bd. II), Neuwied-Berlin, Luchterhand 1967

―――― *Gespräch mit Lukács*. Hans Heinz Holz, Leo Kofler, Wolfgang Abendroth. Hrsg. von Theo Pinkus. Reinbeck 1967

전체 3부 중 제 1부가 김경식: 『게오르크 루카치: 과거와 미래를 잇는 다리』, 한울 2000에 실린 「존재론과 미학, 미학과 존재론」에 번역됨.

Aus der Gesamtausgabe. Neuwied-Berlin, 1972 f.

―――― Bd. 2. *Frühschriften II*. Geschichte und Klassenbewußtsein.

―――― Bd. 4. *Probleme des Realismus I*. Essays über Realismus. 1971

―――― Bd. 7. *Deutsche Literatur in zwei Jahrhunderten*. 1964

―――― Bd. 9. *Die Zerstörung der Vernunft*. 1962

루카치, 게오르크, 변상출(역), 『이성의 파괴』, 백의 1996

루카치, 게오르크, 한기상, 안성권, 김경연(역), 『이성의 파괴』, 심설당 1997

_____ Bd. 10. *Probleme der Ästhetik*. 1969

_____ Bd. 11. *Ästhetik Teil I: Die Eigenart des Ästhetischen*. 1963

_____ Bd. 12. *Ästhetik Teil II: Die Eigenart des Ästhetischen*. 1963

_____ *Sämtliche Erzählungen*. Frankfurt a. M., Fischer 1971

_____ *Buddenbrooks*. Frankfurt a. Main, Fischer (T.S.) 1967

_____ *Zauberberg*. Frankfurt a. Main, Fischer (T.S.) 1967

_____ *Joseph und seine Brüder*. Frankfurt a. Main, Fischer 1964

_____ *Lotte in Weimar*. Frankfurt a. Main, Fischer (T.S.) 1967

_____ *Doktor Faustus*. Frankfurt a. Main, Fischer (T.S.) 1967

_____ *Das essayistische Werk*. (8 Bände) Hrsg. von Hans Bürgin, Frankfurt a. Main, Fischer (T. S.) 1968

_____ *Thomas Manns Briefe*. (3 Bände) Frankfurt a. Main, Fischer 1965

_____ *Gesammelte Werke*. (12 Bände) Frankfurt a. Main, Fischer 1960

2차문헌

ABENDROTH, Wolfgang: *Sozialgeschichte der europäischen Arbeiterbewegung*. Frankfurt a. Main, Suhrkamp (edition) 1971

ADORNO, Theodor W.: *Dialektik der Aufklärung*. Amsterdam, Querido 1947

아도르노, TH. W., 호르크하이머, M, 김유동(역), 『계몽의 변증법』, 문학과 지성사 2006

_____ *Ästhetische Theorie*. Frankfurt a. Main, Suhrkamp 1970 (= Ges. Schriften Bd. 7)

_____ Erpreßte Versöhnung. In: *Noten zur Literatur II*. Frankfurt a. Main, Suhrkamp 1961

_____ *Aktualität und Folgen der Philosophie Hegels*. Hrsg. von Oskar Negt, Frankfurt a. Main, Suhrkamp (edition) 1970

ARENDT, Hannah: *Walter Benjamin. Bertolt Brecht. 2 Essays*. München, Piper 1971

Autonomie der Kunst: *Zur Genese und Kritik einer bürgerlichen Kategorie*. Hrsg. von Berthold Hinz u.a. Frankfurt a. Main, Suhrkamp (edition) 1970

Autorenkollektiv: *Erläuterung zur deutschen Literatur: Klassik*. Berlin, Volkseigener Verlag 1974

BALET, Leo/Gerhard, E.: *Die Verbürgerlichung der deutschen Kunst, Literatur und Musik im 18. Jahrhundert*. Zuerst 1936, neu hrsg. und eingeleitet von Gert Mattenklott. Frankfurt/Main-Berlin-Wien, Ullstein 1973

Beiträge zur marxistischen Erkenntnistheorie. Hrsg. von Alfred Schmidt. Frankfurt a. Main, Suhrkamp (edition) 1970

BENJAMIN, Walter: *Der Begriff der Kunstkritik in der deutschen Romantik*. Frankfurt a. Main, Suhrkamp (taschenbuch wissenschaft) 1973

벤야민, 발터: 심철민(역), 『독일 낭만주의의 예술비평 개념』, 비 2013

——— *Ursprung des deutschen Trauerspiels*. Frankfurt a. Main, Suhrkamp (taschenbuch wissenschaft) 1972

——— 벤야민, 발터, 최성만, 김유동(역), 『독일 비애극의 원천』, 한길사 2009

Das Kunstwerk im Zeitalter seiner technischen Reproduzierbarkeit. In: *Das Kunstwerk im Zeitalter seiner technischen Reproduzierbarkeit*. Suhrkamp (edition) 1970

벤야민, 발터, 최성만(역), 『기술복제 시대의 예술작품』, 길 2007

——— Eduard Fuchs, der Sammler und der Historiker. In: *Das Kunstwerk im Zeitalter seiner technischen Reproduzierbarkeit*. Suhrkamp (edition) 1970

——— Über den Begriff der Geschichte. In: *Ges. Schriften*. Bd. 1/2. Frankfurt a. Main, Suhrkamp 1974

——— *Versuch über Brecht*. Hrsg. von Rolf Tiedemann. Frankfurt a. Main, Suhrkamp (edition) 1966

BLOCH, Ernst: *Geist der Utopie*. Frankfurt a. Main, Suhrkamp (taschenbuch wissenschaft) 1974

——— *Subjekt-Objekt-Erläuterung zu Hegel*. Frankfurt a. Main, Suhrkamp (taschenbuch wissenschaft) 1971

BLUME, Bernhard: *Thomas Mann und Goethe*. Bern, Francke 1949

BÖHME, Helmut: *Prolegomena zu einer Sozial- und Wirtschaftsgeschichte Deutschlands im 19. und 20. Jahrhundert*. Frankfurt a. Main, Suhrkamp (edition)

1968

BORN, Erich: Der soziale und wirtschaftliche Strukturwandel Deutschlands am Ende des 19. Jahrhunderts. In: H. U. Wehler (Hrsg.), *Moderne deutsche Sozialgeschichte*. Köln und West-Berlin, Kiepenheuer u. Witsch 1968

BOURDET, Yvon: *Figures de Lukács*. Paris Editions anthropos 1972

BRUFORD, Walter H.: *Die gesellschaftliche Grundlage der Goethezeit*. Weimar, Bühlau 1936

BÜRGER, Peter: *Theorie der Avantgarde*. Frankfurt a. Main, Suhrkamp (edition) 1974

BÜRGIN, Hans: *Thomas Mann. Eine Chronik seines Lebens*. Frankfurt a. Main, Fischer 1965

CASES, Cesare: Georg Lukács. Eine Würdigung (1956). In: *Stichworte zur deutschen Literatur. Kritische Notizen*. Wien, Europa-Verlag 1969

CAUDEWELL, Christopher: *Bürgerliche Illusion und Wirklichkeit*. München, Hanser 1971

Deutsche und Juden. Beiträge von G. Scholem u.a., Frankfurt a. M., Suhrkamp (edition) 1967

DEUTSCHER, Isaac: Georg Lukács and critical realism'. In: *The Listener* (3. Nov. 1966); französische Übersetzung (Lukács critique de Thomas Mann) In: *Les Tempe modernes* 21 (1966)

DIERKS, Manfred: *Studien zu Mythos und Psychologie bei Thomas Mann* (Bd. 2), Bern und München, Francke 1972

DIERSEN, Inge: *Untersuchung zu Thomas Mann. Die Bedeutung der Künslerdarstellung für die Entwicklung des Realismus in seinem erzählerischen Werk*. Berlin, Rütten u. Löning 1960

DILTHEY, Wilhelm: *Einleitung in die Geisteswissenschaften*. Ges. Schriften Bd. 1. Leipzig und Berlin, Verlag von B. G. Teubner 1922

─────── *Der Aufbau der geschichtlichen Welt in den Geisteswissenschaften*. Ges. Schriften Bd. 7, Leipzig und Berlin, 1942

딜타이, 빌헬름, 김창래(역), 『정신과학에서 역사적 세계의 건립』, 아카넷 2009

DUTSCHKE, Rudi: *Versuch, Lenin auf die Füße zu stellen*. Berlin, Wagenbach 1974

ENGELMANN, Bernt: *Deutschland ohne Juden*. München, Schneekluth 1970

ESSLIN, Marin: *Das Paradox des politischen Dichters*, München, DTV 1973

EWEN, Frederico: *Bertolt Brecht, his life, his art and his time*. London, Calder u. Boyers 1970

FLECHTHEIM, Ossip K.: *Die Kommunistische Partei Deutschlands in der Weimarer Republik*. Offenbach 1948

GALLAS, Helga: *Marxistische Literaturtheorie*, Neuwied-Berlin, Luchterhand 1971

Georg Lukács und der Revisionismus. Eine Sammlung von Aufsätzen, Berlin 1960

GERTH, Hans: *Die sozialgeschichtliche Lage der bürgerlichen Intelligenz um die Wende des 18. Jahrhunderts*. (Zuerst als Diss. 1935 und 1972 als Fotokopieausgabe in West-Berlin VDI erschienen)

GOETHE, W.: *Wilhelm Meisters Lehrjahre und Wanderjahre*. Hamburger Ausgabe Bd. 7, 8, 1973

—— *Schriften zur Kunst. Schriften zur Literatur. Maximen und Reflexion*. Hamburger Ausgabe Bd. 12, 1973

GOLDMANN, Lucien: *Der christliche Bürger und die Aufklärung*. Neuwied-Berlin, Luchterhand 1968

—— *Dialektische Untersuchung*. Neuwied-Berlin, Luchterhand 1971

—— *Marxisme et sciences humaines*. Paris, Gallimard 1970

—— *Soziologie des Romans*. Neuwied-Berlin, Luchterhand 1970

골드만, 루시앙, 조경숙(역), 『소설사회학을 위하여』, 청하 1989

GRIMM, Reinhold / Hermand, Jost (Hrsg.): *Die Klassik-Legende*. Frankfurt a. Main, Athenäum 1971 (= Schriften zur Literatur 18)

HABERMAS, Jürgen: *Strukturwandel der Öffentlichkeit*. Neuwied- Berlin, Luchterhand 1971

하버마스, 위르겐, 한승완(역), 『공론장의 구조변동』, 나남출판 2024

—— *Theorie und Praxis*. Frankfurt a. Main, Suhrkamp (taschenbuch wissenschaft) 1971

하버마스, 위르겐, 홍윤기(역), 『하버마스의 이론과 실천』, 종로서적 1986

HAMANN, Richard / Hermand, Jost: *Impressionismus*. München, Nymphenburger 1972

HAUSER, Arnold: *Sozialgeschichte der Kunst und Literatur*. München, C. H. Beck 1969

    하우저, 아르놀트, 반성완, 백낙청, 염무웅(역),『문학과 예술의 사회사』, 1~4권, 창비 2016

HEGEL, G.W.F. : *Ästhetik*. Frankfurt a. Main, Suhrkamp 1970 (Ges. Werke Bd. 13, 14, 15)

    헤겔, 게오르크 빌헬름 프리드리히, 두행숙(역),『헤겔의 미학강의』 1~3권, 은행나무 2010

    헤겔, 게오르크 빌헬름 프리드리히, 이창환(역),『미학 강의』, 1~3권, 세창출판사 2021

————   *Phänomenologie des Geistes*. Ges. Werke Bd. 3

    헤겔, 게오르크 빌헬름 프리드리히, 김준수(역),『정신현상학』1~2권, 아카넷 2022

    Rechtsphilosophie. Ges. Werke Bd. 7

HORKHEIMER, Max: *Traditionelle und kritische Theorie. Vier Aufsätze*. Frankfurt a. Main, Fischer (Taschenbuch) 1970

KAISER, Gerhard *Benjamin, Adorno. 2 Studien*. Frankfurt a. M., Athenäum-Fischer-Taschenbuch Verl. 1974

KAUFMANN, Hans: Lukács' Konzeption eines dritten Weges. In: *Georg Lukács und der Revisionismus*. Berlin 1960

KELLER, Ernst: *Der unpolitische Deutsche. Eine Studie zu der ‚Betrachtung eines Unpolitischen' von Thomas Mann*. Berlin u. München, Francke 1965

KETTLER, David: *Marxismus und Kultur. Mannheim und Lukács in der ungarischen Revolution 1918/19*. Neuwied-Berlin, Luchterhand 1967

KERÉNYI, Karl: *Tessiner Schreibtisch. Mythologisches, Unmythologisches*. Stuttgart, Steingrüben 1963

KLAUS, George / Buhr, Manfred (Hrsg.): *Philosophisches Wörterbuch*. Berlin, 1972

KOCH, Hans: Theorie und Politik bei Georg Lukács. In: *Georg Lukács und der Revisionismus*. Berlin 1960

————   Politik, Literaturwissenschaft und die Position von Georg Lukács. In: *Georg Lukács und der Revisionismus*. Berlin 1960

KOFLER, Leo: *Zur Geschichte der bürgerlichen Gesellschaft*. Neuwied-Berlin,

Luchterhand 1966

KOSELLEK, Reinhart: *Preußen zwischen Reform und Revolution. Allgemeines Landrecht, Verwaltung und soziale Bewegung von 1791 - 1848.* Stuttgart 1967

KUCZYNSKI, Jürgen: *Die Geschichte der Lage der Arbeiter unter dem Imperialismus* (Bd. 22). Berlin, 1967

────── *Klassen und Klassenkämpfe im imperialistischen Deutschland und in der BRD.* Berlin, 1972

LENIN, W.I.: *Über Kultur und Kunst. Eine Sammlung ausgewählter Aufsätze und Reden.* Berlin, Dietz 1960

LICHTHEIM, George: *Das Konzept der Ideologie.* Frankfurt a. Main, Suhrkamp (edition) 1973

────── *Georg Lukács.* München, 1971 (dtv. 748)

Lehrstück Lukács. hrsg. von Jutta Matzner. Frankfurt a. Main, Suhrkamp (edition) 1974

Literatur der bürgerlichen Emanzipation im 18. Jh. Hrsg. von Gert Mattenklott / Klaus R. Scherpe. Kronberg Ts., 1973

LUDZ, Peter: Der Begriff der demokratischen Diktatur' in der Philosophie von Georg Lukács. In: *Schriften zur Ideologie und Politik*, ausgewählt und eingeleitet von Peter Ludz. Neuwied-Berlin, Luchterhand 1967

MANN, Katja: *Meine ungeschriebenen Memoiren.* Frankfurt a. Main, Fischer 1975

MARCUSE, Herbert: *Vernunft und Revolution.* Neuwied-Berlin, Luchterhand 1972

────── Über den affirmativen Charakter der Kultur, In: *Kultur und Gesellschaft I.* Frankfurt a. Main, Suhrkamp (edition) 1968

MARX, Karl / Engels, Friedrich: *Marx - Engels.* (4 Bände) Studienausgabe. Frankfurt a. Main, Fischer (Taschenbuch) 1966

────── *Über Kunst und Literatur* (2 Bände). Berlin, Dietz 1968

MATTENKLOTT, Gert: *Melancholie in der Dramatik des Sturm und Drang.* Stuttgart, Metzler 1968

Bilderdienst. Ästhetische Opposition bei Beardsley und George. München, Rogner u. Bernhard 1970

MAYER, Hans: *Der Repräsentant und der Märtyrer. Konstellationen der Literatur.* Frankfurt a. M., Suhrkamp (edition) 1971

_____   Anmerkungen zu Brecht. Frankfurt a. Main, Suhrkamp 1967

MEHRING, Franz:*Aufsätze zur deutschen Literatur von Klopstock bis Weerth*. Ges. Schriften Bd. 10. Berlin, Dietz 1961

_____   *Die Leseing-Legende*. Ges. Schriften Bd. 9. Berlin, Dietz 1961

메링, 프란츠, 윤도중(역),『레싱 전설』, 한길사 2005

MERLAU-PONTY, Maurice: *Die Abenteuer der Dialektik*. Frankfurt a. Main, Suhrkamp (taschenbuch wissenschaft) 1974

MITTENZWEI, Werner: Marxismus und Realismus (Die Brecht-Lukács-Debatte). In: *Das Argument* 10 (1968)

_____   *Brechts Verhältnis zur Tradition*. Berlin, Akademie-Verl. 1972

MOTTEK, Hans: *Wirtschaftsgeschichte Deutschlands. Ein Grundriß* Bd. I: Von den Anfängen bis zur Zeit der Französischen Revolution. Berlin 1971

REED, T.: *Thomas Mann. The Uses of tradition*. Oxford, clarendon Pr. 1974

REICHEL, Peter: *Verabsolutierte Negation*. Frankfurt a. Main, Verl. Marxistische Blätter 1972

ROSA, Alberto Asor: Der junge Lukács – Theoretiker der bürgerlichen Kunst. In: *Alternativ* 12 (1969).

ROSENBERG, Hans: *Entstehung der Weimarer Republik*. Frankfurt a. Main 1974

SCHERRER, Paul / Wysling, Hans: *Quellenkritische Studien zum Werk Thomas Manns*. Bd. 1. Bern und München, Francke 1967

SCHUMACHER, Ernst: *Die dramatischen Versuche Bertolt Brechts 1918 - 1933*. Berlin, Rütten u. Löning 1955

SCHILLER, Friedrich: *Philosophisch-ästhetische Schriften*. Sämtliche Werke (Bd. 5) München, Hanser 1962

SONTHEIMER, Kurt: *Thomas Mann und die Deutschen*. Frankfurt a. Main, Fischer (T. S.) 1965

SPEIER, Hans: Zur Soziologie der bürgerlichen Intelligenz in Deutschland. In: *Position der literarischen Intelligenz zwischen bürgerlicher Reaktion und Imperialismus*. Hrsg. von Gert Mattenklott / Klaus R. Scherpe. Kronberg 1973

STEINER, Georg: *Sprache und Schweigen. Essays über Sprache. Literatur und das Unmenschliche*. Frankfurt a. Main, Suhrkamp 1969

STREISAND, Joachim: *Deutschland 1789 - 1815* (Lehrbuch der deutschen Geschichte. Beiträge 5) Berlin 1961

SZONDI, Peter: *Poetik und Geschichtsphilosophie I. Antike und Moderne in der Goethezeit. Hegels Lehre von der Dichtung.* Hrsg. Senta Metz und Hans-Hagen Hildebrandt. Frankfurt a. Main 1974

TALMUD (der Babylonische). Ausgewählt, Übersetzt und erklärt von Reinhold Meyer. München, Goldmann 1963

TARR, Judith: Georg Lukács, Thomas Mann und der Tod in Venedig. In: *Die Weltwoche* 26 (2. Juli 1971)

Text + Kritik (Zeitschrift für Literatur): *Georg Lukács.* Hrsg. von Heinz Ludwig Arnold Bd. 39/40, 1973

Theodor W. Adorno zum Gedächtnis. Eine Sammlung. Hrsg. von Hermann Schweppenhäuser. Frankfurt a. Main, 1971

TROTZKI, Leo: *Literatur und Revolution.* München, DTV 1972

    트로츠키, 레온, 공지영, 전진희(역), 『문학과 혁명』, 한겨레 1989

WEBER, Max: *Die protestantische Ethik und der Geist des Kapitalismus* (1904); Neue Ausgabe: *Die Protestantische Ethik: Eine Aufsatzsammlung.* Hrsg. von Johannes Winckelmann. Hamburg 1965 (= Siebenstern Taschenbuch. 53/54)

    베버, 막스, 박문재(역), 『프로테스탄트 윤리와 자본주의 정신』, 현대지성 2022

―――― *Gesammelte Aufsätze zur Wissenschaftslehre.* Tübingen, I. C. B. Mohr Paul Siebeck' 1968

―――― *Politische Schriften.* Tübingen 1958

WEBER, Marianne: *Max Weber. Ein Lebensbild.* Tübingen, I. C. B. Paul Siebeck' 1926

WEIGAND, Hermann John: *A Study of Thomas Manns Novel Der Zauberberg.* Chapel Hill, University of North Carolina 1964

Weimarer Beiträge 4. 1958 (Sonderheft). Beiträge von Hans Kaufmann, Inge Diersen, Wolfgang Helse u.a.

West-Berliner Projekt: *Grundkurs im 18. Jahrhundert.* Hrsg. von Gert Mattenklott / Klaus R. Scherpe, Kronberg 1974

WILLIAMS, Raymond: *Culture and Society 1780 - 1950.* London 1971

찾아보기

인명

게오르게, 슈테판(Stefan George, 1868~1933) 56, 59-60
고트셰트, 요한 크리스토프(Johann Christoph Gottsched, 1700~66) 25-32, 34, 36, 39-40
 『독일어의 기초』(Grundlegung einer deutschen Sprachkunst)(1748) 26
골드만, 뤼시엥(Lucien Goldmann, 1913~70) 139, 144
괴테, 요한 볼프강 폰(Johann Wolfgang von Goethe, 1749~1832) 23, 27, 29, 32, 35-36, 39-40, 42, 46-48, 60, 62, 65, 78-81, 83-85, 124, 150, 153, 157-159, 162, 165-170, 174-176, 185, 187-189, 196, 213, 223, 226, 231-232, 240-241, 243-244, 246, 251, 261, 265, 267
 『젊은 베르테르의 슬픔』(Die Leiden des jungen Werthers)(1774) 35, 36, 38, 165
 〈빌헬름 마이스터의 연극적 사명〉(Wilhelm Meisters theatralische Sendung)(1776~) 32
 『토르콰토 타소』(Torquato Tasso)(1790) 226
 『파우스트』(Faust)(1790, 1808, 1832) 158, 166
 『빌헬름 마이스터의 수업시대』(Wilhelm Meisters Lehrjahre)(1795~96) 27, 32, 46, 62, 79, 123, 150, 165, 187, 196, 223, 231
 『빌헬름 마이스터의 편력시대』(Wilhelm Meisters Wanderjahre)(1829) 46, 165, 196
 『시와 진실』(Dichtung und Wahrheit)(1811~33) 124
너지, 임레(Imre Nagy, 1896~1958) 179
노발리스(Novalis, 1722~1801) 61-62, 65, 78, 80-81, 240
니체, 프리드리히(Friedrich Nietzsche, 1844~1900) 160, 233, 241, 262, 263
다윈, 찰스(Charles Darwin, 1809~82) 113, 114
단테, 알리기에리(Dante Alighieri, 1265~1321) 72, 76
 『신곡』(Divina Commedia)(1308~21) 76
딜타이, 빌헬름(Wilhlem Dilthey, 1833~1911) 55-56, 101, 107, 127, 168
도스토옙스키, 표도르(Fyodor Dostoevsky, 1821~81) 82, 102-103
도이처, 아이작(Isaac Deutscher, 1907~67) 245
두치케, 루디(Rudi Dutschke, 1940~79) 270

『레닌 발을 딛고 서게 하기』(Versuch, Lenin auf die Füße zu stellen)(1974) 270
디킨스, 찰스(Charles Dickens, 1812~70) 77, 200
라베, 빌헬름(Wilhelm Raabe, 1831~1910) 162-163
라스크, 에밀(Emil Lask, 1875~1915) 100, 107
라살, 페르디난트(Ferdinand Lassalle, 1825~64) 113, 170
라이프니츠, 고트프리트 빌헬름(Gottfried Wilhelm Leibniz, 1646~1716) 22
란들레르, 예뇌(Jenő Landler, 1875~1928) 110
레닌, 블라디미르(Vladimir Lenin, 1870~1924) 110, 129, 130, 131, 134, 194, 270
레싱, 고트홀트 에프라임(Gotthold Ephraim Lessing, 1729~81) 11-12, 22-24, 27, 29-34, 36-40, 168, 174, 213, 261
　「민나 폰 바른헬름」(Minna von Barnhelm)(1767) 31
　『함부르크 연극론』(Hamburgische Dramaturgie)(1767~69) 31-32
　「에밀리아 갈로티」(Emilia Galotti)(1772) 31
　「현자 나탄」(Nathan der Weise)(1779) 31
레스너이, 언너(Anna Lesznai, 1885~1966) 100
렌츠, 야코프 미하엘 라인홀트(Jakob Michael Reinhold Lenz, 1751~92) 35
로트, 요제프(Joseph Roth, 1894~1939) 98
루소, 장자크(Jean-Jacques Rousseau, 1712~78) 16, 35, 118
루카치, 게오르크(Georg Lukács, 1885~1971)
　「현대 드라마 발달사」(Entwicklungsgeschichte des modernen Dramas)(1911 헝가리어; 1981 독일어) 96, 287
　『영혼과 형식』(Die Seele und die Formen)(1910 헝가리어; 1911 독일어) 50, 58-66, 67, 69, 70, 75, 78, 80-81, 84, 87, 95-96, 101, 105, 107, 134, 145, 150, 196, 230, 232, 235, 237-239, 246-247, 250
　「에세이의 형식과 본질」(Über Form und Wesen des Essays) 58, 66
　　「플라톤주의와 시, 그리고 형식」(Platonismus, Poesie und die Formen) 246
　　「삶에 부딪쳐 발생한 형식의 파열」(Das Zerbrechen der Form am Leben) 65
　　「낭만주의의 생철학에 대하여」(Zur romantischen Lebensphilosophie) 61
　　「시민성과 예술을 위한 예술」(Bürgerlichkeit und l'art pour l'art) 59, 235
　　「새로운 고독을 담은 서정시」(Die neue Einsamkeit und ihre Lyrik) 60
　　「동경과 형식」(Sehnsucht und Form) 237
　　「비극의 형이상학」(Metaphysik der Tragödie) 64
　「전술과 윤리」(Taktik und Ethik)(1919 헝가리어; 1968 독일어) 129
　「사회주의적 생산에서의 도덕의 역할」(Die Rolle der Moral in der kommunistischen Produktion)(1919) 129
　「의회주의 문제에 관하여」(Zur Frage des Parlamentarismus)(1920) 130
　「공산당의 도덕적 사명」(Die moralische Sendung der kommunistischen

Partei)(1920)　129

『소설의 이론』(Die Theorie des Romans)(1916 잡지; 1920 단행본)　46, 50, 66-85, 87, 95-96, 101-103, 105, 107-108, 122-123, 127-128, 134-135, 142, 145, 150-151, 153-154, 157, 176, 196-197, 232, 247

『역사와 계급의식』(Geschichte und Klassenbewusstsein)(1923)　85-146, 150-152, 161, 179, 196-197, 252

　　　「마르크시스트로서의 로자 룩셈부르크」(Rosa Luxemburg als Marxist)　114
　　　「물화현상과 프롤레타리아트의 의식」(Die Verdinglichung und das Bewußtsein des Proletariats)　106, 115, 125
　　　「조직문제의 방법론」(Methodisches zur Organisationsfrage)　106

『레닌 사상의 상관관계에 대한 연구』(Lenin: Studie über den Zusammenhang seiner Gedanken)(1924)　130, 134

「블룸테제」(Blum-Thesen)(1928)　86, 128, 131-134, 137, 287

『역사소설론』(Der historische Roman)(1937/38 러시아어 잡지 연재; 1947 헝가리어 단행본; 1955 독일어 단행본)　87, 185

「문제는 리얼리즘이다」(Es geht um den Realismus)(1938)　199

「파우스트 연구」(Faust-Studien)(1940)　158

『독일 문학사에 나타난 진보와 반동』(Fortschritt und Reaktion in der deutschen Literatur)(1946)　12

『청년 헤겔』(Der junge Hegel)(1948)　87, 133, 152

『이성의 파괴』(Die Zerstörung der Vernunft)(1954)　133, 137

『토마스 만』(Thomas Mann)(1949)　202, 230, 243, 257, 269

　　　「시민을 찾아서」(Auf der Suche nach dem Bürger)(1945)　230

『독일 현대 문학사 개요』(Skizze einer Geschichte der neueren deutschen Literatur)(1953)　12, 167, 174, 189

『미적인 것의 고유한 특성』(Die Eigenart des Ästhetischen)(1963)　66, 85, 135, 138, 179, 180, 190

『사회적 존재의 존재론』(Zur Ontologie des gesellschaftlichen Seins)(1984/1986)　136

『하이델베르크 예술철학(1912-1914)』(Heidelberger Philosophie der Kunst (1912-14)(1974)　179

『하이델베르크 미학(1916-18)』(Heidelberger Ästhetik (1916-18))(1975)　100, 179

『삶과 사유』(Gelebtes Denken)(1981)　288

『도스토옙스키 연구: 메모와 초고』(Dostojewski: Notizen und Entwürfe)(1985)　102

『사회주의와 민주화』(Sozialismus und Demokratisierung)(1987)　288

루터, 마르틴(Martin Luther, 1483~1546) 16, 19, 23, 26, 54, 233
룩셈부르크, 로자(Rosa Luxemburg, 1871~1919) 129-130, 170
리슐리외 추기경(Kardinal Richelieu, 1585~1642) 16
리케르트, 하인리히(Heinrich Rickert, 1863~1936) 100
리프크네히트, 카를(Karl Liebknecht, 1871~1919) 170
마르쿠시, 죄르지(György Márkus, 1934~2016) 88, 179
마르쿠제, 루트비히(Ludwig Marcuse, 1894~1971) 255
마르쿠제, 헤르베르트(Herbert Marcuse, 1898~1979) 139, 143-144
    『일차원적 인간』(One-Dimensional Man)(1964) 143
마르크스, 카를(Karl Marx, 1818~83) 85, 101, 105-106, 112-118, 130, 133-136, 138-139, 142-143, 150-151, 170-171, 176, 181, 198, 203, 205, 214, 223-224, 242, 251-253, 258, 266, 272
    『자본론』(Das Kapital)(1867~94) 115
만, 토마스(Thomas Mann, 1875~1955) 61, 110, 162, 164-166, 168, 199-202, 214-215, 226-273
    『부덴브로크 일가』(Buddenbrooks)(1901) 164, 233, 236, 264
    「토니오 크뢰거」(Tonio Kröger)(1903) 234-235, 247
    『베네치아에서의 죽음』(Betrachtungen eines Unpolitischen)(1912) 230, 237
    『한 비정치인의 고찰』(Betrachtungen eines Unpolitischen)(1918) 230-240
    「괴테와 톨스토이」(Goethe und Tolstoi)(1922) 240
    『독일 공화국론』(Von deutscher Republik)(1923) 240
    『마의 산』(Der Zauberberg)(1924) 187, 228-231, 239, 244-256, 259, 265-267
    「사회주의에 대한 고백」(Bekenntnis zum Sozialismus)(1933) 242
    『리하르트 바그너의 고뇌와 위대성』(Leiden und Größe Richard Wagners)(1933) 241, 262
    『바이마르의 로테』(Lotte in Weimar)(1939) 243
    『요셉과 그의 형제들』(Joseph und seine Brüder)(1933~43) 165, 215, 243
    『파우스트 박사』(Doktor Faustus)(1947) 166, 244
만, 카티야(Katia Mann)(1883~1980) 249
만, 하인리히(Heinrich Mann, 1871~1950) 21
만하임, 카를(Karl Mannheim, 1893~1947) 18, 87, 92, 96, 98-100, 102-104
    『이데올로기와 유토피아』(Ideologie und Utopie)(1929) 87
    『지식사회학(Wissenssoziologie)』(1964) 87
메를로퐁티, 모리스(Maurice Merleau-Ponty, 1908~61) 105
    『변증법의 모험(Les Adventures de la Dialectique)』(1955) 105
메링, 프란츠(Franz Mehring, 1846~1919) 11-13, 30, 48, 168-172
    『레싱 전설』(Die Lessing-Legende)(1893) 11

몽테스키외(Montesquieu, 1689~1755) 16
뮌처, 토마스(Thomas Müntzer, 1489~1525) 16
바그너, 리하르트(Richard Wagner, 1813~83) 241, 262
바움가르텐, 알렉산데르 고틀리프(Alexander Gottlieb Baumgarten, 1714~62) 42
발자크, 오노레 드(Honoré de Balzac, 1799~1850) 77, 200, 202, 206
벌라주, 벨러(Béla Balázs, 1884~1949) 92, 99-100, 103
베르-호프만, 리하르트(Richard Beer-Hofmann, 1866~1945) 59
베르그송, 앙리(Henri Bergson, 1859~1941) 78
베른슈타인, 에두아르트(Eduard Bernstein, 1850~1932) 112-113
베버, 막스(Max Weber, 1864~1920) 13, 53-54, 59, 95, 100, 107, 140, 233, 236
　「직업으로서의 정치」(Politik als Beruf)(1919)」 54
베케트, 사뮈엘(Samuel Beckett, 1906~89) 144, 162, 226
벤야민, 발터(Walter Benjamin, 1892~1940) 118, 139, 143-144, 176, 188-189, 208, 214, 221
　『독일비극의 원천』(Ursprung des deutschen Trauerspiels)(1928) 188
　「기술복제시대의 예술품」(Das Kunstwerk im Zeitalter seiner technischen Reproduzierbarkeit)(1935) 143
볼테르(Voltaire, 1694~1778) 16, 17, 35
뵈르네, 루트비히(Ludwig Börne, 1786~1837) 167
부알로, 니콜라(Nicolas Boileau, 1636~1711) 27
　『시학』(L'Art poétique)(1674) 27
뷔르거, 고트프리트 아우구스트(Gottfried August Bürger, 1747~94) 35
브레히트, 베르톨트(Bertolt Brecht, 1898~1956) 6, 9, 29, 137-138, 149, 192-215, 265, 267-268
　『갈릴레이의 생애』(Leben des Galilei)(1943) 211
　『작업일지 1939-1955』(Arbeitsjournal 1933-1955)(1973) 204-205
블로흐, 에른스트(Ernst Bloch, 1885~1977) 54, 100, 107, 118, 131, 139, 197
비트겐슈타인, 루트비히(Ludwig Wittgenstein, 1889~1951) 98
빈델반트, 빌헬름(Wilhelm Windelband, 1848~1915) 103
빌헬름 1세(Wilhelm I. (1797~88, 재위: 1861~88) 113
빙켈만, 요한 요아힘(Johann Joachim Winckelmann, 1717~68) 174
사울(Saul) 58
세르반테스, 미겔 데(Miguel de Cervantes, 1547~1616) 76
　『돈키호테』(Don Quijote)(1605, 1615) 76-77, 150
셰러, 빌헬름(Wilhelm Scherer)(1841~86) 168
셰익스피어, 윌리엄(William Shakespeare)(1564~1616) 38-39
셸링, 프리드리히 빌헬름 요제프(Friedrich Wilhelm Joseph Schelling, 1775~1854)

41-42, 119, 160, 174
쇤베르크, 아르놀트(Arnold Schönberg, 1874~1951) 144, 221
쇼펜하우어, 아르투르(Arthur Schopenhauer, 1788~1860) 65, 160, 233, 241, 262
쉴러, 프리드리히(Friedrich Schiller, 1759~1805) 23, 29, 35, 37, 40, 42-45, 48, 83, 122-123, 154, 157, 168, 174, 213, 246
 『도적 떼』(Die Räuber)(1781) 35-37
 「인간의 미적 교육에 관한 편지」(Über die ästhetische Erziehung des Menschen)(1794~95) 44
 「소박문학과 성찰문학」(Über naive und sentimentalische Dichtung)(1795~96) 43, 122, 154
스탈린, 이오시프(Joseph Stalin, 1878~1953) 96, 106, 133-134, 137, 141, 191, 194-195, 225, 245, 252, 271
슈토름, 테오도르(Theodor Storm, 1817~88) 59-60, 64, 162-163, 234-236
슈티프터, 아달베르트(Adalbert Stifter, 1805~68) 167
 『초가을』(Nachsommer)(1857) 167
스펜서, 허버트(Herbert Spencer, 1820~1903) 94
 「임멘 호수」(Immensee)(1849) 234
아도르노, 테오도르(Theodor Adorno, 1903~69) 49, 85, 96, 118, 139, 141-144, 176, 216-227
 『계몽의 변증법』(Dialektik der Aufklärung)(1947) 141, 221
 『미학 이론』(Ästhetische Theorie)(1970) 217-218, 226
아리스토텔레스(Aristoteles, 384~322 BC) 27, 32-33, 42, 189, 209-210
 『시학』(Poetik)(기원전 335년 경) 32
알튀세르, 루이(Louis Althusser, 1918~90) 145
야시, 오스카르(Oszkár Jászi, 1875~1957) 93-94
에른스트, 파울(Paul Ernst, 1866~1933) 59
에커만, 요한 페터(Johann Peter Eckermann, 1792~1854)
 『괴테와의 대화』(Gespräche mit Goethe)(1836) 48
엥겔스, 프리드리히(Friedrich Engels, 1820~95) 48, 111, 136, 139, 159, 170-171, 202
융, 카를(Carl Jung, 1875~1961) 15, 23, 52, 82, 97, 113, 168-169, 197, 225, 264
조이스, 제임스(James Joyce, 1882~1941) 162
짐멜, 게오르크(Georg Simmel, 1858~1918) 95, 100, 103, 107
츠바이크, 슈테판(Stefan Zweig, 1881~1942) 98
카네티, 엘리아스(Elias Canetti, 1905~94) 98
카를 5세(Karl V, 1500~58, 재위: 1520~56) 16
카우츠키, 카를(Karl Kautsky, 1854~1938) 113-114
카프카, 프란츠(Franz Kafka, 1883~1924) 98, 117, 144, 162, 226

칸트, 이마누엘(Immanuel Kant)(1724~1804)　20, 41-44, 47-48, 54-55, 58, 95, 100-101, 107, 113-114, 118-119, 121, 127, 169, 172, 205, 261
칼뱅, 장(Jean Calvin, 1509~64)
　　칼뱅이슴(Calvinisme)　16, 19, 60
케레니, 카를(Karl Kerény, 1897~1973)　264
켈러, 고트프리트(Gottfried Keller, 1819~90)　162-164, 236
코슈트, 러요시(Lajos Kossuth, 1802~94)　90
쿤, 벨러(Béla Kun, 1886~1939)　109-110, 132
클로프슈토크, 프리드리히 고틀리프(Friedrich Gottlieb Klopstock, 1724~1803)　30
키르케고르, 쇠렌(Søren Kierkegaard, 1813~55)　65, 67, 186
톨스토이, 레프(Lev Tolstoy, 1828~1910)　81-82, 200, 240
　　『전쟁과 평화』(Krieg und Frieden)(1869)　82, 187
트로츠키, 레프(Lev Trotsky, 1879~1940)　194, 245
페헤르, 페렌츠(Ferenc Fehér, 1933~94)　88, 179
포거러시, 얼러베르트(Alabert Fogarasi, 1891~1959)　100
포이어바흐, 루트비히(Ludwig Feuerbach, 1804~72)　160
폰타네, 테오도르(Theodor Fontane, 1819~98)　21, 162-164
푸거가(Familie Fugger)　15
퓔레프, 러요시(Lajos Fülep, 1885~1970)　100-101
프로이트, 지그문트(Sigmund Freud, 1856~1939)　56, 97-98
　　『꿈의 해석』(Die Traumdeutung)(1899)　56
플라톤(Platon, 428/427 또는 424/423~348 BC)　58, 97, 103, 138, 175-186, 237-238, 246, 250, 253
플렌츠도르프, 울리히(Ulrich Plenzdorf, 1934~2007)　35
　　『젊은 베르테르의 새로운 슬픔』(Die neuen Leiden des jungen Werthers)(1972)　35
플로베르, 귀스타브(Gustave Flaubert, 1821~80)　77, 162
　　『감정교육』(L'Éducation sentimentale)(1869)　77
피히테, 요한 고틀리프(Johann Gottlieb Fichte, 1762~1814)　41, 119
하버마스, 위르겐(Jürgen Habermas, 1929~)　23, 141, 143
하이네, 하인리히(Heinrich Heine, 1797~1856)　167, 261-262
하이데거, 마르틴(Martin Heidegger, 1889~1976)　160, 176, 208
하우저, 아르놀트(Arnold Hauser, 1892~1978)　86-87, 92, 95-96, 99-100, 103-104
　　『문학과 예술의 사회사』(Sozialgeschichte der Kunst und Literatur)(1951)　87, 104
　　『예술사의 철학』(Philosophie der Kunstgeschichte)(1958)　87
　　『예술의 사회학』(Soziologie der Kunst)(1974)　87
합스부르크가(Haus Habsburg)　17-18, 20, 89-90, 98, 109, 175

헤겔, 게오르크 빌헬름 프리드리히(Georg Wilhelm Friedrich Hegel, 1770~1831) 20,
    41-42, 44, 66-67, 71-72, 74, 83-87, 101, 104, 113-114, 118, 120-121, 126-127, 133, 135,
    139, 145, 150, 152, 154-159, 160, 171-175, 187, 191, 196, 199, 217-219, 226, 232, 239,
    251, 253, 261, 270
    『정신현상학』(Phänomenologie des Geistes)(1807)　120, 126, 127, 158
    『미학 강의』(Vorlesungen über die Ästhetik)(1835)　71, 150, 154-155, 157, 277
헤르더, 요한 고트프리트(Johann Gottfried Herder, 1744~1803)　22-23, 35, 39
헤벨, 크리스티안 프리드리히(Christian Friedrich Hebbel, 1813~63)　162
헬러, 아그네스(Ágnes Heller, 1929~2019)　88, 96, 179
    『르네상스 인간』(Der Mensch in der Renaissance)(1967)　88
    『일상생활의 철학』(Das Alltagsleben)(1978)　88
호르크하이머, 막스(Max Horkheimer, 1895~1973)　141
호르티, 미클로시(Miklós Horthy, 1868~1957)　104
호메로스(Homer)　44, 68, 70-71, 74, 82, 123, 150, 155, 175, 185-196
    『일리아스』(Ilias)　44, 271
    『오디세이아』(Odyssee)　44
횔덜린, 프리드리히(Friedrich Hölderlin, 1770~1843)　44, 174, 242

잡지명

《20세기》(Huszadik Század)　94
《서구》(Nyugat)　94
《좌선회》(Linkskurve)　194

지명

갈리치아(Galicia)　249
고타(Gotha)　52
뉘른베르크(Nürnberg)　15
다뉴브강(Danube)　98
라이프치히(Leipzig)　25, 30
로스앤젤레스(Los Angeles)　230
루세(Russe)(옛 독일어 명칭: 루스추크(Rustschuk))　98
뤼베크(Lübeck)　15
모라바(Morava)　98
모스크바(Moscow)　88, 96, 133, 179, 230, 242, 243, 256
뮌헨(München)　99

바이마르(Weimar)　13-14, 40, 61, 108, 167-168, 170, 174-176, 240-241, 243, 254
발트해(Ostsee)　15
베를린(Berlin)　12, 30, 95, 98-99, 107, 133, 175, 179
부다페스트(Budapest)　8, 86-88, 90-93, 96, 99, 106-107, 109, 179, 245, 249-250, 264
북해(Nordsee)　15
브레멘(Bremen)　15
빈(Wien)　57, 89-91, 98-99, 110, 175, 179, 230, 242-243, 248-249
아우크스부르크(Augsburg)　15
예나(Jena)　167
잘츠부르크(Salzburg)　98
파리(Paris)　24, 98
프라하(Praha)　98-99
프랑크푸르트(Frankfurt am Main)　88, 139-141, 143-144, 176, 215
하이델베르크(Heidelberg)　95, 99-100, 107, 179
함부르크(Hamburg)　15, 30-31